Klm, 7

# Geschichtsbuch 1

## Die Menschen und ihre Geschichte in Darstellungen und Dokumenten

Von der Urgeschichte bis zum Beginn des Mittelalters

Herausgegeben von Prof. Dr. Jochen Martin und Norbert Zwölfer

Neue Ausgabe



Cornelsen

**Geschichtsbuch – Neue Ausgabe**
**Die Menschen und ihre Geschichte in Darstellungen und Dokumenten**
Herausgegeben von: Prof. Dr. Hilke Günther-Arndt, Dr. Hans-Georg Hofacker, Prof. Dr. Peter Hüttenberger, Prof. Dr. Jürgen Kocka, Prof. Dr. Jochen Martin, Prof. Dr. Bernd Mütter, Dr. Thomas Schuler, Norbert Zwölfer

Band 1,
Neue Ausgabe: Von der Urgeschichte bis zum Beginn des Mittelalters

Herausgegeben von: Prof. Dr. Jochen Martin, Freiburg
Norbert Zwölfer, Freiburg

Erarbeitet von: Prof. Dr. Hans-Joachim Gehrke, Freiburg
Dr. Fredy Köster, Hannover
Prof. Dr. Jochen Martin, Freiburg
Priv. Doz. Dr. Harald Motzki, Hamburg
Prof. Dr. Almuth Salomon, Münster
Elisabeth Zwölfer, Freiburg
Norbert Zwölfer, Freiburg

Redaktion: Götz Schwarzrock (Projektleitung)

Herstellung: Christina Scheuerer
Grafik: Günter Wiesler
Karten: Hans Quast
Christa Scheibner

1. Auflage 1992
Alle Drucke dieser Auflage können, weil untereinander unverändert, im Unterricht nebeneinander verwendet werden.



Lithographie: Graphische Anstalt Wartelsteiner, Garching
Druck: Cornelsen Druck, Berlin

ISBN 3-464-64201-1 broschiert
3-464-64211-9 gebunden

Vertrieb: Cornelsen Verlagsgesellschaft, Bielefeld
Bestellnummer 642011 broschiert
642119 gebunden

# Inhalt

# Hinweise zur Benutzung

## Wie das Buch aufgebaut ist

**Auftaktseiten**

Dieser Band des „Geschichtsbuchs" hat eine Einleitung und acht Kapitel. Jedes Kapitel beginnt mit einer Doppelseite, die auf grünem Farbton gedruckt ist. Diese „Auftaktseiten" mit Bild, Einleitungstext und Zeitleiste sollen dir eine erste Vorstellung von der Landschaft, von den Menschen und von der Zeit vermitteln, um die es im jeweiligen Kapitel geht.

**Darstellende Teile**

Die Kapitel sind in der Regel in Abschnitte untergliedert. Diese Abschnitte beginnen mit einem längeren Text, den die Verfasser dieses Schulbuchs geschrieben haben. Diesen Teil des jeweiligen Abschnitts nennen wir **darstellenden Teil**. Die Seiten mit darstellenden Teilen kannst du leicht an den gelben Farbstreifen am oberen Rand erkennen.

**Arbeitsteile**

Dem darstellenden Teil eines jeden Abschnitts folgt ein Teil mit Quellen (mit **Q** gekennzeichnet), Darstellungen aus unseren Jahrhunderten (durch **D** gekennzeichnet), Karten, Schaubildern, Tabellen und Abbildungen. Wir nennen diesen Teil eines Abschnitts **Arbeitsteil**. Arbeitsaufträge sollen dir helfen, Texte und Bilder zu untersuchen und zu verstehen. Die Arbeitsteile erkennst du an den blauen Farbstreifen.

**Zusammenfassungen**

Jedes Kapitel endet mit einer Doppelseite, die auf rotem Farbton gedruckt ist. Hier findest du einen Text, der das wichtigste des vorhergehenden Kapitels zusammenfaßt. Außerdem wird dir Material für **Spiele**, **Rätsel** u. ä. geboten.

**Querschnitte und Längsschnitte**

Neben den acht Kapiteln gibt es in diesem Buch noch drei „Querschnitte" und drei „Längsschnitte". In den **Querschnitten** wird ein wichtiger Aspekt unserer Geschichte – z. B. die Entwicklung der Schrift oder von Siedlungen und Städten – zu ganz verschiedenen Zeiten in den Blick genommen.

Im Unterschied dazu werden in den **Längsschnitten** zwei andere wichtige Themen – Familie bzw. Sklaverei und Freiheit – über einen längeren Zeitraum und bei verschiedenen Völkern zusammenhängend betrachtet. In einem dritten Längsschnitt wird die Geschichte des jüdischen Volkes während des gesamten Zeitraumes dieses Bandes geschildert.

## Was dir beim Lesen und Untersuchen helfen kann

**Lexikon wichtiger Begriffe**

In den darstellenden Teilen sind manche Wörter unterstrichen. Dabei handelt es sich um Begriffe, die im „Lexikon wichtiger Begriffe" zusammenfassend erklärt sind. Wörter, die durch *schrägen* (= kursiven) Druck hervorgehoben sind, spielen in den darstellenden Teilen eine besondere Rolle und helfen dir, den Text zu gliedern und Zusammenhänge leichter zu verstehen.

**Register**

Ein alphabetisches **Register** am Ende des Buches kann dir helfen, Informationen über Personen, Ereignisse und wichtige Begriffe im Buch schnell zu finden.

**Hinweise zum Umgang mit Quellen, Bildern und Karten**

Eine Hilfestellung dafür, wie du Quellen, Bilder und Karten untersuchen mußt, um möglichst viel zu erfahren, findest du auf den Seiten 240 bis 242. Auch in der Einleitung auf den Seiten 7 bis 13 findest du hierfür wichtige Hinweise.

*Das Titelfoto zeigt die Ruinen des antiken Theaters von Taormina auf Sizilien, erbaut im 3. Jahrhundert v. Chr.*

**Bildquellen:** A. C. L., Brüssel: S. 30; Alinari, Florenz: S. 209, 237; American School of Classical Studies, Athen (Agora Excavation): S. 94; Antikenmuseum, Basel: S. 65; Archäologisches Institut der Universität Tübingen: S. 155, 158; Archäologisches Korrespondenzblatt 14/1984: S. 25 (Umzeichnung nach S. C. Chard); Arntz Kunstarchiv, Haag: S. 110; Aschmolen Museum, Oxford: S. 103; Atlantis Verlag, Zürich/Freiburg: S. 141 (aus: A. G. McKay, Römische Häuser, Villen und Paläste. Hrsg. v. Raggi-Verlag i. R. d. Z. „Antike Welt". Feldmeilen 1980. Rekonstruktionszeichnung S. 19, Abb. 14, nach Luckenbach); Bavaria Verlag, Gauting: S. 146 (Picture Finders), 210 (Rainer Binder); Beck'sche Verlagsbuchhandlung, München: S. 25 (aus: Hermann Müller-Karpe, Handbuch der Vorgeschichte, Bd. I), S. 28 (Bd. II, S. 201, nach J. Mellaart), S. 29 (Bd. II, S. 199, nach J. Mellaart), S. 30 (Bd. II, Tafel 117, nach J. Mellaart); Belser Verlag, Stuttgart: S. 36 (aus: K. Földes-Popp,Vom Felsbild zum Alphabet, S. 17. Stuttgart 1984); Bertelsmann Verlag, Gütersloh: S. 20 (aus: Prof. Dr. Michail Gerassimow, Ich suchte Gesichter, S. 110. Gütersloh 1968); Bibliotheque Nationale, Paris: S. 220, 221, 223; Bildarchiv Foto Marburg: S. 54, 170, 176; Bildarchiv Preußischer Kulturbesitz, Berlin: S. 12, 33, 38, 44, 60, 61, 65, 75, 85, 90, 94, 98, 99, 102, 103, 114, 124, 175, 185, 233; Birkhäuser Verlag, Basel: S. 14, 18 (aus: John Reader, Die Jagd nach den ersten Menschen. Basel 1982. Foto S. 261 und 191, von Dr. M. D. Leakey); Bosinski Gerhard (Institut für Ur- und Frühgeschichte der Univ. Köln), Neuwied: S. 22, 23, 24, 25, 26 (Foto J. Bahlo); British Museum, London: S. 55, 65, 66, 67, 74, 111, 145; Buchners Verlag, Bamberg/München: S. 144 (aus: Ernstberger/Ramersdorfer, Roma B I, S. 79); Clayton Peter: S. 208 (nach Wilpert, Die römischen Mosaiken und Malereien); Cornelsen Verlag Hirschgraben, Frankfurt/M.: S. 33 (aus: Berger/Müller/Oomen, Entdecken und Verstehen, Bd. 1, S. 22), 138, 156 (aus: H. Krefeld, Res romanae, S. 81. Frankfurt 1988), S. 161 (a.a.O., S. 181); Deutsches Archäologisches Institut, Rom: S. 183; Dittmann E., Frankfurt/M.: S. 110; dpa, Frankfurt/M.: S. 110; Droemer Knaur Verlag, München: S. 240 (aus: M. Grant, Die Welt der Antike. Kulturgeschichte Griechenlands und Roms, S. 161, Abb. 10. München/Zürich 1964); Drs. A. A. M. van der Heyden, Amsterdam: S. 102; Elsevier Publishing S. A., Lausanne: S. 180 (aus: M. Vickers, Die römische Welt, S. 94); Focus GmbH, Hamburg: Umschlag, S. 78 (Michael Ruetz), 239 (Nathan Benn/Woodfin Camp); Fototeca Unione, Rom: S. 131; Friedel Michael, Steingau-Dietramszell: S. 26; Gehrke Hans-Joachim, Berlin: S. 177; Germanisches Nationalmuseum, Nürnberg: S. 201; Gouvousis N., Athen: S. 95 (Athen 1974); Gruppo Editoriale Fabbri Bompiani, Milano: S. 127 (aus: The Celts, S. 382, Foto Piero Baguzzi. Milano 1991), Helios Reisen, München: S. 48; Hirmer Verlag, München: S. 42/43, 73, 80, 106, 155, 158; Institut für Denkmalpflege, Hannover: S. 204; Institut für Klassische Archäologie der Universität München: S. 240; Kapitolinisches Museum, Rom: S. 121; Landesmuseum für Vor- und Frühgeschichte, Schleswig: S. 194, 199, 203; Landesmuseum Halle: S. 204; Lektüre Verlag, München: S. 224 (aus: anno Nr. 65, S. 22); Les Editions Albert René, Paris: S. 159 (Zeichnung Uderzo/Text Goscinny. 1986); Louvre, Paris: S. 153, 205; Lübbe Verlag, Bergisch-Gladbach: S. 128 (aus: Anita Rieche, Das antike Italien aus der Luft, S. 259, Fotocielo. Bergisch-Gladbach 1978), 207 (aus: M. Grant, Der Untergang des römischen Reiches, S. 152, Foto Michael Holford. Bergisch-Gladbach 1977); Lüning Jens (Sem. f. Vor- u. Frühgeschichte der Univ. Frankfurt/M.): S. 33; Mann Verlag, Berlin: S. 106 (aus: Heinrich Bulle/Heinrich Wirsing, Szenenbilder zum griechischen Theater des 5. Jahrhunderts. Berlin 1950); Mansell Collection, London: S. 66; Martin-von-Wagner-Museum, Würzburg: S. 106; Mauritius Die Bildagentur GmbH, Mittenwald: S. 216; Metropolitan Museum, New York: S. 68; Museo Archeologico, Venedig: S. 178; Museo della Civilta Romana, Rom: S. 175; Museo delle Terme, Rom: S. 130, 140; Museo Nazionale di Villa Giulia Idria, Rom: S. 75; Museo Nazionale, Palermo: S. 65; Museo Torlonia, Rom: S. 173; Museum of Fine Art, Boston: S. 103; Nationalmuseum, Kopenhagen: S. 203; Niedersächsisches Landesinstitut für Marschen- und Wurtenforschung, Wilhelmshaven: S. 202, 203; Niedersächsisches Landesmuseum, Hannover: S. 197; Palestine Exploration Fund, London: S. 27 (aus: Diana Kirkbride, Five Seasons at the Pre-Pottery Neolithic Village of Beidha in Jordan. Palestine Exploration Quarterly 18/1966. Zeichnungen S. 33), S. 29 (Zeichnung S. 12); Photographie Giraudon, Paris: S. 87, 229; Photothèque, Paris: S. 178; Piper Verlag, München: S. 16 (aus: Donald Johanson/Maitland Edey, Lucy. Die Anfänge der Menschheit. München 1982. Zeichnung S. 447, von Jay Matternes), 17 (a. a. O., Zeichnung Günter Wiesler, nach Jay Matternes, S. 354/355); Popperfoto, London: S. 12; Principato, Mailand: S. 9, 48, 171 (aus: Storia I, S. 24, 245. Mailand 1984); Prestel Verlag, München: S. 68 (aus: Alfred Mallwitz, Olympia und seine Bauten. München 1972. Konstruktionsmodell, von Eva und Alfred Mallwitz); Pucciarelli Mauro, Rom: S. 162, 174; Rheinisches Landesmuseum, Bonn: S. 171 (Schafgans), 176, 201; Rheinisches Landesmuseum, Karlsruhe: S. 189; Rheinisches Landesmuseum, Trier: S. 182, 184 (aus: Trier. Kaiserresidenz und Bischofssitz. Verlag Philipp von Zabern. Mainz 1984. Zeichnung S. 66/67 v. L. Dahm), 234; Rijkmuseum van Oudheden, Leiden: S. 32; Römisch-Germanisches Museum, Köln: S. 213; Sailer Verlag, Nürnberg: S. 40, 46 (Anne Suess); Sawatzki, Bad Kreuznach: S. 31; Scala, Florenz: S. 141, 193, 241; Scherz Verlag, München: S. 50 (aus: A. Müller/R. Ammon, Die 7 Weltwunder, S. 76. München/Bern/Wien 1966); Staatliche Antikensammlung, München: S. 100, 102, 108, 181; Staatliche Münzsammlung, München: S. 117, 134, 136, 137, 154, 189; Staatliche Museen, Berlin: S. 53, 83, 102, 122, 232; Stadt Hameln: S. 8 (Rudi Günther); Tessloff Verlag, Nürnberg: S. 125 (aus: Was ist was, Bd. 81, Die sieben Weltwunder. Illustrat. v. Anne-Lies Ihme u. Gerd Werner, S. 44. Nürnberg 1987); Textilmuseum, Neumünster: S. 203; Theiss Verlag, Stuttgart: S. 172 (aus: Ph. Filtzinger/D. Planck/B. Cämmerer. Die Römer in Baden-Württemberg. Stuttgart/Aalen 1976. Rekonstruktionszeichnung S. 130, nach Paret); Time-Life, Amsterdam: S. 88 (aus: Die Macht des Geistes. Spektrum der Weltgeschichte 600–400 v. Chr., S. 18/19. Amsterdam 1988); Uni-Dia-Verlag, Großhesselohe: S. 44, 47; 50/51, 65; Vanetti Pietro SJ, Milano: S. 236; Vatikanische Bibliothek, Rom: S. 143; Vatikanische Museen, Rom: S., 65, 109, 161, 193; Verkehrsamt Trier: S. 211; Verlag Pahl Rugenstein, Köln: S. 202 (aus: Friedrich Schlette, Germanen zwischen Thorsberg und Ravenna. Köln 1977. Zeichnung S. 157, nach van Griffen); Vertut Jean, Issy-les-Moulineaux: S. 21; Zwölfer Elisabeth und Norbert, Freiburg: S. 72, 76, 108, 112, 143, 162, 164, 187, 188, 190, 200, 211.

# Was ist „Geschichte"?

## „Geschichte" und „Geschichten"

„Das hat Geschichte gemacht", sagen die Leute über ein bestimmtes Ereignis.
„Diese Frau wird in die Geschichte eingehen", behauptet der Journalist über eine Politikerin.
„Erzähl uns eine Geschichte", bitten die Kinder den Großvater.
„Wir sollten endlich aus der Geschichte lernen", schreiben manche in Leserbriefen.
„Geschichte! – Schrecklich, da mußten wir nur Jahreszahlen auswendig lernen", erinnert sich der Onkel an seine Schulzeit.
„Erzähl mir doch keine Geschichte", ermahnt der Vater seinen Sohn.

Das Wort „Geschichte" wird in diesen Aussagen in verschiedenen Bedeutungen verwendet. Einige Redewendungen weisen in die Vergangenheit, andere deuten in die Zukunft; manche haben es mit der Wirklichkeit, andere mehr mit phantasievoller Ausschmückung von Ereignissen oder mit Erfundenem zu tun.
Worin besteht der Unterschied zwischen dem, was zum Fach „Geschichte" gehört, und dem, was wir mit „Geschichten" bezeichnen? Beiden liegt das Wort *geschehen* zugrunde. Dennoch unterscheiden sich die zwei Begriffe grundsätzlich. Das zeigt eine Sage, die die Brüder Grimm gesammelt und überliefert haben:

„Im Jahre 1284 ließ sich zu Hameln ein wunderlicher Mann sehen. Er hatte einen Rock von vielfarbigem, buntem Tuch an, weshalb er Bunting soll geheißen haben, und gab sich für einen Rattenfänger aus, indem er versprach, gegen ein gewisses Geld die Stadt von allen Mäusen und Ratten zu befreien. Die Bürger wurden mit ihm einig und sicherten ihm einen bestimmten Lohn zu.
Der Rattenfänger zog danach ein Pfeifchen heraus und pfiff, da kamen alsobald die Ratten und Mäuse aus allen Häusern hervorgekrochen und sammelten sich um ihn herum. Als er nun meinte, es wäre keine zurück, ging er hinaus, und der ganze Haufen folgte ihm, und so führte er sie an die Weser; dort schürzte er seine Kleider und trat in das Wasser, worauf ihm alle Tiere folgten und hineinstürzend ertranken.
Nachdem die Bürger aber von ihrer Plage befreit waren, reute sie der versprochene Lohn, und sie verweigerten ihn dem Manne unter allerlei Ausflüchten, so daß er zornig und erbittert wegging. Am 26. Juni auf Johannis- und Paulitag, morgens früh sieben Uhr, nach anderen zu Mittag, erschien er wieder, jetzt in Gestalt eines Jägers, erschrecklichen Angesichts, mit einem roten, wunderlichen Hut, und ließ seine Pfeife in den Gassen hören. Alsbald kamen diesmal nicht Ratten und Mäuse, sondern Kinder, Knaben und Mägdelein vom vierten Jahr an in großer Anzahl gelaufen, worunter auch die schon erwachsene Tochter des Bürgermeisters war. Der ganze Schwarm folgte ihm nach, und er führte sie hinaus in einen Berg, wo er mit ihnen verschwand …"

Am Schluß des Textes findet sich ein bemerkenswerter Hinweis:

„Die Bürger von Hameln haben die Begebenheit in ihr Stadtbuch einzeichnen lassen … Am Rathaus standen folgende Zeilen:

Im Jahr 1284 na Christi gebort
to Hameln worden uthgevort
hundert und dreißig Kinder dasülvest geborn
dorch einen Piper under den Köppen *(Kuppe, Berg)* verlorn."

Der Rest ist dir sicher bekannt. Was ist die Rattenfängersage – *eine* Geschichte oder *Geschichte*?
Ein heutiger Geschichtsforscher ist der Sache nachgegangen und faßt seine Ergebnisse folgendermaßen zusammen:

„Somit wird man damit rechnen dürfen, daß Graf Nikolaus von Spiegelberg am 26. Juni 1284 von Hameln mit 130 Auswanderern nach Pommern abgefahren und auf einer Schiffsreise von Pommern ins Ordensland Preußen bald nach dem 8. Juli 1284 auf hoher See mit diesen 130 Auswanderern verschollen ist … Mit dem Namen Koppen wäre … demnach nicht der Hamelner Koppenberg, sondern der hinterpommersche Johanniterhof Kopahn gemeint gewesen."

Wie hat der Geschichtsforscher das herausgefunden?
Zunächst ging er davon aus, daß die Sage einen wahren Kern enthält, daß sie sich auf ein Ereignis bezieht, das wirklich, wie die Eintragung im Stadtbuch behauptet, einmal geschehen ist. Deshalb wollte er wissen, wer dieser „Pfeifer" im bunten Kleid war, warum er nach Hameln gekommen und wohin er mit den „Kindern" gegangen ist. Dazu untersuchte er mehrere alte Urkunden und Darstellungen, die über dieses Ereignis berichten.

*Nachbildung eines Kirchenfensters von Hameln aus dem Jahre 1300*

Gleichzeitig informierte er sich über das, was damals allgemein in Deutschland und vor allem im Osten geschah. Er betrachtete auch verschiedene bildliche Darstellungen des Pfeifers, so z. B. die auf einem Kirchenfenster in Hameln aus dem Jahre 1300. Schließlich fand er heraus, daß die Kinder in Wahrheit junge Leute waren, die dem Grafen gefolgt sind, um nach Osten auszuwandern.
Der Unterschied zwischen *einer* Geschichte und *Geschichte* wird deutlich: Die Sage nennt ein genaues Datum und geht auch von einer Begebenheit aus, die sich in der Vergangenheit abgespielt hat. Aber wie und warum dies geschah, erklärt die Sage anders als die Darstellung des Geschichtsforschers. In der Sage ist die Begebenheit frei ausgestaltet, um den Menschen etwas Bestimmtes zu sagen. Der Geschichtsforscher beschränkt sich auf das, was nachweisbar ist. Geschichten erzählen ist also etwas ganz anderes als Geschichte betreiben. Denjenigen, der Geschichte als eine Wissenschaft betreibt, nennen wir einen *Historiker*. Er erforscht, was in vergangenen Zeiten tatsächlich geschehen ist, und versucht, die Zusammenhänge zwischen einzelnen Ereignissen zu erklären.

## Woher wissen wir, was war?

Woher nimmt der Historiker seine Kenntnisse über das, was in der Vergangenheit geschehen ist und von dem wir nicht genau wissen, wie und warum es sich so abgespielt hat? Wie arbeitet er, um das, was wirklich geschehen ist, herauszubekommen?
Er besichtigt den „Tatort“, z. B. die Darstellung der Hamelner Sage auf dem Kirchenfenster, er prüft Funde auf ihre Echtheit und ihr Alter, er betrachtet Bauwerke und andere Zeugnisse der Vergangenheit; er „vernimmt Zeugen“, d. h. er liest Schriften, Urkunden, Briefe und Dokumente von Zeitgenossen. Er zieht zu Rate, was andere vor ihm schon über die Dinge, die ihn interessieren, gesagt haben; er wertet aus, legt das eine beiseite, befragt und untersucht das andere genau. Er stellt Fragen an die Geschichte und zieht Schlußfolgerungen.

### Quellen und ihre Deutung

Wir nennen alles, was uns Informationen über Vergangenes liefert, *Quellen* und unterscheiden *schriftliche* und *nichtschriftliche* Quellen.

| **Zu den *schriftlichen* Quellen zählen:** | **Zu den *nichtschriftlichen* Quellen zählen:** |
|---|---|
| Tagebücher | Gefäße |
| Inschriften | Werkzeuge |
| Verträge | Knochen |
| Schenkungsurkunden | Bilder |
| Gesetzeswerke | Baudenkmäler |
| Briefe | Fotografien |

Du kannst sicher weitere schriftliche und nichtschriftliche Quellen nennen. In *Archiven* und *Museen* werden solche Quellen aus der Vergangenheit gesammelt, geordnet, ausgewertet und aufbewahrt.
Man darf nun nicht glauben, daß jede bildliche und schriftliche Quelle eine eindeutige Aussage über die Vergangenheit trifft. Das haben wir bereits an der Rattenfängersage gesehen. Wer Geschichte betreibt, muß die Quelle auf ihre Stichhaltigkeit hin überprüfen und muß ihre Aussage deuten. Nicht selten geschieht es, daß verschiedene Forscher zu anderen Ergebnissen kommen. Denn in jede Vermutung, in jede Kombination und Schlußfolgerung

*Archäologen bei einer Ausgrabung*

gehen immer auch eigene Erfahrungen des Historikers ein. Deshalb ist es für jeden, der sich mit Geschichte beschäftigt, wichtig, seine Erfahrungen auszuweiten durch Lektüre, durch Reisen, Museumsbesuche und anderes mehr. Am Ende dieses Buches findest du eine Anleitung, wie man mit einer schriftlichen Quelle umgehen sollte. Dort erfährst du auch, welche Fragen man an ein Kunstwerk und an eine Karte stellen kann.

### Die mündliche Überlieferung

Eine wichtige Quelle für unser Wissen über die Vergangenheit kann auch sein, was uns Eltern und Großeltern aus vergangenen Jahren erzählen. Die *mündliche Überlieferung* spielte früher eine größere Rolle, weil geschichtliche Ereignisse und Erfahrungen auf diese Weise weitergegeben wurden, bis man sie irgendwann aufschrieb. Beispiele dafür sind die Geschichte des Trojanischen Krieges und die Abenteuer des Odysseus. Über lange Zeit hinweg wurden diese Geschichten durch wandernde Sänger in Griechenland weitererzählt, bis sie schließlich aufgeschrieben und damit für uns zu einer wichtigen Quelle über das Leben im frühen Griechenland wurden.

### Die Ausgrabungen der Archäologen

Seit ungefähr 5000 Jahren haben wir schriftliche Quellen. Für den größten Zeitraum der menschlichen Geschichte gibt es jedoch nur Überreste, nichtschriftliche Zeugnisse. Die Nachrichten aus der Vergangenheit werden spärlicher, je ferner die Zeit liegt, aus der sie stammen. Wir sind also um so mehr auf Vermutungen angewiesen, je weiter wir die Geschichte zurückverfolgen. Die Wissenschaftler, die sich mit Ausgrabungen und „stummen Zeugen" alter Zeiten befassen, nennt man *Archäologen*. „Scherbenwissenschaft" hat man etwas abfällig zu dieser Art von Forschung gesagt, die uns jedoch mit Hilfe moderner Techniken und naturwissenschaftlicher Erkenntnisse sehr wichtige Informationen vermittelt.

## Heute – gestern – vorgestern ...

Wer sich mit Geschichte beschäftigt, will nicht nur wissen, was in früheren Zeiten geschah und wie die Menschen gelebt haben, sondern auch, wann bestimmte Ereignisse eingetreten sind. Deshalb muß man die vielen einzelnen Geschehnisse datieren und das, was zeitlich vorher und was nachher war, ordnen. Erst die genaue zeitliche Abfolge ermöglicht eine richtige Aussage.

### Zeitrechnung und Entwicklung der Erde

Um dir das „Gestern" und „Vorgestern" klarzumachen, kannst du versuchen, einen Stammbaum deiner Familie aufzuzeichnen, in den du Eltern, Großeltern, Urgroßeltern usw. mit Geburtsdaten und Geburtsorten einträgst.

- Für drei oder vier Generationen (eine Generation umfaßt etwa 30 Jahre) hat man meistens genaue Daten, z. B. 1960, 1945, 1918 usw. Diese Jahreszahlen verweisen auf unsere weitverbreitete Zeitrechnung. Wir nehmen die Geburt Christi als Fixpunkt und gehen von dort nach vorn oder zurück. So sagen wir z. B.: Im 5. Jahrhundert vor Christi Geburt (abgekürzt: v. Chr.) wurde die Akropolis in Athen erbaut. Oder: Im Jahre 64 nach Christi Geburt (abgekürzt: n. Chr.) brannte Rom.
- Es gibt auch andere Zeitrechnungen. Die Muslime z. B. nehmen als Anfang ihrer Zeitrechnung die Auswanderung Mohammeds nach Medina. Das Jahr 622 n. Chr. in unserer Zeitrechnung ist ihr Jahr 1.

– Der Stammbaum macht noch etwas anderes deutlich: Je weiter wir in der Geschichte zurückgehen, desto ungenauer werden unsere Familiennachrichten, wenn wir keine schriftlichen Zeugnisse mehr haben. Genauso verhält es sich mit der Geschichte überhaupt.

Für die Zeiträume, für die uns keine schriftlichen Zeugnisse überliefert sind, können wir oft nur ungenaue Angaben machen. Wir sagen dann: Vor etwa 5000 Jahren ist die Schrift im alten Ägypten erfunden worden. Oder: Vor etwa 15 000 Jahren haben die Jäger der Eiszeit die Höhlen von Lascaux ausgemalt. Gehen wir noch weiter zurück, gelangt man zur Frage: Wann überhaupt hat die Geschichte begonnen? Seit wann gibt es die Erde, die Menschen?

Die Wissenschaft geht heute davon aus, daß sich die Erde, Pflanzen, Tiere und Menschen in dem fast unvorstellbar langen Zeitraum von rund 4,5 Milliarden Jahren sehr langsam entwickelt haben. Sie bezeichnet diesen Vorgang mit dem Begriff *Evolution*.

Wann es die ersten Fische und Säugetiere gab und wann die ersten Wesen auftraten, die man als Menschen bzw. Vormenschen bezeichnen kann, zeigt dir die untenstehende Abbildung.

## Die Zeitleiste

Das folgende Beispiel soll dir eine Vorstellung von diesen langen Zeiträumen vermitteln: Stell dir vor, du kehrst von einer Urlaubsreise zurück. Noch 500 km sind es bis

*Die Entwicklungsgeschichte der Erde*

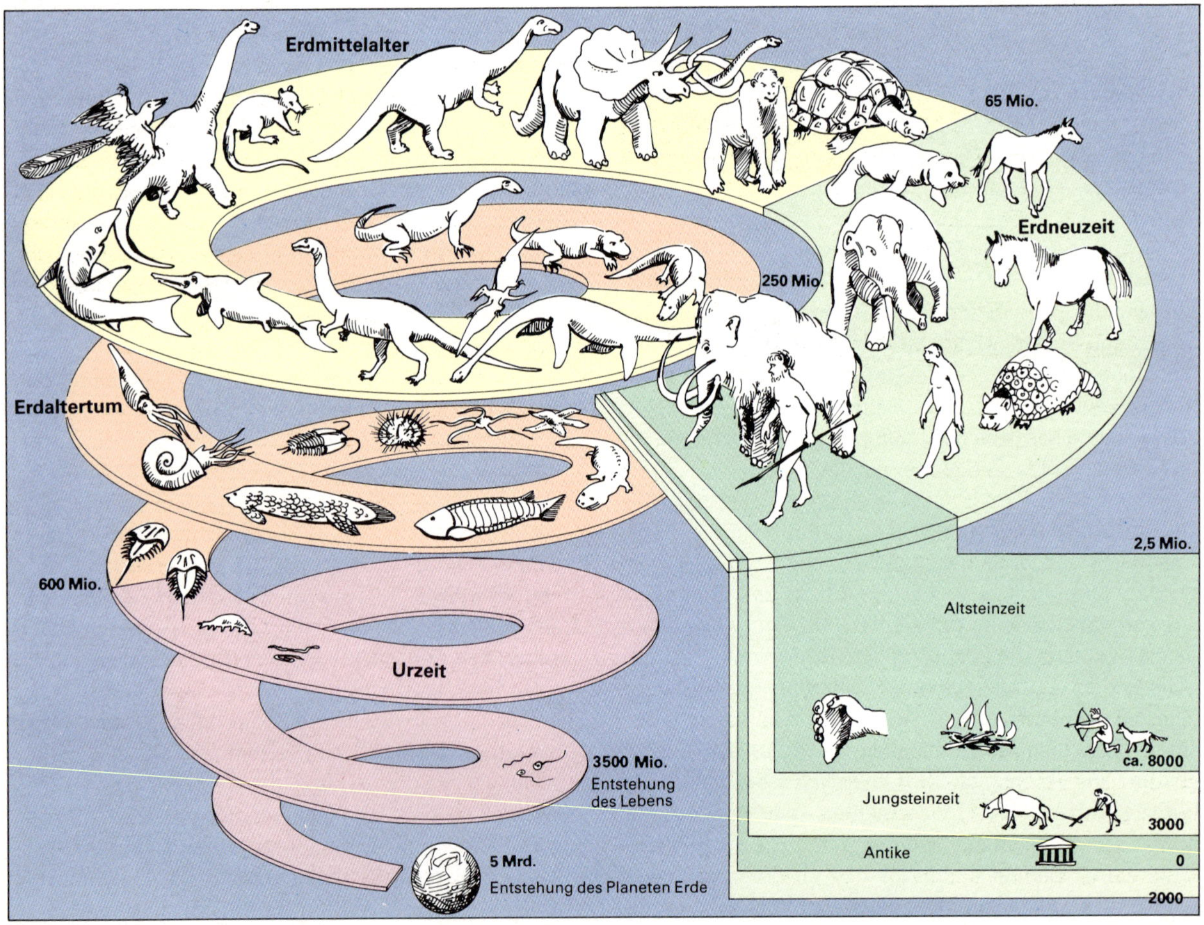

zu dir nach Hause. Diese Strecke soll der Zeitspanne von der Entstehung der Erde bis heute entsprechen:

- Erst 40 km vor deinem Haus würdest du den ersten Fischen begegnen,
- 12 km vor dem Haus den ersten Säugetieren,
- 300 m vor der Haustür träfest du auf die ersten menschenähnlichen Wesen,
- 50 m davor auf den ältesten „Europäer",
- 10 m vor der Haustür auf den Neandertaler,
- 1 m davor auf die ersten Bauern,
- 50 cm vor der Haustür drängelten sich Pharaonen, Caesar, Karl der Große, Luther, Napoleon, die Beatles...

Was für ein winziger Abschnitt in der Geschichte der Menschheit, von dem wir Genaueres wissen!

Du kannst – vielleicht im Klassenzimmer – eine Strecke von 5 m abmessen für die Zeit, aus der wir schriftliche Quellen haben; für je 1000 Jahre nimmst du 1 m; nach 3 m machst du einen dicken Strich: Hier ist das Jahr 1, nach weiteren 2 m bist du im Jahr 2000. Oder du zeichnest auf einem Papierstreifen, den du in dein Heft kleben kannst, eine Strecke von 50 cm, je 10 cm entsprechen dann 1000 Jahren. In diese Zeitleiste, die du eventuell noch in Teilstrecken für je 100 Jahre einteilst, kannst du im Verlauf des Geschichtsunterrichts wichtige Daten, die du kennenlernst, eintragen.

## Womit befaßt sich Geschichte?

Wer sich mit Geschichte beschäftigt, will vor allem etwas über den Menschen und über die Art und Weise wissen, wie die Menschen in der Vergangenheit gelebt haben. Dazu muß geklärt werden, in welchem Raum und in welcher Zeit (*wann* und *wo*) sich dieses Leben abgespielt hat. Zwei Beispiele sollen das verdeutlichen.

### 1. „Tatort" Neandertal

August 1856: Die Kalksteinwände des Neandertales bei Düsseldorf sollen abgebrochen werden. Beim Ausräumen einer kleinen Höhle fallen den Arbeitern Skeletteile auf die Schaufeln. Sie werfen sie achtlos in die Tiefe, genau vor die Füße des Steinbruchbesitzers, der zu einer Inspektion gekommen ist. Dieser hebt einige Knochen auf und denkt, sie könnten vielleicht von einem Höhlenbären stammen. Er kennt einen Lehrer, der solche Knochenfunde gern in seinem Naturkundeunterricht verwendet.

Der Lehrer untersucht die Knochen, kommt selbst zur Fundstelle, findet weitere Teile, fügt sie zusammen, stutzt – und wagt dann eine kühne Behauptung: Das seien nicht die Knochen eines Höhlenbären, sondern die Überreste eines „urtypischen Individuums unseres Geschlechtes"; mit anderen Worten: es sei ein uralter Vorfahr von uns Menschen.

Seinen Schülern beschreibt er diesen Urahn so:

Das Schädeldach springt weit zurück, über den Augenhöhlen sind daumendicke Knochenwülste, die Oberschenkel sind stark und merkwürdig gekrümmt, die Oberarmknochen ungewöhnlich kräftig. Er versichert seinen Schülern, daß dies kein Tier, sondern ein sehr früher Mensch sei; daß der Mensch nicht von Anfang an so ausgesehen habe wie heute, daß es Vorläufer des heutigen Menschen gegeben, der Mensch also eine lange Entwicklung durchgemacht habe. Dies widersprach allerdings der damaligen Auffassung der Wissenschaft, die eine Entwicklung vom „primitiven" Menschen zum „wahren" Menschen ablehnte. Die Schüler hatten viele Fragen an ihren Lehrer. – Was hättest du gefragt?

Die Schüler wollten sich eine Vorstellung von diesem „Ahnherrn" machen, sie wollten wissen, woraus er sich entwickelt, wie und wo er gelebt hat, welche Lebensbedingungen er vorfand und wie er damit fertig wurde. Solche Fragen zu stellen, ist eine der Aufgaben dessen, der sich mit Geschichte beschäftigt.

Wir können uns die Arbeit des Geschichtsforschers – den Historiker in seiner „Werkstatt" – etwa so vorstellen:

| | |
|---|---|
| Er sammelt „Funde",<br>die etwas über die<br>Vergangenheit mitteilen.<br>Er sichert „Spuren".<br>Er stellt Fragen, z.B.:<br>*Was* ist geschehen?<br>*Wo* hat sich das ereignet?<br>*Wer* war beteiligt, betroffen? | Er versucht das, was<br>geschehen ist,<br>zu *rekonstruieren*.<br>*Wann* war das?<br>Was war *vorher*, was<br>*nachher* – er legt eine<br>zeitliche Ordnung fest.<br>*Wie* sind die Ereignisse vor<br>sich gegangen und *warum*? |

Er zieht Schlußfolgerungen:
Welche *Bedeutung* haben die Funde,
die Ereignisse?

*Bild aus der Höhle von Lascaux, entstanden vor mehr als 15 000 Jahren*

*Pablo Picasso, Guernica, 1937. Picasso malte dieses Bild nach der Bombardierung und totalen Zerstörung der Stadt Guernica im Spanischen Bürgerkrieg 1937.*

## 2. Eine Gemäldegalerie aus der Vorzeit

Vier französische Jungen wollten im September 1940 im Tal der Dordogne einer bestimmten Sache auf den Grund gehen. Man behauptete nämlich, in der Gegend gebe es unterirdische Gänge und Höhlen. Einer der Jungen hatte eine tiefe Kuhle entdeckt, an deren Boden sich eine kleine Öffnung zeigte. Er stieg in die Kuhle, und unversehens fiel er durch die Öffnung einige Meter tief hinab in eine große Höhle. Mit der vorsorglich mitgenommenen Taschenlampe leuchtete er die Wände ab – und rief aufgeregt seinen Kameraden hinauf, sie sollten ihm folgen. Wohin sie schauten, überall sahen sie Bilder, Bilder in schwarzen, gelben und roten Farben, Bilder von Hirschen, Urrindern, Wildpferden, Bisons, riesenhaft groß und beängstigend in ihrer Lebendigkeit! Eine der großartigsten Fundstätten der frühesten Kunst der Menschheit war entdeckt, die Höhle von Lascaux.

Die Malereien sind gut 15 000 Jahre alt. Sie geben uns nicht nur Aufschluß über die damalige Tierwelt, sie geben uns auch viele Hinweise auf das Leben der Menschen in dieser Zeit. Aber wir erfahren noch mehr: Die Bilder schildern uns auch die Schwierigkeiten des Menschen, trotz der Gefahren durch die Natur zu *überleben*, und seine Versuche, die Natur zu *beherrschen*.

In der „Werkstatt" des Historikers werden deshalb folgende Fragen gestellt:

| ***Wie ist das Verhältnis des Menschen zu seiner Umwelt?*** | ***Wie ist das Verhältnis des Menschen zu seinen Mitmenschen?*** |
|---|---|
| – Wie wurden die Menschen mit Naturereignissen wie Blitz, Donner oder Mondfinsternis fertig, die sie nicht erklären konnten?<br>– Wie begegneten sie Gefahren, die ihnen drohten?<br>– Auf welche Art und Weise haben sie sich ihre Nahrung beschafft? | – Wie können sich Menschen gegenüber anderen Menschen verhalten?<br>– Was kann dazu führen, daß sich Menschen zu Gemeinschaften zusammenschließen?<br>– Aus welchen Gründen geraten Menschen in Streit miteinander? |

Zugleich werfen diese Bilder Fragen auf, die bis heute noch keine endgültige Antwort gefunden haben: Was bewegte die Menschen, solche Bilder zu malen? Was bedeuten diese Bilder?

Zu den Fragen im Fach Geschichte gehören also auch diese:

***Wie hat der Mensch seine Welt und seine Zeit gedeutet?***

- Wie sieht der Mensch seine Welt?
- Wie erklärt er sich, was um ihn herum geschieht?
- Wen sieht er als „Feind", als Gefahr an?
- Welche Aufgaben stellt er sich in dieser Welt?
- Wie denkt er über das Leben auf der Erde, über den Tod, über das Jenseits?

Betrachte noch einmal die Bilder. Was wollten die Menschen über sich und ihre Welt mitteilen? Wie haben sie „ihre Welt" in diesen Bildern gedeutet?

An die Vergangenheit kann man also auch noch folgende Fragen stellen:

***Warum haben die Menschen so gehandelt?***

- Was bestimmte die Entscheidungen der Menschen?
- Was hielten die Menschen für wichtig und wertvoll?
- Welche Beweggründe waren für ihr Handeln maßgebend?
- Warum handelten Menschen in vergleichbaren Situationen oft unterschiedlich?

Aus den Beispielen geht hervor, daß die Geschichte sich damit beschäftigt, wie der Mensch zum Menschen wird, wie er seine Beziehungen zu den Mitmenschen, sein Verhältnis zur Natur und zu seiner Umwelt gestaltet; wie er das Leben in der Gemeinschaft ordnet; wie er die Dinge, die ihn angehen, deutet; wie er über seine Zeit, über das Leben allgemein und den Tod, d. h. über Vergangenheit, Gegenwart und Zukunft denkt.

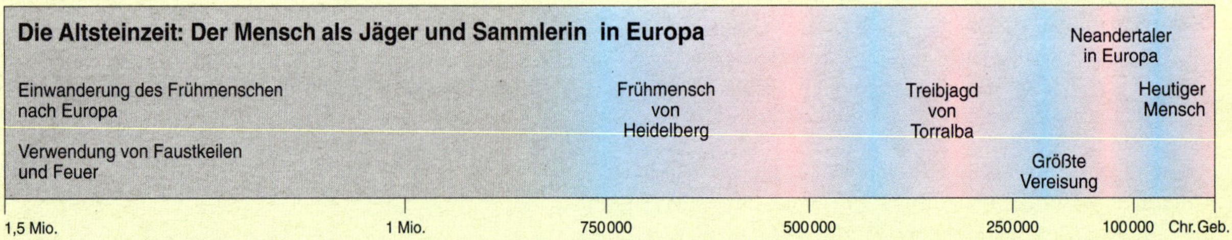
Die Altsteinzeit: Der Mensch als Jäger und Sammlerin in Europa
Einwanderung des Frühmenschen nach Europa
Verwendung von Faustkeilen und Feuer
Frühmensch von Heidelberg
Treibjagd von Torralba
Neandertaler in Europa
Größte Vereisung
Heutiger Mensch
1,5 Mio.
1 Mio.
750000
500000
250000
100000
Chr.Geb.

# 1. Urgeschichte

Laetoli vor ungefähr vier Millionen Jahren: Schon seit längerem hatte es im Inneren des Vulkans rumort. Nun stieß er eine Wolke feinen Staubes aus, und Asche legte sich über das Land ringsum. Es begann zu regnen. Doch schon bald schien wieder die Sonne, denn die Regenzeit hatte noch nicht richtig begonnen. Da kam ein etwa 1,40 Meter großes, sich aufrecht auf zwei Beinen bewegendes Lebewesen und ging über die feuchte Asche. Kurze Zeit darauf folgten zwei Lebewesen der gleichen Art – das eine setzte seine Füße genau in die Fußstapfen des vorangegangenen, das andere, etwa 1,20 Meter groß, lief hinterher oder voraus. Einmal hielt es an und drehte sich nach links. Vielleicht hatten Elefanten oder Nashörner seine Aufmerksamkeit erregt, vielleicht Büffel, Antilopen oder Paviane, vielleicht auch nur ein Hase oder ein Perlhuhn. In den nächsten Tagen und Wochen stieß der Vulkan neue Aschenwolken aus, die alle Fußspuren zudeckten.

Woher wissen wir das alles? Seit vielen Jahren suchen Wissenschaftlerinnen und Wissenschaftler in Ostafrika nach Fossilien (versteinerten Knochen) der frühesten Menschen. 1976 wurde in Laetoli eine versteinerte Vulkanaschenschicht entdeckt, die Fußspuren zahlreicher Tiere bewahrt hatte. Als diese Schicht genau untersucht wurde, kamen 1978 die beiden Fährten zutage, die auf dem nebenstehenden Bild zu sehen sind. Sie konnten nur von Lebewesen stammen, die aufrecht auf zwei Beinen gingen wie wir. Von der Größe der Fußabdrücke und der Schrittlänge schloß man auf die Körpergröße. Außer zwei Kinnladen und einigen Zähnen konnten aber an dieser Fundstelle keine Fossilien gefunden werden.

Waren diese Lebewesen nun Tiere oder Menschen?

Woher kamen die ersten Menschen? Wie sahen sie aus? In allen Erdteilen haben Menschen so gefragt und ganz verschiedene Antworten gefunden: Die Geschichte von Adam und Eva in der Bibel ist eine dieser Antworten. Die Chinesen stellten sich dagegen einen Urriesen vor. Als er starb, sollen aus seinem Körper Himmel und Erde entstanden sein, und das Ungeziefer auf seinem Körper soll sich in die ersten Menschen verwandelt haben. Von einem Urriesen erzählten auch die Germanen. Nach ihrem Glauben schufen drei Götter das erste Menschenpaar aus zwei Baumstämmen: den Mann aus einer Esche, die Frau aus einer Ulme. Die Maya in Mittelamerika glaubten, daß die Götter die Menschen aus Maispflanzen erschaffen hätten. Im folgenden Kapitel soll berichtet werden, wie heute Wissenschaftlerinnen und Wissenschaftler versuchen, auf die alten Fragen neue Antworten zu geben.

Wir möchten auch gerne wissen, wie die Menschen früher gelebt haben. Aber nicht alle haben Berichte hinterlassen. Denn die älteste Schrift, die wir heute entziffern können, wurde erst vor ungefähr 5500 Jahren erfunden. Lange vorher lebten jedoch schon Menschen auf der Erde. Diese frühen Menschen haben aber andere Spuren hinterlassen. Knochen und Gegenstände aus Stein, Keramik, Metall oder manchmal auch aus Holz haben sich im Boden erhalten; Reste ihrer Gräber und Wohnungen wurden ausgegraben.

So können wir zwar feststellen, ob die damaligen Menschen groß oder klein waren, doch ob die Haut hell oder dunkel, die Augen braun oder blau waren – darüber können wir nur Vermutungen anstellen. Wie ihre Tänze beschaffen waren und ihre Musik klang – wir können es nicht wissen. Was die Mütter ihren Kindern erzählten, wie man sich das Leben nach dem Tode vorstellte – wir werden es niemals erfahren. Alle Lebensbereiche, die keine Spuren im Boden hinterlassen konnten, stellt man sich für die frühen Menschen so ähnlich vor wie bei den Völkern, die bis heute unter vergleichbaren Bedingungen gelebt haben, z. B. die australischen Ureinwohner.

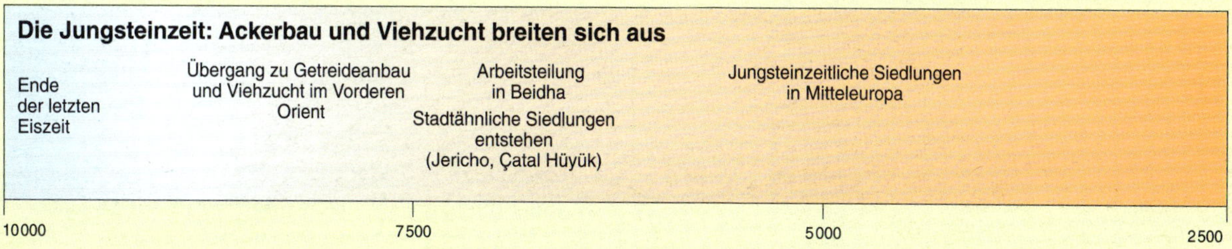

# Altsteinzeit – Die Menschen als Jäger und Sammlerinnen

## Wie der Mensch zum Menschen wurde

### Funde von frühesten Vorfahren

Die Fußspuren von Laetoli beweisen, daß es vor etwa vier Millionen Jahren in Ostafrika Lebewesen gab, die aufrecht auf zwei Beinen gingen. Wir können uns auch vorstellen, wie sie ausgesehen haben. Denn eine andere Forschergruppe hatte das Glück, in Hadar (Äthiopien) fast ebenso alte Fossilien von einer gemeinsam umgekommenen Gruppe von Erwachsenen, Jugendlichen und Kindern zu finden. Die größten von ihnen maßen 1,52 Meter. Ihr Körperbau war unserem ähnlich, ihre Hände vermutlich ebenso geschickt. Aber auf diesem bereits sehr menschenähnlichen Körper saß ein Kopf, der eher einem Menschenaffen zu gehören schien. Menschen oder Menschenaffen – was waren sie? Was wissen wir überhaupt über die Entstehung der Menschen?

Vor etwa 20 Millionen Jahren gab es viele verschiedene Arten von Menschenaffen. Eine davon war vermutlich der *gemeinsame Vorfahr* der heute lebenden Menschenaffen und der Menschen. Wie entwickelte sich nun aber der Unterschied zwischen Menschenaffen und Menschen?

*So haben die Lebewesen wahrscheinlich ausgesehen, deren Überreste in Laetolie und Hadar gefunden wurden.*

### Aufrechter Gang und größeres Gehirn

Wie wir an den Funden von Hadar sehen können, unterschieden sich die Vorfahren des Menschen von den Menschenaffen durch den *aufrechten Gang*. Wahrscheinlich gleichzeitig mit den Füßen veränderten sich auch die Hände. Man konnte jetzt etwas in den Händen tragen und mit ihnen festhalten. Das war besonders wichtig für die Mütter; denn ein Säugling mit menschlichen Füßen konnte sich nicht mehr allein an seine Mutter klammern und mußte deshalb schon damals getragen werden.

Jüngere Funde zeigen, daß die Menschheit damals noch „Vettern" besaß. Wie sich schon früher die Menschenaffen und die Menschenvorfahren auseinanderentwikkelt hatten, so gab es später noch Abspaltungen. Je länger die getrennte Entwicklung andauerte, um so unähnlicher wurden sich die „Vettern". Man nennt deshalb nur die Vorfahren des heutigen Menschen „Homo" = Mensch. Die anderen haben schon von ihrem ersten Entdecker in Südafrika den Namen „Australopithecus" = Südaffe erhalten. Sie waren zwar menschenähnlich, aber sie werden nicht für Menschen gehalten. Vor etwa einer Million Jahren sind sie ausgestorben. Wo aber gehört die „Familie" von Hadar hin? Sie lebte wahrscheinlich vor dieser letzten Auseinanderentwicklung. Vermutlich sind Lebewesen von dieser Art sowohl die Vorfahren der „Südaffen" wie auch der Menschen gewesen. Sie gingen zwar aufrecht, waren aber selbst noch keine Menschen, denn ihr Kopf ähnelte noch dem eines Affen.

Funde an anderen Orten in Ostafrika sind jünger als die in Hadar. An ihnen kann man erkennen, wie sich allmählich auch der Kopf veränderte und ein menschliches Aussehen annahm. Durch den aufrechten Gang unterschieden sich die Vorfahren der Menschen von den Menschenaffen sicher schon zwei Millionen Jahre lang, bevor das zweite wichtige körperliche Unterscheidungsmerkmal deutlich ausgebildet war: das *größere Gehirn*. Im Vergleich zu den Menschenaffen wurde das Gehirn nicht nur immer größer, auch seine Form änderte sich. Deshalb konnten die Menschen immer besser denken, und sie begannen Dinge zu tun, die Tiere nicht können.

*Die Entwicklung zum modernen Menschen*

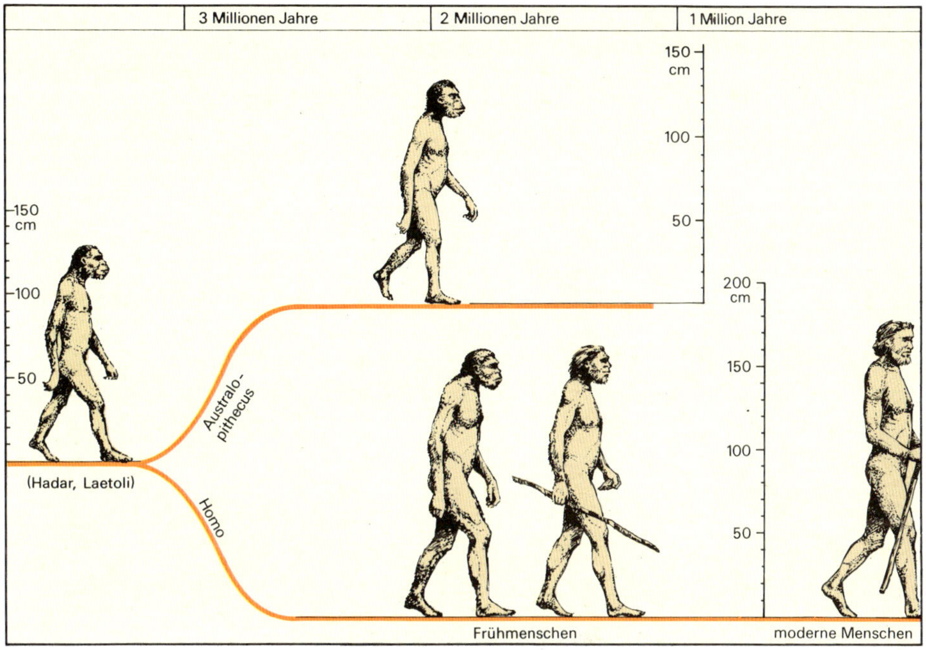


**Herstellung von Werkzeugen und Benutzung einer Sprache**

Aus der Beobachtung von Orang-Utans und Schimpansen wissen wir, daß sie Werkzeuge benutzen. Sie streifen zum Beispiel Blätter von einem Zweig ab, mit dem sie Termiten aus ihrem Bau angeln. Sie pressen Blätter zusammen, die sie wie einen Schwamm gebrauchen. Auch die Lebewesen von Laetoli und Hadar haben sicher Werkzeuge benutzt, vielleicht einen Stein zum Aufschlagen von Nüssen oder Straußeneiern, den sie danach wieder fortwarfen.

Vor 2,5 Millionen Jahren aber hatte sich etwas geändert: Aus Werkzeugbenutzern waren *Werkzeughersteller* geworden. So alt sind die ältesten bisher gefundenen Werkzeuge. Es sind Steine, die künstlich so zurechtgeschlagen sind, daß sie scharfe Kanten zum Schneiden erhielten. Dabei arbeiteten die Steinschläger immer in der gleichen Weise, so daß immer wieder die gleichen Formen entstanden. Es bildeten sich *Gewohnheiten* und erste *Techniken* heraus, die von den Älteren an die Kinder weitergegeben wurden.

Aus den Funden ist zu erkennen, daß im Laufe von Generationen immer besser gelernt wurde, für jedes Werkzeug die geeignetste Gesteinsart auszuwählen und für verschiedene Tätigkeiten unterschiedliche Werkzeuge anzufertigen. Seit ungefähr der Zeit vor 1,5 Millionen Jahren lebten bereits menschliche Gruppen nebeneinander, die verschiedene Gewohnheiten der Werkzeugherstellung kannten. Die Archäologen nennen das verschiedene Kulturen. Erhalten sind uns aus der frühen Zeit nur Werkzeuge aus Stein. Aber sehr wahrscheinlich haben die Menschen mit ihnen schon damals auch Werkzeuge aus Holz und Knochen hergestellt.

Wie haben Kinder damals gelernt? Haben sie nur durch Abgucken und Nachmachen gelernt, so wie es junge Menschenaffen tun? Oder haben die Erwachsenen mit ihnen darüber gesprochen, wo man etwas zu essen findet, welche Pflanzen Bauchweh verursachen, welche Tiere gefährlich sind, wie man einen Stein richtig bearbeitet? Wir wissen es nicht. Vermutet wird aber, daß die Menschen schon vor zwei Millionen Jahren eine einfache *Sprache* hatten – ein wichtiger Unterschied zu den Menschenaffen.

**Zusammenleben und Arbeitsteilung**

Wir wissen auch nicht genau, wie sich das Zusammenle-

ben damals abspielte. In den letzten Jahren sind jedoch Lagerplätze aus der Zeit vor 2 bis 1,5 Millionen Jahren gefunden worden. Sie waren meist kreisförmig begrenzt. Vermutlich hatten die Benutzer Zweige rundherum in den Boden gesteckt. Die zurückgebliebenen Werkzeuge und zerschlagene Tierknochen deuten darauf hin, daß ein solches Lager mehrere Tage lang aufgesucht wurde und daß man dort gemeinsam aß. Dies zeigt uns, daß inzwischen auch wichtige Veränderungen im Verhalten eingetreten waren, die den Menschen deutlich vom Menschenaffen unterscheiden: Die gefundene Nahrung wird nicht sofort verzehrt, sondern für spätere gemeinsame Mahlzeiten woanders hingetragen, also mit den übrigen Angehörigen der Gruppe geteilt.
Wahrscheinlich war es schon damals üblich, daß die Männer für die Beschaffung der Fleischnahrung verantwortlich waren. Zuerst hatten sie wohl in der Steppe nach toten Tieren gesucht, später lernten sie auch zu jagen. Dazu mußten sie sich weit vom Lager entfernen. Die Frauen aber wurden durch ihre Kleinkinder daran gehindert, so weit zu gehen und dabei große Lasten zu transportieren. Denn sie hatten noch kein Tragetuch und mußten ihr Kind auf den Armen tragen. Mit einem Säugling oder Kleinkind konnte man auch nicht auf die Jagd gehen – es könnte jeden Augenblick zu weinen beginnen und das Wild verscheuchen. So vermuten wir, daß die Frauen sich nicht an der Jagd beteiligten, sondern eßbare Pflanzen, Früchte, Vogeleier, Schnecken und andere Kleintiere in der Umgebung des Lagers sammelten. Vielleicht kannten sie schon damals Stöcke zum Ausgraben von Wurzeln und einfache Behälter aus Tierhaut oder Körbe zum Transport dieser Nahrungsmittel.
Die Arbeit der Frauen war vermutlich für die Ernährung der Gruppe wichtiger als die der Männer. Pflanzen konnte man in diesen Gegenden fast überall finden. Die Jagd dagegen war sicher nicht immer erfolgreich. Eine solche Arbeitsteilung machte Frauen und Männer voneinander abhängig und festigte den Zusammenhalt.

*Hauwerkzeuge und Faustkeile der Frühmenschen*

*Hauwerkzeuge wie das links abgebildete wurden schon unter den ältesten Werkzeugen gefunden. Der daneben abgebildete Faustkeil ist gut eine Million Jahre jünger.*

**Familien und Wohnung**

Kann dieses Zusammenleben der Frühmenschen schon als Familienleben bezeichnet werden? Selbst bei Schimpansen bildet das Weibchen mit seinen Kindern eine feste Gruppe innerhalb eines Trupps, und ein Schimpansenjunges muß regelrecht lernen, sich richtig zu benehmen. Auch „Freundschaften“ kommen vor.
Einfacher dürfen wir uns das Zusammenleben schon der frühesten Menschen nicht vorstellen. Vermutlich gab es viel mehr Regeln, damit sich alle möglichst gut vertrugen. Einige Wissenschaftler sind der Meinung, daß es bereits bei den Vorfahren der frühen Menschen üblich geworden war, daß ein bestimmtes Männchen zu einem bestimmten Weibchen gehörte und besonders dieses und seine Jungen beschützte.
Es war auch eine einschneidende Veränderung, daß ein Lagerplatz für längere Zeit benutzt wurde und damit eine Art *Wohnung* bildete. Eine Verletzung oder Fieber bedeuteten jetzt keine lebensgefährliche Bedrohung mehr; denn das kranke Gruppenmitglied konnte wiedergefunden werden, auch noch nach Tagen. Es konnte von den übrigen miternährt werden, bis es wieder gesund genug war, um sich an der Nahrungssuche zu beteiligen.

## Europa wird von Menschen besiedelt

### Schwierige Lebensbedingungen in Europa

Die ältesten Funde frühmenschlichen Lebens stammen aus Afrika. Wahrscheinlich vor 1,5 bis 1 Millionen Jahren verbreiteten sich die Frühmenschen auch nach Europa. Als erster Überrest eines Frühmenschen ist hier 1907 in der Nähe von Heidelberg ein Unterkiefer gefunden worden. Er ist wahrscheinlich 500 000 bis 700 000 Jahre alt. In Italien, Frankreich und Spanien sind ebenso alte und in Ungarn nur wenig jüngere Werkzeuge und Fossilien gefunden worden. Woran lag es, daß in Europa erst später Frühmenschen lebten?
Hier überleben zu können, setzte aufgrund des Klimas und der Vegetation bestimmte Fähigkeiten voraus. Der Verstand mußte sich also weiterentwickelt haben. Während die Frühmenschen in den Tropen das ganze Jahr hindurch pflanzliche Nahrung sammeln konnten, waren sie in Europa im Winter für ihre Ernährung fast ganz auf die Jagd angewiesen.
In Europa war aber nicht nur die Ernährung schwieriger – auch die Kälte des Winters mußte überstanden werden. Die Frühmenschen fürchteten sich schon damals nicht mehr vor dem Feuer wie die Tiere, sondern lernten, es zu beherrschen. Im Laufe der Zeit stellten sie auch fest, daß das Feuer nicht nur Wärme gibt, sondern daß es auch zu verschiedenen anderen Zwecken benutzt werden kann. Besonders deutlich läßt sich das aus Funden schließen, die in Torralba (150 Kilometer nordöstlich von Madrid) gemacht wurden.

### Die Jäger von Torralba

Vor ungefähr 350 000 Jahren war es in Spanien so kalt wie heute in Alaska. Bei Torralba gab es damals einen Gebirgspaß, der durch ein sumpfiges Tal führte. Diesen Weg benutzten auch Elefanten, Nashörner, Wildpferde, Auerochsen und Hirsche. Die dort lebenden Frühmenschen erkannten, wie gut dieses Gelände für die Jagd geeignet war. Die Ausgräber haben nämlich überall Spuren von Feuer gefunden, mit dem die Tiere von den Jägern in den Sumpf getrieben worden waren. Saßen dann die Tiere in der Falle, wurden sie getötet, vermutlich mit Holzspeeren und Waffen aus Stein.
Aus den verschiedenen Ansammlungen von Fossilien und Werkzeugen konnte man schließen, daß die Jäger die besten Stücke abgeschnitten und eine Strecke weit fortgetragen haben. Dort saß man um ein Feuer und hat gebratenes Fleisch gegessen; denn überall lagen verbrannte Knochen. Außerdem härteten die Jäger ihre Speere aus frischem Holz im Feuer.
Die Treibjagden von Torralba machen deutlich, wie weit sich der Frühmensch seit seinem ersten Auftreten zwei Millionen Jahre früher schon entwickelt hatte. Die Zusammenarbeit in der Gruppe und bei der Jagd wurde immer besser organisiert. Vermutlich sind auch die Regeln des Zusammenlebens und der Arbeitsteilung immer weiter verfeinert worden. Sicherlich konnten sich diese Frühmenschen über alle die Dinge und Ereignisse unterhalten, die für sie wichtig waren.

### Kalt- und Warmzeiten

Warum aber war es damals in Spanien so viel kälter als

*Schematische Darstellung des Wechsels zwischen Kaltzeiten und Warmzeiten*

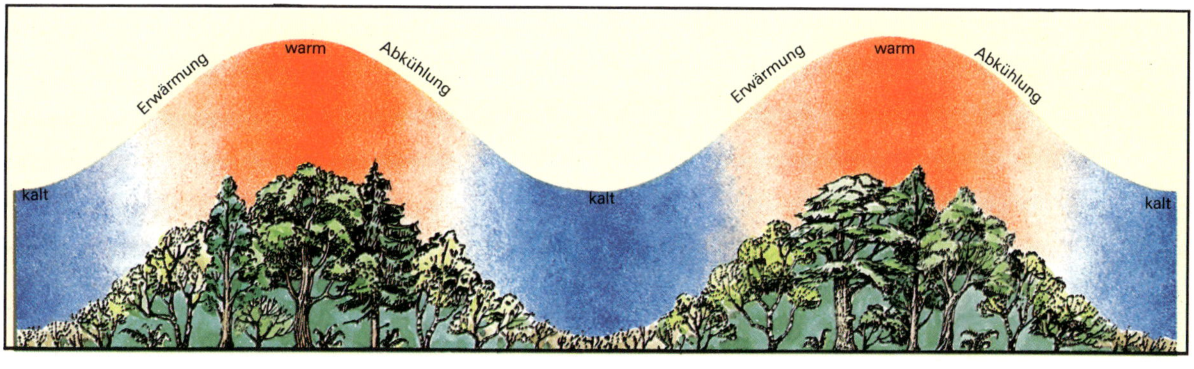

heute? Das liegt daran, daß es in den letzten zwei bis drei Millionen Jahren auf der Erde große Klimaschwankungen gegeben hat. Mindestens sechsmal wechselten Kaltzeiten (Eiszeiten) und Warmzeiten miteinander ab. Die Übergänge geschahen nicht plötzlich, sondern wir müssen uns die Veränderungen der durchschnittlichen Temperatur wie eine Welle vorstellen, wobei die letzten drei Eiszeiten besonders große Kälte in Europa mit sich brachten.

Die Leute von Torralba lebten vermutlich gegen Ende der drittletzten Eiszeit. Die menschlichen Fossilien, die wir aus der darauffolgenden Warmzeit kennen, zeigen uns, daß die Menschheit sich damals in der großen Umwandlung vom Frühmenschen zum „modernen Menschen" befand. In der besonders kalten vorletzten Eiszeit wurde Europa dann aber wieder so gut wie menschenleer.

*Nachbildung eines Neandertalers*

## Die Neandertaler

Erst in der letzten Warmzeit, die vor etwa 125 000 Jahren begann, wurde Europa endgültig von Menschen besiedelt. Es waren die *Neandertaler*, eine ältere Form des modernen Menschen. Ihr Gehirn war mindestens ebensogroß wie das des heutigen Menschen, ihr Schädel war aber noch anders geformt: die Stirn abgeflacht, Ober- und Unterkiefer stark ausgebildet. Sie waren auch etwas kleiner, aber vermutlich viel kräftiger als die Menschen heute. Ihren Namen tragen sie nach dem Neandertal bei Düsseldorf, in dem 1856 die ersten Fossilien eines solchen Menschen gefunden wurden (siehe S. 11).

Die Neandertaler lebten noch immer wie ihre Vorfahren von dem, was die Natur ihnen anbot: Die Männer jagten, die Frauen sammelten Pflanzen, Beeren, Wurzelknollen, Pilze, Schnecken, andere eßbare Kleintiere und Feuerholz. Wahrscheinlich gehörte auch die Bearbeitung der Felle und die Anfertigung der Bekleidung zu ihren Aufgaben. Die Werkzeuge aus Stein, Knochen und Holz haben dagegen vermutlich die Männer hergestellt. Die Neandertaler lebten in Gruppen von vielleicht 20 bis 25 Personen miteinander. Sie wohnten in Hütten aus Zweigen oder in Zelten aus Fellen, manche auch in den vorderen Teilen von Höhlen.

Als die letzte Kaltzeit anbrach, die Winter also immer schneereicher und die Sommer immer kühler und regnerischer wurden, haben die Neandertaler Europa nicht verlassen. Sie blieben und lernten, auch in der nun entstandenen Tundra zu überleben, wo es kaum noch Pflanzen zum Sammeln gab und man deshalb ein sehr erfolgreicher Jäger sein mußte. Da es auch fast kein Feuerholz gab, konnte man häufig nur die Knochen der erlegten Tiere verbrennen.

## Der „moderne Mensch"

Lange Zeit ist angenommen worden, daß die Neandertaler die direkten Vorfahren des heute lebenden Menschen waren. Inzwischen ist man der Auffassung, daß sie vor etwa 35 000 Jahren ausgestorben sind und wir von einem anderen Menschentyp abstammen.

Mitten in der letzten Kaltzeit, vor 35 000 bis 40 000 Jahren, wanderten Leute von der Art der heutigen Menschen in Europa ein. Woher sie kamen, wissen wir nicht – vielleicht aus Afrika, vielleicht aus Asien? Wie die Funde zeigen, waren diese Menschen in allen Dingen geschickter als ihre Vorfahren: in der Herstellung von Werkzeugen und Jagdwaffen, von Wohnbauten, Bekleidung und Schmuck, bei der Ausübung von Jagd und Fischfang. Sie haben Wölfe als Begleittiere an sich gewöhnt. Aus solchen halbzahmen Wölfen entstand dann das erste Haustier, der Hund. Doch auch sie haben noch davon gelebt, was die Natur ihnen bot: von gesammelten Pflanzen und gejagten Tieren.

## Religiöse Vorstellungen und Kulte in der Altsteinzeit

Wir wissen nicht, ob die Jäger von Torralba nach erfolgreicher Jagd Opfer gebracht haben oder wie sie mit ihren Toten umgegangen sind. Anders ist dies bei den Neandertalern: Wir können aufgrund der Funde nachweisen, daß sie eine Religion hatten, denn sie opferten Teile ihrer Jagdbeute. Wir können auch mit Gewißheit sagen, daß sie ihre Toten mit liebevoller Fürsorge bestatteten. Häufig gaben sie ihnen Nahrung und Werkzeuge mit ins Grab. Dies deutet darauf hin, daß sie an ein Weiterleben nach dem Tod glaubten.

Aus der Zeit, in der die „modernen Menschen" in Europa einwanderten, sind uns die ältesten Kunstwerke überliefert, die wir bisher kennen: kleine Figuren aus Elfenbein, wie sie z. B. in der Vogelherdhöhle in Süddeutschland gefunden wurden. Etwas jünger sind die ältesten Musikinstrumente: Flöten aus Knochen, die gut 30 000 Jahre alt sind. Zahllose Gegenstände aus Knochen, Geweih und Elfenbein versahen diese Menschen mit Ritzzeichnungen oder Schnitzereien. Am großartigsten sind aber die Tierbilder, die in mehreren Höhlen in Südfrankreich und Spanien entdeckt wurden. Diese Bilder befinden sich häufig in schwer zugänglichen, unbewohnten Teilen der Höhlen. Sie konnten nur im Schein von Fettschalenlampen oder Fackeln gemalt und später betrachtet werden. Man nimmt deshalb an, daß sie eine besondere Bedeutung hatten. Es scheint, daß in einer so ausgemalten Höhle eine Bildergeschichte erzählt wurde, die wir heute aber nicht mehr richtig lesen können. Wir erkennen nur noch, daß sie vor allem von Tieren, aber auch von Menschen und übernatürlichen Wesen handelte. Vielleicht wurde dargestellt, wie alles in der Welt in ferner Vorzeit von göttlichen Mächten eingerichtet und geordnet worden war und welchen Platz auf der Erde Tiere und Menschen einnehmen sollten.

In Altamira (Spanien) fand man im Umkreis der Höhle und in ihr Werkzeuge und andere Gegenstände, die aus ganz verschiedenen Gegenden stammten. Daraus kann geschlossen werden, daß sich bei solchen Höhlen in jedem Jahr zur selben Zeit Gruppen aus einem weiten Umkreis versammelten. Da konnte man sich gemeinsam auf eine Jagd vorbereiten, neue Erfahrungen austauschen, sich Geschichten erzählen, einen Ehepartner suchen oder sich einer anderen Gruppe anschließen. In den Höhlen fanden dann religiöse Feiern statt.

*Malerei in der Höhle von Pech-Merle (Auvergne, Frankreich), entstanden vor über 15 000 Jahren*

## Am Ende der letzten Eiszeit im Rheinland

### 1 Bericht über eine Fundstelle

**D** Beim Ausheben einer Baugrube wurde in Gönnersdorf bei Neuwied ein Siedlungsplatz aus der letzten Eiszeit (um 10 400 v. Chr.) entdeckt. Die Siedlung lag am Hang, ein Bach floß nahe daran vorbei.
Es wurden mehrere Grundrisse von Wohnbauten gefunden. Einen Grundriß beschreiben wir genauer: Pfostenlöcher in regelmäßigen Abständen bildeten einen Kreis von sieben Meter Durchmesser. Der Boden innerhalb dieses Kreises war mit nach und nach zerbrochenen Schieferplatten gepflastert (Schiefervorkommen etwa 500 Meter entfernt). Überall gab es Spuren von roter Farbe, die aus Eisenoxid (farbige Erde) hergestellt war. Etwa in der Mitte befand sich eine Grube mit Holzkohleresten von Kiefern- und Wacholderholz. Ein Häufchen Asche lag daneben. Teils in der Grube, teils rundherum lagen vom Feuer zersprungene Steine. An einem Ende der Grube gab es Spuren eines Pfostenloches, genau gegenüber lag der Oberschenkelknochen eines Mammuts mit Rußspuren. Eine Rengeweihschaufel stak noch im Boden. Außerdem gab es zahlreiche kleine Gruben ohne Aschenreste. Sie waren mit Steintrümmern und Abfall gefüllt. Wahrscheinlich waren sie mit Fell oder Leder ausgekleidet gewesen. Die Steine sind zersprungen, weil man sie erst im Feuer erhitzt und dann in kaltes Wasser geworfen hatte.

### 2 Wohnung

**2a** *Das Lager. (Der Pfeil zeigt die Stelle, an der die Reste des Lagers gefunden wurden.)*

**2b** *Du siehst auf den beiden Bildern, wie Archäologen die Zelte rekonstruiert haben. Als Vorbild dienten ihnen Zelte heutiger sibirischer Jäger. Um das Zelt nachzubauen, benötigten sie 40 Pferdehäute von insgesamt 240 kg Gewicht.*

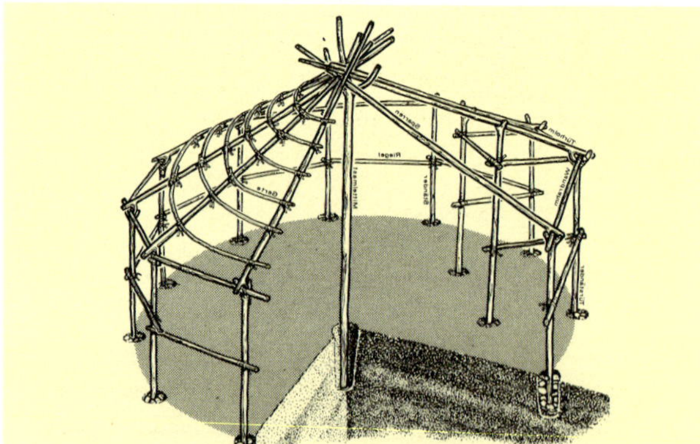

**2c** *Auf den nachfolgenden Bildern ist etwas aus der Inneneinrichtung des Zeltes dargestellt.*

1. *Schreibe auf, welche Arbeiten die Gruppe beim Bau eines Zeltes wie in Abbildung 2b verrichten mußte. Überlege dabei auch, woher sie das Baumaterial nahm und wieviel Menschen sich daran beteiligen konnten.*
2. *Wozu haben die in Abbildung 2c dargestellten Einrichtungen gedient? Suche aus dem Fundbericht die zugehörige Beschreibung heraus.*

## 3 Ernährung

**3a** *Liste der Tiere, deren Knochen auf dem Siedlungsplatz Gönnersdorf gefunden wurden:*

| Vorkommen | gefundene Tierknochen |
|---|---|
| am häufigsten | Pferde |
| sehr häufig | Rentier |
| ziemlich häufig | Eisfuchs, Schneehase, Gans, Schwan, Ente, Schnee-Eule, Möwe, Kolkrabe, Fisch |
| vereinzelt | Wisent, Auerochse, Saiga-Antilope, Gemse, Mammut, Wollhaarnashorn, Hirsch, Eule |

**3b** *Liste der eßbaren Pflanzen, die in der Gegend um das Lager wuchsen:*

| Pflanze | eßbare Teile |
|---|---|
| Eiche | Eicheln (gekocht) |
| Wacholder | Beeren |
| Hasel | Nüsse |
| Gräser | Samen (geröstet, zerstoßen, gemahlen, gekocht) |
| Süßgräser | Fruchtstände (gekocht) |
| Kamille | Blütenstände |
| Schafgarbe | Blütenstände |
| Löwenzahn | Blätter (roh und gekocht) |
| Wegwarte | Wurzel und Blätter |
| Melden | Blätter (gekocht) |
| Nelkengewächse | Wurzel |
| Beifuß | ganze Pflanze vor Knospenaufbruch, gekocht |
| Topinambur | Knolle als Gemüse gekocht, Blätter und Stengel |

1. *Betrachte noch einmal das Bild 2a und stelle fest, wo die verschiedenen Tiere leben und die Pflanzen wachsen konnten.*
2. *Stelle einen möglichen Speiseplan für einen Tag auf. Denke dabei auch an die Beschaffung der Nahrung und ihre Zubereitung. Achte auf die Jahreszeit.*
3. *Die Liste der Tiere gibt dir nicht nur über die Ernährung Auskunft. Welche anderen Verwendungen der Beutetiere kannst du dir vorstellen? Stelle selbst eine Liste auf und gib die Teile der verwendeten Beute an.*

## 4 Übersicht über Werkzeuge, die in Gönnersdorf gefunden wurden

4a Kratzer zur Fellbearbeitung
4b Stichel zur Bearbeitung von Geweih und Elfenbein
4c Rückenmesser zum Schneiden
4d Haugerät
4e Herstellung von Nähnadeln aus Knochen
4f Benutzung von Bohrer und Nadel
4g Harpune aus Geweih
4h Geschoßspitze mit Ritzzeichnungen aus Geweih. Der hölzerne Speerschaft hat sich nicht erhalten.

Die Abb. 4a und 4c bis 4h sind gegenüber dem Original ca. um die Hälfte verkleinert. Die Abb. 4b ist nur um ein Drittel kleiner.

4a

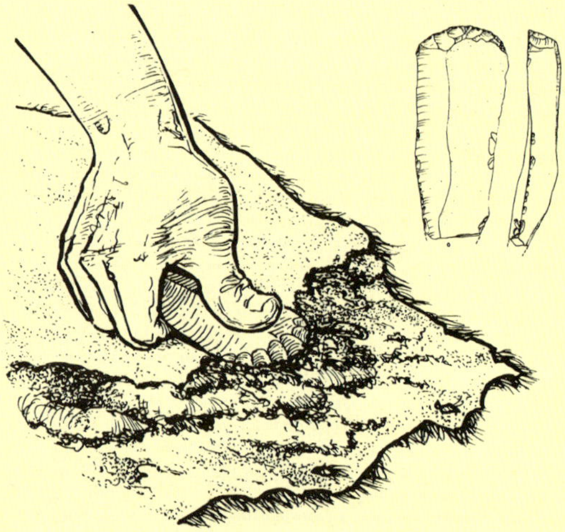

4b

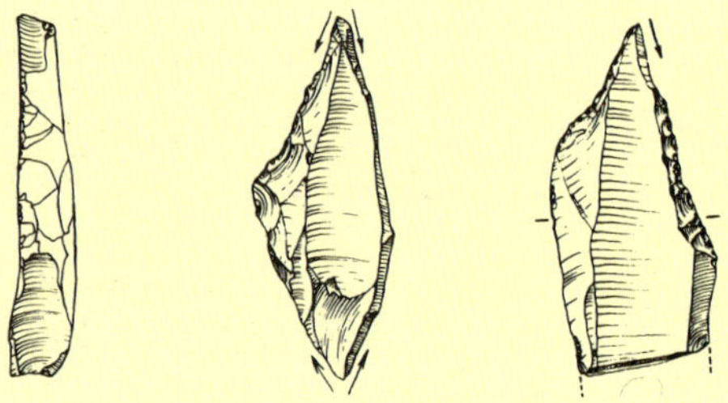

4c

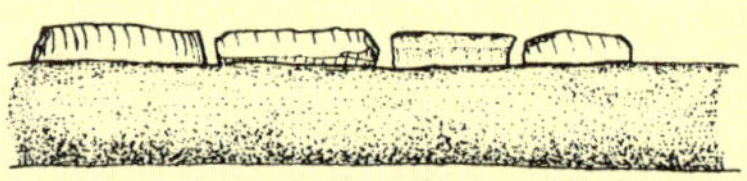

4d

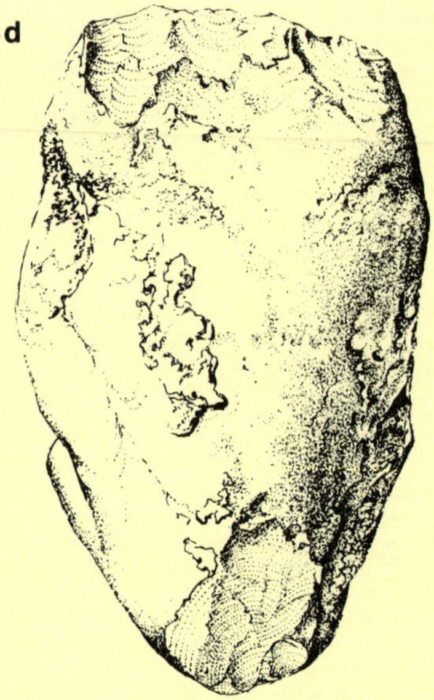

4e

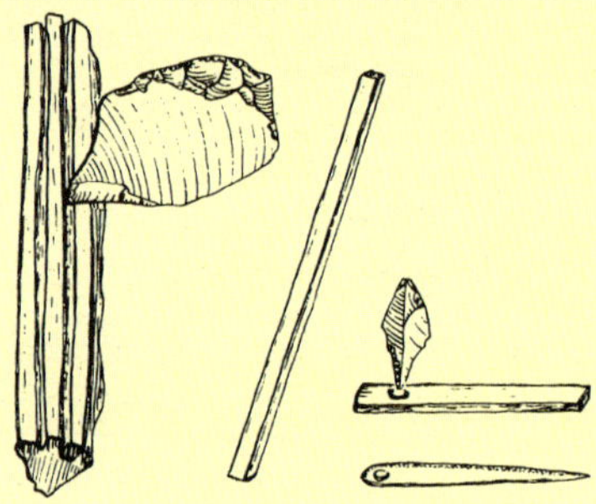

4f

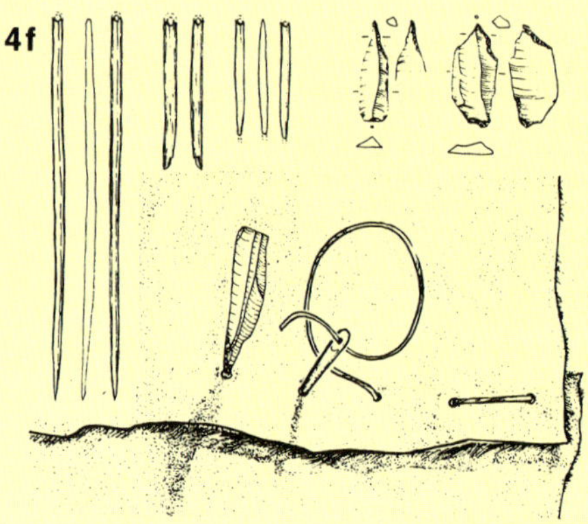

4g

4h

*1. Welche Geräte sind von Männern, welche von Frauen benutzt worden?*
*2. Welche Tätigkeiten haben sie damit ausgeübt?*

## 5 Kleidung und Schmuck

**5a** *Zähne von Hirsch und Eisfuchs*

**5b** *Holzperlen*

**5c** *Durchbohrte Schneckenhäuser. Die runden Schnecken stammen aus dem Mittelmeer, die länglichen aus dem Mittelmeer und dem Atlantik.*

**5d** *Rekonstruktion der Bekleidung eines Mannes nach einem Grabfund aus Sungir in der Nähe von Moskau. Sie zeigt, wozu Perlen und Schneckenhäuser verwendet wurden.*

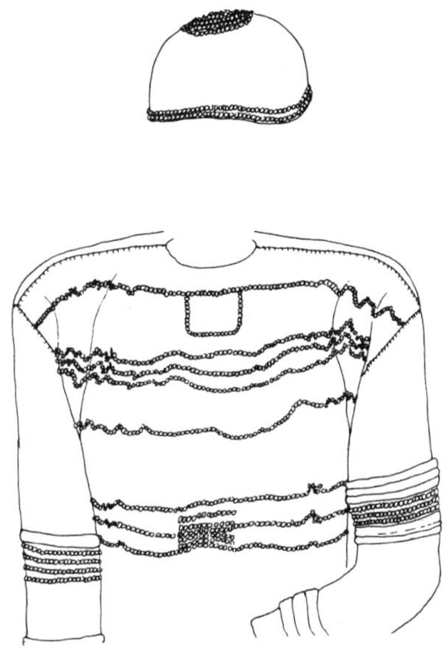

**5e** *Elfenbeinfiguren aus Sibirien*

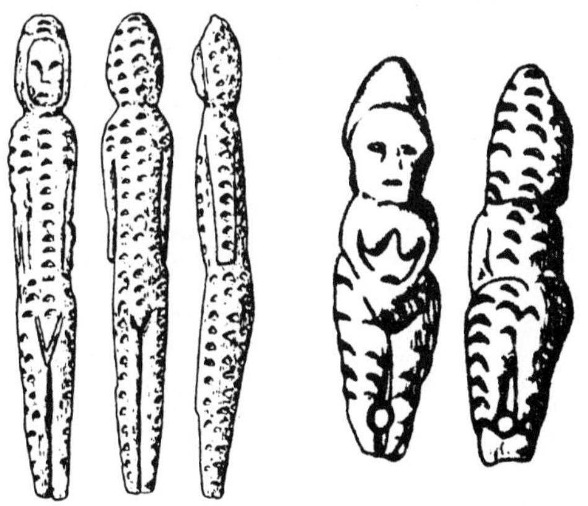

1. *Beschreibe oder zeichne, wie du dir Kleidung und Schmuck der Menschen von Gönnersdorf und in Rußland vorstellst. Unterscheide dabei Sommer- und Winterkleidung.*
2. *Wie sind die Schneckenhäuser aus dem Mittelmeer und dem Atlantik an den Rhein gekommen?*

## 6 Tanz-Szenen in der Altsteinzeit und heute

*Seit jeher haben Menschen nicht nur getanzt, um ihre Freude auszudrücken, sondern bei vielen Völkern gehören gemeinsame Tänze bis heute zum Gemeinschaftsleben. Beispielsweise werden jährlich wiederkehrende Arbeiten mit Tänzen begonnen oder beendet. Häufig sind Tänze aber auch ein Bestandteil des religiösen Lebens.*
*Auf den Schieferplatten des Fußbodenbelages in Gönnersdorf fanden die Ausgräber Ritzzeichnungen von tanzenden Frauen. Wenn es Frühling wurde, verließen die Bewohner des einen großen Zeltes diese Gegend, um den Sommer woanders zuzubringen. Die Bewohner eines benachbarten Zeltes aber weilten den Winter über andernorts und lebten im Sommer hier am Rhein. Wahrscheinlich trafen sich beide Gruppen im Frühling und im Herbst und lebten eine Zeitlang gemeinsam an diesem Ort.*

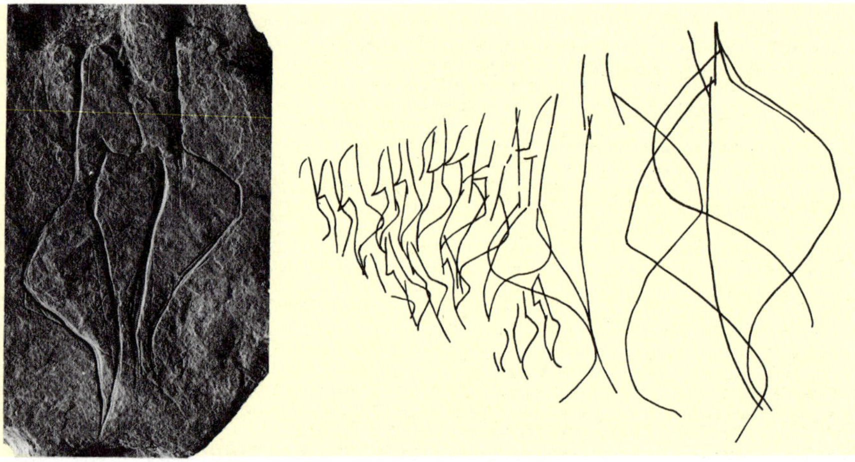

**6a** *Auf dem linken Bild sind zwei im Tanz einander zugewandte Frauen dargestellt. Sie stehen gerade halb in der Hocke. Köpfe und Füße sind bei diesen Ritzzeichnungen niemals abgebildet. Auf dem rechten Bild ist eine Tanz-Szene nachgezeichet.*

**6b** *Frauen in Kamerun (Zentralafrika) tanzen einen Erntetanz.*

1. *Beschreibe die Tänze der Frauen von Gönnersdorf. Was könnten die Tänze bedeuten?*
2. *Beschreibe den Tanz der Frauen in Kamerun. Warum tanzen sie?*
3. *Wie stellst du dir den Ablauf der Tage vor, an denen sich in Gönnersdorf verschiedene Gruppen trafen?*
4. *Warum tanzen beim Erntetanz in Kamerun nur Frauen und keine Männer?*

# Jungsteinzeit – Die Menschen werden Ackerbauern und Viehzüchter

## Die erste Revolution in der Geschichte

### Der Beginn der Jungsteinzeit

Hunderttausende von Jahren haben die Menschen in der Altsteinzeit als Jäger und Sammler davon gelebt, was die Natur ihnen bot. Vor ungefähr 10 000 Jahren fingen die Menschen im Vorderen Orient jedoch an, Getreide anzubauen und Vieh zu halten. Sie begannen, ihre Nahrung selbst zu produzieren. Auf den ersten Blick mag uns, die wir heute wie selbstverständlich zum Einkaufen in einen Supermarkt gehen, der Wandel nicht besonders bemerkenswert erscheinen. Betrachten wir aber die damit zusammenhängenden Veränderungen genauer.

Solange die Menschen vom Jagen und Sammeln gelebt hatten, mußten sie immer umherwandern, um Nahrung zu finden. Jetzt jedoch, als sie begannen, Felder zu roden, zu bepflanzen und zu ernten, mußten sie nicht mehr weiterziehen. Sie konnten an einem Ort bleiben, d. h. seßhaft werden. Nun war es auch sinnvoll, feste Häuser zu bauen, in denen man lange Zeit wohnen konnte. In Häusern zu wohnen und nicht in einer Horde ständig umherziehen zu müssen, veränderte das Zusammenleben: Siedlungen und Dorfgemeinschaften konnten entstehen. Die Felder bestellen zu können, statt Nahrung suchen zu müssen, bedeutete aber noch mehr: Jetzt konnten die Menschen ihren Lebensunterhalt planen und für ihre eigene Zukunft vorsorgen.

Der scheinbar geringfügige Wandel hatte also enorme Konsequenzen. Die gesamte Lebensweise änderte sich. Der Übergang zur neuen, *produzierenden Wirtschaftsweise* und die *Seßhaftwerdung* hat das Leben der Menschen – so würden wir es heute ausdrücken – revolutioniert. In der Entwicklung der Menschheit wird hier deshalb der Beginn eines neuen Zeitalters angesetzt: die Jungsteinzeit. Wie ging dieser Wandel von der Altsteinzeit zur Jungsteinzeit, der auch als neolithische (= jungsteinzeitliche) Revolution bezeichnet wird, vor sich?

### Vom Nahrungssammeln zum Ackerbau

Wir dürfen uns nicht vorstellen, daß sich der Übergang von der Altsteinzeit zur Jungsteinzeit schlagartig vollzog. Er hat vielmehr mehrere Jahrtausende gedauert.

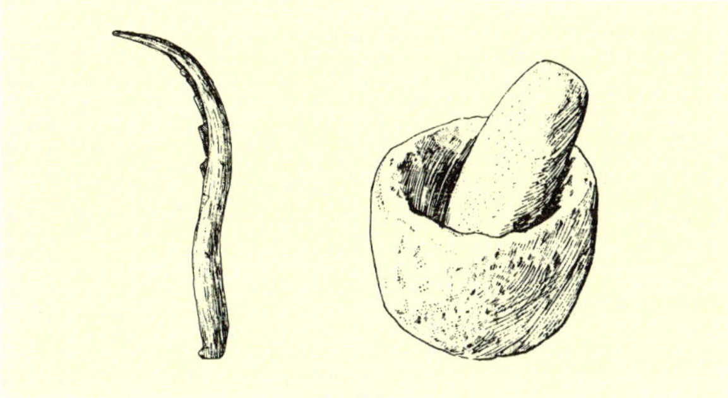

*Erntemesser und Mahlstein, zwei wichtige Geräte für die Erntevölker*

Als die letzte Eiszeit vor etwa 15 000 Jahren langsam zu Ende ging, bildete sich an den Westhängen der Berge im Vorderen Orient ein Klima heraus, bei dem wilder Weizen und wilde Gerste sehr gut gediehen: Es gab im Winter genug Regen, während die Sommer trocken und warm waren. Die Menschen fingen an, dieses Wildgetreide zu ernten. Man nennt sie deshalb *Erntevölker*.

An einzelnen Stellen müssen im Laufe der Zeit die Menschen nicht nur Wildgetreide geerntet, sondern auch Getreide selbst ausgesät haben. Das kann man an den Getreidekörnern sehen, die bei Ausgrabungen jungsteinzeitlicher Siedlungen gefunden wurden: Die Körner von angebautem Getreide sind sehr viel größer als die von

*Der Unterschied zwischen dem wilden Einkorn und dem gezüchteten Einkorn*

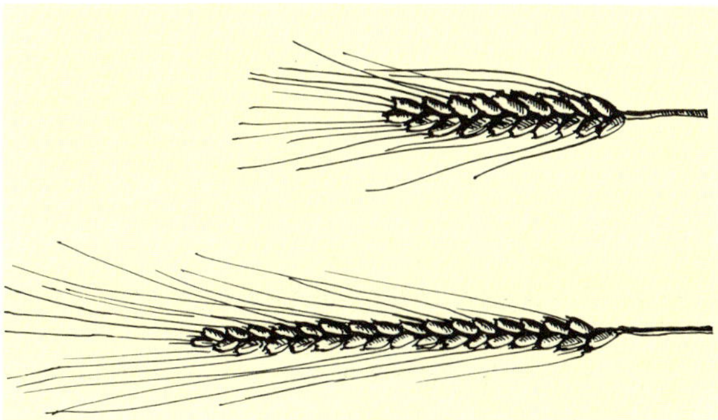

*Der „fruchtbare Halbmond" im Vorderen Orient, wo sich die jungsteinzeitliche Kultur seit ca. 8000 Jahren v. Chr. ausbreitete*

Wildgetreide. Vielleicht haben die Menschen auch zufällig entdeckt, daß ausgesäte Getreidekörner besser keimen und wachsen, wenn der Boden gelockert wird, so daß sie Felder zu bearbeiten begannen. Und daß sich der Ertrag erhöhen ließ, wenn man gesunde und besonders große Körner aussäte, dürften die angehenden Bäuerinnen und Bauern ebenfalls bald gelernt haben.

### Von der Jagd zur Viehhaltung

Ganz ähnlich wie der Schritt vom Sammeln der Nahrung zum Ackerbau muß sich der vom Jagen zur Viehhaltung vollzogen haben: Im Laufe von mehreren tausend Jahren sind die Menschen dazu übergegangen, wilde Tiere zu zähmen, in Gefangenschaft zu halten und schließlich dafür zu sorgen, daß sich nur die geeignetsten Tiere vermehrten. Woher wissen wir das?

Wie der Ackerbau, so läßt sich auch die Tierhaltung bei Ausgrabungen nachweisen: Findet man überwiegend Knochen junger Tiere, so kann man annehmen, daß die Tiere schon gezähmt waren. Und ähnlich wie bei den Getreidekörnern läßt ein Größenvergleich Schlüsse zu: Gezähmte Tiere waren in der Jungsteinzeit meist erheblich kleiner als wildlebende. Außerdem veränderte sich bei einigen Tierarten der Knochenbau; beim Schaf z. B. nahmen die Hörner eine andere Form an.

## Zusammenleben der Bauern im Vorderen Orient

### Dörfer und große Siedlungen entstehen

Ackerbau und Tierhaltung machten es möglich, daß die Menschen lange an einem Ort bleiben, Vorräte anlegen und in Dorfgemeinschaften zusammenleben konnten. Die Erträge aus dem Ackerbau und der Viehzucht reichten jetzt immer häufiger dazu aus, eine größere Zahl von Menschen an einem Ort zu versorgen. Man schätzt, daß ein Gebiet, auf dem in der Altsteinzeit nur eine Gruppe von 20 bis 25 Menschen leben konnte, in der Jungsteinzeit mehrere hundert Bauern ernährte.

Eine Konsequenz der neuen Wirtschaftsweise war deshalb, daß die Bevölkerung zunahm. Neue Siedlungen entstanden, und einzelne kleine Dörfer entwickelten sich zu ersten Städten. Jericho im heutigen Israel hatte z. B. vor 9000 Jahren schon etwa 3000 Einwohner. Und Çatal (gesprochen Tschatal) Hüyük, heute ein unbedeutender Ort in der Türkei, war vor 8000 Jahren eine Stadt mit fast 1000 Häusern und etwa 6000 Einwohnern. Sie wohnten in enggeschachtelten Schlammziegelhäusern, die man nur über die Dächer betreten konnte. Doch Jericho und Çatal Hüyük waren die Ausnahme. Meistens entstanden nur kleine Dörfer, die nicht viel größer als ein Fußballfeld waren und nur wenige Häuser hatten. Ein typisches Beispiel für ein solches Dorf ist Beidha.

*Nachbildung eines Teils der stadtartigen Siedlung von Çatal Hüyük aus dem 7. Jahrtausend v. Chr.*

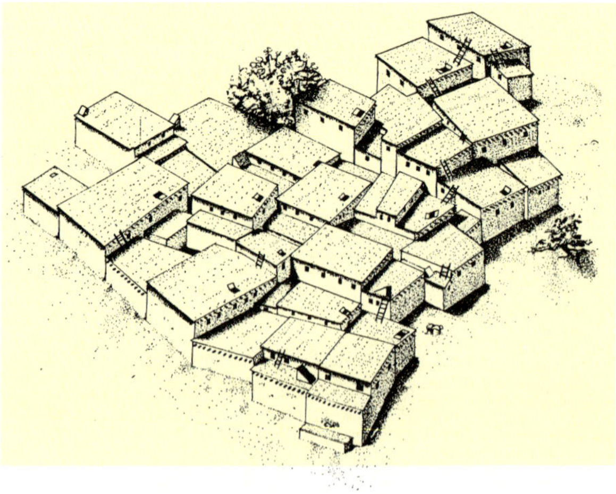

## Beidha, eine jungsteinzeitliche Siedlung

Von Beidha ist heute in Jordanien kaum mehr als ein Hügel am Rande der Arabischen Wüste von etwa 80 Meter Länge und 70 Meter Breite übriggeblieben. Zwischen 7000 und 6500 v. Chr., als Beidha besiedelt war, befand es sich jedoch in einer fruchtbaren Gegend mit Eichen, Pistazien- und Wacholderwäldern, in denen Auerochsen und Bären lebten.

Im Laufe der 500 Jahre, die Beidha bestand, hat es dort sechs verschiedene übereinanderliegende Siedlungen gegeben. Dies wissen wir durch die unterschiedlichen Hausgrundrisse. In der ältesten Schicht sind Rundhäuser von 1,60 Meter Durchmesser gefunden worden, die denen von Khirokitia ähnlich sahen. Später sind die Menschen von Beidha zur viereckigen Bauweise übergegangen. Der Vorteil dieser Bauweise lag darin, daß bei viereckigen Häusern Anbauten und Vergrößerungen wesentlich leichter möglich sind als bei runden Häusern. Wissenschaftler nehmen an, daß Beidha zum Zeitpunkt seiner dichtesten Besiedlung aus etwa 20 bis 25 solchen Häusern mit ungefähr 100 Dorfbewohnern bestand.

Die jungsteinzeitlichen Menschen von Beidha bauten vor allem Gerste an und trieben ihre Ziegenherden in die nahen Wälder. Offensichtlich hat es in Beidha aber auch schon Einwohner gegeben, die nicht nur als Bauern arbeiteten, sondern unterschiedlichen handwerklichen Tätigkeiten nachgingen. Die Arbeitsteilung war hier so weit fortgeschritten, daß es nicht nur unterschiedliche

*Nachbildung der Rundhäuser von Khirokitia auf Zypern aus dem 7. Jahrtausend v. Chr.*

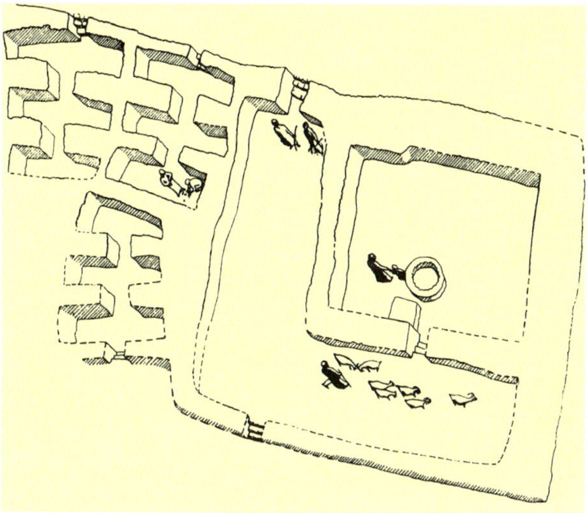

*Schematische Nachbildung des Grundrisses eines Hauses von Beidha mit angrenzenden Werkstätten um 6500 v. Chr.*

Aufgaben für Männer und Frauen gab (siehe S. 18), sondern schon eine *handwerkliche Spezialisierung*. In Beidha hat man nämlich Reste von Wohnhäusern ausgegraben, an die Werkstätten angrenzten. In manchen dieser Werkstätten wurde nach dem gefundenen Werkzeug und Material Horn bearbeitet, in anderen hat man Knochenwerkzeuge und Perlen aus Stein hergestellt. In einem weiteren Raum wurden offenbar Tierkörper zerlegt.

Nach der Größe eines Hauses mit einer Reihe von Werkstätten kann man vermuten, daß es sich hierbei nicht mehr um einen Familienbetrieb, sondern vielleicht um eine Art Gemeindezentrum mit Werkstätten gehandelt hat. Genaueres können wir darüber aber nicht sagen: Hat ein einzelner oder eine Gruppe diese Anlage besessen oder hat sie allen gehört?

Auch über das Zusammenleben der Menschen in Beidha ist wenig bekannt: Gab es Aufgaben, die gemeinsam ausgeführt wurden? Haben Reiche und Mächtige über andere geherrscht? Gab es Vorschriften und Regeln, an die sich alle Bewohner halten mußten? Aus der Größe der Wohnhäuser ist zu schließen, daß die Menschen in Kleinfamilien – also die Eltern mit ihren Kindern – zusammenlebten. Aber wie sie in den Familien lebten und wie sich das Leben im Dorf abspielte, darüber ist uns nichts bekannt.

## Woran glaubten die Menschen?

Als Bauern fanden die Menschen jetzt zwar bessere Möglichkeiten für ihre Ernährung; dennoch mußten sie sich um ihren Lebensunterhalt sorgen. Unwetter, Trokkenheit und wilde Tiere konnten die Ernte vernichten, Seuchen das Vieh sterben lassen.

Den Menschen schien das Leben abhängig zu sein von einer göttlichen Macht, die über Geburt, Leben und Tod herrschte. Welche religiösen Vorstellungen die Menschen in der Jungsteinzeit hatten, können wir nur vermuten, weil uns die schriftlichen Zeugnisse fehlen. Eine Reihe von Funden geben uns immerhin einige Hinweise. In Jericho wurden die Toten unter den Hausfußböden bestattet. Bei einigen fehlte der Kopf. Deren Schädel wurden mit Ton modelliert, bemalt und in den Wohnungen aufbewahrt. Es könnte sich bei diesen Köpfen um Kriegstrophäen, also um Schädel von besiegten Feinden, handeln. Wahrscheinlicher ist aber, daß es die Köpfe verehrter Ahnen sind, die über den Tod hinaus unter den Lebenden weilen sollten. Dafür spricht, daß besondere Sorgfalt auf die Bearbeitung der Köpfe gelegt wurde. Vermutlich glaubte man, daß Ahnenverehrung und Totenkult Unglück abwenden und für das Haus Segen bringen konnten.

*Modellierter Kopf aus Jericho*

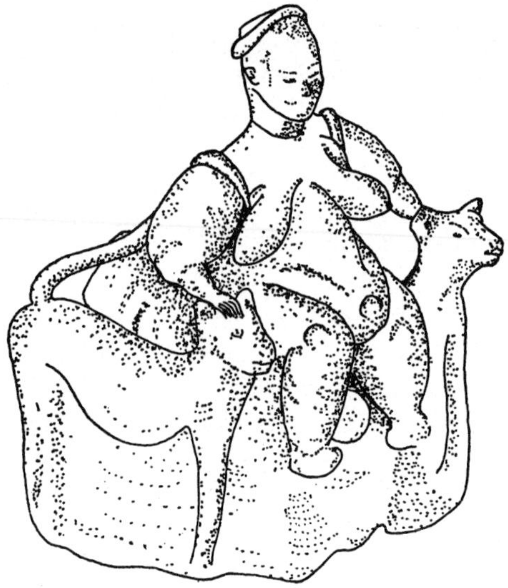

*Eine Frau, auf zwei Leoparden gestützt, gebiert ein Kind. Tonfigur aus Çatal Hüyük*

Ein Ort, der uns besonders viel über die religiösen Vorstellungen der damaligen Menschen im Vorderen Orient aussagt, ist Çatal Hüyük. Fast jedes dritte Haus dieser jungsteinzeitlichen Stadt war Wohn- und Kultraum zugleich, woraus man eine enge Verbindung zwischen dem täglichen Leben und der Religion abgeleitet hat. Die Wände der Räume waren mit modellierten menschlichen Figuren – meistens Frauen –, Stierkopfplastiken und Malereien von Jagdszenen und Geiern, die sich über Tote hermachen, geschmückt. Wichtige Einschnitte des Menschenlebens wie Geburt und Tod wurden besonders häufig dargestellt, weil die Menschen sie mit Wünschen, Hoffnungen und Dank verbanden.

Unter den Plastiken, die man bei Ausgrabungen fand, ist auch eine Frauenfigur bei der Geburt eines Kindes. Weil sie in einem Getreidebehälter lag, ist wahrscheinlich, daß sie als Symbol für die Fruchtbarkeit der Felder verehrt wurde. Vielleicht handelt es sich aber auch um die Darstellung einer Göttin, der „Großen Mutter", der Herrin über Leben und Tod.

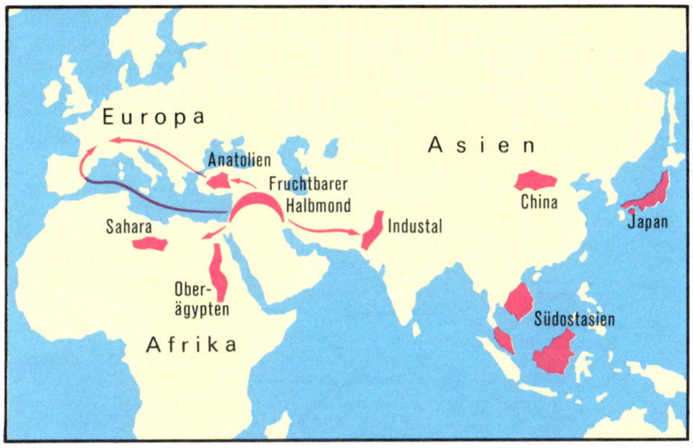


*Die Ausbreitung der jungsteinzeitlichen Kultur vom 9. bis zum 4. Jahrtausend v. Chr.*

*Tongefäß der mitteleuropäischen Bandkeramiker aus dem 6. Jahrtausend v. Chr.*

## Jungsteinzeitliche Bauern in Europa

Der Übergang vom Jagen und Sammeln in der Altsteinzeit zu Ackerbau und Viehhaltung in der Jungsteinzeit hat sich zuerst wohl im Vorderen Orient vollzogen, weil hier das Klima besonders günstig war. Unabhängig davon sind die Menschen in anderen Regionen der Erde – z. B. in China, Japan und der Sahara – vor 10 000 bis 5000 Jahren ebenfalls zur produzierenden Wirtschaftsweise übergegangen und seßhaft geworden.
In Europa machte sich dieser Wandel erst 2000 Jahre später als im „fruchtbaren Halbmond" bemerkbar. Und auch dann blieben in Mitteleuropa noch viele Gruppen Jäger und Sammler, denn der Ackerbau breitete sich zunächst nur auf den dafür gut geeigneten Lößböden in Süd- und Westdeutschland und an den Nordrändern der Mittelgebirge aus. Es dauerte nochmals ungefähr 1500 Jahre, bis sich die Landwirtschaft in ganz Mitteleuropa durchgesetzt hatte.

### Bandkeramiker

Die Menschen, die in Mitteleuropa als erste Ackerbau und Viehhaltung betrieben, nennen wir heute „Bandkeramiker". Wie sind sie zu diesem für Bauern ungewöhnlichen Namen gekommen?
Ein wesentlicher Hinweis auf den Übergang zur jungsteinzeitlichen Wirtschaftsweise sind Vorratsgefäße, in denen die Menschen ihre nicht direkt verbrauchte Ernte aufhoben. Bei den jungsteinzeitlichen Siedlungen in Mitteleuropa hat man nicht nur sehr viele solcher Gefäße aus Keramik gefunden, sondern diese waren häufig besonders verziert: Bandähnliche Muster und Wellenlinien schmückten ihre Tongefäße, die sie nicht nur als Vorratsbehälter, sondern auch als Kochgeschirr benutzten.
Die Bandkeramiker sind aus Südosteuropa, vor allem aus dem Raum Böhmen und Mähren, nach Mitteleuropa gekommen. Von der Donau bis zur Rheinmündung in den heutigen Niederlanden lassen sich ihre Siedlungen mit den für sie typischen Langhäusern nachweisen.
Der Bau dieser manchmal über 30 Meter langen und bis zu 8 Meter breiten Häuser erforderte von den Menschen nicht nur erhebliche Anstrengungen, sondern auch verschiedene Kenntnisse: So mußte zunächst ein Tragegerüst aufgestellt werden, bevor die Wände geflochten wurden. Danach konnte begonnen werden, mit Lehm die Flechtwände zu verputzen. Dachdecker versuchten, mit Schilfauflagen das Dach abzudichten.
Der Bau eines Hauses war sicher nicht von einem einzelnen zu bewerkstelligen – die Hilfe von Nachbarn war schon erforderlich, wenn eine Dachkonstruktion auf ein Langhaus gesetzt werden mußte. Die Menschen in der Altsteinzeit waren gemeinsam zur Jagd gegangen, in der Jungsteinzeit haben sie gemeinsam ihre Häuser gebaut. Je nach Kraft und Geschick fand jeder eine Tätigkeit, einzelne wurden vielleicht schon zu gefragten Spezialisten.
Für den Hausbau und die Feldarbeit haben die Bandke-

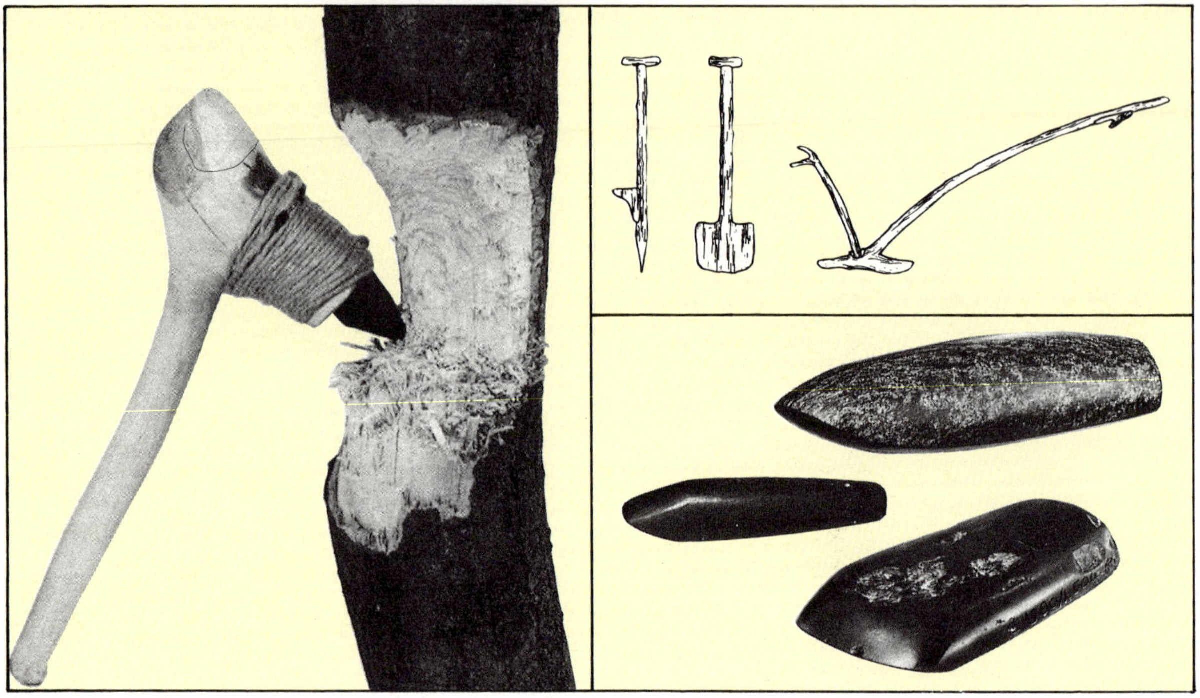

*Steinwerkzeuge und Ackerbaugeräte (Rekonstruktionen) aus der Jungsteinzeit*

ramiker neue Werkzeuge und Geräte entwickelt. Besonders wichtig waren die Beilklingen, die quer an einer Astgabel befestigt waren und mit denen sie die vielen Bäume fällen konnten, die sie für ihren Hausbau brauchten. Um den Boden für die Saat aufzulockern, haben sie zuerst hölzerne Furchenstöcke und später dann auch vermutlich hölzerne Hakenpflüge verwendet. Weil diese Geräte aus Holz sich über die Jahrtausende nicht erhalten haben, können wir darüber aber nur Vermutungen anstellen.

## Menschen verändern die Natur

Der Übergang zu Ackerbau und Viehzucht ermöglichte auch in Mitteleuropa erheblich mehr Menschen das Überleben als in der Altsteinzeit. Das war zweifellos ein großer Fortschritt. Aber dieser Fortschritt hatte auch eine Schattenseite: Für ihre Siedlungen und Felder rodeten die Bandkeramiker große Teile des Urwaldes. Außerdem trieben sie ihr Vieh in die Wälder, weil es damals keine Weiden gab. Um im Winter Futter für die Tiere zu haben, wurde in großen Mengen frisches Laub aus den Wäldern geholt – so wie heute Heu von den Wiesen. Viele Baumarten – z. B. die damals weitverbreitete Ulme – sind seitdem aus unseren Wäldern fast vollständig verschwunden, große Teile des gesamten Waldes wurden zerstört. Dennoch hielt sich der Schaden in Mitteleuropa in Grenzen. Hier sorgte der häufige Regen dafür, daß sich der Boden erholen und immer wieder junge Bäume nachwachsen konnten. Im Vorderen Orient aber, wo es weniger regnet, zerstörten die Rodungen für den Ackerbau, das Abholzen zur Gewinnung von Bau- und Brennmaterial und schließlich die Viehhaltung weitgehend die Wälder. Daß Beidha heute ein kahler Wüstenplatz ist, liegt also nicht zuletzt an den vielen Ziegenherden, die die Bewohner in der Nähe ihrer Siedlungen weiden ließen: Ziegen fressen besonders gern die Triebe von jungen Bäumen und Büschen und verhindern dadurch ein Nachwachsen des Waldes.

## Die Jungsteinzeit nördlich der Eifel

**1** *In einem Gebiet zwischen Aachen und Jülich, der sogenannten „Aldenhovener Platte", haben Archäologen seit 1970 Ausgrabungen vorgenommen.*

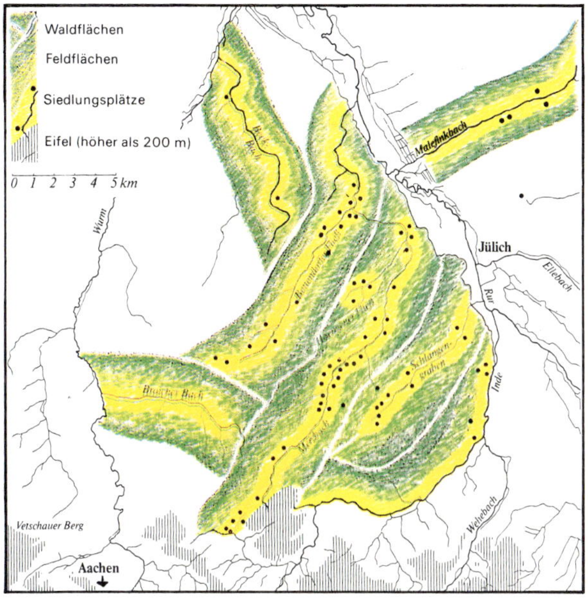


**2** *Funde, die bei der Ausgrabung einer jungsteinzeitlichen Siedlung gemacht wurden:*

Knochenreste:
Hund, Ziege, Schaf, Schwein, Rind, Hirsch, Wildschwein, Elch, Reh, Ur, Wisent, Bär
Pflanzenreste:
Hirse, Gerste, Emmer und Dinkel (einfache Weizenarten), Flachs, Mohn, Erbsen, Linsen
Reste von Werkzeugen:
Holzspaten, Bogen aus Eibenholz, Pfeile, Speere mit Steinspitzen (bis zu 30 cm Länge), Knochendolche, Keulen, geschliffene Steinbeile, Bohrapparat mit Röhrenknochenbohrer
Reste von Hausgeräten:
Scherben von im Feuer gehärteten Tontöpfen, Handwebstühle, Spinnwirtel, Handmühlen

**3** *Grundriß eines jungsteinzeitlichen Langhauses*

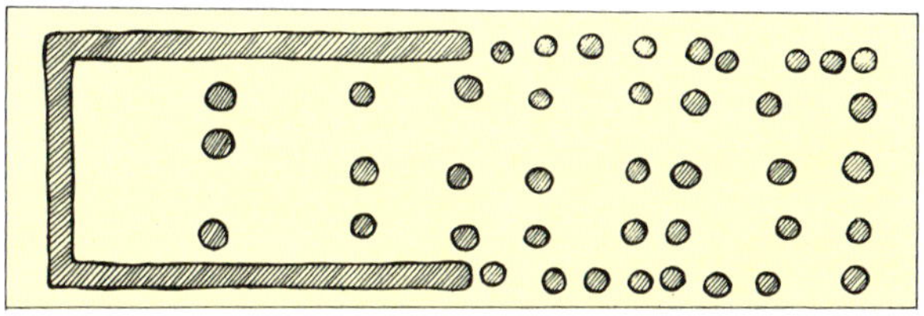

**4** *Nachbildung einer jungsteinzeitlichen Siedlung, wie sie auf der „Aldenhovener Platte" ausgesehen haben kann.*

1. *Beschreibe nach Karte 1 die Lage der jungsteinzeitlichen Siedlungsplätze.*
2. *Vergleiche Lage und Umgebung des nachgebildeten Siedlungsplatzes (Abb. 4) mit Karte 1.*
3. *Welche Tätigkeiten haben die jungsteinzeitlichen Menschen nach der Fundliste ausgeübt?*
4. *Schildere den Bau eines jungsteinzeitlichen Hauses aufgrund des Grundrisses und des Siedlungsplatzes.*
5. *Vergleiche die jungsteinzeitliche Siedlung mit der altsteinzeitlichen von Gönnersdorf (S. 22–26).*

## Vom Jäger und Sammler zum Ackerbauern und Viehzüchter

Den Zeitraum in der Entwicklung der Menschheit, von dem wir keine schriftlichen Nachrichten (Quellen) haben, d. h. bis etwa vor 5500 Jahren, nennen wir *Urgeschichte*. Spuren, aus denen wir etwas über das Leben der Menschen in der Urgeschichte erfahren, sind vor allem versteinerte Knochenfunde *(Fossilien)* und Reste von Werkzeugen aus Stein, später auch aus Keramik und Metall.

In der *Altsteinzeit* (bis vor ca. 10 000 Jahren) haben die Menschen als Jäger und Sammler gelebt. Sie eigneten sich an, was die Natur ihnen bot; wir sprechen von einer *aneignenden Wirtschaftsweise*.

Vor ungefähr 10 000 Jahren fingen im Vorderen Orient die Menschen an, Getreide anzubauen und Vieh zu halten, also ihre Nahrung selbst zu produzieren. Die Menschen gingen von der aneignenden zur *produzierenden Wirtschaftsweise* über.

Durch die produzierende Wirtschaftsweise und die Seßhaftwerdung hat sich das Leben der Menschen so grundlegend verändert, daß wir hier den Beginn eines neuen Zeitalters, der *Jungsteinzeit*, ansetzen und den Wandel als *neolithische* (= jungsteinzeitliche) *Revolution* bezeichnen.

Als Folge dieses Wandels änderten sich:

– die wirtschaftlichen Grundlagen, weil durch Ackerbau und Viehhaltung die Nahrungsgrundlagen erweitert und die Voraussetzungen für einen Bevölkerungszuwachs geschaffen wurden;
– das Zusammenleben, weil an die Stelle von Horden das Leben in Dorfgemeinschaften trat;
– die Einstellung zur Umwelt, weil der Mensch jetzt in die Natur eingriff und versuchte, sie zu beherrschen;
– das Verhältnis der Menschen zueinander, weil der Bedarf an fruchtbarem Boden zu Konflikten mit benachbarten Gruppen führte;
– Techniken und Fertigkeiten der Menschen, weil sie jetzt planen und bauen konnten;
– das Denken und die Vorstellung der Menschen, weil sich feste Traditionen und Glauben zu Religionen entwickelten.

Der Übergang von der Altsteinzeit zur Jungsteinzeit hat sich nicht schlagartig vollzogen, sondern mehrere Jahrtausende gedauert. Erst um 5000 v. Chr. machte sich dieser Wandel auch in Mitteleuropa bemerkbar.

**Der Kommentar**

Erich Kästner

**Die Entwicklung der Menschheit**

Einst haben die Kerls auf den Bäumen gehockt,
behaart und mit böser Visage.
Dann hat man sie aus dem Urwald gelockt
und die Welt asphaltiert und aufgestockt,
bis zur dreißigsten Etage.

Da saßen sie nun, den Flöhen entflohn,
in zentralgeheizten Räumen.
Da sitzen sie nun am Telefon.
Und es herrscht noch genau derselbe Ton
wie seinerzeit auf den Bäumen.

Sie hören weit. Sie sehen fern.
Sie sind mit dem Weltall in Fühlung.
Sie putzen die Zähne. Sie atmen modern.
Die Erde ist ein gebildeter Stern
mit sehr viel Wasserspülung.

Was ihre Verdauung übrigläßt,
das verarbeiten sie zu Watte.
Sie spalten Atome. Sie heilen Inzest.
Und sie stellen durch Stiluntersuchungen fest,
daß Cäsar Plattfüße hatte.

So haben sie mit dem Kopf und dem Mund
den Fortschritt der Menschheit geschaffen.
Doch davon mal abgesehen und
bei Lichte betrachtet, sind sie im Grund
noch immer die alten Affen.

### Wer war's?

Über seine Vorfahren ist viel gestritten worden. Lange Zeit wurde behauptet, er stamme gar nicht aus der Familie der Menschen, sondern sei in Wirklichkeit ein geschickter Verwandter der Menschenaffen. Sein ungewöhnliches Aussehen, das durch die abgeflachte Stirn und das vorstehende Kinn geprägt war, und sein kräftiger, untersetzter Körper schien dieses Vorurteil zu bestätigen.

Sicher war er nicht so graziös wie seine Vettern, die er in Europa erst in sehr hohem Alter kennenlernte. Dafür konnte er aber sehr gut jagen und fand sogar genügend zu essen, als es bitterkalt in Europa war.

Aus der Grafik kannst du ablesen, wann in verschiedenen Gebieten der Welt die produzierende Wirtschaftsweise begann.
Für jedes Gebiet wird dargestellt, wann bestimmte Merkmale dieser Wirtschaftsweise – Gebrauch von Mahlsteinen, Mörsern u. ä., Bodenbau, Seßhaftigkeit, Keramik, Tierhaltung, künstliche Bewässerung – erstmals auftraten. Für das Industal zeigt sie z. B.: Schon um 6000 v. Chr. gab es dort Bodenbau, seit etwa 5500 v. Chr. Seßhaftigkeit sowie Mahlsteine und Mörser; zur selben Zeit gab es dort künstliche Bewässerung und Tierhaltung, die allerdings nicht fortlaufend nachweisbar ist (das bedeutet der durchbrochene Streifen); etwa seit 4500 v. Chr. ist auch Keramik vorhanden.

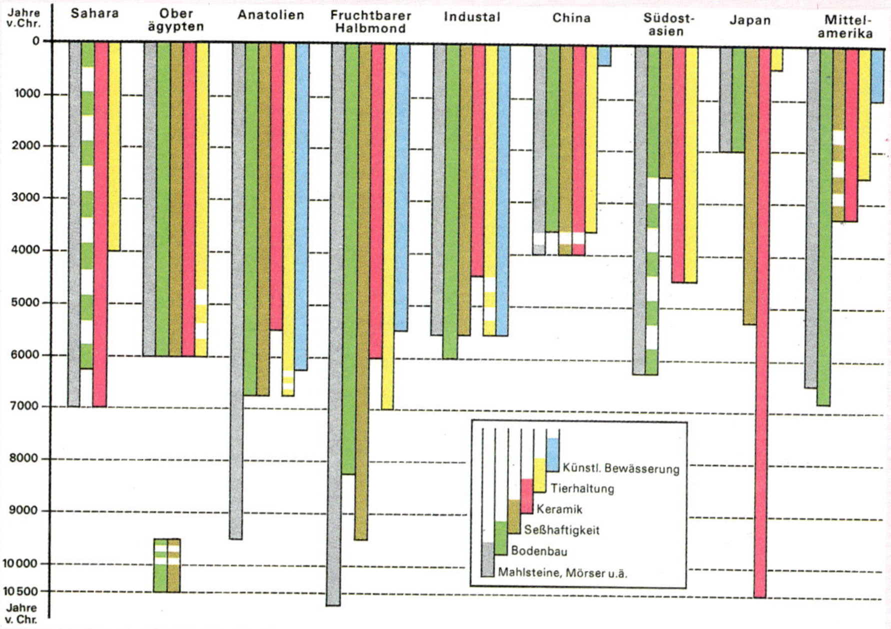


## Aus dem Leben in der Jungsteinzeit

*Im folgenden Text über das Leben in der Jungsteinzeit sind eine Reihe von Buchstaben ausgelassen. Wenn du sie findest und die richtigen Buchstaben nacheinander aufschreibst, erhältst du als Lösungswort einen wichtigen Schritt in der Entwicklung der Menschen.*

Auf dem Speisezettel standen Erdbeeren, Himbeeren, Brombeeren, Haselnüsse und W⧅lnüsse, Bucheckern und Eicheln, Kastanien ⧅nd Äpfel. In Tongefäßen fand man Hirse und Ger⧅te. Diese wurden ⧅edoch nicht nur gebacken, sondern auch zu Bier vergoren. Emmer, Dinkel und Weizen ergaben Getreidebreie und Fladenbrote. Dem grob gem⧅hlenen Korn setzten die Frauen wohl Leinsamen aus Flachs zu. Man mußte sicher gehörig auf diesen Fladen h⧅rumkauen, die in heißer Asche gebacken wurden. Öl gewann man aus Mohn. Erbsen, Bohnen und Linsen ergänzten den Bedarf an wichti⧅en Aufbaustoffen.
Sicher gab es auch gebratenes, gekochtes und geröstetes Fl⧅isch auf dem „Mittagstisch". Mit Holzspaten und Hacken, hölze⧅nen Hauwerkzeugen und Sicheln, deren Schneiden aus gezähnten Feuerstei⧅en waren, bearbeiteten die Menschen den Boden. Die Familien lebten zusammen mit Schafen, Ziegen, Sch⧅einen, Rindern. Knochen und Geweihe von Hirsch, Elch und R⧅h, Ur und Wisent sowie Zähne von Bä⧅en und Wölfen zeigen, daß die jungsteinzeitlichen Menschen auf Jag⧅ gingen.
Bestimmt trugen sie im Winter stolz den P⧅lz von Luchs, Dachs oder Wolf. Schö⧅ gearbeitete Pfeile, Bogen aus Ei⧅enholz, Speere, Beilhämmer und Doppeläxte w⧅ren ihre Waffen. Die Frauen ben⧅tzten einfache Geräte zum Spinnen, zum Spulen des Garns und zum W⧅ben. Sie wollten wohl ih⧅e Familie nicht mehr i⧅ Tierfelle kleiden.

# Querschnitt I: Vom Bild zum Buchstaben

Viele tausend Jahre vergingen, bis die Menschen lesen und schreiben konnten. Noch heute gibt es Stämme und Bevölkerungsgruppen, die keine Schrift kennen. Stellt euch vor, es gäbe bei uns plötzlich keine Schrift mehr – welche Folgen hätte das?
Die Menschen der Alt- und Jungsteinzeit haben wunderschöne Bilder gemalt, die „Geschichten" erzählen, aber was sie wirklich mitteilen wollten, bleibt ungewiß. Wir können versuchen, die Botschaft des Höhlenmalers zu deuten, der den großen Bison und den kleinen Menschen darstellte (S. 12), aber haben wir recht? Welche „Geschichte" erzählt uns die Abbildung auf dieser Seite, auf der ein Bär im Mittelpunkt steht? Hat er einen Menschen angefallen? Stürzt dieser Mann zu Boden? Kommt ein anderer ihm zu Hilfe mit vor Schreck ausgebreiteten Armen, vielleicht zu spät?
Ohne schriftliche Überlieferung sind wir auf Deutungen und Interpretationen angewiesen. Vor etwa 5500 Jahren entstanden am Nil in Ägypten und an Euphrat und Tigris in Mesopotamien die ersten Schriften. Später entwickelten die Inder, die Chinesen, die Phöniker und die Bewohner Kretas ein Schriftsystem. Auch die Mayas in Mittelamerika haben Schriftzeichen hinterlassen. Was hat die Menschen zum Schreiben herausgefordert? Wahrscheinlich waren es zunächst Verwalter von Vorräten und Händler, die einfache Zeichen für Dinge und Mengen brauchten. In Ägypten wurde die Schrift gleich zu Anfang auch für die Verherrlichung der Taten der Pharaonen verwendet.

*Auf Schieferplatte geritzte Bilderzählung aus einer Höhle in der Dordogne (Frankreich), ca. 15 000 Jahre alt*

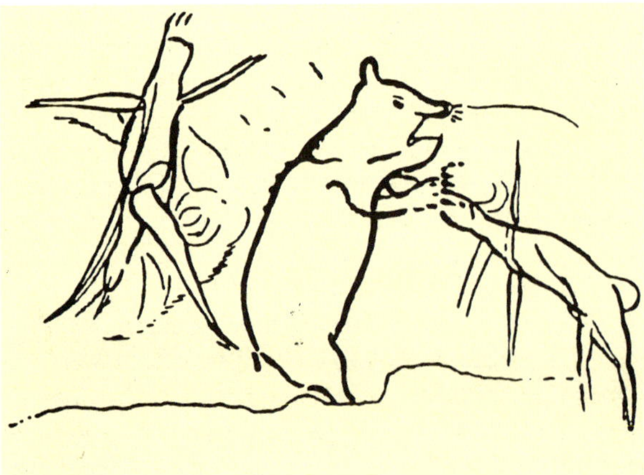

### Die Hieroglyphenschrift

So nennt man die Schrift der alten Ägypter. Der Begriff „Hieroglyphen" stammt aus dem Griechischen und bedeutet „heilige Zeichen". Zu diesem Begriff kam es, weil Tempel und Gräber mit diesen Zeichen bedeckt waren und man sie für religiöse Zeichen hielt. Die Ägypter verwendeten wohl zunächst Bilder, wenn sie etwas konkret ausdrücken wollten, z. B. Eulenbild für Eule, Wasserbild für Wasser. Irgendwann aber hatte ein Schreiber die Idee, das Bild einer Eule zwar zu zeichnen, aber nur für den Laut *m*; denn das ägyptische Wort „Eule" beginnt mit einem *m*. Das Bild eines Mundes stand dann für den Laut *r*, da der Anfangslaut von „Mund" ein *r* war. Man kann dieses System mit einer Art Bilderrätsel vergleichen, bei dem man nur die Anfangsbuchstaben der mit dem Bild gemeinten Wörter zusammensetzt. Das Zeichen für Mund und Wasser konnte also Wasser bzw. Mund bedeuten oder nur jeweils den Anfangslaut meinen. Aber das Zeichen für Mund wurde auch für die Tätigkeit *sprechen* benützt. Bei Tätigkeitswörtern haben die Schreiber dann oft einen Mann, der die entsprechende Tätigkeit ausübte, abgebildet. So sind die ägyptischen Schriftzeichen *Bildzeichen, Lautzeichen und Deutzeichen* (z. B. Wasser = Fruchtbarkeit) zugleich.
Es gab auch Hieroglyphen für eine Gruppe von Lauten, z. B. für *wn*. Das war zunächst das Bild für „Hase". Aber nun wurde dieses Zeichen für alle Wörter gebraucht, die die gleiche Lautfolge hatten. In unsere Sprache übertragen hieße das, daß wir z. B. für *Wein, wenn, wann, Wien* das gleiche Zeichen hätten. Zeichen für Vokale gibt es nämlich nicht. Wir wissen also nicht, wie die schöne Nofretete oder wie Cheops wirklich hießen. Die Hieroglyphen wurden nach Gesichtspunkten der Schönheit angeordnet. Das bedeutet, daß man sie mal von oben nach unten, mal von rechts nach links oder umgekehrt lesen mußte.

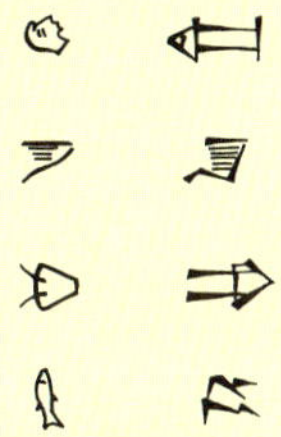

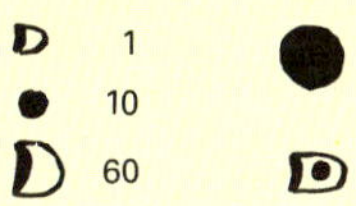

| Ägyptische Hieroglyphen ca. 3000 v. Chr. | | Sumerisch/Babylonisch Alte Form ca. 3000 v. Chr. / Keilschrift | Bedeutung | Phönikisches Alphabet ca. 800 v. Chr. Bedeutung | Griechisches Alphabet nach 800 v. Chr. | Bedeutung | Lateinisches Alphabet ca. 500 v. Chr. | Russisches Alphabet ca. 850 n. Chr. |
|---|---|---|---|---|---|---|---|---|
| w | Wachtel | | Kopf | r | P | R(ho) | R | Р |
| b | Bein | | Hand | k | K | K(appa) | K | К |
| f | gehörnte Schlange | | Rind | a | A | A(lpha) | A | А |
| m | Eule | | Fisch | d | Δ | D(elta) | D | Д |
| r | Mund | Sumerische Zahlen: 1, 10, 60, 100, 600 | | m | M | M(y) | M | М |
| | | | | n | N | N(y) | N | Н |

Die Ägypter entwickelten die Schrift weiter, als sie herausgefunden hatten, daß man aus dem Papyrusrohr Schreibmaterial herstellen konnte. Sie vereinfachten die Hieroglyphen und verbanden sie miteinander. Aber auf Tempel und Obelisken meißelten sie weiterhin die Hieroglyphen. Die Bedeutung der Zeichen ging im weiteren Verlauf der ägyptischen Geschichte verloren. Erst vor etwa 200 Jahren gelang es einem Franzosen, *François Champollion*, mit Hilfe eines dreisprachigen Steins, den Hieroglyphen auf die Spur zu kommen.

## Die Keilschrift

Um das Jahr 3000 v. Chr. findet man auch bei den *Sumerern* in Mesopotamien erste schriftliche Aufzeichnungen. Auch hier standen am Anfang Bildsymbole für Dinge (z. B. Schafe) oder Mengen (10 x 10 oder 1 Krug). Die Schrift der Sumerer heißt deshalb Keilschrift, weil ihre Zeichen wie kleine Keile aussehen. Man nahm dreikantige Griffel und drückte sie in den weichen Ton. Das war, im Gegensatz zu den Ägyptern, das einzige Material, das ihnen in Fülle zur Verfügung stand. Auch sie verwandelten im Laufe der Zeit die Bilderschrift der Anfänge in eine Lautschrift, mit der sie Gesetzestexte, Erzählungen und Mathematikaufgaben schreiben konnten. Um 800 v. Chr. gab es etwa 300 Zeichen, allerdings keine Vokalzeichen.
Man kann sich die Entwicklung der Schrift im Industal und in China ähnlich vorstellen. Die Bilderschrift der Induskultur und anderer früher Kulturen kann man heute noch nicht entziffern. Das liegt daran, daß sich die Zeichen weit von den ehemaligen „Bildern“ entfernt haben und nicht mehr „lesbar“ sind.

## Der Weg zum Alphabet

Den Handel im Mittelmeer beherrschten zwischen 1200 und 700 v. Chr. die *Phöniker*. Sie bewohnten das Gebiet des heutigen Libanons. Im ganzen Mittelmeerraum handelten sie mit Silber, Zinn, Zedernholz, Purpur, Wolle. Für ihre Handelsgeschäfte benötigten sie ein einfaches, praktisches Schreibsystem. Ihnen gelang es, die „Buchstabenschrift“ zu erfinden: 25 Zeichen für die Konsonanten, die sie kannten. Damit konnte rasch jedes Wort geschrieben werden.
Als die Griechen diese Buchstabenschrift kennenlernten, entwickelten sie diese weiter, indem sie einige davon als Vokale verwendeten. Für die kleinsten Einheiten der Sprache, für Konsonanten und Vokale, gab es nun je ein Zeichen. Das *Alphabet* aus 24 Zeichen war geschaffen. *Alphabet* heißt es nach den ersten beiden griechischen Buchstaben Alpha und Beta. Jetzt war es viel einfacher, schreiben zu lernen als vorher.
Unser ABC sowie die Buchstaben anderer Sprachen gehen auf das griechische Alphabet zurück. Aus den griechischen Buchstaben entwickelten sich die *lateinischen* und die in Osteuropa verwendeten *kyrillischen* Buchstaben.

# 2. Frühe Hochkulturen

Wie wir aus einer Quelle wissen, hat sich vor etwa 4000 Jahren ein Ägypter namens Ipuwer darüber beklagt, wie sich die Zustände in seinem Land verändert haben: Die Nilflut sei zwar gekommen, aber niemand pflüge, denn man wisse nicht, was noch komme – überall trieben Räuberbanden ihr Unwesen. Es gebe kein Holz für Mumiensärge mehr, denn niemand fahre nach Byblos. Man sehe keine Handwerker bei der Arbeit, der Ertrag der Ernte werde nicht gemeldet, des Schreibers Hände hätten nichts zu tun; ins Schatzhaus gelangten keine Einkünfte mehr. Alles sei in Unordnung, man setze sogar Kinder in der Wüste aus! Die Gesetzesbücher der Gerichte lägen auf der Straße, die Einwohnerlisten seien aus den Büros entfernt. Leute, die nichts vom Regieren verstünden, hätten dem König das Land weggenommen, dem es einst gelungen war, Ober- und Unterägypten in Ruhe zu halten. Der Staat erhebe keine Steuern mehr, obwohl ihm doch Getreide, Vögel und Fische gehörten! Wie schön wäre es doch, so schließt Ipuwer seine Klage, wenn die Menschen wieder Pyramiden erbauten, wenn sie Teiche anlegten und Bäume pflanzten für die Götter.

Was muß es nach dieser Quelle nicht alles schon in Ägypten gegeben haben! Welch ein Unterschied gegenüber der Steinzeit!

Und wenn wir das nebenstehende Bild ansehen und es z. B. mit der Wandmalerei in der steinzeitlichen Höhle von Lascaux (S. 12) vergleichen, dann fallen sofort große Unterschiede auf. Nicht nur die Darstellung der Tiere und Menschen auf dem ägyptischen Bild erscheint uns viel „moderner", sondern uns fällt auch eine Deutung dieses Bildes scheinbar leichter: „Eine Familie beim Sonntagsausflug am Flußufer" – so ähnlich könnte das Bild überschrieben sein.

Im Vergleich zum Leben der Menschen in der Alt- und Jungsteinzeit hat sich offensichtlich im alten Ägypten entscheidendes verändert. Und nicht nur am Nil hat es vieles von dem, was Ipuwer beschreibt, im 3. Jahrtausend v. Chr. gegeben. Auch in dem Gebiet zwischen Euphrat und Tigris, das heute auf die Länder Iran, Irak und Syrien aufgeteilt ist, am Indus im heutigen Pakistan und Indien und am Huangho in China entstanden schon früh Kulturen, die unserer heutigen Lebensweise viel näher stehen als die der Menschen in der Steinzeit. Für die Geschichte der Menschheit stellen sie einen so großen Fortschritt dar, daß wir sie Hochkulturen nennen. Was bedeutet das aber genau? Was hat zur Entstehung dieser Hochkulturen beigetragen? Wie lebten die Menschen zusammen und woran glaubten sie?

Von einem für unser heutiges Wissen über die Geschichte der Menschen sehr großen Fortschritt haben wir schon mehrfach gesprochen: Was wir von den Menschen in der Urgeschichte sagen können, beruht auf Ausgrabungen und Funden. Bei den Sumerern am Euphrat und bei den Ägyptern am Nil sind wir heute – nachdem ihre Schriften entziffert worden sind – nicht mehr nur auf Deutungen von Bildern und Spuren angewiesen. Ihre schriftlichen Zeugnisse erlauben uns vielmehr sichere Erkenntnisse. Welchen Vorteil das hat, kannst du an der schriftlichen Quelle von Ipuwer selbst überprüfen. Denn was von den Zuständen, die er beschreibt, hätte wohl ohne Schrift Spuren hinterlassen?

*Wandmalerei aus einem Grab in Theben (um 1400 v. Chr.)*

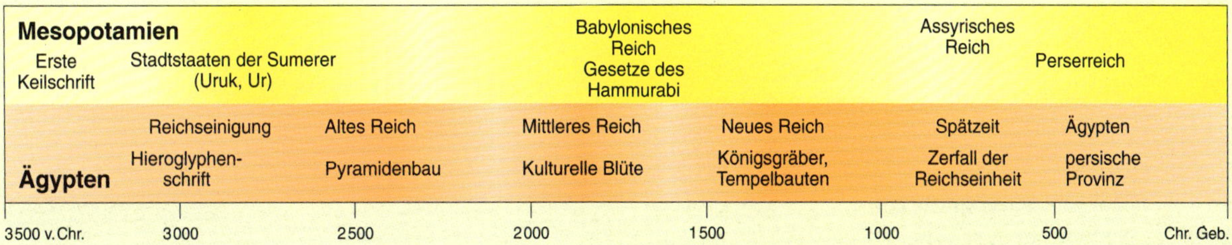

# Ägypten – Hochkultur am Nil

## Ägypten: Ein Geschenk des Nils?

### Der Nil: Die Lebensader Ägyptens

„Es zittern die, die den Nil sehen, wenn er strömt. Die Felder lachen, und die Ufer sind überflutet. Das Gesicht der Menschen wird hell, und das Herz der Götter jauchzt." So heißt es in einem Gedicht aus dem alten Ägypten.

Mehr als 6000 Kilometer ist der Nil lang. Er braust über mehrere Stromschnellen – Katarakte genannt –, bevor er das Land Ägypten erreicht. Etwa 1000 Kilometer sind es dann noch bis zu seiner Mündung. Im krassen Gegensatz zur Länge des Flusses steht die Breite des Niltals: An seiner breitesten Stelle mißt es kaum mehr als 25 Kilometer. Nur das Mündungsdelta dehnt sich weiter aus. Direkt an das Flußtal schließt sich auf beiden Seiten Wüste an. Nur das Wasser des Nils verwandelt das Tal in eine grüne Oase.

Schon in der Jungsteinzeit vor mehr als 7000 Jahren war das Mündungsgebiet des Nils von Bauern besiedelt. Auf den vom Fluß bewässerten Gebieten bauten sie Getreide an und ließen Rinder-, Schaf- und Ziegenherden weiden. Aber auch im Niltal Oberägyptens lebten damals Menschen. Wie Funde von Tongefäßen und Waffen aus der Zeit von vor 5000 bis 6000 Jahren beweisen, müssen sie zuerst Jäger und viehhaltende Nomaden gewesen sein. Aus der Zeit nach 3200 v. Chr. stammen Tongefäße, auf denen große Schiffe mit vielen Rudern dargestellt sind. Daraus folgert man, daß Handel und Verkehr auf dem Nil zunahmen. Auch in Oberägypten sind die Menschen dann um 3000 v. Chr. seßhafte Bauern und Viehzüchter geworden.

### Ein Kalender entsteht

In regelmäßigen Abständen vollzog sich am Nil folgendes Naturereignis: Der Fluß führte zunächst immer weniger Wasser, große Trockenheit herrschte. Dann schwoll er plötzlich mächtig an; Schneeschmelze und anhaltende Regenfälle in seinen Quellgebieten führten dazu, daß er nun ungeheure Wassermassen nach Norden wälzte und die schmalen Uferstreifen überflutete. Nach einigen Monaten, wenn er in sein Flußbett zurückgekehrt war, blieb eine fruchtbare Schlammschicht auf dem Boden zurück. Rasch hatten die Menschen begriffen, daß sie jetzt sofort pflügen und säen mußten. Danach hatten sie mit der Bewässerung der Felder zu tun. Und einige Zeit später konnte das Korn geschnitten, Linsen, Bohnen, Zwiebeln, Datteln, Feigen und Trauben geerntet werden, bevor die Erde wieder trockener und dürrer wurde.

Im Laufe der Zeit fanden die Ägypter heraus, daß es von einer Nilschwemme bis zur nächsten fast immer 365 Tage dauerte. Für sie war das ein Niljahr mit drei Jahreszeiten: zuerst die Zeit der Überschwemmung, dann die Zeit des „Hervorkommens" – nämlich der Felder aus dem Wasser – und schließlich die Erntezeit.

Ein sicheres Zeichen, nach dem sich die Bauern mit ihren Vorbereitungen vor der Überschwemmung richten konnten, entdeckte man am Himmel. Wenn der Stern Sirius, der lange Zeit nicht zu sehen war, wieder leuchtend hell kurz vor Sonnenaufgang im Osten erschien – das ist in unserem Monat Juni –, dann stand die Nilschwelle unmittelbar bevor. Der Tag, an dem der Sirius, der „Nilbringer", aufging, wurde zum Neujahrstag. Die Zeit bis zum nächsten Neujahrstag teilte man in zwölf

*So kann man sich das Vorgehen eines ägyptischen „Astronomen" vorstellen, der die Himmelsrichtungen, z. B. für den Bau einer Pyramide, festlegen wollte.*

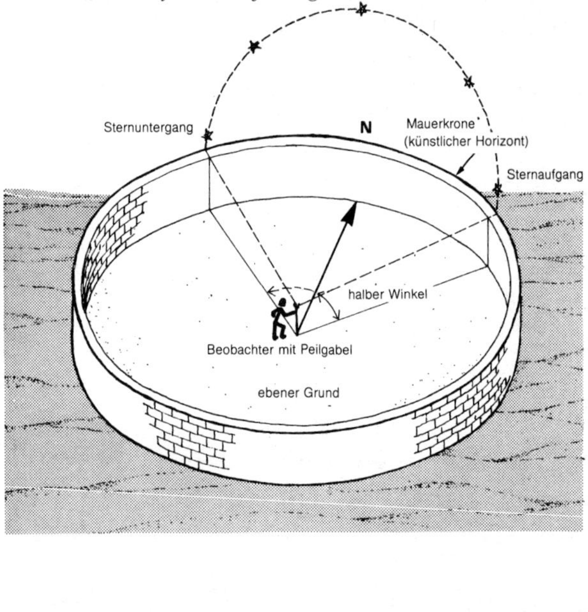

Monate zu 30 Tagen ein. Zur letzten Jahreszeit fügte man fünf Schalttage, um auf die 365 Tage des Sonnenjahres zu kommen. Dieser „Sirius-Kalender", der im Prinzip heute noch Gültigkeit hat, ist etwa 5000 Jahre alt. Das Beobachten von Himmelserscheinungen machten sich die Ägypter auch beim Pyramidenbau zunutze; die Anfänge der Astronomie waren gefunden.

**Zusammenarbeit, Vorratshaltung und die Folgen**

Der Nil bestimmte das Zusammenleben der Bewohner. Da alle von der Überschwemmung und dem fruchtbaren Schlamm abhängig waren, erkannten die Menschen sehr früh, daß Zusammenarbeit notwendig war. Deiche, Kanäle, Staudämme und Auffangbecken mußten gebaut werden, damit man die Fluten des Nils in der Gewalt behielt und das Wasser auf alle Felder leiten konnte. Mit Hilfe einfacher Schöpfgeräte wurde das Wasser auch auf höhergelegene Flächen gebracht. Dämme und Deiche mußten immer wieder ausgebessert werden. Denn der Nil konnte zum Segen, aber auch zum Verhängnis werden. In normalen Zeiten gab es genug Getreide. Eine zu große Überschwemmung aber konnte alles zunichte machen, eine zu geringe hatte Hungersnot zur Folge. Wenn jedoch Vorräte angelegt wurden, konnte auch ein schlechtes Erntejahr überlebt werden. Nur wenn alle von der erwirtschafteten Ernte abgaben, konnte auch für alle vorgesorgt werden.

Die *Vorratswirtschaft* hatte noch andere Folgen. Nicht mehr alle brauchten Bauern zu sein. Ein Teil der Bevölkerung wurde für andere Tätigkeiten frei und konnte von den Bauern mitversorgt werden. Wahrscheinlich hat die Vorratswirtschaft auch zur *Erfindung der Schrift*, einer schwierigen Kunst, beigetragen, da man sich ja einen Überblick über Ernteerträge, Vorräte, Anzahl der Menschen und Tiere verschaffen mußte. Nach den Überschwemmungen waren die Grenzen der Felder verschwunden; daher wurden die Felder neu vermessen. Elle und Fuß waren dabei natürliche und praktische Maße. Die Ägypter entwickelten aus der Feldvermessung eine besondere Wissenschaft, die von den Griechen später Geometrie (Landvermessung) genannt wurde.

Schier unerschöpflich schienen die Gaben des Nils. An seinen Ufern wuchs das Papyrosrohr, dessen Fasern zu Seilen und Tauen gedreht wurden. Man stellte Boote aus Papyrosbündeln her, ebenso wie Matten, Körbe, Sandalen und Siebe. Unser Wort Papier weist auf die folgenreichste Verwendung des Papyrosrohres: Es war das beste Schreibmaterial, das die Alte Welt kannte: einfach zu gewinnen, bequem aufzurollen und leicht zu beschreiben.

*Ägypten zur Pharaonenzeit*

In den Papyrosdickichten gab es alle Arten von Wasservögeln, die mit Wurfhölzern oder Schlingen erlegt wurden. Der Nil war die beste Verkehrsader. Nur an Holz für große Schiffe und andere Bauvorhaben fehlte es den Ägyptern. Das beste Holz holten sie im Libanon, wozu eigens ein Schiffstyp mit Namen „Byblosfahrer" – nach der Stadt Byblos – konstruiert wurde. So war Ägypten in der Tat „ein Geschenk des Nils", wie es schon der griechische Schriftsteller Herodot im 5. Jahrhundert v. Chr. formuliert hat.

## Der König und sein Volk

### Die Zeit der Reichseinheit

Bis gegen Ende des 4. Jahrtausends v. Chr. waren Unter- und Oberägypten zwei getrennte Reiche mit eigenen Herrschern. Um 3000 v. Chr. sind beide Reiche vereinigt worden. Nach dieser ersten Reichseinigung begann in Ägypten eine erste Blütezeit, die wir heute *Altes Reich* nennen. In ihr wurden die großen Pyramiden von Giseh errichtet. Nach einer kurzen Zwischenzeit des Zusammenbruchs gelang um 2040 v. Chr. die erneute Einigung Ägyptens. Dieses *Mittlere Reich* bestand bis etwa 1650 v. Chr. Und nach einer erneuten Auflösung begann 1550 v. Chr. mit dem *Neuen Reich* eine ca. fünfhundertjährige neue Blütezeit, in der die Königsgräber und Tempel gebaut wurden.

Schon aus dieser Übersicht der Entwicklung Ägyptens wird deutlich, daß nicht immer geordnete Verhältnisse herrschten, sondern daß es auch Krisen gab. Dennoch ist es für uns heute immer wieder erstaunlich, welche Leistungen die altägyptische Gesellschaft hervorgebracht hat. Eine wichtige Rolle spielte dabei die Organisation des Staates und der Gesellschaft, in der der König eine beherrschende Stellung hatte.

### Die Macht des Königs

Die ägyptischen Könige wurden Pharaonen genannt. „Pharao" bedeutet „großes Haus" und war ursprünglich die Bezeichnung für den königlichen Palast. Die Könige verfügten über eine fast unvorstellbare Macht. Sie galten verantwortlich für alles, was im Lande geschah: für Bewässerung, Nahrungs- und Vorratsbeschaffung, für ein geregeltes Zusammenleben der Bewohner, für die Sicherung des Friedens nach außen und innen.

**Die Schminktafel des Königs Narmer: Beis**

*Vorderseite*

Paletten wie diese Schminktafel des Königs Narmer brauchte man, um die Augenschminke anzurühren, mit der man sich nicht nur verschönerte, sondern sich auch gegen Augenkrankheiten schützte.

***Was sieht man?*** Ein König, erkennbar an der Krone, besichtigt geschlagene Gegner, deren Köpfe man säuberlich zwischen ihre Füße gelegt hat. Vor dem König schreiten vier Standartenträger, hinter ihm trägt ein Diener die Sandalen des Königs. Der König hat eine Keule in der Hand. Zwei Fabeltiere, von Menschen

**eine Bildbetrachtung und Bilddeutung**

*Rückseite*

gebändigt, winden ihre langen Hälse um die Vertiefung, in der die Schminke angerührt wurde. Ganz unten stößt ein Stier die Mauer einer befestigten Siedlung ein und trampelt dabei auf den Arm eines Besiegten.
Auf der Rückseite der Schminktafel trägt der König eine andere Krone. Er packt einen Gegner am Schopf und schwingt mit der anderen Hand die Keule, um ihm den Schädel einzuschlagen. Auffallend ist, daß das Gesicht – mit Ausnahme des Auges – im Profil wiedergegeben wird, Hals und Schultern aber in Vorderansicht; die Seitenansicht reicht von der Brust bis zu den Füßen. Oben rechts sieht man einen Falken, der den Kopf eines Gefangenen am Strick zum König bringt. Der Kopf wächst aus einem wulstartigen Gebilde, ebenso wie sechs Pflanzen, wohl Papyrosstengel. Unten sieht man zwei Unterlegene. Gekrönt ist die Palette von zwei Kuhköpfen mit menschlichen Gesichtern, dazwischen Bildzeichen.

***Wie lassen sich die Bilder deuten?*** Kraft und Stärke zeichnen den König aus. Er schlägt den Feind nieder, zertritt als Stier den Gegner. Der König ist größer als alle anderen, er steht weit über ihnen. Die Tiere auf den Standarten wurden als göttliche Wesen verehrt. Der Falke versinnbildlicht den Himmelsgott Horus. Daraus, daß Falke und Schakal auf dieselbe Höhe und in Verbindung zum König gesetzt sind, kann man folgern, daß auch dem König göttliche Eigenschaften zugesprochen werden.

***Auf welchen geschichtlichen Zusammenhang beziehen sich die Bilder?*** Beide Bilder geben einen geschichtlichen Vorgang wieder: die unter Kämpfen erfolgte Vereinigung von Ober- und Unterägypten durch den oberägyptischen König. Man liest dies aus den zwei verschiedenen Kronen und aus den zwei gebändigten Tieren auf der Vorderseite. Auch die Papyroszeichen, die auf Unterägypten deuten, weisen auf die Vereinigung hin. Wem schreibt die Palette die Reichseinigung zu? Zwischen den Kuhköpfen steht der Name des Königs Narmer, d. h. schlimmer Wels. Gebildet ist der Name aus den Zeichen für den Fisch und einer Nadel oder eines Meißels für den Begriff „schlimm". Außerdem ist das wulstartige Gebilde mit dem Gefangenenkopf das Schriftzeichen für „Land", in diesem Fall für Unterägypten.
So ist diese Schminktafel ein wichtiges geschichtliches Dokument. Sie ist auch ein Beweis dafür, daß die Ägypter sehr früh (um 3000 v. Chr.) wichtige geschichtliche Ereignisse in Schrift und Bild festhalten und der Nachwelt übermitteln wollten. Die Schrift ist es, die dazu führt, daß die Ägypter nicht nur ihrer Gegenwart, sondern auch der Geschichte ihres Volkes begegneten. Vor allem durch die Schrift leben Taten und Ereignisse weiter und werden zur Geschichte.

So viele Fähigkeiten konnte, so glaubten die Ägypter, nur ein übermenschliches Wesen besitzen. Daraus ergab sich, daß die Ägypter den Pharao als Gott verehrten. Jeder ägyptische König führte den Titel „Sohn des Re"; der Gott Re war für die Ägypter der welterschaffende und die Welt beherrschende Sonnengott. Alle Bewohner Ägyptens waren diesem Gottkönig untergeben, hatten sich seinen Weisungen zu fügen und ihm und damit dem Land Dienste zu leisten. Alle waren Untertanen, aber nicht alle waren gleichgestellt. Das hing mit den verschiedenen Aufgaben zusammen, die im Land zu erfüllen waren.

*Handwerker im alten Ägypten: Maurer und Ziegelhersteller, um 1400 v. Chr.*

## Die ägyptische Gesellschaft

Die meisten Ägypter waren Bauern. Sie bestellten als Pächter das Land, das dem Pharao gehörte. Einen kleinen Teil der Ernte konnten sie für sich behalten, den größten Teil mußten sie aber in den staatlichen Speichern abliefern. Während der Trockenzeit besserten sie die Bewässerungsanlagen aus, und in der Flutzeit arbeiteten sie in der Regel auf einer Baustelle des Königs, an Pyramiden oder Tempeln. Das gehörte zu den Steuerpflichten. Man tat es aber auch aus religiösen Gründen. Denn mit dem Bau eines königlichen Grabmals sicherte man sich selbst sein Seelenheil.

*Bauern beim „Dreschen" und „Abfüllen" des Getreides (Wandmalerei um 1400 v. Chr.)*

Unfrei waren nur die *Sklaven*, meist Kriegsgefangene. Sie dienten zum Teil im Heer, zum Teil arbeiteten sie auf den Gütern der Tempel – zu jedem Tempel gehörte ein Landgut – oder im königlichen Palast.

In den Dörfern und Städten lebte eine große Anzahl von *Handwerkern*. Der königliche Haushalt beschäftigte unzählige Maurer, Steinmetze, Goldschmiede, Weber, Maler. Bezahlt wurden sie mit Naturalien: Brot, Bier, Bohnen, Salz, Kleidung. Wir wissen von einem Fall, daß Handwerker mit dem Ruf: „Wir sind hungrig, wir sind hungrig!" ihre Werkzeuge niederlegten und ihren Lohn einforderten.

Auf vielen alten Grabgemälden der Ägypter sieht man Leute, die sich allerlei Notizen machen: Das sind die *Schreiber*, die wegen ihres Könnens großes Ansehen genossen. Ohne sie wäre die ägyptische Verwaltung nicht möglich gewesen. Sie hielten die regelmäßigen Volks- und Viehzählungen, die Fänge der Fischer, die Steuer-

zahlungen und den Bestand der Vorräte schriftlich fest. Sie schrieben aber auch alles auf, was der Nachwelt überliefert werden sollte.
Der Beruf des Schreibers war ein attraktiver Beruf. Theoretisch stand er allen offen, aber die Lehrzeit war lang – bis zu zwölf Jahren –, Fleiß und Ausdauer unerläßlich, die Lehrmethoden rauh. Denn oft wurde der Schüler nach dem Motto unterrichtet: „Das Ohr eines Jungen ist auf dem Rücken". Schreibschulen gab es im Palast und in den Tempeln, selten in einem Dorf. Tag für Tag übten die Schüler auf Tonscherben, Kalksteinen und hölzernen Tafeln, die Dinge zu schreiben, die sie in der Verwaltung brauchen würden, z. B.: „Wein aus Ägypten, frisches Fleisch, getrocknetes Fleisch." Für die meisten Handwerker- und Bauernsöhne und für Mädchen waren solche Schulen nicht vorgesehen.
An der Spitze der Verwaltung stand der *Wesir*. Er verteilte die königlichen Bauaufträge, er war gleichzeitig oberster Richter im Namen des Pharaos. Ihm waren viele *Beamte* mit genau vorgeschriebenen Aufgaben untergeordnet.
In jungsteinzeitlichen Kulturen wurde das Leben des einzelnen überwiegend durch die Familie, die Sippe und die Dorfgemeinschaft geregelt. In der Hochkultur Ägypten bestimmte erstmals ein König für ein gesamtes Reich, welche Aufgaben der einzelne leisten mußte und welche die Gesellschaft zu übernehmen hatte. Ägypten war ein Staat.
Das Bild der ägyptischen Gesellschaft gleicht einer Pyramide: an der Spitze der Pharao, in immer tieferen Rängen und größerer Anzahl Beamte und Priester, die für den Dienst der Götter in den zahlreichen Tempeln zuständig waren; dann Schreiber, Handwerker, Bauern und Sklaven. Eine solche Ordnung, in der Rechte, Freiheiten und Befehlsgewalt nach oben zunehmen, während Gehorsam und Dienst nach unten verpflichtender werden, nennt man eine hierarchisch aufgebaute Gesellschaft.

## Die ägyptische Familie

Die Maler und Bildhauer des alten Ägypten vermitteln uns ein Bild von der Familie, das sehr modern erscheint. Die Ehepartner werden in liebevoller Verbundenheit dargestellt, oft umgeben von ihren Kindern, die ungeachtet ihres Alters klein abgebildet sind (siehe Abb. S. 38).
Ein griechischer Schriftsteller bemerkte mit Verwunderung, daß den Ägyptern jedes Kind willkommen war und keines – im Gegensatz zu Griechenland – ausgesetzt wurde. Für „Heirat" benutzten die Ägypter das Zeichen für „ein Haus gründen". Die Familie war demnach eine Kleinfamilie: die Eltern und ihre Kinder, solange diese nicht das Haus verließen und eine eigene Familie gründeten. Innerhalb der ägyptischen Familie war die Frau – die „Herrin des Hauses" – gleichberechtigt. Das zeigt sich vor allem daran, daß sie eigenes Vermögen besitzen und erben durfte, was in der antiken Welt außergewöhnlich war.
Aber für die Erziehung der Söhne war der Vater zuständig. Rechtes Verhalten in der Gesellschaft sollte der Sohn lernen, im richtigen Augenblick zu schweigen oder zu sprechen, den Eigen-Sinn unter den Gemein-Sinn zu stellen, im Einklang mit den Geboten der Götter zu leben. Der Vater lehrte seinen Sohn, was er selbst schon von seinem Vater durch Ratschläge erfahren hatte.

## Totenglaube

So widersprüchlich es klingt – wir begegnen dem Leben der alten Ägypter an ihren Gräbern. Dort zeigen Bilder, wie sie Nilpferde jagen, Vögel fangen, mit Tanz und Musik Feste feiern, Tische und Stühle herstellen, säen und ernten, backen und Bier brauen. Die Ägypter waren überzeugt, daß der Verstorbene im Jenseits ein Leben weiterführte, das dem Leben auf Erden glich. Deshalb sollte auch der Körper erhalten werden, damit die Seele, die den Körper beim Tod verließ, jederzeit zurückkehren könne. So entwickelten sie die Kunst der Einbalsamierung oder Mumifizierung.
Zu Lebzeiten waren den Ägyptern Häuser aus Lehmziegeln und Bier und Brot als Nahrung genug. Die Toten aber sollten Wohnungen aus dauerhaftem Material, köstliche Speisen, Ruhe, Freude und ewigen Genuß haben. In der Frühzeit gab man den Toten noch echte Nahrungsmittel mit ins Grab. Später ging man dann jedoch dazu über, die Versorgung der Toten nur noch symbolisch, d. h. auf Bildern, darzustellen. Bunte Malereien auf Papyrosrollen, die ins Grab gelegt wurden, zeigen aufgehäufte Opfergaben, aber auch die Familie des Toten und seine Umwelt (siehe S. 48 – 49). Die Ägypter glaubten, bei Eintritt in die Ewigkeit müsse jeder eine Prüfung vor dem Totengott Osiris ablegen. Deshalb gab man den Toten außerdem Textrollen mit ins Grab, auf denen die Rechtfertigungsrede stand, die vor dem Totengericht gehalten werden sollte.

## Die Pyramiden – ein Weltwunder

Dauerhafte Gräber zu erstellen kostete viel. Wir kennen daher nur Gräber von Königen, ihren Angehörigen und hohen Beamten. Von den Gräbern der einfachen Leute fand sich im Wüstensand so gut wie nichts.

Die bekanntesten Grabstätten sind die Pyramiden. Schon im Altertum zählte man die drei berühmtesten, die von Giseh, zu den Sieben Weltwundern. In den Pyramiden wurden während der etwa 1000 Jahre des Alten Reichs die Könige bestattet.

Mit ihrer zum Himmel weisenden Spitze sollten sie den Königen den Aufstieg zum Himmel ermöglichen. Die Pyramide des Cheops ist die gewaltigste Steinkonstruktion der Welt. Sie würde der größten christlichen Kirche, dem Petersdom in Rom, bequem Platz bieten. Ihre Seiten liegen fast genau in den vier Himmelsrichtungen. Rund 2,5 Millionen Steinblöcke, jeder einen Kubikmeter im Ausmaß und 2,5 Tonnen schwer, wurden hier verbaut. Im Innern gibt es Riesensteine von 200 Tonnen Gewicht. Auf dem Nil und den abzweigenden Kanälen konnten die Steinblöcke relativ bequem transportiert werden, aber im Steinbruch und auf der Baustelle konnten nur Menschenkraft, Ochsenschlitten, Taue, Rollen, Steinhämmer und Beile aus gehärtetem Metall eingesetzt werden. Rad, Flaschenzug und andere Hebewerkzeuge kannten die Ägypter noch nicht. Auf großen Ziegelrampen wurden die Blöcke immer höher gezogen, wobei man Wasser und Schlamm als Schmiermaterial benutzte. Als Hilfsmittel zur Kontrolle des Baus kannte man Winkelmaß, Senkblei und Schnur.

Die so entstandenen Bauwerke haben Jahrtausende überstanden. Nach heutigen Berechnungen bauten an der Cheopspyramide 20 Jahre lang 4000 Facharbeiter und rund 70 000 Saisonarbeiter. Nicht nur hohes technisches Können war erforderlich, sondern auch organisatorisches Geschick. Große Menschenmengen mußten gezielt an verschiedenen Orten eingesetzt, kontrolliert und verpflegt werden. Das klappte nur bei einer gut funktionierenden Verwaltung.

Später ließen die Könige in einem Wüstental westlich der Hauptstadt Theben, im „Tal der Könige", ihre Gräber in Felsen einhauen. 1922 wurde hier das einzige Grab gefunden, das keine Grabräuber entdeckt hatten: Zwei Engländer, Lord Carnarvon und Howard Carter, fanden das berühmte Grab des Tutenchamun, dessen Schätze die Welt in Staunen versetzten.

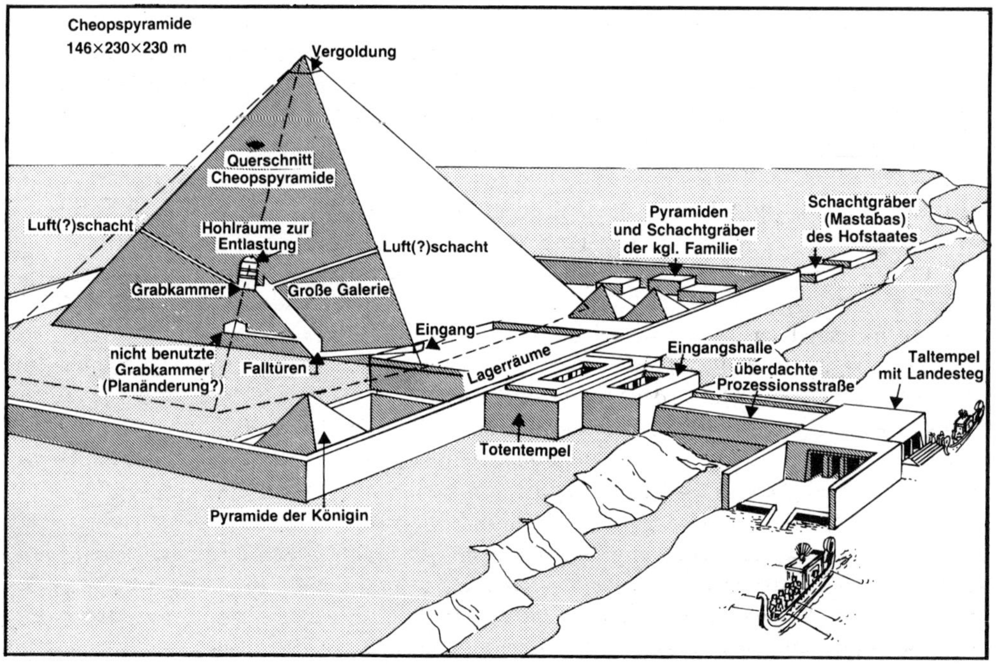


*Schnitt durch die Cheopspyramide, erbaut um 2540 v. Chr.*

*Horus: Himmelsgott, Sohn des Sonnengottes Re*

*Hathor: Göttin der Liebe, der Mütterlichkeit*

*Isis: Muttergöttin mit Horus auf dem Schoß*

*Amun-Re: Sonnengott, Gott des Windes*

## Die Religion der Ägypter

Aus den Höhlenmalereien und Funden der Steinzeit vermuten wir, daß die Menschen schon damals an ein Weiterleben nach dem Tode glaubten und Ereignisse der Natur mit einer göttlichen Macht verbanden. Durch die Papyrosrollen, die Grabmalereien und Götterstatuen wissen wir über die Religion der Ägypter aber viel mehr. Wie die Menschen in der Jungsteinzeit sahen auch die Ägypter in vielen Erscheinungen der Natur göttliche Mächte: in Sonne, Mond und Sternen; im Nil und im Raum zwischen Himmel und Erde. Auch Tiere, vor allem nicht gezähmte, galten bei ihnen als göttliche Wesen. Das Krokodil verehrten die Ägypter z.B. als „Herrn" der Stromschnellen und Sandbänke. Und die scharfen Augen und der schnelle Flug des Falken führten zur Vorstellung von dem Himmelsfalken Horus, dessen Augen Sonne und Mond sind und dessen Flügelspitzen die Welt umspannen.
Im Laufe der Zeit haben sich die religiösen Vorstellungen der Ägypter aber auch verändert: In dem Maße, in dem sie ihre Umwelt zu beherrschen und zu verstehen lernten, nahmen ihre Götter zum Teil menschliche Gestalt an, oder Tier- und Menschengestalt vermischten sich. Darstellungen des Sonnengottes zeigen ihn in Menschengestalt mit Widderkopf und Sonnenscheibe. Sein Symbol sind die Obelisken, steingewordene Sonnenstrahlen.
In den alten Geschichten, die die Ägypter über ihre Göttinnen und Götter erzählten, empfinden diese Liebe und Haß; sie leben, überlegen und handeln wie die Menschen. Die bekannteste Götterfamilie bildeten Osiris, Isis und Horus. Die Muttergöttin Isis war sehr beliebt; ihr Kult verbreitete sich später während der römischen Herrschaft in der gesamten Alten Welt bis an den Rhein. Die Ägypter malten sie häufig mit ihrem Sohn Horus auf dem Schoß, so wie viel später die Christen häufig Maria und Jesus darstellten.
Wie eng sich bei den Ägyptern das Leben auf der Erde und der Glaube an ein Leben im Jenseits verband, können wir an Horus und Osiris erkennen: Jeder lebende Pharao war zugleich Horus, dargestellt als Menschengestalt mit Falkenkopf; jeder verstorbene König war Osiris, der als Herrscher des Jenseits mit Krone und Zepter abgebildet wurde (siehe S. 49). Richtiges Verhalten im Leben und Gerechtigkeit auf Erden wurden von Osiris in der Ewigkeit belohnt.
Mit ihren religiösen Vorstellungen und mit ihrer Deutung des menschlichen Lebens in vielen Kunstwerken hat die ägyptische Hochkultur sowohl die griechische wie auch die römische Welt beeinflußt.

## 1 Ägypten – damals und heute

**1a** *Nil-Landschaft heute*

1. *Welche Merkmale sind für die Nil-Landschaft besonders charakteristisch? Vergleiche mit der Karte S. 41.*
2. *Schreibe einen Bericht über einen Tag im Leben eines ägyptischen Jugendlichen am Ufer des Nils.*

**1b** *Werbung für einen Urlaub in Ägypten*

*Ägypten, Klassische Rundreise*

Wie bei den früheren Studienreisen beginnt die Route mit den Sehenswürdigkeiten des Alten Reiches in Memphis, Sakkara und Giseh. Der Höhepunkt der Reise ist das antike Theben mit seinen großartigen Grabmalereien im Tal der Könige und den gewaltigen Tempelkomplexen von Karnak und Luxor. In Abu Simbel sehen Sie die Felsentempel aus der Ramessidenzeit. Wie auch auf Philae begegnet man hier dem späten, nun voll entwickelten Tempelschema.

In Kairo verdient nicht nur das Ägyptische Museum mit seinen unzähligen Schätzen Ihre Aufmerksamkeit, sondern auch das koptische Viertel und die islamische Kunst. So bedeutend die archäologischen Stätten auch sind, eine Reise nach Ägypten wäre unvollständig ohne die Fahrten in die Oasen und durch die Fellachendörfer.

1. *Womit wirbt der Reiseprospekt? An wen wendet er sich?*
2. *Was könntest du als Reiseleiter nach der Lektüre des darstellenden Teils zum Leben im alten Ägypten, zu den Pyramiden, Grabmalereien, zu den Pharaonen und den Bauern sagen? Suche dir ein Thema aus und fertige einen Stichwortzettel an.*

**1c** *Im 5. Jahrhundert v. Chr. schrieb der vielgereiste griechische Historiker Herodot über das „klassische" Reiseland Ägypten:*

**Q** Als erste unter den Menschen haben die Ägypter das Jahr gefunden und es in 12 Monate aufgeteilt. Sie erzählen, die Sterne hätten sie auf diese Einteilung gebracht. Ich glaube, ihre Berechnung ist insofern klüger als die griechische, als die Griechen in jedem dritten Jahr einen Schaltmonat wegen der Jahreszeiten einfügen. Die Ägypter aber zählen 12 Monate zu 30 Tagen und fügen jedes Jahr noch fünf Tage außer der Reihe hinzu. So läuft der Kreis der Jahreszeiten immer auf das gleiche hinaus … Ebenso haben die Ägypter als erste den Göttern Altäre, Bilder und Tempel errichtet und Figuren in Stein gemeißelt …

Offenbar sind die Gebiete Ägyptens, die von Griechen zu Schiff besucht werden, Neuland (Schwemmland des Nils) und ein Geschenk des Stromes … Freilich ernten die Ägypter den Ertrag ihres Bodens heute recht mühelos wie kaum andere Menschen. Sie haben es nicht nötig, mühevoll mit dem Pflug Furchen zu ziehen, den Boden zu hacken oder sonst Feldarbeiten zu tun, womit sich andere auf dem Acker plagen. Der Strom kommt von selbst, bewässert die Äcker und fließt dann wieder ab. Dann besät jeder seinen Acker und treibt Schweine darauf. Wenn er die Tiere die Saat hat festtreten lassen, wartet er ruhig die Ernte ab, drischt das Korn mit Hilfe der Schweine und fährt es heim …

Über die Natur des Flusses habe ich weder von den Priestern noch von sonst jemand etwas erfahren können. Ich hätte gern wissen wollen, warum der Fluß von der Sommersonnenwende an fast 100 Tage so wasserreich strömt, und auch, warum er danach wieder zurückgeht, wobei er sein Bett nicht ganz füllt, und den ganzen Winter über den niedrigen Wasserstand behält bis wieder zur Sommersonnenwende.

*Herodot, Historien II 4, 5, 19. Übers. nach J. Feix, München 1977, S. 203f.*

1. *Welche Leistungen der Ägypter bewundert Herodot?*
2. *Erkläre, wie Herodot dazu kommt, Ägypten als ein „Geschenk des Stromes" zu bezeichnen.*
3. *Herodot behauptet, daß die Ägypter „recht mühelos" ernten können. Erkläre diese Behauptung und überlege, was ihm ein ägyptischer Bauer entgegenhalten könnte. Lies dazu noch einmal S. 41.*

## 2 Die Pharaonen – unumschränkte Herrscher?

**2a** *So wurde Ramses II. (etwa 1310–1244 v. Chr.) begrüßt:*

**Q** Wir kommen zu dir, Herr des Himmels, Herr der Erde, du lebende Sonne des ganzen Landes, Herr der Lebensdauer mit geregelter Umlaufszeit, du Atum (Sonnengott) der Menschheit, Herr des Geschickes … du Säule des Himmels, du Balken der Erde, Ausgleicher, der die beiden Landhälften gleichmacht, Herr vielfacher Speisung … Du, der die Fürsten macht und die Waisen aufbaut, dessen Rede alle heilige Speise entstehen ließ, der wacht, wenn alles schläft, dessen Kraft Ägypten errettet, der über die Fremdländer obsiegt und triumphierend heimkehrt, dessen Stärke Ägypten schützt, Geliebter der Wahrheit, der in seinen Gesetzen in ihr lebt, der die beiden Länder behütet, mächtig an Jahren, groß an Gewalt, dessen Schrecken die Fremdländer weichen läßt, du, unser König, unser Herr.

*In: Quellen zur Geschichte des Altertums (hg. v. G. Guggenbühl), Zürich 1964, S. 16.*

1. *Stelle zusammen, über welche Bereiche der Pharao Macht hat.*

**2b** *Aus den Ratschlägen, die Pharao Meri-Ka-Re für seinen Sohn verfaßt hat (um 2150 v. Chr.):*

**Q** Tu du als König das Rechte, solange du auf Erden weilst. Beruhige den Weinenden, quäle keine Witwe, verdränge keinen Mann von der Habe seines Vaters. Hüte dich davor, ungerechterweise zu strafen … Schreite mutig fort auch in Schwierigkeiten, das Gewissen kennt den rechten Ort und verfehlt nicht den Weg von gestern, kein Zauber wehrt ihm, es eilt zum frischen Quell. Vertraue nicht auf die Länge der Jahre, das Leben gleicht einer Stunde, aber was ein Mann war, bleibt nach seinem Tode übrig, und seine Taten werden zuhauf neben ihn gelegt. Die Ewigkeit aber währt es, daß man im Totenreiche ist, und ein Tor ist, wer die Totenrichter verachtet. Wer zu ihnen kommt, ohne daß er gesündigt hat, der wird im Totenreiche wie ein Gott sein … Mache keinen Unterschied zwischen dem Sohn eines Vornehmen und dem niedriger Abkunft, hole dir einen Mann wegen seiner Fähigkeiten.

*In: F. W. v. Bissing, Altägyptische Lebensweisheit, Zürich/Stuttgart 1955, S. 55f.*

1. *Welche Ratschläge erteilt der Pharao seinem Sohn?*
2. *Wie begründet er diese Ratschläge?*
3. *Wo sieht der Pharao die Schranken seiner Macht?*

## 3 Das Totengericht

**3a** *Lange Papyrosrollen mit bunten Malereien und Schriftzeichen wurden den Toten im alten Ägypten mit ins Grab gegeben. Wir nennen sie „Totenbücher". Neben Wünschen und Ratschlägen für den Toten enthalten viele dieser Totenbücher die Darstellung eines Totengerichts an der Schwelle zum Totenreich.*
*Die Abbildung rechts ist aus dem Totenbuch des Schreibers Ani: Auf der einen Waagschale liegt das Herz Anis, auf der anderen die Feder der Maat, der Göttin der Ordnung, Wahrheit und Gerechtigkeit. Der schakalköpfige Gott ist Anubis. Der Gott mit dem Vogelkopf ist der Schreibergott Thot. Ganz rechts Osiris, hinter ihm Isis und ihre Schwester.*

1. *Beschreibe das Bild.*
2. *Was erfahren wir aus dem Bild über die Vorstellung, die die Ägypter vom Leben nach dem Tod hatten?*

**3b** *Auf dem Papyros stand auch, wie der Tote den obersten Richter Osiris und die anderen Totenrichter, die so schreckliche Namen wie Blutfresser, Knochenbrecher, Schlangenauge trugen, zu begrüßen hatte:*

**Q** Preis dir, du großer Gott, du Herr der beiden Wahrheiten! Ich bin zu dir gekommen, mein Herr, ich werde herbeigeführt, um deine Schönheit zu schauen. Ich kenne dich, ich kenne die Namen der 42 Götter, die bei dir sind. Sie leben als Wächter der Bösewichter und werden an diesem Tag der Abrechnung vor Osiris mit ihrem Blute getränkt …
Ich habe nicht Unrecht getan gegen die Menschen, ich habe keinen Diener vor seinem Herrn schlecht gemacht, ich habe nicht hungern lassen, ich habe nicht weinen gemacht, ich habe nicht getötet, ich habe nicht zu töten befohlen, ich habe niemanden schlecht gemacht, ich habe das Kornmaß weder vergrößert noch verringert, ich habe nicht die Milch vom Munde eines Säuglings weggenommen, ich habe nicht dem Überschwemmungswasser gewehrt zu seiner Zeit, ich habe nicht gegen fließendes Wasser einen Damm aufgeworfen. … Ich bin rein, ich bin rein, ich bin rein.

*In: H. Gressman, Altorientalische Texte und Bilder zum Alten Testament, Berlin/Leipzig 1926, S. 9f.*

1. *Vergleiche den Text mit dem Bild 3a.*
2. *Nach welchen Regeln sollten die Ägypter leben, wenn sie vor dem Totengericht bestehen wollten?*

**4** *Kalksteinstatue eines Schreibers aus seinem Grab bei Giseh, um 2500 v. Chr.*

**5 Die Stellung des Schreibers in der ägyptischen Gesellschaft**

*Lehren eines Schreibers für seinen Sohn (um 2000 v. Chr.):*

**Q** Kaum hat ein Schriftkundiger angefangen heranzuwachsen – er ist noch ein Kind –, so wird man ihn grüßen und als Boten senden; er wird nicht zurückkommen, um sich in den Arbeitsschurz zu stecken. Einen Bildhauer kann man nicht als Boten sehen, noch einen Goldschmied, der ausgeschickt würde. Ich habe den Erzarbeiter bei seiner Arbeit beobachtet, an der Öffnung seines Schmelzofens. Seine Finger sind krokodilartig, er stinkt mehr als Fischlaich. Jeder Holzarbeiter, der den Meißel führt, ist müder als der Ackersmann; sein Feld ist das Holz, seine Hacke der Erzstichel. In der Nacht fühlt er sich zerschlagen, da er über seine Kräfte geleistet hat, aber selbst in der Nacht brennt er Licht. Der Steinmetz graviert mit dem Meißel in allerlei harten Steinen. Hat er die Arbeit vollendet, so versagen ihm seine Arme, und er ist müde; wenn er sich des Abends hinsetzt, sind seine Knie und sein Rücken gebrochen. Der Barbier schert noch spät am Abend … Der Töpfer steckt in seinem Lehm; der beschmiert ihn mehr als ein Schwein, bis er seine Töpfe gebrannt hat. Seine Kleidung ist steif vor Lehm. Die Luft bläst ihm ins Gesicht, wie sie aus dem Ofen kommt. Er stampft den Lehm mit seinen Füßen und wird dabei selber zerstoßen … Der Weber ist innen in der Werkstatt, er hat es schlechter als eine Frau, die gebiert; seine Knie drücken auf seinen Magen, und er bekommt keine Luft. Wenn er den Tag verbracht hat, ohne zu weben, wird er mit 50 Peitschenhieben geschlagen, dem Türhüter gibt er dann ein Trinkgeld, damit er ihn ins Freie läßt … Dem Schuster geht es sehr schlecht, er ist ewig unter seinen Gerbbottichen. Es geht ihm so gut, wie es einem unter Leichen geht. Alles was er beißt, schmeckt nach Leder. Der Wäscher wäscht auf dem Uferdamm, sein Nachbar ist das Krokodil … Siehe, es gibt keinen Beruf, in dem einem nicht befohlen wird, außer dem des Beamten; da ist er es, der befiehlt. Wenn du schreiben kannst, wird dir das mehr Nutzen bringen als alle die Berufe, die ich dir dargelegt habe.

*In: F. W. v. Bissing, Altägyptische Lebensweisheiten, Stuttgart/Zürich 1955, S. 57ff.*

1. *Beschreibe die Körperhaltung des Schreibers auf Abbildung 4.*
2. *Warum ließen Lehrer ihre Schüler Text 5 aufschreiben?*
3. *Was stellt der Verfasser des Textes einseitig dar, was erwähnt er nicht über den Beruf des Schreibers?*
4. *Fertige ein Schaubild der ägyptischen Gesellschaft an. Welchen Platz nehmen darin die Schreiber ein? Lies dazu die Darstellung auf S. 44f.*
5. *Arbeite mit der Quelle, indem du die Grundfragen am Ende des Buches (S. 240) anwendest.*

# Stadtkultur in Mesopotamien

## Die Hochkultur der Sumerer

„Land zwischen den Strömen“ nannten die Griechen das Gebiet an Euphrat und Tigris, das heute zu den Ländern Irak, Iran und Syrien gehört. Vor etwa 10 000 Jahren begannen hier Menschen zu siedeln. Zunächst blieben sie am Rande der Gebirge, denn die Flußebenen wurden im Frühjahr überschwemmt und trockneten im Sommer aus.

5000 Jahre später waren diese ursprünglich unbewohnten Ebenen verändert: Jetzt gab es größere Städte in der Nähe der Flüsse; Mauern umgaben die Städte, in denen Tempel, Paläste, Villen und mehrräumige Wohnhäuser aus Lehmziegeln, Werkstätten und Läden beieinanderstanden. Während noch in Europa, Amerika und weiten Regionen Afrikas die Menschen als Jäger und Sammler umherzogen, vollzog sich etwa gleichzeitig wie in Ägypten in Mesopotamien der Übergang zur Hochkultur. Im Unterschied zu Ägypten war das Kennzeichen dieser Hochkultur des Volkes der Sumerer jedoch das organisierte Leben in den Städten.

*Frühe Hochkulturen in Mesopotamien*

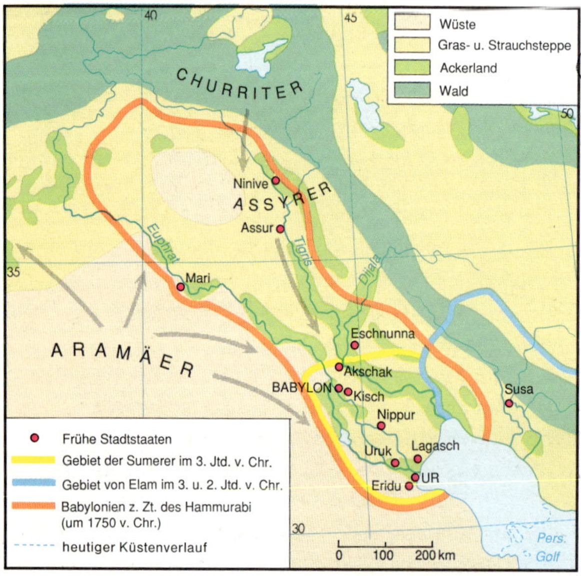


### Das Volk der Sumerer und seine Leistungen

Woher die Sumerer kamen, weiß man nicht genau. Im 4. Jahrtausend v. Chr. siedelten sie im Mündungsgebiet von Euphrat und Tigris, die im Frühjahr durch die Schneeschmelze reißende Ströme waren und danach eine fruchtbare Schlammschicht hinterließen, auf der Getreide und Gemüse in Fülle wuchsen. Allerdings mußten die Saaten und Pflanzen bewässert werden, denn die Sommer waren trocken und glühend heiß. Gemeinsam gingen die Sumerer daran, das Bewässerungsproblem zu lösen: Sie bauten Dämme aus Lehm, zogen Gräben und Kanäle und erfanden einfache Hebevorrichtungen, um das Flußwasser auf die Äcker zu leiten. Die weiter vom Fluß entfernten Böden bearbeiteten sie mit dem Pflug; ein Pflughaken aus Bronze erleichterte die Arbeit. Die Bauern konnten in fruchtbaren Jahren so viel ernten, daß sich nicht mehr alle mit Ackerbau beschäftigen mußten. Der Weg zur Spezialisierung und Arbeitsteilung war frei. Verwalter beaufsichtigten die Bewässerungsarbeiten. Vielleicht waren sie auch die ersten Mathematiker, denn zur Anlage der Kanäle waren Berechnungen notwendig. Von den Sumerern stammt die Einteilung des Kreises in 360 Grad. Ihr Zahlensystem beruhte auf der Zahl 60, die man durch zwölf Zahlen teilen kann. Sie beobachteten den Lauf von Sonne, Mond und Sternen und stellten einen Kalender auf, der vor allem den Zeitpunkt für die Aussaat festlegte.

Mit der Entdeckung, daß man eine Scheibe hochkant stellen konnte, gelang ihnen eine wichtige technische Neuerung. Sie verwendeten die zum Rad gewordene Scheibe zur Konstruktion von Karren. Ochsen und Esel konnten nun viel größere Lasten transportieren.

### Tempel und Priester

Die Priester spielten bei den Sumerern eine wichtige Rolle. Sie lehrten, welche Göttinnen und Götter für die verschiedenen Erscheinungen in der Natur zuständig waren und wie man sie sich gnädig stimmen konnte. Die Götter – so glaubten die Sumerer – schenkten Armut und Reichtum, Hunger und Überfluß, Freude und Leid. Sie erschienen in Sonne und Mond, im Regen und im Wachstum der Pflanzen. Unter der Obhut verschiedener Götter standen z. B. der Pflug, der Feuerstein, die Form,

mit der Lehmziegel hergestellt wurden – also alle Gegenstände, die im Leben der Sumerer eine wichtige Rolle spielten.
Die Sumerer glaubten, daß die Götter die Menschen aus Lehm geschaffen hatten, weil sie Diener brauchten. Daher brachten ihnen die Menschen Opfergaben und füllten die Kornspeicher der Tempel. Die Priester verwalteten diese Vorräte. Sie selbst lebten davon und verteilten sie bei Bedarf. So entstand eine *Tempelwirtschaft*.
Die Tempel waren auch die auffälligsten Bauwerke in den Städten: mächtige Stufenbauten aus Lehmziegeln, die man Zikkurate nennt. Sie waren die Vorgänger des Turmes von Babel, von dem die Bibel erzählt. Der oberste Priester war meist der König der Stadt. Die Sumerer gründeten also nicht – wie die Ägypter – ein Großreich, sondern sie lebten in einzelnen Stadtstaaten.

### Die Schrift

Priester, Verwaltungsbeamte, Kaufleute – sie alle waren darauf angewiesen, ihre Steuern, Verwaltungsvorgänge und Geschäfte irgendwie festzuhalten. Aus dieser Notwendigkeit ist vermutlich die erste Schrift entstanden. Aus einfachen Bildzeichen, die man mit spitzen Griffeln in weiche Tontäfelchen ritzte, entwickelte sich die sumerische *Keilschrift*. Man trocknete die Tontafeln in der Sonne oder im Ofen und hob sie zur Kontrolle auf.
Schulen bereiteten auf den Beruf des Schreibers vor. Ein Arbeitsplatz war ihm nach den langen Ausbildungsjahren sicher: als Rechnungsführer, Sekretär oder Verwalter im Tempel oder bei einem Kaufmann. Der Schreiber konnte sich auch selbständig machen. Er verfaßte für Schreibunkundige Briefe, Testamente und Verträge. Der Kunde machte sie dadurch gültig, daß er sein persönliches Siegel unter dem Text in den Ton abrollte. Die Schulen hießen „Haus der Tafeln“. Hier herrschte strenge Disziplin, und der Vater des „Tafelhauses“ sparte nicht mit Schlägen.

## Das Babylonische Reich

Im Verlauf der Jahrhunderte erlebte das Land an Euphrat und Tigris eine wechselvolle Geschichte. Die Stadtstaaten bekriegten sich, Hungersnöte und feindliche Völker suchten die Sumerer heim. Aus dem Norden drangen in der zweiten Hälfte des 3. Jahrtausends v. Chr. die Akkader ein; einige Jahrhunderte später wurden semitische Nomaden in Mesopotamien seßhaft und machten Babylon zu ihrer Hauptstadt. Von hier aus unterwarf im 18. Jahrhundert v. Chr. Hammurabi Nord- und Südmesopotamien seiner Herrschaft und vereinte die Gebiete im babylonischen Großreich.
Die neuen Herren übernahmen Schrift, Kunst, Literatur und Wissenschaft der Besiegten. Hammurabi ließ um 1700 v. Chr. eine der ältesten Rechtssammlungen, die wir kennen, öffentlich aufstellen. Er veranlaßte auch, daß in Bibliotheken schriftliche Zeugnisse der vorangegangenen Kulturen gesammelt wurden. Darunter war das Gilgamesch-Epos: die Geschichte des Helden Gilgamesch, der mancherlei Abenteuer und Prüfungen erlebt. Die Geschichte erzählt auch von einer Überschwemmungskatastrophe, die dem Sintflutbericht in der Bibel gleicht.

*Das Ischtartor von Babylon am Eingang zum Tempelbezirk der babylonischen Hauptstadt, heute im Pergamonmuseum in Berlin*

**1** *Die Gesetzessäule Hammurabis, um 1700 v. Chr.*

*König Hammurabi (links) erhält aus der Hand eines Gottes, vielleicht des Sonnengottes, die Gesetze. Sie sind unter der Personengruppe in Keilschrift aufgezeichnet.*

1. *Versetze dich in die Lage eines Babyloniers, der die Szene auf der Gesetzessäule betrachtet. Welchen Eindruck machte sie auf ihn?*

**2** *Aus der von Hammurabi öffentlich aufgestellten Gesetzessammlung:*

**Q** 1. Wenn ein Bürger einen Bürger bezichtigt und ihn mit Mordverdacht belastet, es ihm aber nicht beweist, so wird, der ihn bezichtigt hat, getötet.
14. Wenn ein Bürger das Kind eines Bürgers gestohlen hat, so wird er getötet.
22. Wenn ein Bürger Raub begangen hat und ergriffen wird, so wird dieser Bürger getötet.
23. Wenn der Räuber nicht ergriffen wird, so gibt der beraubte Bürger das ihm abhanden gekommene Gut vor dem Gotte an, und die Gemeinde sowie der Vorsteher, auf deren Grund und Gemarkung der Raub begangen wurde, ersetzen ihm das abhanden gekommene Gut.
53. Wenn ein Bürger bei der Befestigung seines Felddeiches die Hände in den Schoß gelegt und den Deich nicht befestigt hat, in seinem Deich eine Öffnung entsteht, er gar die Flur vom Wasser wegschwemmen läßt, so ersetzt der Bürger, in dessen Deich die Öffnung entstanden ist, das Getreide, das er vernichtet hat.
54. Wenn er das Getreide nicht zu ersetzen vermag, so verkauft man ihn und seine Habe, und die Flurgenossen, deren Getreide das Wasser weggeschwemmt hat, teilen den Erlös.
195. Wenn ein Sohn seinen Vater schlägt, so wird man seine Hand abhacken.
196. Wenn ein Bürger das Auge eines Bürgersohnes zerstört, so zerstört man sein Auge.
200. Wenn ein Bürger den Zahn eines ihm ebenbürtigen Bürgers ausschlägt, so schlägt man seinen Zahn aus.
233. Wenn ein Baumeister für einen Bürger ein Haus gebaut hat, sein Werk aber nicht haltbar gemacht hat, und eine Wand ist eingefallen, so wird selbiger Baumeister von seinem eigenen Gelde diese Wand befestigen.
*Das Gesetzeswerk endet mit folgenden Sätzen:*
Rechtssprüche der Gerechtigkeit, die Hammurabi, der tüchtige König, festgesetzt und durch die er dem Lande rechte Leitung und gute Führung verschafft hat ... (Um) vom Starken den Schwachen nicht entrechten zu lassen, der Witwe, der Waise Recht zu verschaffen, habe ich in Babylon ... meine köstlichen Worte auf meinen Denkstein geschrieben ... Der entrechtete Bürger, der in einen Rechtshandel gerät, trete vor mein Bildnis als König der Gerechtigkeit, und dann lese er meinen Schriftstein, und er höre meine köstlichen Worte, und mein Denkstein kläre ihm seinen Rechtshandel, seinen Rechtsspruch soll er ersehen, sein Inneres aufatmen lassen.

*W. Eilers, Gesetzesstele Chammurabis, Leipzig 1932, S. 16f.*

1. *Wie stellst du dir das Leben in Babylon vor der Aufzeichnung der Gesetze vor?*
2. *Warum hat Hammurabi seinem Land Gesetze gegeben und diese öffentlich zugänglich gemacht?*
3. *Nenne einige Grundsätze der Gesetzgebung Hammurabis. Gelten sie heute noch?*

**3** *Babylonische Weltkarte aus dem 6. Jahrhundert v. Chr. und moderne Nachzeichnung*

*Die Karte ist nach Nordwesten orientiert. Die sieben Bezirke stellen die Verbindung zwischen Himmel und Erde dar. Der fünfte Bezirk z. B. ist der, „wo die Sonne nicht zu sehen ist“ (im Norden). Der „Bitter-Fluß“, der das Ganze umgibt, ist der Ozean. Durch Babylon, die heilige Stadt des Gottes Marduk, fließt der Euphrat (Purattu). Er ergießt sich in die Sümpfe des Meerlandes (Bit Iakinu).*

1. *Vergleiche die Weltkarte und ihre Nachbildung. Über welche Kenntnisse mußte der Nachzeichner verfügen, um den Stein richtig zu deuten?*
2. *Wodurch sind nach dieser Karte die Vorstellungen der Babylonier über die Welt geprägt?*
3. *Vergleiche diese Karte mit der Karte von Mesopotamien auf S. 52.*

**4** *Das Weltbild der Babylonier nach einer modernen Rekonstruktion*

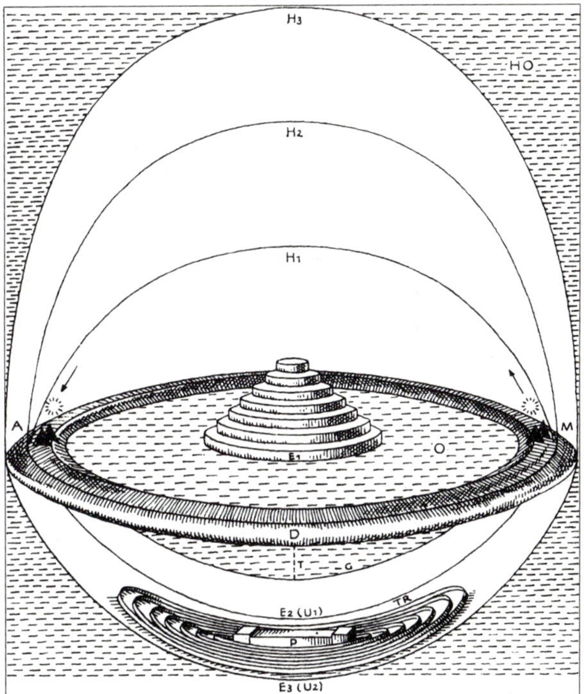


| | |
|---|---|
| E 1: Erde (Oberwelt) | TG.: Tiefe u. Grund d. ird. Ozeans |
| E 2, E 3: 2. u. 3. Erde (Unterwelt) | A: Abend (Westen) |
| H 1, H 2, H 3: 1., 2., 3. Himmel | M: Morgen (Osten) |
| HO: Himmlischer Ozean | D: Damm des Himmels |
| O: Irdischer Ozean | TR: Palast des Totenreiches |

1. *Beschreibe, wie sich die Babylonier die Welt vorstellten.*
2. *Vergleiche diese Rekonstruktion mit der Weltkarte.*

**Die frühen Hochkulturen**

An den großen Strömen – am Nil, an Euphrat und Tigris, am Indus und am Huangho – entstanden seit Beginn des 3. Jahrtausend v. Chr. die ersten *Hochkulturen*. Allgemeine Kennzeichen dieser frühen Hochkulturen sind:

- der *Zusammenschluß der Menschen zu größeren Gemeinschaften* unter einem Herrscher (Fürst, König, Priester-König); Ausgangspunkt für diesen Zusammenschluß war die gemeinsame Bewältigung der natürlichen Lebensbedingungen (künstliche Bewässerung, Deichbau als Schutz vor Überschwemmung u. ä.);
- die Herausbildung einer *planmäßigen Vorratswirtschaft*, einer Verwaltung und einer gesetzlichen Ordnung für das Zusammenleben in einem *Staat*;
- eine sich daraus entwickelnde *Arbeitsteilung* innerhalb der Gesellschaft (Bauern, Handwerker, Ingenieure, Beamte usw.);
- die Erfindung einer *Schrift*, um einen Überblick über Vorräte, Ernteerträge, Warenlieferungen u. ä. zu haben, und die Anfänge der Entwicklung *naturgesetzlicher Kenntnisse* und Fertigkeiten;
- *gottähnliche Verehrung des Herrschers* an der Spitze der nach einer festen Rangordnung gegliederten (hierarchischen) Gesellschaft;
- *Totenkult* und Entwicklung einer Religion, die von der Einheit von Gott, Welt, Natur und Mensch und dem Glauben an ein Weiterleben nach dem Tod geprägt ist.

In Mesopotamien entwickelten sich um 3000 v. Chr. die Stadtstaaten der Sumerer als älteste Hochkultur. Etwa gleichzeitig entstand nach der Reichseinigung in Ägypten ein Großreich unter der zentralen Lenkung des Pharaos. Den Mittelpunkt der Stadtstaaten im Mündungsgebiet zwischen Euphrat und Tigris bildeten riesige Stufentempel (Zikkurate), die wohl wichtigste Erfindung war hier neben dem Wagen, dem Pflug und ersten naturwissenschaftlich-mathematischen Grundlagen (z. B. Einteilung des Kreises in 360 Grade, des Jahres in zwölf Monate) die Keilschrift. Die Ägypter entwickelten ebenfalls eine Schrift, die Hieroglyphenschrift. Von ihren Leistungen zeugen die riesigen Pyramiden, die in der ersten Blütezeit als Grabstätten der Pharaonen um 2550 v. Chr. erbaut wurden, und die mit Wandgemälden ausgestatteten Königsgräber aus der Zeit des „Neuen Reiches" (1550 – 1070 v. Chr.).

**Abenteuer Hieroglyphen**

Über die Entwicklung der Schrift kannst du dich auf S. 36 – 37 informieren. Es dauerte lange, bis die ägyptischen Schüler die komplizierten Schriftzeichen beherrschten und schreiben konnten. Das sollst du hier natürlich auch nicht lernen. Aber versuche doch, mit Hilfe des Beispiels die nebenan im ersten Kasten abgebildete Botschaft zu entschlüsseln. Du kannst mit Hilfe der Schriftzeichen in dem Kasten daneben auch selbst ein Telegramm verfassen. Bei der Botschaft ist von links nach rechts geschrieben worden. Es sind auch nur die Grundlaute der gesprochenen Sprache verwendet worden.

*Die Entzifferung dieser Königsnamen durch den Franzosen Champollion im Jahre 1822 war der Anfang der Kenntnis der Hieroglyphenschrift.*

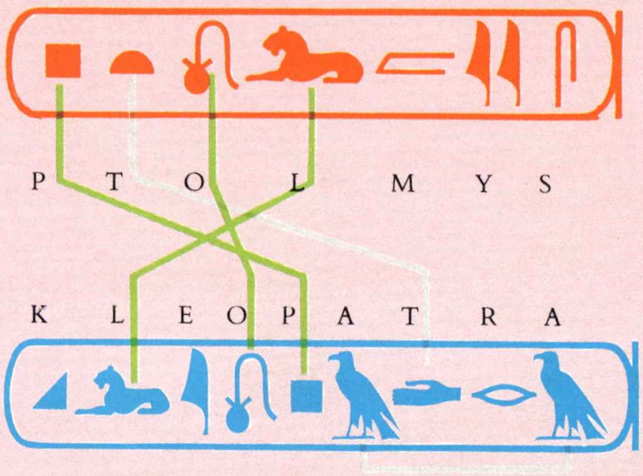


**Wer war es und wo war es?**

Im November 1922 legen Arbeiter eine Steintreppe frei, die unter die Erde führt. Die Stufen sind in Fels gehauen und führen zu einer vermauerten, verriegelten Tür – keines der Siegel ist zerstört. Unter Anweisung von Ausgräbern zerbrechen die Arbeiter die Siegel. Hinter der Tür liegt ein schräger Gang, der bis zur Decke mit Schotter angefüllt ist. Man arbeitet sich durch bis zu einer weiteren Tür. Auch sie ist vermauert und mit den gleichen Siegeln wie die erste versehen.

Ein Ausgräber nimmt einige Steine aus der Tür und stellt eine Kerze in die Öffnung. Unruhig bewegt sich die Flamme zunächst, dann zeichnen sich vor den Augen des Aus-

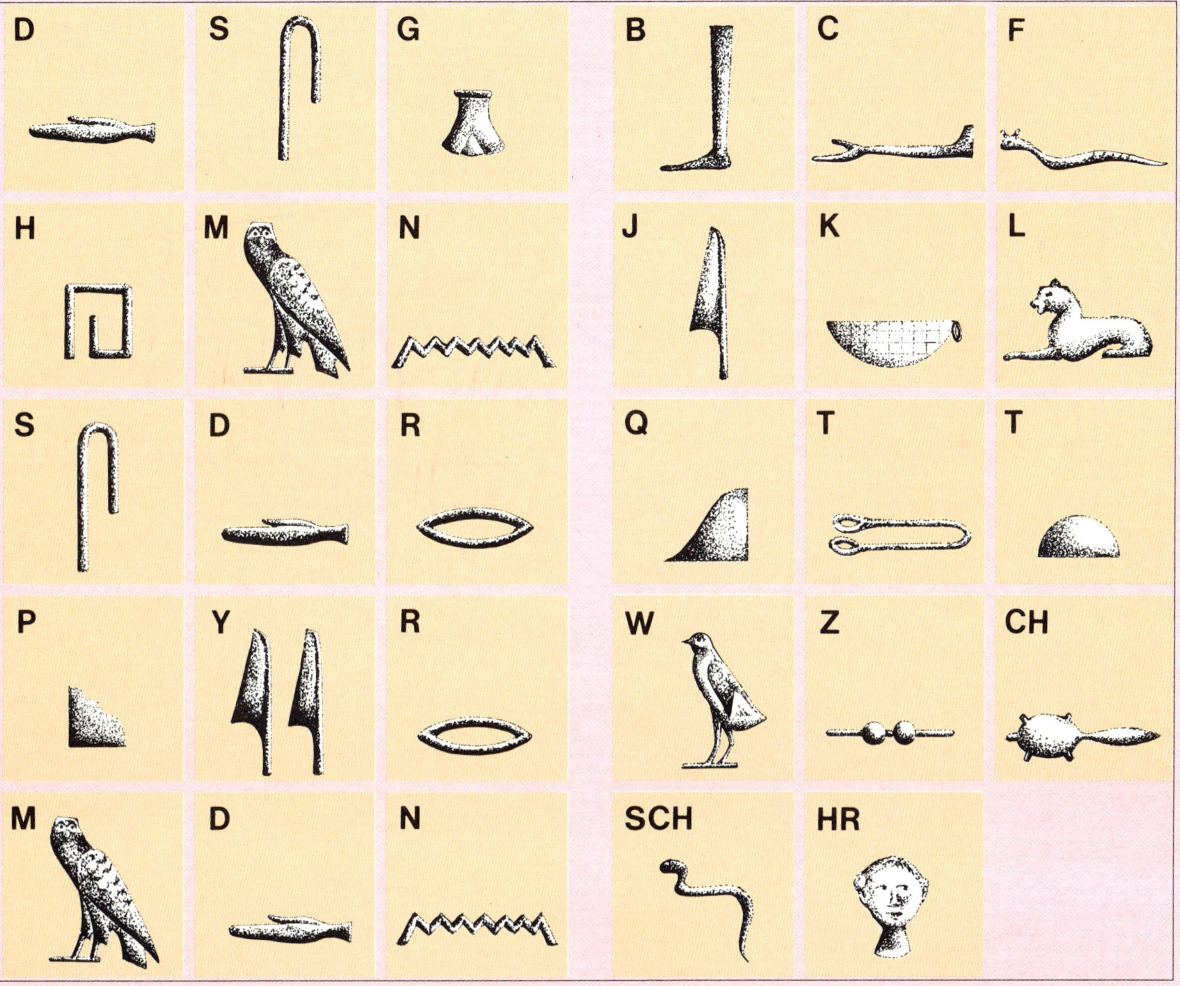


gräbers Formen ab: Tiere, Schriftzeichen, Statuen. Auf die Frage, ob er etwas sehe, ruft er: „Herrliche Dinge!"
Die Kammer ist voller Schätze: Da gibt es Truhen, Schalen, Stühle, Liegen, Kästchen, Statuen, Waffen. Mit größter Sorgfalt wird Stück für Stück beiseite geräumt. Erst nach vier Monaten gelangen die Ausgräber zum wichtigsten Raum. Dort befindet sich ein Sarkophag aus Quarzit, der von vier Schreinen aus vergoldetem Holz umschlossen ist. Als der Quarzitsarkophag geöffnet wird, befinden sich drei ineinandergelegte mumienförmige Särge in ihm. Der innerste Sarg ist aus reinem Gold. Darin ruht eine unversehrte Mumie, deren Kopf mit einer goldenen Maske bedeckt ist. Ein sensationeller Fund war gemacht.

**Um was handelt es sich bei dieser Abbildung?**

# 3. Das frühe Griechenland –

*Das antike Griechenland*



vgl. S. 70

# Die griechische Adelswelt und die Kolonisation

Folgende Geschichte erzählt der griechische Dichter Homer in seiner „Ilias“:
Unter den griechischen Helden, die in den Trojanischen Krieg zogen, war Achill einer der berühmtesten. Sein Vater hatte ihm beim Abschied den Rat mit auf den Weg gegeben, „immer Bester zu sein und überlegen zu sein den anderen“. Doch Achill zog sich bald vom Kampf zurück, weil Agamemnon, der Anführer der Griechen, ihn beleidigt hatte. Erst als sein Freund Patroklos von Hektor getötet wurde, entschloß er sich, den Freund zu rächen. Wenn er Hektor bezwang und tötete, dann würde er – das hatten ihm die Götter gesagt – zwar großen Ruhm erlangen, aber auch selber jung sterben müssen. Dennoch standen für ihn Rache und Ruhm höher als der Tod, und seine Ehre war ihm wichtiger als der Sieg des griechischen Heeres vor Troja.
Was für Menschen waren das, die so handelten? Wer war überhaupt dieses Volk der Griechen, das am Anfang unserer europäischen Kultur steht, das die ersten beiden großen Dichtungen Europas, die Ilias und die Odyssee, hervorbrachte und das eine neue Schrift schuf, die als direkter Vorläufer unserer heutigen Schrift anzusehen ist?
Bis heute wissen wir nicht genau, wie sich das Volk der Griechen gebildet hat. Durch Ausgrabungen ist bewiesen, daß es um die Mitte des 2. Jahrtausends v. Chr. in Griechenland schon eine blühende Kultur mit verschiedenen Herrschaftszentren gab. Nach dem Hauptort auf der Peloponnes wird sie *mykenische Kultur* genannt. In Mykene und anderen Orten befanden sich große Paläste, die das umliegende Land beherrschten. Auch eine Schrift hat es hier schon gegeben.
Im 12. Jahrhundert v. Chr. verschwand aber diese Kultur, wahrscheinlich weil neue Bevölkerungsgruppen nach Griechenland einwanderten. Die Lebensbedingungen in den folgenden „Dunklen Jahrhunderten“ waren ganz andere als zur Blütezeit Mykenes: Es gab keine Paläste mehr, die Schrift ging verloren. Die Menschen lebten zum größten Teil als Bauern in den abgeschlossenen Tälern, Mißernten und Not schutzlos ausgeliefert. Außerdem wurden die Bauern dadurch belastet, daß sie mächtigeren und reicheren Familien – wir nennen sie „Adlige“ – „Geschenke“ machen, d. h. Abgaben leisten mußten.
Aber auch für diese Adligen, die nicht selber arbeiteten, hatten sich die Verhältnisse seit der mykenischen Zeit verändert. Damals hatte eine klare Rangordnung unter einem Herrscher bestanden. Jetzt, im 8. Jahrhundert v. Chr., gab es zwar auch noch Könige, die aber nicht „herrschten“, sondern vor allem für die Religion zuständig waren.
Das Leben der Adligen war – wie in der oben erwähnten Sage Homers geschildert – vom Wettkampf um Ruhm und Ehre bestimmt. Sie maßen sich im Sport – besonders bei den seit 776 v. Chr. überlieferten Olympischen Spielen –, in der Redekunst und im Reichtum miteinander. Besser zu sein als andere, das war für die Adligen das höchste Ziel.
War den Bauern der Kampf um das tägliche Leben aufgezwungen, so wählten die Adligen freiwillig den dauernden Wettkampf. Das Leben im 8. und 7. Jahrhundert v. Chr. war mit hohem Risiko verbunden und verlief keineswegs in gesicherten Bahnen. Vielleicht haben aber gerade diese Gefahren die Menschen in Griechenland in den folgenden Jahrhunderten zu besonderen Leistungen herausgefordert. Welche Rolle spielten dabei die aus der mykenischen Vorzeit mündlich überlieferten Heldentaten?

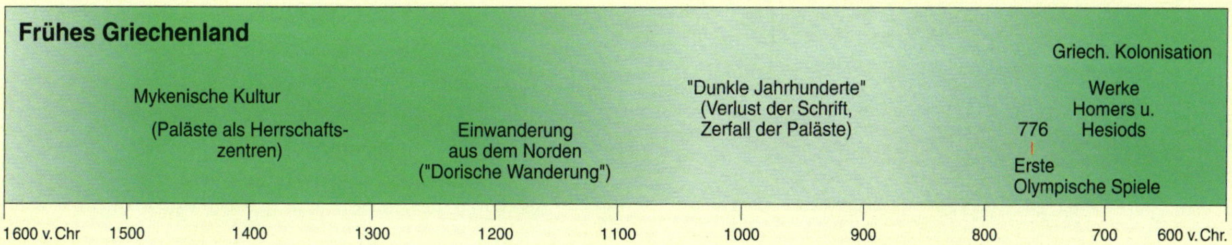

# Die griechische Adelswelt – „Immer Bester zu sein ..."

## Die Anfänge der griechischen Kultur

Auf dem griechischen Festland gab es etwa zu der Zeit, als Ägypten unter dem „Neuen Reich" eine Blüte erlebte, ebenfalls schon eine blühende Hochkultur, die wir nach dem Hauptort Mykene auf der Peloponnes die *mykenische Kultur* nennen. Anders als in Ägypten handelte es sich aber bei dieser Hochkultur nicht um ein einheitliches Reich, sondern um mehrere Herrschaftszentren. Von großen Palästen aus haben vermutlich Fürsten oder Könige das umliegende Land beherrscht. Zu dieser Zeit war auch schon eine Schrift bekannt, die eine Vorform der späteren griechischen Schrift war. Man muß daraus schließen, daß die Bevölkerung Griechenlands zu dieser Zeit schon aus Griechen bestand.

*Odysseus, Relief aus Megara (5. Jahrhundert v. Chr.)*

Aus bisher unbekannten Gründen trat um 1200 v. Chr. in der mykenischen Kultur ein Bruch ein, innerhalb der folgenden 100 Jahre verschwanden die Paläste. Aus den nördlich von Griechenland liegenden Gebieten drangen neue Bevölkerungsgruppen in dieses Gebiet ein, unter ihnen z. B. die Dorier, die Sparta besiedelten.
Wir nennen die Zeit zwischen etwa 1100 und 800 v. Chr. die „dunklen Jahrhunderte" in der griechischen Geschichte, weil es aus dieser Zeit keine schriftlichen Zeugnisse gibt und uns genaue Kenntnisse fehlen. Wir wissen also nicht, wie sich das Leben während und nach den großen Einwanderungsbewegungen abgespielt hat. Vermutlich fand aber im Laufe der Zeit eine Verschmelzung zwischen den Einwanderern und der von ihnen besiegten Urbevölkerung statt.

## Die Dichter Homer und Hesiod

Auch für die Zeit zwischen 800 und 500 v. Chr. fehlen uns noch klare Zeugnisse darüber, wie die Griechen gelebt haben. Was wir darüber wissen, verdanken wir zwei bedeutenden Dichtern: Homer und Hesiod.
*Homer* erzählt in seinen beiden Werken „Ilias" und „Odyssee" vom Leben der Adligen. In der „Ilias" schildert er die Kämpfe und Abenteuer der griechischen Helden, die nach Troja zogen und die Stadt in einem langjährigen Krieg belagerten und schließlich zerstörten. Die „Odyssee" erzählt vom Schicksal des Odysseus, der erst nach langen Irrfahrten in seine Heimat Ithaka zurückkehren konnte. Von *Hesiod* erfahren wir vor allem, wie die griechischen Bauern lebten und unter welch großen Schwierigkeiten sie das Land bebauen mußten.
Obwohl Homers und Hesiods Werke Dichtungen sind, enthalten sie doch für den Historiker viele Hinweise und wahre Aussagen, die Aufschluß über das Leben der Griechen geben. Den Beweis führte der deutsche Archäologe Heinrich Schliemann im 19. Jahrhundert. Er glaubte fest daran, daß es die bei Homer erwähnte Stadt Troja wirklich gegeben hat. Nach langwierigen Ausgrabungen fand er diesen Ort an der kleinasiatischen Westküste.

Homers Werke sind aber nicht nur für uns als Quellen wichtig. Im antiken Griechenland sind seine Verse von Generation zu Generation vorgetragen und in den Schulen gelernt worden. Seine Helden, wie Achill, Odysseus und Agamemnon, und ihre Lebensweise wurden so zu Vorbildern für die Griechen. Sie bestimmten die Verhaltensweisen und Vorstellungen der Griechen und später vieler anderer Menschen in Europa. Noch heute sagt jemand: „Das war aber eine lange Odyssee", wenn er in einer fremden Stadt nach mehreren Umwegen endlich an sein Ziel gekommen ist.

## Vom Leben der Bauern

Das Leben der Menschen im alten Griechenland war stark durch die Natur des Landes und die Landschaft geprägt. Die vielen unwegsamen und hohen Gebirgszüge trennten die Täler und die einzelnen Lebensräume voneinander und boten wenig Möglichkeiten, mehr als die in demselben Tal lebenden Nachbarn zu kennen. So entstanden meist kleinere, in sich abgeschlossene Siedlungen, die sich nach außen abschirmten.
Man kann sich das Leben der bäuerlichen Familien in diesen Dörfern und Siedlungen nicht hart genug vorstellen. Der Boden war meist sehr steinig, hart und trocken, Wasser und fruchtbare Landstreifen gab es nur in wenigen, schmalen Tälern. Auch an Weideland für Viehherden mangelte es. An den steilen und felszerklüfteten Berghängen fanden nur Ziegen- und Schafherden Nahrung. Beim Ackerbau mußten die Bauern den Holzpflug mit viel Kraft niederdrücken, damit die Erde wenigstens etwas aufgerissen wurde.
Der Rhythmus der Jahreszeiten bestimmte die Lebensweise der Bauern: Gepflügt wurde zu Beginn der Regenzeit im Oktober. Im Winter hatten sie Holz zu schlagen und die notwendigen Geräte daraus herzustellen. Gegen Ende des Winters mußten die Felder bestellt werden. Im Mai und Juni war Erntezeit. Kaum war die Hitze des Sommers abgeklungen, hatten sich die Bauern um das Obst, den Wein und die Oliven zu kümmern. Die Oliven wurden zum Kochen, zur Herstellung von Seife und als Brennmaterial für Lampen verwendet. Angebaut wurde Gerste und Flachs, den die Frauen als Leinen für Kleidung verarbeiteten. Als Gemüse und Obst kannte man vor allem Bohnen, Feigen, Granatäpfel und Birnen.

*Bauer mit Pflug auf einer Vase (6. Jahrhundert v. Chr.). Der starre Holzpflug war am Rand mit Eisen verstärkt und mußte mit viel Kraft in den Boden gedrückt werden.*

## Die Welt des Adels

Ganz anders als die Bauern lebten die griechischen Adligen. Zu ihnen gehörten all die, die über großen Landbesitz und über Reichtümer verfügten. Sie nannten sich selbst alle Könige und herrschten meist über kleinere Gebiete, wie etwa Odysseus über Ithaka. Macht hatten sie, weil sie sich im Krieg durch besondere Fähigkeiten ausgezeichnet oder weil sie durch Klugheit, List oder besondere Rednergabe Ansehen gewonnen hatten. Um ihren hohen Rang zu verdeutlichen, leiteten sie gern ihre Abstammung von einem Gott oder Halbgott ab. Sie scharten andere Adlige um sich und zogen mit ihnen – meist zur See – auf Raubzüge. Überfälle brachten keine Schande, sondern Ruhm. Dem Anführer eines solchen kriegerischen Beutezuges stand das Recht zu, die Beute zu verteilen. Außerdem hatte er Anspruch auf ein besonderes Stück Land. Je größer der Erfolg, um so höher stieg das Ansehen und die Macht.
Im Gegensatz zu den Bauern waren die Adligen nicht gezwungen zu arbeiten. Arbeit hielten sie für unter ihrer Würde, sie gehörte nicht zu ihrem Leben. So rühmte sich Odysseus: „So einer war ich im Krieg! Die Arbeit aber war mir nie lieb … Sondern mir waren immer beruderte Schiffe lieb und Kriege und wohlgeglättete Wurfspieße und Pfeile." Der kriegerische und sportliche Zweikampf – das war das Ideal der griechischen Adligen.

Bei fast allen Festen der Adligen gab es Wettkämpfe, in denen sie um Sieg und Ruhm rangen. Wettkampf und Wettstreit wurden so bei den Griechen zu einem Lebensprinzip. Zu dem sportlichen Wettkampf, in dem man seine Kräfte maß, trat der Wettstreit der Sänger, der Dichter, der Bildhauer und sogar der Redner. „Immer Bester zu sein und überlegen zu sein den anderen und nie Schande zu machen dem Haus der Väter“, läßt Homer einen seiner Helden sagen. Schon damals muß es aber auch eine andere Meinung gegeben haben. Hesiod vergleicht z. B. die griechischen Adligen mit Drohnen, die das Werk der Bienen vernichten.

## Die Hausgemeinschaft: Der Lebensraum der Griechen

Vieles in unserem Zusammenleben wird heute durch staatliche Gesetze bestimmt. Schon im alten Ägypten und im Babylonischen Reich des Hammurabi spielten Gesetze und der Staat eine wichtige Rolle. Wie haben wir uns aber das Zusammenleben der Griechen in ihren von Gebirgen eingeschlossenen Siedlungen vorzustellen? Kann es einen Staat geben, wenn Wettkampf und Ruhm des einzelnen eine so wichtige Rolle spielen?

### Volk und Volksversammlung

Von Homer und Hesiod erfahren wir nichts über einen „Staat“. Zwar gab es wohl schon eine Versammlung des Volkes auf dem Marktplatz, der *Agora*. Das Wort führten hier aber fast nur die Adligen, und geschriebene Gesetze gab es nicht. Wenn jemand einen Schaden erlitten hatte, mußte er sich selbst sein „Recht“ verschaffen oder sich an einen Adligen um Hilfe wenden. Diese Vermittlung ließen sich die Adligen teuer bezahlen, so daß Hesiod sie als große „Gabenschlucker“ bezeichnete.
Was war dann aber der Sinn dieser Volksversammlungen? Sie dienten offensichtlich als eine Art Meinungsbarometer. Denn wenn die Adligen sich eine große Gefolgschaft sichern und in der Öffentlichkeit Ruhm und Ehre gewinnen wollten, dann mußten sie auf die Stimmung des Volkes Rücksicht nehmen.

### Das Haus (Oikos) und die Familie

Einen Staat gab es zu dieser Zeit in Griechenland also noch nicht. Den Mittelpunkt des Lebens bildeten große Hausgemeinschaften. Eine solche Hausgemeinschaft nannte man Oikos. Wir müssen uns darunter eine Art Bauernhof oder Gut vorstellen, zu dem über den Kreis der engeren Familie hinaus Bedienstete, Sklavinnen, seltener Sklaven, gehören konnten.
Der Oikos gewährte seinen Mitgliedern Sicherheit und Schutz, Nahrung, Kleidung und Ansehen, zumindest dann, wenn er ein starkes Oberhaupt hatte. Das Schlimmste, was einer Familie zustoßen konnte, war der frühe Tod des Familienvaters, dessen Söhne noch zu jung waren, um sich „Recht“ zu verschaffen.
Die griechische Familie bestand aus dem Hausherrn, seiner Frau und den Kindern. Oft gehörten auch noch die erwachsenen Söhne mit ihren Frauen zur Familie, außerdem Ammen und Sklavinnen, wenn sie Nebenfrauen des Hausherrn waren.
Der Vater hatte große Rechte über die Kinder. Er wählte in der Regel die Frauen für seine Söhne und die Männer für die Töchter aus. Dabei achtete er vor allem darauf, daß Besitz, Reichtum und Ansehen seines Oikos gewahrt blieben. Deshalb spielte die Mitgift eine große Rolle, aber man gab auch der Familie der Braut großzügige Geschenke, um den Reichtum des eigenen Oikos zu demonstrieren. Beim Tod des Familienvaters wurden die Güter gleichmäßig durch Los auf alle Söhne verteilt. Selbst die Söhne aus den Nebenehen, die sogenannten Bastarde, erhielten ein Erbteil.

### Wovon lebten die Mitglieder eines Oikos?

Innerhalb eines Oikos wurde nur ein einziger Haushalt – und zwar von allen gemeinsam – geführt. Was gesät und geerntet, was gejagt und gewoben wurde, führte man dem gemeinsamen Haushalt zu. Man produzierte jedoch nur für den eigenen Bedarf, nicht, um Handel zu treiben. Ziel war die wirtschaftliche Unabhängigkeit von anderen, die *Autarkie*. Vor allem Viehzucht und Ackerbau erbrachten Wohlstand. Mit der Zahl der Rinder drückte man deshalb auch den Wert anderer Dinge – z. B. den einer Rüstung – aus, wie bei uns heute durch Geld.
Wer nicht zu einem Oikos gehörte, hatte ein hartes Los. Das traf vor allem die Theten, die Landarbeiter ohne Besitz. Wie Bettler mußten sie sich auf Landgütern verdingen, ohne daß ihnen immer ihr Lohn sicher war. Den Theten fehlte der Schutz eines Oikos. Arbeit für andere zu verrichten, galt als Schande. Im Vergleich zum Theten hatten Sklaven den Vorteil, zu einem Oikos zu gehören.

## 1 Gleichberechtigung von Mann und Frau in der Adelszeit?

*Homer beschreibt den Abschied des Trojaners Hektor von seiner Frau Andromache, bevor dieser den Kampf gegen den griechischen Helden Achill aufnimmt. Dieses Abschiedsgespräch wird in einem Jugendbuch in Anlehnung an Homer (Ilias 6, 404 ff.) so wiedergegeben:*

**D** Als Hektor durch die Straßen zurückeilte, kam ihm am skaiischen Tore die Gattin entgegen. Die Dienerin, die ihr folgte, trug das Knäblein Astyanax. Mit stillem Lächeln betrachtete der Vater das Kind; Andromache aber trat unter Tränen auf ihn zu und drückte ihm zärtlich die Hand: „Du böser Mann", rief sie, „gewißlich wird dein tollkühner Mut dir noch den Tod bringen! Hast du denn kein Erbarmen mit deinem unmündigen Kinde und mit deinem unglückseligen Weibe, das du bald zur Witwe machen wirst? Vater und Mutter habe ich verloren, meine sieben Brüder hat Achill … erschlagen – ohne dich habe ich keinen Trost mehr, Hektor! Du bist mir Vater und Mutter und Bruder. Hab doch Erbarmen mit mir und bleib hier auf dem Turme!"
Doch der tapfere Held, in dem ganz Troja seinen Hort sah, schenkte solchen Bitten kein Gehör. „Ich müßte mich vor allen Männern und Frauen schämen", sagte er fest, „wollte ich nur aus der Ferne dem Streite zuschauen; auch mein eigenes Herz erlaubt es mir nicht, denn ich bin gewohnt, stets in der vordersten Reihe zu streiten. Zwar hat mein Herz mir geweissagt: Der Tag wird kommen, wo das heilige Troja hinsinkt, Priamos selbst und sein Volk. Aber weder der Trojaner Leid noch das der eigenen Eltern und der leiblichen Brüder, wenn sie dann unter dem Schwert der Griechen fallen, geht mir so zu Herzen wie das deine, Andromache, wenn dich einer der Danaer (Griechen) in die Knechtschaft führen wird und du dann zu Argos am Webstuhl sitzt oder Wasser schleppen mußt und dann wohl jemand, der dich in Tränen sieht, spricht: ‚Sie war Hektors Weib!' Möge mich die Erde decken, ehe ich deine Klagen hören muß, wenn die Feinde dich entführen."

*Griechische Sagen, bearbeitet von R. Carstensen, München 1982, S. 185.*

1. *Warum will Andromache Hektor vom Kampf abhalten? Was würde für sie der Verlust des Mannes bedeuten?*
2. *Was bewegt Hektor, dennoch in den Kampf zu ziehen?*
3. *Wie würdest Du nach diesem Text die Rolle der Frau kennzeichnen?*

## 2 Vom Nutzen guter Nachbarschaft

*Hesiod wendet sich in seinem Buch „Werke und Taten" an seinen Bruder Perses, um ihm Verhaltensregeln für das Leben mitzuteilen:*

**Q** Wer dein Freund ist, den lade zum Mahle, doch unterlaß es beim Feind. Doch am ehesten lade den ein, der gleich neben dir wohnt. Denn auch wenn dir etwas Unerwartetes im Hause geschieht, so kommen die Nachbarn im Hemd, die Verwandten aber ziehen sich erst an.
Ein schlechter Nachbar ist ein Fluch, so wie ein guter ein großer Segen ist. Ehre wird dem zuteil, dem ein redlicher Nachbar zuteil wird. Und kein Rind geht verloren, wenn der Nachbar kein übler Mann ist.
Laß das Maß reichlich füllen vom Nachbarn und gib reichlich zurück, nämlich beim Zugemessenen selbst, und gib mehr zurück, wenn du kannst, damit du später einmal etwas findest, auf das du zurückgreifen kannst, wenn du es brauchst.
Suche keinen schlechten Gewinn. Schlechter Gewinn bedeutet Unheil.
Dem Freund sei ein Freund und verkehre als Freund mit dem, der dir entgegenkommt. Gib dem, der gibt, und gib nicht dem, der nicht gibt … Geben ist gut, rauben ist schlecht, bringt Tod. Denn wer auch Großes gern gibt, der ist froh über das Geschenk und freut sich in seinem Herzen. Wer sich aber selbst nimmt in unverschämten Vertrauen, auch wenn es etwas Kleines ist, erregt damit doch inneren Unmut …
Wer das Vorhandene mehrt, der wird den brennenden Hunger von sich abwehren.

*Hesiod, Werke und Taten, 342–367. Übers. d. Verf.*

1. *Worin sieht Hesiod die Vorteile einer guten Nachbarschaft?*
2. *Erkläre, warum gute Nachbarschaft im damaligen Griechenland so wichtig war.*

HA

# Götter und Feste der Griechen

## Der Glaube der Griechen

Wenn die Griechen sich zu Mahlzeiten trafen, dann opferten sie zunächst auf dem Hausaltar einen Teil der Speise und des Weines den Göttern. Nicht nur im Haus oder in der Gemeinde kannten die Griechen solche Opferaltäre und Opferbräuche. Auch viele Plätze der Natur sahen sie als heilige Orte an, z. B. Quellen oder Berge. Wie die Ägypter verehrten die Griechen dabei viele Götter und brachten ihnen Opfer, um ihre Gunst und Hilfe zu gewinnen. Was war das Neue, das Besondere am Glauben der Griechen?

### Götter in menschlicher Gestalt

Im Unterschied zu den Ägyptern stellten sich die Griechen vor, daß die Götter menschliche Gestalt hatten und wie Menschen nicht frei von Gefühlen und Eigenschaften wie Neid, Mißgunst, Eifersucht und Haß waren. Zwar glaubten sie, daß die Göttinnen und Götter in bestimmten Situationen vorübergehend die Gestalt eines Tieres annehmen konnten, um von den Menschen unerkannt zu bleiben. Aber daß das Tier einen Gott verkörperte – wie bei den Ägyptern –, daran glaubten sie nicht. Was die griechischen Göttinnen und Götter von den Menschen unterschied, war vor allem, daß sie ewig jung blieben, daß kein Alter ihre Schönheit trübte und daß sie unsterblich waren. Und natürlich, daß sie Macht über die Erde und die Naturgewalten hatten.
Was bedeutete es, wenn sich die Griechen die Götter in menschlicher Gestalt und mit menschlichen Eigenschaften vorstellten? Die Götter waren dadurch den Menschen näher, weil sie ihnen ähnlich waren. Sie waren für den Menschen nicht eine fremde Macht, man brauchte also auch nicht unbedingt Angst vor ihnen zu haben. Das schloß nicht aus, daß man den Göttern mit Respekt und Ehrfurcht begegnete. Zwar waren sie nicht allmächtig, aber immerhin doch diejenigen, die den Menschen Glück oder Unglück, Leid, Verzweiflung oder Tod bringen konnten.

### Der Olymp – Wohnort der Götter

Die Griechen glaubten, daß die Götter auf dem Olymp – dem höchsten, meist von Wolken umgebenen Berg – in kunstvollen Palästen wohnten. Hier oben lebten sie, ähnlich wie bei den Menschen, in einer großen, familiären Hausgemeinschaft unter dem Gottvater Zeus.
Zeus war ursprünglich der gewaltige, überall verehrte Wettergott. Er bildete die Wolken, ließ Regen und Sturm auf die Erde niedergehen, schickte Donner und Blitz. Durch seine Gaben wurde das Land fruchtbar, wurden Haus und Hof vor Hunger, Feinden und wilden Tieren bewahrt. Er wachte über das heilige Gastrecht und übte Rache an denen, die gegen die Gesetze der Menschlichkeit verstießen. Während die anderen Götter bei einem Streit zwischen den Menschen für die eine oder andere Seite Partei ergriffen, stand Zeus schlichtend über den Parteien und ließ die Waage des Schicksals entscheiden. Seine Macht erstreckte sich über Himmel und Erde, sein Bruder Poseidon wachte über die Meere, und Hades, der zweite Bruder, war Herr über die Unterwelt.

### Unterschiede zur christlichen Religion

Da die Götter wie die Menschen über gute und schlechte Eigenschaften verfügten, hatten sie auch nach dem Glauben der Griechen kein Recht, sich moralisch über die Menschen zu erheben. Hier liegt ein wichtiger Unterschied der Religion der Griechen zu der Gottesvorstellung der Juden und der Christen.
Von den griechischen Göttern gingen keine Gebote aus, an die sich der Mensch halten sollte. Deshalb gab es keine Heilige Schrift, keine feste Lehre und auch keinen festen Priesterstand. Die griechischen Götter waren weder allmächtig noch allwissend, selbst Zeus nicht. Im Gegensatz zum christlichen Glauben hatte Zeus Himmel und Erde nicht erschaffen, sondern stammte wie die Menschen aus der Natur. Er war nicht Schöpfer, sondern nur Beherrscher der Welt. Die Götter kannten das Schicksal der Menschen, sie teilten ihnen ihr Los zu, schienen bisweilen fast mit den Leiden der Menschen zu spielen, gaben ihnen aber auch Ratschläge und sprachen ihnen Mut und Stärke zu.
Für die Griechen war der Tod das eigentliche menschliche Los: Er überschattete das menschliche Leben. Weil die Götter dem Tod nicht unterworfen waren, deshalb galt ihr Dasein als strahlend. „Das Geschlecht der Men-

Zeus ist der mächtigste der olympischen Götter. Zepter, Blitz und Adler sind seine Attribute. Hermes, der Götterbote, leitet die Seelen der Verstorbenen in die Unterwelt. Poseidon ist der Gott des Meeres. Mit seinem Dreizack wühlt er das Meer auf. Hades lebt als Gott der Unterwelt nicht auf dem Olymp, sondern in den Schattengründen der Erde. Athene, Tochter des Zeus, wird als Göttin der Klugheit verehrt. Sie wurde zur Schutzgöttin Athens. Zu ihrem Bild gehören meist Helm, Schild und Speer. Apoll ist der Gott der Wahrheit, der Sänger und Dichter, der die Menschen zur Erkenntnis führt. Seine Orakelstätte in Delphi gehört zu den berühmtesten Heiligtümern. Oft wird er mit einer Leier dargestellt.

schen aber gleicht den Blättern im Wald“, so hat es Homer ausgedrückt. Der Mensch muß nach dem Tod in den Hades, die Unterwelt, um als kraftloser Schatten ohne Erinnerung an das Leben, ohne Willen und Bewußtsein weiterzuexistieren. Den Griechen bot das Jenseits keinen Trost. Ihre Religion war auf das Diesseits ausgerichtet.

## Feste und Spiele

Neben der gemeinsamen Sprache und dem Glauben an dieselben Götter verband die Griechen noch eine Anzahl kultischer Feste und Spiele. Sie fanden an vielen Orten statt, so in Delphi, auf dem Isthmos von Korinth, in Athen und anderswo. Diese Feste, die das Gemeinschaftsbewußtsein stärkten, begannen meist mit Opfer und Gebet. Dann folgten die Wettkämpfe – übrigens nicht nur sportliche Wettkämpfe! Es gab auch einen Wettstreit der Dichter und Sänger. Das berühmteste Fest waren die Spiele in Olympia.

### Die Olympischen Spiele

Seit 776 v. Chr. sind Spiele in Olympia durch Siegerlisten überliefert. Für die Griechen hatten diese Spiele, an denen ausschließlich Griechen – und zwar mit Ausnahme eines einzigen besonderen Wettkampfes (siehe S. 68) nur Männer – teilnehmen durften, eine so überragende Bedeutung, daß sie die Zeit nach den alle vier Jahre stattfindenden Olympischen Spielen einteilten. Die Griechen zählten nicht jedes Jahr für sich, sondern faßten jeweils vier Jahre zu einer Olympiade zusammen. So sagten sie beispielsweise, daß die Schlacht bei Salamis (siehe S. 90) im ersten Jahr der 75. Olympiade stattgefunden habe (480 v. Chr.).

Während der Spiele herrschte im gesamten griechischen Raum Friede. Kriege, Streitigkeiten, sogar Prozesse wurden unterbrochen. Es wird berichtet, daß man Gefangenen die Fesseln löste und niemand Schulden eintreiben durfte. Im Unterschied zu den heutigen Olympischen Spielen hatten die antiken Spiele einen religiösen Charakter. Der Ort Olympia lag in ruhiger Abgeschiedenheit; er war auch keine Stadt, sondern nur ein heiliger Bezirk, der von einigen Tempeln und öffentlichen Gebäuden umgeben war.

Alle vier Jahre begannen hier zur Zeit des ersten Vollmondes nach der Sommersonnenwende die Spiele. Einen Monat vor der Eröffnung trafen die Wettkämpfer ein und unterzogen sich einem strengen Training. Ursprünglich hatten die Spiele nur einen Tag gedauert, später wurden sie auf drei und seit 470 v. Chr. auf fünf Tage ausgeweitet, da die Zahl der Sportarten zugenommen hatte.

Sie begannen mit einem Opfer vor dem Standbild des Zeus. Nachdem die Listen der Kämpfer aufgestellt und die Paare, die gegeneinander anzutreten hatten, ausgelost

*Wagenrennen (Vase aus dem 5. Jahrhundert v. Chr.)*

*Waffenlauf (Vase aus dem 6. Jahrhundert v. Chr.)*

waren, schworen alle Sportler und Kampfrichter, daß sie griechischer Abstammung seien und sich streng an die Regeln halten würden.
Am zweiten Tag traten zunächst Herolde und Trompeter zu einem Wettstreit an. Ihr Auftritt bildete den Auftakt zu den Wettkämpfen der Knaben und zu den Wagenrennen. Nur Reiche konnten an dieser kostspieligen Sportart teilnehmen. Das Wagenrennen zählte zu den berühmtesten Kämpfen, wohl auch, weil es sehr gefährlich war.
Am dritten Tag, dem Vollmondstag, versammelten sich alle Anwesenden zu einer feierlichen Prozession. Fakkeln wurden entzündet, Herolde, Trompeter und die Kampfrichter im Purpurgewand führten den Zug an. Ihnen folgten Priester und Seher, hinter ihnen wurden die Opfertiere geführt. Den Schluß des Zuges bildeten die Wettkämpfer, die Pferde und die Wagen. Der Zug ging zum Zeustempel. Hier wurden, umrahmt von Gesängen, Flötenspiel und Gebeten, die Opfer dargebracht. Danach folgte ein großes gemeinsames Festmahl.
Am vierten Tag nahmen die Griechen die Wettkämpfe wieder auf: zunächst die Laufwettbewerbe und den Fünfkampf, nachmittags folgten Ringkampf, Faustkampf und das Pankration, eine Mischung aus Ring- und Faustkampf. Den Abschluß bildete der sogenannte Stadionlauf, ein Waffenlauf; er zählte zu den berühmtesten Wettbewerben, denn nach dem Sieger erhielten die Spiele ihren Namen. Das Stadion maß 192,28 Meter. An Start und Ziel waren steinerne Schwellen angebracht, der „Startschuß“ erfolgte durch eine Trompete. Wer einen Frühstart verursachte, wurde durch Rutenschläge bestraft. Den Sieger stellten drei Kampfrichter fest.
Der fünfte und letzte Tag war der Preisverleihung vorbehalten. Herolde verkündeten die Namen der Sieger und priesen die Stadt, aus der sie kamen. Mit Olivenzweigen vom heiligen Ölbaum beim Zeustempel bekränzten die Kampfrichter die Sieger. Nur die Sieger wurden gefeiert. Sie erhielten von ihren Heimatstädten meist sehr kostbare Geschenke. Es kam vor, daß ein Sieger in Olympia sein Leben lang von seiner Heimatstadt kostenlos verpflegt wurde, ein Haus erhielt und von allen Abgaben befreit war. Die Verlierer dagegen schlichen auf Umwegen in ihre Heimat, wo sie dem Gespött ausgesetzt waren (siehe S. 69).
Im Laufe der Zeit strömten immer mehr Menschen nach Olympia. Vielen Rednern, Dichtern, Philosophen und Politikern boten die Spiele Gelegenheit, ihre Gedanken und Werke der Öffentlichkeit vorzustellen. Olympia war den Griechen ein Fest, eine Feier, losgelöst von den Notwendigkeiten des Alltags.
Im Jahre 393 n. Chr. verbot der römische Kaiser Theodosius im Namen des Christentums die Spiele als heidnische Unsitte und ließ die Tempel anzünden. Das zeigt, daß dieses antike Fest bis zu seinem Ende als ein religiöses Fest empfunden wurde.

*Fünfkampf (Vase aus dem 5. Jahrhundert v. Chr.)*

*Langstreckenlauf (Vase aus dem 4. Jahrhundert v. Chr.)*

## 1 Das antike Olympia im Modell

1. *Beschreibe die Anlage von Olympia.*
2. *Was sagt sie über den Charakter der Spiele aus?*
3. *Beschreibe mit Hilfe des Modells und der Darstellung auf S. 66–67 den Ablauf der Spiele.*
4. *Vergleiche die antiken Olympischen Spiele mit den seit 1896 stattfindenden modernen Olympischen Spielen. Fertige dazu eine tabellarische Gegenüberstellung an.*

## 2 Frauenwettkämpfe in Olympia

**2a** *Wettlauf von Frauen, dargestellt auf einer griechischen Vase aus dem 5. Jahrhundert v. Chr.*

**2b** *In einer Geschichte über die antiken Olympischen Spiele heißt es:*

**D** Für die Frauen gab es gesonderte Wettkämpfe, z. B. in Sparta, aber auch in Olympia wurde alle vier Jahre zu Ehren der Göttin Hera von den Priesterinnen aus Elis … ein Wettbewerb durchgeführt, der freilich nur eine einzige Übung verlangte, einen Lauf für Mädchen, und der wurde in drei Altersklassen ausgetragen: Zuerst kamen die jüngsten, dann die mittleren und schließlich die älteren Mädchen. Nach der Vorschrift liefen sie mit offenem Haare in einem kurzen, hemdartigen Gewande, das bis zu den Knien reichte … Die Stadionstrecke war für den Lauf um ein Sechstel gekürzt, somit nur 500 olympische Fuß (= 160,22 Meter) lang. Die Siegerinnen erhielten ebenfalls einen Kranz vom Ölbaum, ferner einen Teil von der der Hera geopferten Kuh. Es wurde ihnen auch erlaubt, ihr gemaltes Bild zu weihen.

*F. Mezö, Geschichte der Olympischen Spiele, 1930, S. 179.*

1. *Vergleiche den Wettkampf der Frauen mit den Wettkämpfen der Männer.*
2. *Worin kommt beim Wettkampf der Frauen der religiöse Charakter der Spiele zum Ausdruck?*
3. *Wie kommt es, daß wir kaum etwas von Wettkämpfen von Frauen im antiken Griechenland erfahren?*

## 3 Die Olympischen Spiele damals und heute in der Kritik

**3a** *Der Athener Xenophanes (430–354 v. Chr.) schreibt über die Olympischen Spiele:*

**Q** Wer sich einen Sieg im Lauf erringt mit schnellen Füßen oder im Fünfkampf, dort wo Zeus' Tempelbezirk liegt …, verdient es dennoch so nicht wie ich, denn unsere Weisheit ist fürwahr edler als die Stärke von Mann und Roß.

Nein, in diesem Brauch wohnt kein Sinn. Man stellt zu Unrecht die körperliche Kraft über die Vorteile der Weisheit. Denn es mag ja sein, daß es im Volk einen Bürger gibt, der tüchtig ist im Faustkampf, oder einen, der sich auf den Fünfkampf oder das Ringen versteht oder einen, der ein guter Schnelläufer ist – der Schnellauf gilt als die Krone der Wettkämpfe unter Männern –, doch ist deswegen der Staat nicht in einer besseren Verfassung und die Gemeine hat keinen Gewinn davon.

*Nach Xenophanes. In: Geschichte in Quellen, Bd. 1, hg. von W. Arend, München 1965, S. 126.*

**3b** *Der Journalist M. Blödorn formulierte 1980 folgende Kritik an den modernen Olympischen Spielen:*

**D** Die Wirklichkeit der olympischen Bewegung sieht gemessen an den eigenen Vorgaben so aus:

Die Förderung des Leistungsgedankens im Sport durch die Olympischen Spiele hat in den meisten Sportarten die Grenzen der physischen und psychischen Belastung erreicht, teilweise sogar schon überschritten. Die Risikobereitschaft der Athleten muß die Gefahr schwerer körperlicher und seelischer Schäden mit einbeziehen. In einigen Disziplinen werden unmündigen Kindern Leistungen abverlangt, zu deren Realisierung Schwerstarbeit erforderlich ist …

Die erzieherische Funktion des Sports beschränkt sich im Spitzensport zusehends auf Anpassung und Unterordnung und produziert dadurch unmündige und unselbständige Menschen … Spitzensportler haben bei internationalen Wettkämpfen kaum die Möglichkeit, sich kennen- und schätzenzulernen und so eventuell bestehende Vorurteile abzubauen …

Die olympische Bewegung tritt nur dann und dort für die Verwirklichung der Menschenrechte ein, wenn es um die ureigensten Belange – Durchführung der Spiele – geht.

*M. Blödorn, Der Olympische Meineid, Hamburg 1980, S. 261f.*

**3c** *In einer Untersuchung darüber, ob sich das moderne olympische Ideal auf die antiken Spiele berufen kann, heißt es:*

**D** „Dabeisein ist alles“, heißt die moderne olympische Devise, und dem, der an sie glaubt, nimmt sie eine Menge Erfolgsdruck und Versagensangst und vielleicht auch etwas von der Verbissenheit und dem unbedingten Siegeswillen, die sich in der Regel gar nicht förderlich für die Harmonie in der international zusammengewürfelten „Jugend der Welt“ auswirken. Wenn schon die Teilnahme an den Olympischen Spielen als Erfolg gewertet wird, kann man die Dinge gelassener sehen …

Wie aber sollte ein griechischer Athlet dazu in der Lage sein, wenn der gewaltige Erfolgsdruck, siegen zu müssen, auf ihm lastete? Denn das erwarteten seine Landsleute von ihm. Wurde er den Erwartungen nicht gerecht, so war das eine unangenehme Sache für den Sportler. Besser, er ließ nach seiner Rückkehr erst einmal Gras über die peinliche Niederlage wachsen und ging in Dekkung, indem er große Plätze und Menschenversammlungen mied und sich lieber durch enge Gassen drückte. Die Niederlage – und das heißt: alle Plazierungen bis auf den ersten Platz – galt als Schmach. … Um sie abzuwenden, taten die Athleten und ihre Trainer folglich fast alles – bis hin zu illegalen Praktiken. Es muß ein eher ungesundes Psycho-Klima aus extremem Ehrgeiz, heftigem Konkurrenzdenken, neidvoller Ruhmessucht und belastenden Versagensängsten gewesen sein, das über den olympischen Wettkämpfen lag.

*K.-W. Weeber, Die unheiligen Spiele. Das antike Olympia zwischen Legende und Wirklichkeit. Zürich 1991, S. 206.*

1. *Welche Argumente führt Xenophanes gegen die große Bedeutung der Olympischen Spiele in der Antike an?*
2. *Läßt sich seine Kritik auch auf die modernen Olympischen Spiele übertragen?*
3. *Stelle die Argumente zusammen, die in Text 3b gegen die Olympischen Spiele genannt werden. Suche aktuelle Beispiele, die für bzw. gegen die Kritik sprechen. Nimm selbst zu der Kritik Stellung.*
4. *Erkläre, wieso nach Text 3c die Sportler bei den antiken Spielen unter höherem Erfolgsdruck standen als die Sportlerinnen und Sportler heute.*
5. *Entspricht die zitierte moderne Devise „Dabeisein ist alles“ der Wirklichkeit?*

# Die griechische Kolonisation – Auf der Suche nach einer neuen Heimat

## Die Epoche der Kolonisation

### Ein Beispiel: Die Auswanderer von Samos

Am Ende des 6. Jahrhunderts v. Chr. verlassen mehrere hundert Bewohner der griechischen Insel Samos ihre Heimat. Unter ihnen befindet sich Pythagoras, ein weitgereister, auf vielen Wissensgebieten beschlagener Mann. Er wandert mit seiner Frau, seiner Mutter und einem Diener aus, weil er wegen der Herrschaft eines Tyrannen in der Stadt keine Möglichkeit findet, sich zu entfalten. Das Schiff wird ihn nach Kroton (heute Crotone), einer griechischen Stadt in Süditalien, bringen.
Wie viele Ratsuchende hatte Pythagoras sich zuvor an das Orakel in Delphi gewandt und dem Spruch der Pythia, der Priesterin des Apoll (siehe S. 90), entnommen, daß dies ein für ihn günstiger Platz sei. In der Tat kann er in Kroton eine Schule gründen, die berühmt wird. Später siedelt er nach Metapontion, ebenfalls in Süditalien, um und setzt dort seine Lehr- und Forschungstätigkeit fort. Die anderen Samier planen einen völligen Neuanfang: Sie wollen einen Ort gründen, in dem Gerechtigkeit herrscht, im Gegensatz zur Herrschaft des Tyrannen auf Samos. Deshalb nennen sie auch ihre neue Stadt in Süditalien „Dikaiarchia“ (Stadt, in der Gerechtigkeit herrscht). Es ist das heutige Pozzuoli bei Neapel.
Die Geschichte der Leute von Samos ereignete sich am Ende einer Epoche, die man als die Zeit der griechischen *Kolonisation* bezeichnet.

### Mutter-, Tochter-, Enkelstädte

„Wir sitzen um unser Meer wie die Frösche um einen Teich“, sagte Sokrates und beschrieb damit die Siedlungstätigkeit der Griechen, die über drei Jahrhunderte andauerte. Sie begann im 8. Jahrhundert v. Chr. und endete etwa im 6. Jahrhundert v. Chr. Fast im ganzen Mittelmeergebiet und rings um das Schwarze Meer entstanden griechische Städte, die Kolonien *(Tochterstädte)*

*„Wir sitzen um unser Meer wie die Frösche um einen Teich“ – Die Kolonisation der Griechen*

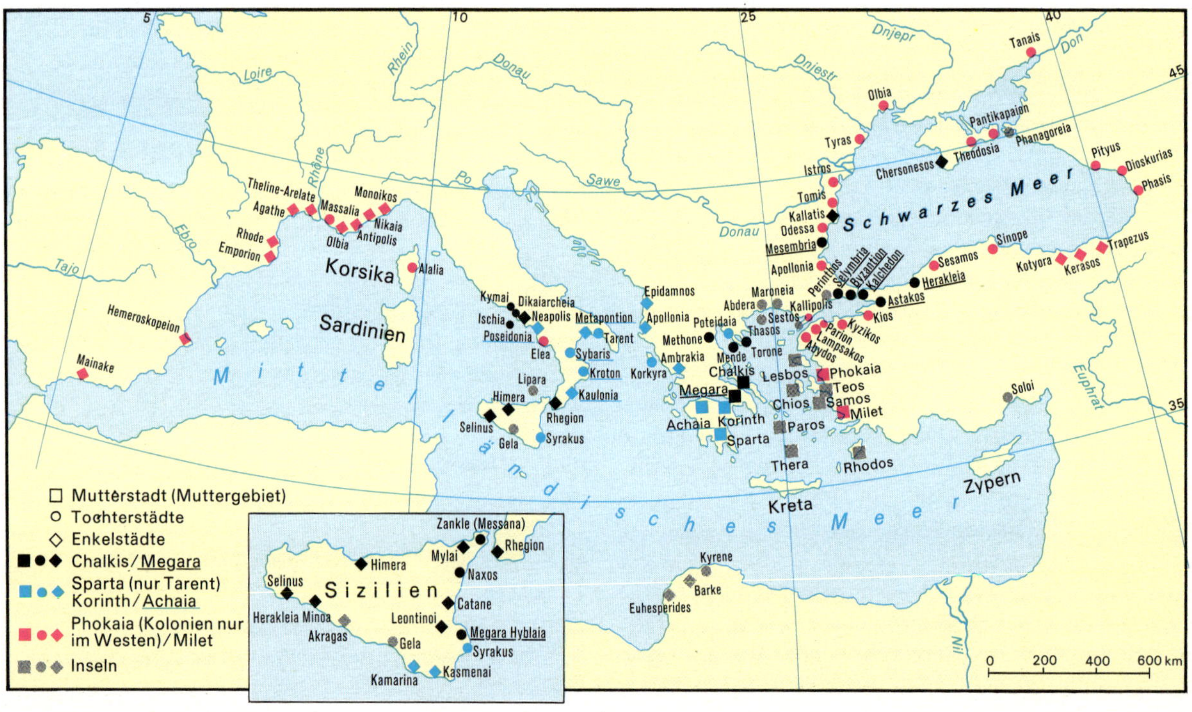

von Korinth, Phokaia, Rhodos oder Milet waren. Diese Tochterstädte gründeten ihrerseits wieder Kolonien, sogenannte *Enkelstädte*. Ihre Namen leben zum Teil heute noch in veränderter Form weiter: z. B. Nizza (Nikaia), Marseille (Massilia).

### Warum verließen Griechen ihre Heimat?

Welche Ursachen führten zu dieser Auswanderungsbewegung? Im Falle der Samier waren es politische Streitigkeiten und die fehlende Aussicht auf Erfolg und Wohlstand. Andere Gründe waren die Suche nach neuen Handelsplätzen, Abenteuerlust, Wissensdurst. In den meisten Fällen aber ließen Mißernten, Hungersnöte, Armut und Überbevölkerung keine andere Wahl, als fortzugehen.

Da nach griechischem Erbrecht der Besitz unter allen Söhnen aufgeteilt wurde, konnten die Bauernhöfe mit der Zeit so klein werden, daß sie ihre Besitzer nicht mehr ernährten. Da zudem die Bevölkerung wuchs, bot die Heimat nicht genug Boden und Chancen. Als durch Händler Nachrichten über andere Länder bekannt wurden, begannen einzelne Städte auf Abhilfe zu sinnen: Sie organisierten Gründungen von Kolonien, und dies oft so erfolgreich, daß sie, wie z. B. Milet, binnen einer Generation mehrmals Kolonisten aussenden konnten.

## Ausfahrt und Ankunft

### Die Fahrt in die Fremde

Bei den Koloniegründungen spielte das Orakel in Delphi eine wichtige Rolle. Kein Schiff wurde ohne Befragung des Gottes Apoll ausgesandt. Zweifellos waren die Priester des Apoll, die die Orakelsprüche auslegten, bestens über alles informiert, was mit Gründungen von Kolonien zusammenhing. Sie waren deshalb auch in der Lage, Ratschläge und Weisungen zu erteilen.

In Delphi trafen sich nämlich Reisende aus dem gesamten Mittelmeerraum, um Erfahrungen auszutauschen. Hierher kamen auch nach geglückten Gründungen Berichterstatter mit reichen Weihegeschenken, an denen der Wohlstand einer Kolonie abgelesen werden konnte.

Begleiten wir ein Auswandererschiff, das ins Ungewisse fährt: An Bord befinden sich 100 bis 200 Männer, Bauernsöhne und Händler, der von der Stadt eingesetzte Schiffsführer und Expeditionsleiter und ein Seher, dazu Waffen, Werkzeuge, Saatgut, lebendes Vieh, Feuer und Erde aus der Mutterstadt. Frauen sind zunächst nicht dabei, können aber – wie wir von einigen Fällen wissen – später nachgeholt werden.

Einen Kompaß zur Orientierung kennt man noch nicht. Die Menschen fürchten nicht nur Nebel, Unwetter, Untiefen und Piraten, sondern auch angeblich schreckliche Uferbewohner, ungastliche Gegenden und furchtbare Tiere, von denen sie in wilden Erzählungen gehört haben. Die Fahrt geht möglichst an der Küste entlang, abends legt man am Ufer an. Der zukünftige Siedlungsort soll möglichst dünn oder gar nicht besiedelt sein. Außerdem soll er über eine günstige Anlegestelle, eine Anhöhe, die man als Verteidigungsort benützen kann, über eine Quelle und über genügend Acker- und Weideland verfügen.

Durch Gebet und Opfer nimmt der Anführer nach der Landung feierlich von dem Boden Besitz. Man fertigt auf der mitgebrachten Erde einen gemeinsamen Herd und legt dort das Feuer aus der Mutterstadt nieder. Nun müssen Häuser gebaut, Nahrungsmittel beschafft und der Boden urbar gemacht werden. Der Landvermesser wird jedem ein Stück Land durch Los zuweisen und einen beträchtlichen Teil für öffentliche Gebäude – ein Heiligtum für Apoll beispielsweise – und für eventuell nachkommende Siedler reservieren.

### Die neue Heimat

Man wartet auf die Reaktion der einheimischen Bevölkerung: Zieht sie sich ins Hinterland zurück, wehrt sie sich gegen die fremden Eindringlinge, oder kommt es über Tauschhandel und Heirat zu einem friedlichen Nebeneinander?

Wie die einheimische Bevölkerung reagierte, ist nur in wenigen Fällen bekannt. Von Sizilien weiß man, daß die griechischen Kolonisten gegen die Urbevölkerung kämpften und sie anschließend vertrieben. In anderen Fällen verlief die Koloniegründung ohne größere Schwierigkeiten, weil die Ufergegenden, an denen sich die Griechen niederließen, noch fast unbewohnt waren. Es gibt auch Beispiele dafür, daß die Griechen von den Einheimischen Land zur Bebauung oder als Handelsplätze zugewiesen bekamen.

Je nach Absicht der Siedler und den örtlichen Gegebenheiten entstanden zwei Arten von Städten: *Ackerbaukolonien* mit vorwiegend landwirtschaftlich genutztem

*Griechischer Tempel in Paestum (Poseidonia) in Süditalien, im 5. Jahrhundert erbaut.*

Gebiet und Kolonien, die eher als *Handels- und Umschlagplätze* dienten. Sie entwickelten sich frei, unabhängig von der Mutterstadt. Viele wuchsen rasch, manchen jedoch war kein Erfolg beschieden.

## Folgen der Kolonisation

### Was die Griechen mitbrachten

Die Auswirkungen dieser Kolonisationsbewegung waren vielfältig. An der Ostküste Spaniens, an den Küstenstreifen Südfrankreichs und Italiens, in Nordafrika, im Nildelta, an den Küsten Syriens, des Libanons und der Türkei wachsen heute Ölbäume – das ist zum großen Teil den griechischen Kolonisten zu verdanken. In Süditalien und Sizilien stehen griechische Tempel aus dem 5. Jahrhundert v. Chr. Heute noch wird in einigen Dörfern rings um Brindisi ein griechischer Dialekt gesprochen.

Wohin die Griechen auch kamen, dorthin brachten sie das Alphabet, das Münzwesen, handwerkliche Fertigkeiten (u. a. Keramikkunst, Salzgewinnung, Waffenherstellung) – und Vorstellungen von einem besseren und freieren Leben mit. In den Kolonien litt kaum einer an Hunger oder Bodenknappheit. Handel und Gewerbe blühten, technische und wissenschaftliche Fortschritte zeichneten sich ab, etwa beim Bau der Hafenanlagen und Tempel.

### Handel und Wirtschaft breiten sich aus

Aufnahme- und lernbereit machten sich die Griechen die Kenntnisse der Urbevölkerung, deren Bodenschätze und den natürlichen Reichtum zunutze. Für Wein, Öl, Geräte und Waffen tauschten die Griechen im Schwarzmeergebiet Korn, Flachs, Häute, Sklaven, Honig, Wachs und gesalzene und getrocknete Fische, in Nordafrika (Kyrene) Pferde, Sklaven, Gewürze und das Heilkraut Silphion, mit dem sie wegen der hohen Nachfrage ein Vermögen verdienten, in Massilia und Spanien Zinn und Silber. Funde griechischer Keramik im heutigen Frankreich, in Baden-Württemberg und in Südrußland beweisen die weite Ausdehnung des griechischen Handels. Für Mutterland und Kolonien bedeutete dies alles einen wirtschaftlichen Aufschwung.

### Politische Auswirkungen

Die Erfahrungen, die die Griechen in ihren Kolonien machten, wirkten sich auch auf Griechenland selber aus: In den Kolonien galten zunächst für jeden die gleichen Bedingungen. Der Boden wurde gleichmäßig verteilt, und die Kolonisten entschieden über die Angelegenheiten ihrer neugegründeten Stadt, ohne daß eine Gruppe dabei Vorrechte hatte. Diese Art der Selbstverwaltung beeinflußte die Mutterstädte. Mit der Zeit erhielten auch dort immer mehr Menschen das Recht auf politische Mitsprache.

Trotz der Verstreutheit der griechischen Städte wuchs ein Gefühl der Zusammengehörigkeit. Es wurde genährt durch die Sprache, die Götter, die man verehrte, und durch Sitten und Gebräuche. Die dauernde Begegnung mit fremden Kulturen und Völkern, die die Griechen schlicht „Barbaren“ nannten, formte bei ihnen den Sinn für ihr eigenes Wesen. Den Städten Delphi und Olympia kam dabei als Treffpunkt aller Griechen eine zentrale Bedeutung zu.

## 1 Die Gründung der Kolonie Kyrene

*Der griechische Geschichtsschreiber Herodot berichtet, wie die Bewohner der griechischen Insel Thera (heute Santorin) im Jahre 631 v. Chr. die Kolonie Kyrene gegründet haben:*

**Q** Als sich Grinnos, der König von Thera, ein Orakel über ganz andere Dinge sagen ließ, gab ihm die Pythia die Antwort, er solle in Libyen eine Stadt gründen. Darauf antwortete Grinnos: „Herr, ich bin zu alt, ... fordere doch einen von diesen Jüngeren dazu auf!" Während dieser Worte wies er auf Battos. Weiter geschah damals nichts. Nach ihrer Heimkehr ließen sie den Orakelspruch ganz unbeachtet; denn sie wußten nicht, wo in aller Welt Libyen liegt, und wollten es nicht gern wagen, Siedler ins Ungewisse auszusenden. Nun blieb sieben Jahre lang der Regen in Thera aus ... Auf ihre Anfrage beim Orakel erinnerte die Pythia sie an die Kolonisation in Libyen ... Die Theraier bestimmten, daß aus allen sieben Gemeinden der Insel immer je einer von zwei Brüdern um die Auswanderung losen sollte. Führer und König der Auswanderer sollte Battos sein. So schickten sie zwei Fünfzigruderer nach Platea (Insel vor der Kyrenaika) ... Hier wohnten sie zwei Jahre; aber es ging ihnen dort nicht gut. So ließen sie denn einen einzigen aus ihrer Mitte zurück, und alle übrigen fuhren nach Delphi. Dort baten sie das Orakel um einen Spruch und erzählten, sie hätten sich in Libyen angesiedelt, aber es gehe ihnen trotzdem keineswegs besser, obwohl sie dort wohnten. Darauf verkündete ihnen die Pythia folgendes: „Kennst du besser als ich, der ich dort war, Libyens Herden: Dich, der du nicht dort warst, muß ich ob deiner Weisheit bewundern."
Als Battos und seine Leute dies hörten, segelten sie wieder zurück; denn offenbar ersparte ihnen der Gott die Ansiedlung nicht, bis sie nach Libyen selbst gekommen seien. Sie landeten auf der Insel, nahmen den Zurückgelassenen an Bord und siedelten sich auf dem Festland gegenüber der Insel an ... Hier wohnten sie sechs Jahre. Im siebenten Jahr erboten sich die Libyer, sie an einen noch schöneren Platz zu führen. Sie entschlossen sich mitzugehen.

*Herodot, Historien, IV 150–158. Übers. von J. Feix, München 1977, S. 613ff.*

*1. Welche Schwierigkeiten konnten bei einer Koloniegründung auftreten, und wie wurden sie geregelt?*

## 2 „Nachrichten" aus den Kolonien

*Seit dem 7. Jahrhundert v. Chr. gibt es in Griechenland Münzen. Sie geben uns Kunde von der Zeit, in der sie geprägt wurden. Deshalb sind sie eine wichtige Quelle.*

*Links: Löwenkopf mit vier Gerstenkörnern auf einer Münze aus der Kolonie Leontinoi (Leo: der Löwe) in Sizilien*
*Rechts: Herakles und Thunfisch auf einer Münze aus Kyzikos (Schwarzes Meer)*

*1. Welche Nachrichten wollen die Städte durch die Münzen vermitteln?*

## 3 Auswanderung heute

**D** Man braucht ja nur ... jene Griechen (zu fragen), die nach Amerika, Australien, Ägypten oder Rhodesien gegangen sind, um dort als Schneider, Friseure oder Küchenjungen ihr Glück zu versuchen ... Sie geben für ihre Abwanderung vier Motive an ...: „Wir waren arm, und wir wollten reich werden. Wir lebten in beengten und bedrängten Verhältnissen, und wir wollten besser leben. Wir erstickten in unseren Traditionen, und wir wollten eine freiere Luft atmen. Wir waren verlassen, allein, und wir wollten zu unserem Bruder oder einem Onkel, die uns sagten, wir sollten kommen."

*P. Faure, Die griechische Welt, Stuttgart 1981, S. 48f.*

*1. Vergleiche die Gründe heutiger Auswanderer mit dem Bericht des Herodot.*

## Das frühe Griechenland

Wie im alten Ägypten und Mesopotamien ist auch im frühen Griechenland die kulturelle und politische Entwicklung stark von der Natur und der Landschaft bestimmt. Durch die vielen unzugänglichen Gebirge entwickelten sich kleine, abgeschlossene Räume. Griechenland kannte in der Antike keinen zentralen Staat, sondern zerfiel in viele selbständige Herrschaftsgebiete.
Schon um die Mitte des 2. Jahrtausends v. Chr. gab es eine blühende Kultur, die wir nach dem Hauptfundort die *mykenische Kultur* nennen. Aus unbekannten Gründen ist diese Kultur im 12. Jahrhundert v. Chr. zusammengebrochen und eine Periode des Niedergangs, das sogenannte *„Dunkle Zeitalter“*, begann. Erst aus dem 8. Jahrhundert v. Chr. sind uns dann wieder schriftliche Zeugnisse überliefert – und zwar in einer Schrift, die als Vorläufer unserer heutigen Schrift anzusehen ist.
Der Erfindung dieser Schrift verdanken wir die Überlieferung der ersten großen Dichtungen Europas: der Ilias und der Odyssee von Homer. Seine Erzählungen über die olympische Götterwelt, vom Kampf um Troja und von den Irrfahrten des Odysseus haben nicht nur die kulturelle Einheit der Griechen in der Antike mitbegründet. Sie sind auch – neben den um 700 v. Chr. entstandenen Werken des Dichters Hesiod – die wichtigsten Quellen für unser Wissen über das frühe Griechenland.
Im Laufe der Zeit entwickelte sich eine Einheit der Griechen, die sich auf folgende Gemeinsamkeiten stützte:
- die griechische Schrift und Sprache,
- die Verehrung der Helden aus der Frühzeit,
- den gemeinsamen Glauben an dieselben Götter,
- die griechischen Kultfeste und Spiele, allen voran die seit 776 v. Chr. überlieferten Olympischen Spiele.

In den Spielen, die nicht nur sportliche Wettkämpfe, sondern auch religiöse Feste waren, drückte sich das wichtigste Lebensprinzip der griechischen Adelswelt aus: der Wettkampf um Ruhm, Ehre und Ansehen.
Viele griechische Städte müssen in der Frühzeit unter Armut und Überbevölkerung gelitten haben. Denn im 8. Jahrhundert v. Chr. begann die bis ins 6. Jahrhundert v. Chr. dauernde *griechische Kolonisation*.
Die Gründung von vielen Städten führte dazu, daß sich die griechische Kultur über den gesamten Mittelmeerraum ausbreitete.

**Welches Bild gehört zu**

Als der Krieg um Troja zu Ende war, trat Odysseus die Heimfahrt nach Griechenland an. Sie sollte zehn Jahre dauern und ihn in viele Abenteuer und Gefahren stürzen.
Einmal geriet Odysseus mit seinen Gefährten in die Höhle eines Riesen, der nur ein Auge hatte und sie alle fressen wollte. Odysseus gab dem Ungeheuer so viel Wein zu trinken, daß es betrunken einschlief. Odysseus und seine Gefährten nutzten den Schlaf, um dem Riesen einen Pfahl in das Auge zu rammen. So entkamen sie mit knapper Mühe.
Auf einer kleinen Insel trafen sie dann eine Frau, die am Webstuhl saß und sie freundlich begrüßte. Sie gab den Gefährten von Odysseus einen Trank, worauf diese sich in Schweine verwandelten. Die Frau war nämlich die Zauberin Kirke. Nur Odysseus widerstand ihrem Zauber. Es gelang ihm sogar, seine Freunde zu befreien. Auf der Weiterfahrt mußten sie an der Insel vorbei, auf der die Sirenen lebten und die Vorüberfahrenden mit ihrem betörenden Gesang heranlockten, um sie zu töten. Doch Odysseus und seine Gefährten entkamen

**welchem Abenteuer von Odysseus?**

ihnen, weil er seinen Freunden die Ohren mit Wachs verstopfte und sich selbst an den Mast des Schiffes binden ließ.

Bei weiteren Abenteuern verlor Odysseus alle seine Gefährten. Heftige Stürme packten sein Schiff und zerstörten es. Völlig zerschunden und erschöpft wurde er schließlich an den Strand einer Insel geworfen. Dort hatte Nausikaa, die Tochter des Königs, mit ihren Freundinnen Wäsche gewaschen. Als sie zusammen spielten, entdeckten sie Odysseus unter einem Busch und brachten ihn zum Palast, wo er dem König seine Leiden und bestandenen Gefahren erzählte. Der König gab ihm ein Schiff und reiche Geschenke, damit er zu seiner Heimatinsel Ithaka zurückfahren konnte.

Dort angekommen, verkleidete sich Odysseus als Bettler, um nicht erkannt zu werden. Doch als er vor sein Haus kam, erkannte ihn sein alter Hund Argos. Und auch die alte Eurykleia, die ihn seit seiner Geburt aufgezogen hatte, konnte er nicht täuschen. Als sie ihm die Füße wusch, sah sie eine Narbe an seinem Knie, die ihm in seiner Jugend ein Eber beigebracht hatte.

# 4. Griechenland –

# Die Welt der Polis

Die Griechen haben sich nie zu einem einheitlichen Staat vereinigt. Und dennoch wurde – wie wir im vorherigen Kapitel gesehen haben – das, was im frühen Griechenland geschaffen worden war, zu einem gemeinsamen Besitz aller Griechen: Alle sprachen, wenn auch in unterschiedlichen Dialekten, dieselbe Sprache; die Kinder lernten schon in der Schule die Dichtungen Homers und die großen Helden kennen; in ganz Griechenland wurden dieselben Götter verehrt, und schließlich waren auch bei den großen Olympischen Spielen Teilnehmer aus allen Gegenden Griechenlands vereint. Im 8. und 7. Jahrhundert v. Chr. sind diese kulturellen Gemeinsamkeiten aller Griechen entstanden. Seit der Mitte des 7.Jahrhunderts hat sich in den Städten auch eine gemeinsame Form der Machtausübung herausgebildet: Die Adligen benutzten fast überall die Not der Bauern dazu, sie durch „ungerechte Richtersprüche" zu unterdrücken und sich zu Herren der Bauern zu machen. Diese hatten keine Möglichkeit, sich dagegen zu wehren. Denn es gab keine Macht, die über den Adligen stand. Und diese kämpften oft selbst gegeneinander um die größte Macht. Wie konnte ein Ausweg aus dieser Situation gefunden werden?
Manche Adlige machten gemeinsame Sache mit den Bauern: Sie versprachen ihnen einen Erlaß der Schulden oder eine Neuverteilung des Landes. Die Bauern sollten ihnen dafür helfen, daß sie allein die Herrschaft über eine Stadt erlangen konnten. Im 7. und 6. Jahrhundert v. Chr. gab es viele solcher adligen Einzelherrscher. Schon die Griechen nannten sie Tyrannen.
Es wurden jedoch auch andere Wege gefunden, um aus Adligen und Bauern Bürger einer „Polis", eines Stadtstaates, zu machen. Die bekanntesten lassen sich an der Entwicklung der beiden mächtigsten Stadtstaaten Sparta und Athen im 6. und 5. Jahrhundert ablesen:
In Sparta entstand eine politische Ordnung, in der sich alle Bürger in gleicher Weise einem Ziel, der militärischen Stärke des Staates, unterordnen mußten. In Athen dagegen begann mit den Reformen Solons um 600 v. Chr. ein Prozeß, der im 5. Jahrhundert zu einer Demokratie führen sollte, in der alle Bürger in gleicher Weise an der Herrschaft beteiligt waren.
Die „Volksherrschaft" in der Polis Athen unterschied sich grundsätzlich von unseren heutigen Vorstellungen von einer Demokratie. Sie war trotzdem ein bedeutender Schritt, denn die Athener haben zum ersten Mal ein Experiment gewagt, in dem alle Bürger gleiche Rechte haben sollten. Allerdings unterschied man in Athen – wie auch in allen anderen Stadtstaaten – scharf zwischen Bürgern und Nichtbürgern.
Die größte Gruppe der Nichtbürger waren die Sklaven, die die Güter der Reichen bearbeiteten, als Haussklaven dienten, Bergwerksarbeit verrichteten oder im Handwerk tätig waren. Sie ermöglichten durch ihre Arbeit erst die politische Betätigung der Bürger. Weder sie noch die anderen Nichtbürger, d. h. Freie ohne Bürgerrecht, durften bei den städtischen Angelegenheiten mitbestimmen. Und auch Frauen blieben vom politischen Leben ausgeschlossen. Sie hatten zwar Rechte, durften aber weder Ämter bekleiden noch an Volksversammlungen teilnehmen. Um uns ein Bild vom Leben im antiken Griechenland machen zu können, dürfen wir uns deshalb nicht nur die politische Ordnung ansehen.

*Der Nike-Tempel auf der Akropolis (5. Jahrhundert v. Chr.)*

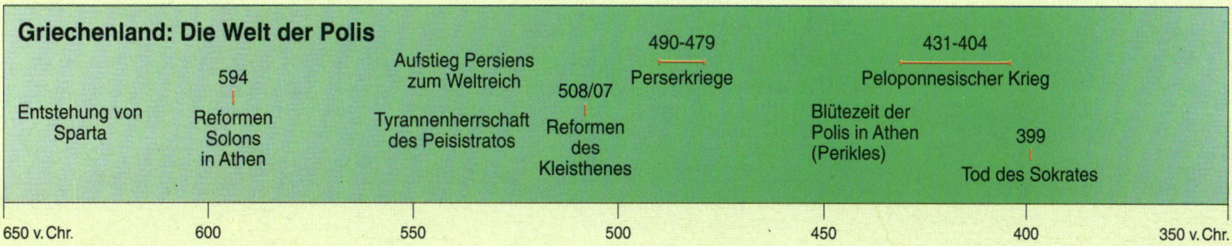

# Die Polis Sparta – Der Bürger gehört dem Staat

Der griechische Schriftsteller Plutarch (ca. 40 bis ca. 120 n. Chr.) sagte einmal über den Stadtstaat Sparta: „Niemand durfte leben, wie er wollte; in der Stadt hatten die Spartaner wie in einem Feldlager eine genau festgelegte Lebensweise und eine Beschäftigung, die auf das öffentliche Wohl ausgerichtet war, da sie dachten, sie gehörten ganz dem Vaterland und nicht sich selbst."
Vielen Griechen galt Sparta als die ideale Polis, weil die Bürger sich ohne Einschränkungen in den Dienst des Staates stellten. Die Griechen bewunderten die starke Macht dieser Polis und die Staatsordnung, die über Jahrhunderte bestand. Sie priesen den heldenhaften Opfermut und die Tapferkeit der spartanischen Krieger.
Bis in unsere Zeit noch sehen viele spartanische Zucht und spartanische Lebensweise mit ihrer Härte und Anspruchslosigkeit als vorbildlich an. Anderen erscheinen diese Eigenschaften verdächtig, sie halten sie sogar für gefährlich. Was verschaffte Sparta diesen umstrittenen Ruhm? Wie kam es, daß in Sparta eine Polis entstand, die so ganz anders war als die übrigen Stadtstaaten?

## Eine Polis entsteht

### Die natürliche Lage und die Anfänge Spartas

Sparta liegt im Süden der Halbinsel Peloponnes, im Tal des Flusses Eurotas. Die Landschaft heißt Lakonien, weshalb die Bewohner auch Lakedaimonier genannt wurden. Die Polis Sparta ist von natürlichen Barrieren umschlossen: im Westen vom unzugänglichen Taygetosgebirge (2400 m), im Osten von den Gebirgsketten des Parnon (2000 m), nach Süden durch die weite, sumpfige Ebene des Eurotas, die sich fast 40 Kilometer zum Meer entlangzieht. Von beiden Gebirgen aus bewässern zahlreiche kleinere Flüsse und Rinnsale diese Ebene und machten sie schon in der Antike zu einem sehr fruchtbaren Landstrich.
Die Anfänge Spartas reichen in die Zeit um 900 v. Chr. Nachdem der Stamm der Dorier Lakonien unterworfen hatte, wurde Sparta Mittelpunkt der weit verstreuten Siedlungen. An der griechischen Kolonisation nahmen

*Die Eurotas-Ebene im Süden der Peloponnes*

die Spartaner nicht teil. Dafür weiteten sie im 8. Jahrhundert v. Chr. ihren Machtbereich zuerst nach Süden, dann nach Westen aus. Dabei eroberten sie Messenien in einem Krieg, der fast 20 Jahre dauerte.

### Heloten und Periöken

Das Schicksal der Unterlegenen war hart: Sie verloren ihr Land und ihre Freiheit und wurden Sklaven, die man Heloten nannte. Für die Sieger – die Spartiaten, wie man die Vollbürger Spartas nannte – mußten sie das Land bewirtschaften und an sie einen Teil der Ernte abtreten. Von diesen Abgaben lebten die Spartiaten. Sie brauchten keine Landwirtschaft mehr zu betreiben und konnten fern von ihren Höfen in der Stadt Sparta wohnen.
Die Heloten waren als Sklaven Besitz des Stadtstaates Sparta. Sie durften zwar weiter in ihrem Familienverband leben, hatten aber keinerlei Rechte. Sie hatten für die Spartiaten zu arbeiten, ihnen zu dienen und wurden als „Sache" behandelt. Es ist nicht verwunderlich, daß es immer wieder Aufstände gegen dieses Los gab.
Als sich nach 650 v. Chr. die Messenier von diesem Joch zu befreien versuchten, gelang es den Spartanern nur unter größten Anstrengungen, sie in diesem fast 30 Jahre dauernden Zweiten Messenischen Krieg zu unterwerfen und ihre Macht über die Heloten erneut zu sichern. Damit von den messenischen Heloten zukünftig keine Gefahr mehr für Sparta ausging, erklärten die Spartaner ihnen einmal im Jahr den Krieg. Das hatte zur Folge, daß jeder Spartaner Heloten ungestraft mißhandeln und sogar töten durfte. Der Dichter Tyrtaios beschrieb das Los der messenischen Heloten:
„Wie Esel unter der schweren Last sich schindend,
Bringen sie ihren Herren in hartem Zwang
Die Hälfte all dessen, was die Flur erzeugt."
Die Menschen, die in den Randgebieten des Stadtstaates wohnten und keine Heloten waren, nannte man Periöken, das heißt „Umwohnende". Sie blieben zwar persönlich frei, aber politische Rechte wurden ihnen vorenthalten. Zum Dienst im spartanischen Heer allerdings waren sie verpflichtet. Einige bebauten weiterhin das Land, andere arbeiteten für die Spartaner als Händler und Handwerker. Denn Handel und Gewerbe zu treiben, war den Spartiaten verboten. Sie sollten sich ganz und gar dem Kriegsdienst widmen, da ja ständig die Gefahr bestand, daß die zahlenmäßig überlegenen Heloten sich gegen ihre Eroberer zur Wehr setzen würden.

## Die Ordnung des spartanischen Staates

### Entstehung der spartanischen Ordnung

Der Aufstand der messenischen Heloten im Zweiten Messenischen Krieg war für die Spartaner eine große Gefahr. Um ihn siegreich zu bestehen, führten sie eine neue Kriegstechnik ein, die *Hoplitenphalanx* (siehe Abb. S. 80). Sie blieben jedoch bei dieser militärischen Änderung nicht stehen, sondern änderten das ganze Zusammenleben in Sparta: Sie machten ihren Stadtstaat zu einem Kriegerstaat, um als Minderheit ihre Herrschaft über die große Mehrheit von Heloten und Periöken zu sichern.

Die Bevölkerung Spartas
(Ungefähre Angaben für das frühe 5. Jahrhundert v. Chr.)

| | |
|---|---|
| Spartiaten (Vollbürger) | ca. 9 000 |
| Periöken | ca. 40 000 – 60 000 |
| Heloten | ca. 140 000 – 200 000 |

Die Spartaner haben später die Entstehung dieser Ordnung einem Mann namens *Lykurg* zugeschrieben. Bis heute konnte jedoch noch kein Historiker beweisen, daß es diesen Lykurg wirklich gegeben hat. Der Legende nach soll er sich für seine Reformen einen Orakelspruch in Delphi eingeholt haben.

### Die Verfassung Spartas

Wie sah nun diese neue Ordnung aus? Bezeichnet wurde sie als Herrschaft der „Gleichen". Gleichheit bedeutete für die Spartiaten jedoch nicht, daß alle gleich viel besaßen, sondern daß sie alle die gleichen politischen Rechte und Pflichten hatten. Nur für den spartanischen Staat, nicht für sich selbst sollten sie leben.
Alle Spartiaten waren Vollbürger und bildeten, wenn sie über 30 Jahre alt waren, gemeinsam die Volksversammlung. Auf ihr beschlossen die männlichen Vollbürger – ohne vorhergehende Diskussion, nur durch Abstimmung – die Gesetze, entschieden über Bündnisse sowie über Krieg und Frieden. Durch die Volksversammlung wurde das Bürgerrecht verliehen.
Jährlich wählte die Volksversammlung auch die fünf *Ephoren*. Sie waren die leitenden Beamten, bei denen – zusammen mit dem „Rat der Alten" – die eigentliche Macht in Sparta lag. Die fünf Ephoren sorgten dafür, daß

*Menelaos und Hektor, Helden aus dem Trojanischen Krieg, kämpfen über einem Gefallenen.*

die Gesetze eingehalten wurden. Sie konnten Beamte aus den Ämtern entfernen und hatten eine Art Polizeigewalt. Auch als Richter waren sie tätig.
Der *Rat der Alten*, die Gerusia, setzte sich aus 28 Männern über 60 Jahre zusammen. Sie wurden auf Lebenszeit gewählt. Aufgrund ihrer Erfahrungen übten sie großen Einfluß aus. Hier wurde festgelegt, über welche Fragen die Volksversammlung abstimmen sollte. Dieser Rat der Alten sorgte auch dafür, daß die Volksversammlung nicht allzuoft befragt wurde. Alle Entscheidungen über wichtige Staatsangelegenheiten wurden von diesem Rat getroffen. Bei schweren Verbrechen fällte er das Urteil und bestimmte die Strafe. Zum Rat der Alten gehörten auch zwei Könige, die durch die Neuordnung viel von ihrer ursprünglichen Macht eingebüßt hatten. Sie blieben oberste Priester und Heerführer im Kriegsfall, wurden aber von zwei Ephoren kontrolliert.
Diese Verfassung des spartanischen Staates wurde über mehrere Jahrhunderte hinweg nicht verändert. Viele Griechen bezeichneten sie als eine ideale Verfassung, weil sie monarchische (Könige), aristokratische (Rat der Alten) und demokratische (Volksversammlung) Elemente mische und stabile politische Verhältnisse garantiere.

*An die Stelle des Einzelkampfes zwischen Adligen trat der Kampf im geschlossenen Verband. Die Krieger rückten in einer engen Reihe, einer Phalanx, vor. Sie werden Hopliten genannt, d. h. Schwerbewaffnete.*

### Der Aufstieg Spartas zur Führungsmacht

Zu diesem positiven Urteil über die Verfassung Spartas hat sicherlich beigetragen, daß Sparta im 6. Jahrhundert v. Chr. seine Machtstellung auf der Peloponnes ausweiten konnte und zur Führungsmacht im Süden Griechenlands aufstieg. Dabei änderte Sparta allerdings auch seine Politik gegenüber den Unterworfenen. Die Bevölkerung wurde nicht mehr zu Heloten herabgedrückt. Anstelle einer reinen Eroberungspolitik betrieb Sparta jetzt eher eine Bündnispolitik. Durch Verträge faßte es mehrere Stadtstaaten zum Peloponnesischen Bund unter seiner Führung zusammen.

## Erziehung zum Kampf

Aber nicht aufgrund seiner Verfassung, sondern seiner Erziehungsprinzipien sind die Meinungen über Sparta bis heute unterschiedlich. Nur durch große militärische Stärke meinten die Spartaner nach dem Zweiten Messenischen Krieg, ihre Übermacht über die Heloten behaupten zu können. Alle Bewohner wurden zum Kampf erzogen, alle mußten sich ganz und gar diesem Ziel unterwerfen. Deshalb griff der Staat von früh an in das Familienleben ein.

### Der Lebensweg der Spartaner

Bereits nach der Geburt eines Kindes entschied ein Sonderausschuß der Stammesältesten – nicht, wie bei den Griechen sonst üblich, der Vater –, ob das Neugeborene stark genug sei, um aufgezogen zu werden. Verwachsene und kränkliche Kinder wurden im Taygetosgebirge ausgesetzt und starben, wenn nicht gerade ein mitleidiger Bauer sich ihrer erbarmte.

Bis zum siebten Lebensjahr sorgten die Mütter oder eigens vom Staat bestellte Ammen für die Kinder. Dann wurden die Jungen der Familie weggenommen. Sie mußten in eine militärische Gemeinschaft – in eine Horde – eintreten, die von einem jungen Spartiaten geführt wurde. Hier lernten sie vor allem den kriegerischen Kampf, das Anwenden von List, um den Gegner zu schlagen, und die Verachtung gegenüber dem körperlich Unterlegenen. Gehorsam gegenüber Befehlen, Unterordnung und bedingungsloser Kampfeinsatz für den Staat waren die Ziele spartanischer Erziehung. Wer sich in der Schlacht feige gezeigt hatte, der wurde von jedem Amt ausgeschlossen, ja er durfte von jedem, der dazu Lust verspürte, geschlagen werden.

Jeglicher Luxus war streng verboten. Die jungen Spartaner bekamen so wenig zu essen, daß sie immer hungrig waren. Sie sollten lernen, sich durch Diebstahl die nötigen Lebensmittel selbst zu verschaffen. Wer sich dabei ertappen ließ, bekam Prügel, nicht weil er gestohlen hatte, sondern weil er sich hatte erwischen lassen. Überhaupt regierte die Peitsche, selbst bei geringfügigen Vergehen.

Im Alter von 20 Jahren wurden die jungen Spartaner, wenn sie die Erziehung erfolgreich durchlaufen hatten, in andere Gemeinschaften aufgenommen: Jeweils 15 bildeten zusammen eine Essensgemeinschaft. Nur wer einer solchen Gemeinschaft angehörte, konnte Vollbürger sein. Aus den Erträgen seines Landes mußte jeder einen regelmäßigen Beitrag für die gemeinsame Verpflegung beisteuern. Konnte er das nicht, verlor er die Rechte eines Vollbürgers.

Vom 30. Lebensjahr an durften die Spartiaten in ihren Häusern wohnen. Nur noch die Mahlzeiten mußten sie in der Gruppe einnehmen. Die Mitglieder dieser Tischgemeinschaften führten zusammen militärische Übungen durch. Im Krieg stellten sie eine Phalanx. Gegenseitig kontrollierten sie sich bei der Ausbildung ihrer kämpferischen Fähigkeiten. Die Älteren überwachten dabei die Jüngeren, ob diese die vorgeschriebene Einfachheit in der Kleidung und Anspruchslosigkeit in der Lebensführung einhielten. Sie sollten keinem fremden Einfluß erliegen, deshalb wurden Fremde auch meist aus der Polis verwiesen.

### Die Familie

Erziehung war in Sparta Erziehung durch den Staat und für den Staat. Das Leben war ganz auf Kampf- und Kriegsbereitschaft ausgerichtet. Ein Familienleben, wie wir es von anderen griechischen Stadtstaaten oder wie wir es heute kennen, hatte da keinen Platz. Der Familie wurde in Sparta wenig Bedeutung beigemessen.

Selbst die Mädchen wurden einer strengen körperlichen Ausbildung unterzogen. Auch ihnen war einfache, schmucklose Kleidung vorgeschrieben. Im Gegensatz zu den Jungen lebten sie jedoch weiter daheim. Wie sagte Plutarch? „Niemand durfte leben, wie er wollte ..., sie dachten, sie gehörten ganz dem Vaterland und nicht sich selbst.“ Ein erstrebenswertes Ziel?

## 1 Lebensordnung in Sparta

*Der Athener Xenophon (430–354 v. Chr.), der aus seiner Heimatstadt verbannt wurde und einige Zeit in Sparta gelebt hat, beschreibt die Lebensordnung der Spartiaten:*

**Q** Lykurgos verlegte entgegen dem überkommenen Brauche ... die Mahlzeiten in die Öffentlichkeit ... Er setzte ihre Kost so fest, daß sie sich weder den Magen überladen noch irgendwie Mangel leiden konnten ... Was nun das Trinken angeht, so machte er allen unnötigen Trinkgelagen, die nur Körper und Geist zu Fall bringen, ein Ende; jeder sollte nur dann trinken, wenn er Durst hätte, dann schade der Trunk am wenigsten und erquicke am meisten. Wie hätte bei der Sitte, gemeinsam die Speisen zu sich zu nehmen, einer aus Schwelgerei oder Trunksucht sich selbst oder sein Haus zugrunde richten können? Und während in den anderen Städten die Altersgenossen zumeist miteinander zusammenleben ..., tat Lykurgos (die verschiedenen Altersstufen) in Sparta zusammen: Die Jüngeren sollten durch die Erfahrung der Älteren vielfach erzogen werden. Es ist nämlich bei den gemeinsamen Mahlzeiten Brauch, von den edlen Taten zu erzählen, die einer in Sparta geleistet hat; so kann es dort kaum zu mutwilligem Tun, kaum zu trunkener Frechheit, kaum zu häßlichem Betragen und zu schändlichen Reden kommen ...

Auch mit folgenden Bestimmungen steht Lykurgos im Gegensatz zu den meisten anderen Gesetzgebern: In den anderen Städten hat jeder Hausherr Gewalt über das Seine, über seine Kinder, seine Sklaven und über seinen Besitz; Lykurgos aber wollte es so einrichten, daß alle Bürger, ohne sich gegenseitig zu schaden, voneinander Nutzen haben sollten; so ordnete er an, es solle ein jeder in gleicher Weise wie über seine eigenen Kinder auch über die Kinder der anderen Bürger Gewalt haben.

*Xenophon, Staat der Lakedaimonier 5, 1ff. In: Geschichte in Quellen, Bd. 1 (hg. v. W. Arend), München 1965, S. 145f.*

1. *Worin liegen nach Xenophon die Vorteile der spartanischen Lebensordnung?*
2. *Kennzeichne die Einstellung Xenophons zu Sparta. Welche Rückschlüsse ergeben sich daraus?*
3. *Nenne aus der Sicht eines messenischen Heloten Stichworte zu einer Beurteilung der spartanischen Lebensordnung.*
4. *Erkläre, warum sich in Sparta eine solche Lebensordnung entwickelt hat. Lies dazu S. 79.*

## 2 Durch Eisengeld zur Gleichheit?

*Nach dem griechischen Schriftsteller Plutarch hat Lykurg folgende Mittel angewandt, um in Sparta Gleichheit herzustellen und das Streben nach Luxus zu unterbinden:*

**Q** Er (Lykurg) ging nun daran, auch den Hausrat aufzuteilen, um jegliche Ungleichheit vollends auszurotten. Als er aber sah, daß die Leute es übel aufnahmen, wenn man ihnen die Sachen geradezu wegnahm, beschritt er einen anderen Weg, um die Habsucht auch auf diesem Gebiet zu bekämpfen.

Zuerst setzte er alles Gold- und Silbergeld außer Kurs und ordnete den Gebrauch nur eisernen Geldes an. Diesem gab er bei großem Gewicht und Volumen einen so geringen Wert, daß ein Tauschwert von zehn Minen einen großen Aufbewahrungsraum im Hause und zur Beförderung einen zweispännigen Wagen erforderte.

Nachdem dies durchgeführt war, verschwanden viele Arten von Verbrechen aus Sparta. Denn wer wollte wohl stehlen, sich bestechen lassen, betrügen oder Raub verüben um einer Sache willen, die er nicht verbergen konnte, deren Besitz nicht glücklich machte, die auch zu zerkleinern ohne Nutzen war ...

Hierauf machte er sich an die Austreibung der unnützen und überflüssigen Gewerbe. Die meisten von ihnen mußten wohl schon, auch ohne Verbot, zugleich mit der allgemeingültigen Währung aus dem Land verschwinden, da es keinen Absatz mehr für ihre Erzeugnisse gab. Denn das Eisengeld ließ sich nicht zu den andern Griechen bringen, sondern war dort wertlos und verachtet, so daß man auch keine Flitterwaren aus dem Ausland kaufen konnte, keine Handelsfracht in die Häfen gesegelt kam, kein Lehrer der Beredsamkeit, kein herumziehender Wahrsager, ... kein Hersteller goldener und silberner Schmuckstücke Spartas Boden betrat, da es kein Geld gab. So schwand der Luxus ... allmählich ganz von selbst dahin.

*Plutarch, Lykurgos 9. In: Geschichte in Quellen, Bd. 1 (hg. v. W. Arend), München 1965, S. 142.*

1. *Welche Folgen hatte es, daß Lykurg Gold- und Silbergeld durch Eisengeld ersetzte?*
2. *Wie beurteilst du diese Maßnahme, um Gleichheit herzustellen?*
3. *Welche Konsequenzen hätte es, wenn bei uns heute der Gelderwerb verboten wäre?*

## 3 Lakonische Aussprüche

**3a** *Der griechische Schriftsteller Plutarch schreibt über die Erziehung in Sparta (Lakonien):*

**Q** Man lehrte die Knaben ferner, bei ihren Reden Schärfe mit Witz zu verbinden und einen vollgültigen Gedanken in die kürzeste Form zu kleiden … Als einmal ein Athener sich über die lakonischen Schwerter wegen ihrer Kürze lustig machte und sagte, die Zauberkünstler im Theater würden sie mit Leichtigkeit verschlucken, da gab ihm der König Agis die Antwort: „Und doch treffen wir mit den kurzen Schwertern die Feinde recht gut!“ … Auch Lykurg selbst scheint ein Meister des knappen Ausdrucks und des treffenden Witzes gewesen zu sein, wenn man nach seinen Aussprüchen urteilen darf. Zum Beispiel dieser (Ausspruch) über die Verfassungsformen an den Mann, der ihn aufforderte, die Demokratie im Staate einzuführen: „Führ du erst einmal in deinem Hause die Demokratie ein!“

**3b** *Folgende lakonische Aussprüche sind überliefert:*

**D** Am beliebtesten war bei den Spartanern die schwarze Suppe. Einer der Könige von Pontos soll sich sogar wegen dieser Suppe einen lakonischen Koch gekauft haben; aber als er von dieser Suppe kostete, habe sie ihm gar nicht geschmeckt. Darauf habe der Koch gesagt: *„Ja, Herr König, diese Suppe muß man essen, nachdem man im Eurotas gebadet hat.“*

Lykurg hatte angeordnet, daß in jedem Haus das Dach nur mit der Axt, die Türen nur mit der Säge und keinem anderen Werkzeug bearbeitet sein sollten. Daran gewöhnt, soll ein spartanischer König, der in Korinth speiste und die prächtig geschmückte, mit Kassetten versehene Decke des Speisesaals betrachtete, seinen Gastfreund gefragt haben: *„Wächst denn bei euch das Holz viereckig?“*

Lykurg soll auf die Frage nach der richtigen Befestigung gesagt haben: *„Eine Stadt ist nicht unbefestigt, die mit Menschenmauern und nicht mit Ziegelmauern umgeben ist.“*

Ein athenischer Redner, der sagte, die Spartaner hätten nichts gelernt, bekam die Antwort: *„Recht hast du. Denn als einzige von allen Griechen haben sie nichts Schlechtes von euch gelernt.“*

Auf die Bemerkung eines Mannes, Sparta verdanke seine lange Lebensdauer den Königen, die zu herrschen verstünden, antwortete ein König: *„Nein, sondern den Bürgern, die zu gehorchen verstehen.“*

*Zusammengestellt nach Plutarch, Lykurg.*

1. *Was versteht man unter „lakonischen Aussprüchen“?*
2. *Warum waren diese Aussprüche so bemerkenswert?*
3. *Versuche, einen Zusammenhang zwischen den einzelnen Aussprüchen und den Erziehungszielen der Spartaner herzustellen.*

## 4 Kunst und Kultur in Sparta

*Dieses Relief (6. Jahrhundert v. Chr.) zeigt ein totes Paar, dem zwei kleinere Gestalten Gaben überreichen: dem Mann einen Hahn und ein Ei, der Frau einen Granatapfel. Daß auch Wein gebracht worden ist, deutet das große Trinkgefäß an, das der Tote in den Händen hält.*

1. *Welche Auffassung vom Leben nach dem Tod geht aus diesem Relief hervor?*
2. *Vergleiche die Aussage dieses Reliefs mit dem, was du in der Darstellung „Götter und Feste der Griechen“ (siehe S. 64) über den Tod erfahren hast.*

# Die Reformen Solons in Athen

## Die Polis Athen vor den Reformen

### Die Macht des Adels

Wenn im 7. Jahrhundert v. Chr. ein Spartaner die Polis Athen betreten hätte, wäre ihm vieles unverständlich geblieben. Anders als in Sparta gab es in diesem zweiten bedeutenden Stadtstaat Griechenlands schon zu dieser Zeit kein Königtum mehr. Der Adel hatte die Könige verdrängt. Jetzt bestimmte der Adel allein, was zu geschehen hatte. Die Adligen waren in einem Rat, dem Areopag, zusammengeschlossen. Strafen für begangenes Unrecht fielen nach Willkür des Adels mal hart, mal mild aus. Kein Wunder, daß die einfachen Bauern, die meist von den Adligen abhängig waren, sich unsicher fühlten. Wußte doch keiner genau, was ihn erwartete. Recht oder Unrecht waren oft nicht mehr auseinanderzuhalten; Unruhen und Kämpfe waren die Folge.

Um 624 v. Chr. beendete *Drakon* diesen Zustand. Er ließ Rechtsgrundsätze schriftlich festlegen und verbot die Blutrache. Doch das Leben der Bauern wurde dadurch kaum leichter. Im Gegenteil, ein hartes Schuldrecht belastete sie.

### Wer verarmt, verliert seine Freiheit

Meist besaßen die Bauern aufgrund der häufigen Erbteilungen nur ein kleines Stück Land mit kargem, steinigem und trockenem Boden. Deshalb war die Ernte oft so gering, daß ein Bauer nur mit Mühe seine Familie davon ernähren konnte. Schon bald war alles verbraucht, und er hatte nichts mehr zu säen für das nächste Jahr.

Der Bauer ging deshalb zu einem der reichen Adligen und borgte sich Saatgut in der Hoffnung, daß er durch eine gute Ernte seine Schulden tilgen könnte. Doch wieder war der Sommer zu trocken, und die Ernte reichte erneut kaum für die eigene Familie aus. Und diesmal borgte ihm der Adlige nichts. Vielmehr forderte er für die ausstehende Schuld das Land des Bauern als Pfand. Zukünftig mußte der Bauer als *Schuldknecht* für den Adligen arbeiten. Manche Bauern wurden sogar als Sklaven ins Ausland verkauft. Es kam auch vor, daß ein Bauer zunächst seine Frau oder seine Kinder als Sklaven verkaufen mußte, um seinen Schuldenberg abzutragen.

Mit der Zeit ereilte immer mehr Bauern dieses Schicksal. Die Klagen über das unmenschliche Schuldrecht häuften sich. Immer offener forderten die Bauern eine Neuaufteilung des Landes und die Tilgung der Schulden. Wer aber sollte das gegen den mächtigen Adel in der Polis durchsetzen? Zur Selbsthilfe waren die Bauern zu schwach.

## Solon findet einen Kompromiß

### Ein Schlichter wird gerufen

Angesichts der Armut der Bauern bestand für die Herrschaft des Adels die Gefahr, daß ein mächtiger Adliger die allgemeine Unzufriedenheit ausnützen, sich an die Spitze des Volkes stellen und als Tyrann die Macht allein an sich reißen würde.

Die Gefahr einer solchen Tyrannis beunruhigte den Adel. Er fürchtete, seinen Einfluß in der Polis zu verlieren. Aus Furcht vor einer solchen Entwicklung einigten sich die einsichtsvollen Athener darauf, einen „Versöhner", eine Art Schiedsrichter, zu berufen. Die Wahl fiel auf Solon.

594 v. Chr. wurde Solon zum Gesetzgeber mit außerordentlichen Vollmachten ernannt. Er sollte über den „Parteien" stehen und sich auf keine von beiden Seiten, weder zu den Adligen noch zu den Bauern, schlagen. Er verstand seine Aufgabe so, eine neue Ordnung zu finden, die größere Gerechtigkeit in der Polis ermöglichte.

### Die Aufhebung der Schuldknechtschaft

Als erste Maßnahme Solons erhielten die Bauern das Land zurück, das sie als Schuldknechte für die Adligen bearbeitet hatten. Ihre Schulden wurden gestrichen. Solon ließ die Steine entfernen, die man den Bauern als Zeichen ihrer Verschuldung auf ihre Äcker gestellt hatte. Durch diese „Lastenabschüttelung" wurden die Bauern von der Schuldknechtschaft befreit.

Solon ging aber noch einen Schritt weiter: Die Bauern, die als Sklaven außerhalb der Polis arbeiteten, kaufte er wieder frei. Durch ein Gesetz sicherte er, daß kein Bürger Athens mehr in Schuldknechtschaft fallen dürfe. Eine Neuaufteilung des Landes, wie sie von den Bauern gefordert worden war, führte er jedoch nicht durch.

8

### Die Neugestaltung der Polis: Mitbestimmung und Verantwortung

Solon setzte sich aber nicht nur dafür ein, daß es den Bauern wieder besser ging. Er gestaltete auch das politische Leben in der Polis Athen neu.

Sein Ziel war, mehr Bürger an den öffentlichen Angelegenheiten zu beteiligen. Dazu teilte er die Bürgerschaft nach ihrem Jahreseinkommen in vier Gruppen ein, in Großgrundbesitzer, Ritter, Bauern und Besitzlose (bzw. Leute mit Kleinstbesitz). Der Maßstab für diese Einteilung war der Ertrag an Getreide. Die vier Gruppen durften unterschiedlich – je nach ihrem Einkommen – politisch mitbestimmen. Zwar konnten alle Bürger an der Volksversammlung teilnehmen, aber nur Großgrundbesitzer durften die höchsten Ämter bekleiden. Die anderen Staatsämter blieben den Rittern und Bauern offen. Wer zur ärmsten Gruppe der Besitzlosen gehörte, durfte zwar kein Staatsamt übernehmen, war aber dennoch vom politischen Leben nicht ausgeschlossen.

Alle männlichen Bürger Athens nahmen an der Volksversammlung teil. Sie stimmten dort über wichtige Angelegenheiten (z. B. über Krieg und Frieden) ab und wählten die Beamten. Die entscheidende Neuerung Solons war jedoch die Einführung eines Volksgerichts. Vor diesem Gericht durfte jeder Bürger nicht nur für sich selbst Klage erheben, sondern auch für jeden Mitbürger, dem Unrecht geschehen war. Damit hatte Solon einen entscheidenden Mißstand beseitigt: Im Vergleich zur Zeit vorher war nun keiner mehr von einem Adligen abhängig, wenn er sein Recht erhalten wollte. Jeder konnte sich jetzt für sein Recht selbst einsetzen. Außerdem stand es den Bürgern zu, vor dem Volksgericht die Entscheidungen von Beamten anzufechten. Durch diese Maßnahmen wollte Solon das Rechts- und Gemeinschaftsbewußtsein aller Bürger stärken. Jeder sollte sich für das Wohl der gesamten Bürgerschaft verantwortlich fühlen.

Neben diesen sozialen und politischen Reformen versuchte Solon auch, Handwerk und Handel zu fördern. Durch Ackerbau allein – so hatte er erkannt – konnte Wohlstand für die Bewohner Athens nicht erreicht werden. Fremde Gewerbetreibende durften als sogenannte Metöken in Athen ihren Geschäften nachgehen. Außerdem sollten zukünftig nur die Athener, die ihre Söhne ein Handwerk erlernen ließen, einen Anspruch darauf haben, später einmal von den Söhnen ernährt zu werden.

**Solon**
Der Athener *Solon* lebte von ca. 640–560 v. Chr. Er stammte aus einem alten athenischen Adelsgeschlecht.
Schon in jungen Jahren war er politisch tätig. 594 v. Chr. wurde er in einer Zeit heftiger Unruhen zum Gesetzgeber gewählt. Nachdem er den Staat neu geordnet hatte, verzichtete er auf seine Machtstellung und zog sich ins Privatleben zurück. In seinem großen dichterischen Werk hat er Fragen der Gerechtigkeit, des Rechts und des richtigen Verhaltens der Bürger erörtert. Als er später einmal gefragt wurde, ob er den Athenern die besten Gesetze gegeben habe, soll er geantwortet haben: „Die besten, die sie sich gefallen ließen.“ Die Griechen zählten ihn später zu einer Gruppe besonders angesehener und kluger Männer, die sie die Sieben Weisen nannten.

## Die Bedeutung Solons

Solons Politik hatte nur kurzfristig Erfolg. Bald brachen die Zwistigkeiten erneut aus, und Peisistratos ergriff um 560 v. Chr. als Tyrann die Macht in Athen.

Worin liegt also die Leistung Solons? Was wirkte weiter? Sicher sein Gedanke, daß eine Polis als Gemeinschaft aller Bürger nur bestehen konnte, wenn die Ungerechtigkeiten zwischen Arm und Reich nicht zu kraß wurden.

Solon stellte damit als einer der ersten die Frage, was Gerechtigkeit in einer Gemeinschaft heißen könnte. Dabei machte er den Bürgern deutlich, daß ungerechte Verhältnisse und Not in einem Staatswesen von den Bürgern und ihrem Verhalten verschuldet sein können. Gerade deswegen konnten sie nach Meinung Solons auch durch die Vernunft und das verantwortliche Handeln des Menschen umgestaltet werden. Darum hielt er es für richtig, daß das Volk, der *„demos“*, politischen Einfluß in der Polis ausübte. Gleichzeitig war Solon aber auch der Meinung, daß die Adligen weiterhin eine führende Stellung behalten sollten, weil sie den meisten Besitz hatten und den größten Ertrag erwirtschafteten.

### 1 Solons Maßnahmen im Urteil des griechischen Philosophen Aristoteles (384 – 322 v. Chr.)

**Q** An der Verfassung Solons scheinen die drei folgenden Stücke am meisten demokratisch zu sein: vor allem, daß man bei Anleihen nicht mehr seine Person verpfänden darf; dann, daß jeder beliebige sich für einen, der Unrecht leidet, einsetzen darf; das dritte hat, wie man sagt, die Macht der Menge am meisten gestärkt. Es ist das Recht, sich an das Volksgericht zu wenden. Da ist das Volk Herr in den Abstimmungen, und so wird es auch Herr über den Staat …
Als Solon die Verfassung auf die angegebene Weise organisiert hatte und die Leute ihn nun mit Kritik und Fragen hinsichtlich der Gesetze zu belästigen begannen, er aber entschlossen war, weder an den Gesetzen zu rütteln noch sich durch seine Gegenwart verhaßt zu machen, da unternahm er eine Reise nach Ägypten …
Denn er hielt es nicht für richtig, etwa zu Hause zu bleiben, um die Gesetze zu erklären, sondern vielmehr, daß nun ein jeder sich an das Geschriebene hielte. Außerdem waren ihm viele Adlige feindlich gesinnt wegen der Schuldentilgung, und jede der Parteien hatte ihre Gesinnung ihm gegenüber verändert, weil die neue Verfassung ganz anders war, als sie erwartet hatten … Obwohl es ihm möglich gewesen wäre, sich mit der einen Partei zu verbinden und Tyrann zu werden, zog er es vor, sich mit beiden zu verfeinden, das Vaterland zu retten und die bestmöglichen Gesetze zu geben.

*Aristoteles, Staat der Athener 9ff. Übers. nach O. Gigon, Aristoteles, Politik und Staat der Athener, Stuttgart 1955.*

1. *Was ist nach Aristoteles an Solons Reformen „demokratisch“?*
2. *Warum wurden seine Maßnahmen vom Adel und von den Bauern kritisiert?*
3. *Worin sieht Aristoteles den Wert der Reformen?*

### 2 Solon über sich selbst

**Q** Einfluß gab ich dem Volke so viel, wie gerade genug ist,
Wollte nicht schmälern noch auch mehren ihn über Gebühr.
Auch den Mächtigen gönnte ich nur, den rühmlichen Reichen,
Was ein jeglicher sich redlich und schimpflos erwarb.
Und so stand ich; mein kräftiger Schild beschirmte sie beide,
Keinem gewährte mein Spruch gegen das Recht den Sieg.

*Solon, Fragment 5. In: O. Murray, Das frühe Griechenland, München 1982, S. 244.*

1. *Vergleiche diese Aussagen mit der Beurteilung Solons durch Aristoteles.*
2. *Entwirf aus der Sicht eines Bauern und eines Adligen eine Stellungnahme zu den Reformen Solons.*
3. *Vergleiche die Reformen Solons mit der Verfassung Spartas (siehe S. 79f.).*

### 3 Der Tyrann Peisistratos

*Die Unzufriedenheit bei einem Teil der Bauern und des Adels von Athen nach den Reformen von Solon nutzte der Adlige Peisistratos aus und sicherte sich um 560 v. Chr. die Alleinherrschaft. Eine solche Alleinherrschaft nannten die Griechen Tyrannis. Über Peisistratos schrieb Aristoteles:*

**Q** Die Staatsgeschäfte verwaltete Peisistratos maßvoll und eher demokratisch als tyrannisch; denn er war liebenswürdig und von mildem Charakter, bei strafbaren Handlungen zur Verzeihung gern bereit. Den Unbemittelten gewährte er Darlehen für ihre Betriebe, so daß sie in der Landwirtschaft zu einem ausreichenden Einkommen gelangten. Dies tat er aus zwei Gründen: Einmal, damit sie sich nicht in der Stadt aufhielten, sondern verstreut auf dem Lande, und zum andern, daß sie im mäßigen Wohlstand mit ihren Privatangelegenheiten beschäftigt blieben und weder Lust noch Zeit fänden, sich mit der Politik zu beschäftigen. Außerdem wurden seine Einkünfte größer, wenn das ganze Land bebaut war. Denn er erhielt von allen Erträgen ein Zehntel … Überhaupt belästigte er das Volk auch sonst in keiner Weise und bemühte sich immer um Frieden und Ruhe. So wurde denn viel gerühmt, daß die Tyrannis des Peisistratos wie die goldene Zeit unter Kronos (Vater des Zeus) sei.

*Aristoteles, Staat der Athener 16. In: O. Kampe, Die attische Polis, Stuttgart 1972, S. 5f.*

1. *Wodurch unterscheiden sich die politischen Absichten des Peisistratos von denen Solons?*
2. *Wie beurteilst du die Herrschaft von Peisistratos?*

# Die Perserkriege – Ein Sieg und seine Folgen

### Ein neuer Anlauf zur Demokratie in Athen

Um 510 v. Chr. konnten die Athener mit Unterstützung der Spartaner die Tyrannenherrschaft der Söhne des Peisistratos stürzen. Die Athener besannen sich jetzt wieder auf die Ordnung, die Solon (siehe S. 84–85) zu Beginn des Jahrhunderts eingeführt hatte.

Der Adlige *Kleisthenes* setzte um 508 v. Chr. neue Reformen durch: Die Selbstverwaltung in den einzelnen Wohngebieten Attikas wurde gestärkt. Dadurch sollten die Bauern unabhängiger von den Adligen werden. Gleichzeitig erhielten sie bessere Möglichkeiten, ihre politische Meinung in der Volksversammlung zur Geltung zu bringen. Ein wichtiger Schritt auf dem Weg zur Demokratie in der Polis Athen war damit getan.

Welche Bedeutung diese Reformen hatten, zeigte sich bald. Denn in den folgenden Kriegen gegen die Perser hatte Athen eine große Bewährungsprobe zu bestehen.

## Das Perserreich im 6. Jahrhundert

Um 550 v. Chr. begannen die Perser unter ihrem Herrscher Kyros II. von ihrem Stammland im Süden des heutigen Iran aus ein Reich aufzubauen, das von Makedonien bis zum Indus reichte.

Kyros II. wurde später auch von den Griechen gelobt, weil er die besiegten Gegner schonte. Allen Völkern in seinem Reich ließ er die Freiheit, nach ihren Sitten zu leben und ihre eigene Religion auszuüben. Im Jahr 538 v. Chr. erließ er z. B. ein Edikt, das den Juden, die nach Babylon ins Exil verschleppt worden waren, die Rückkehr in ihr Gelobtes Land und den Wiederaufbau ihres zerstörten Tempels in Jerusalem erlaubte.

Dareios I. setzte diese Politik fort. Außerdem gab er dem Perserreich eine straffe Verwaltung. Das ganze Reich wurde in Herrschaftsbezirke, *Satrapien* genannt, unterteilt, an deren Spitze jeweils ein Statthalter, der Satrap, stand. Dieser sorgte für eine geordnete Rechtssprechung. Auch für die Aufsicht über die jährlichen Abgaben der unterworfenen Völker waren die Statthalter verantwortlich. Die Tribute, deren Höhe nach dem vorausberechneten Bedarf festgesetzt wurde, dienten vor allem für den königlichen Hof und für das stehende Heer des Königs. Daneben hatten auch die Satrapen eigene Truppen aufzustellen.

Dareios schuf außerdem große Fernstraßen und eine

*Dieses persische Relief (um 500 v. Chr.) zeigt Dareios I. beim Empfang von ausländischen Gesandten. Der hohe Beamte vor ihm stellt diese vor.*

*Tributpflichtige aus Assyrien, Baktrien und Indien bringen dem persischen Großkönig Geschenke. Darstellung aus dem Palast in Persepolis, um 470 v. Chr.*

Reichspost. Überall wurden Poststationen zum Pferde- und Botenwechsel angelegt, so daß an einem Tag 300 Kilometer zurückgelegt werden konnten. Um das große Reich besser verwalten zu können, wurde eine einheitliche Goldmünze (Dareikos genannt) als Währung und eine für alle Gebiete gültige amtliche Sprache und Schrift, das Aramäische, eingeführt. Für den Bau großartiger Paläste und deren Ausschmückung, z. B. in Persepolis, wurden Handwerker aus allen Teilen des Reiches herangezogen.

Die Perser haben also schon im 6. Jahrhundert große kulturelle Leistungen hervorgebracht und eine vorbildliche Verwaltung geschaffen, die in vielem für spätere Reiche als Vorbild diente. Im Gegensatz zur Toleranz in kultureller und religiöser Hinsicht duldeten die persischen Herrscher jedoch keine politische Selbständigkeit der von ihnen unterworfenen Völker. Die gut organisierte Verwaltung hatte deshalb auch den Zweck, die beherrschten Gebiete besser unter Kontrolle zu haben. Der Großkönig wußte sich von Gott beauftragt und forderte unbedingten Gehorsam.

Im Gegensatz dazu stand die Tradition der vom Perserreich unterworfenen griechischen Städte im Westen Kleinasiens. Diese Städte hatten immer ihre Unabhängigkeit verteidigt, und ihre Bewohner verstanden sich nicht als Untertanen eines Herrschers. Dennoch entzündete sich die Auseinandersetzung zwischen Persern und Griechen nicht deswegen, sondern aus einem eher zufälligen Anlaß.

## Der Verlauf der Perserkriege

### Die Griechen erheben sich gegen die Perser

Wie der griechische Geschichtsschreiber Herodot berichtet, zettelte Aristagoras, ein von den Persern eingesetzter Tyrann in Milet, 499 v. Chr. einen Aufstand an. Wegen eines fehlgeschlagenen Feldzuges hatte er von den Persern eine Bestrafung zu erwarten. Bevor er die Erhebung wagte, suchte er im griechischen Mutterland Unterstützung. Um diese zu bekommen, behauptete er, daß es sich um einen Freiheitskampf gegen die Perser handle. Doch in Griechenland stieß dieser Hilferuf auf wenig Gehör. Nur die Stadtstaaten Athen und Eretria versprachen einige Schiffe. Unter den Griechen in Kleinasien jedoch verbreitete sich der Aufstand sehr schnell. Nach anfänglichen Erfolgen wurde er aber von den Persern niedergeschlagen. Sie zerstörten 494 v. Chr. Milet und deportierten dessen Bewohner. Überall wurde die persische Herrschaft wieder durchgesetzt.

### Der Sieg bei Marathon

Aber das genügte den Persern nicht. Die Unterstützung eines gegen sie gerichteten Aufstandes durch griechische Städte wollten sie nicht hinnehmen, weil ihr Herrschaftsanspruch keine Grenzen kannte.

490 v. Chr. setzte sich ein gut ausgerüstetes persisches Heer unter Dareios I. gegen Griechenland in Bewegung. Es hatte den Auftrag, Athen und Eretria zu unterwerfen,

weil diese den kleinasiatischen Griechen geholfen hatten. Nachdem die Perser die Eretrier versklavt hatten, landeten sie an der Ebene von *Marathon*. Auf Anraten ihres Feldherrn Miltiades verließen die Athener ihre Stadt und stellten sich den Persern zum Kampf. Sie wurden nur von etwa 1000 Mann aus der befreundeten Nachbarstadt Platää unterstützt. Wider Erwarten wurden die Perser geschlagen und auf ihre Schiffe zurückgeworfen. Auch einen drohenden Angriff auf Athen konnte das attische Heer abwenden.

## Neue Kriegsvorbereitungen

König Dareios bereitete daraufhin einen neuen Krieg vor. Wie Herodot schreibt, dröhnte Asien von persischer Rüstung. Aufstände und Unruhen in Ägypten und Babylonien hielten aber vorerst Dareios, dann dessen Nachfolger Xerxes von einem weiteren Feldzug gegen Griechenland ab.

Aber auch Athen verstärkte seine Rüstung. Themistokles, ein führender athenischer Politiker, setzte den Bau von 200 neuen Kriegsschiffen durch. Als die Perser Gesandtschaften schickten, um die Unterwerfung zu verlangen, schlossen sich 481 v. Chr. etwa 30 Stadtstaaten zu einem Hellenenbund zusammen und legten ihre Streitigkeiten untereinander bei. Allerdings umfaßte dieser Bund nur Südgriechenland mit Korinth, Athen und Sparta, das als die stärkste Macht in Griechenland galt. Sparta übernahm daher die Führung in diesem Bund. Die anderen griechischen Stadtstaaten traten dem Bund nicht bei. Manche waren auf seiten der Perser oder fühlten sich durch sie nicht bedroht. Andere, wie die Griechen in Kleinasien, waren gezwungen, ihr militärisches Aufgebot dem persischen Großkönig zur Verfügung zu stellen.

## Der Feldzug des Xerxes

Als das persische Heer 480 v. Chr. gegen Griechenland zog, befand sich Xerxes auf dem Höhepunkt seiner Macht. Er hatte den Feldzug sorgfältig vorbereitet. Sein Ziel war die Unterwerfung ganz Griechenlands. Am Berg Athos, wo einst eine persische Flotte Schiffbruch erlitten hatte, ließ der Großkönig eigens einen Kanal anlegen, und den Hellespont überschritt er auf einer spezi-

*Das Perserreich und die Perserkriege*

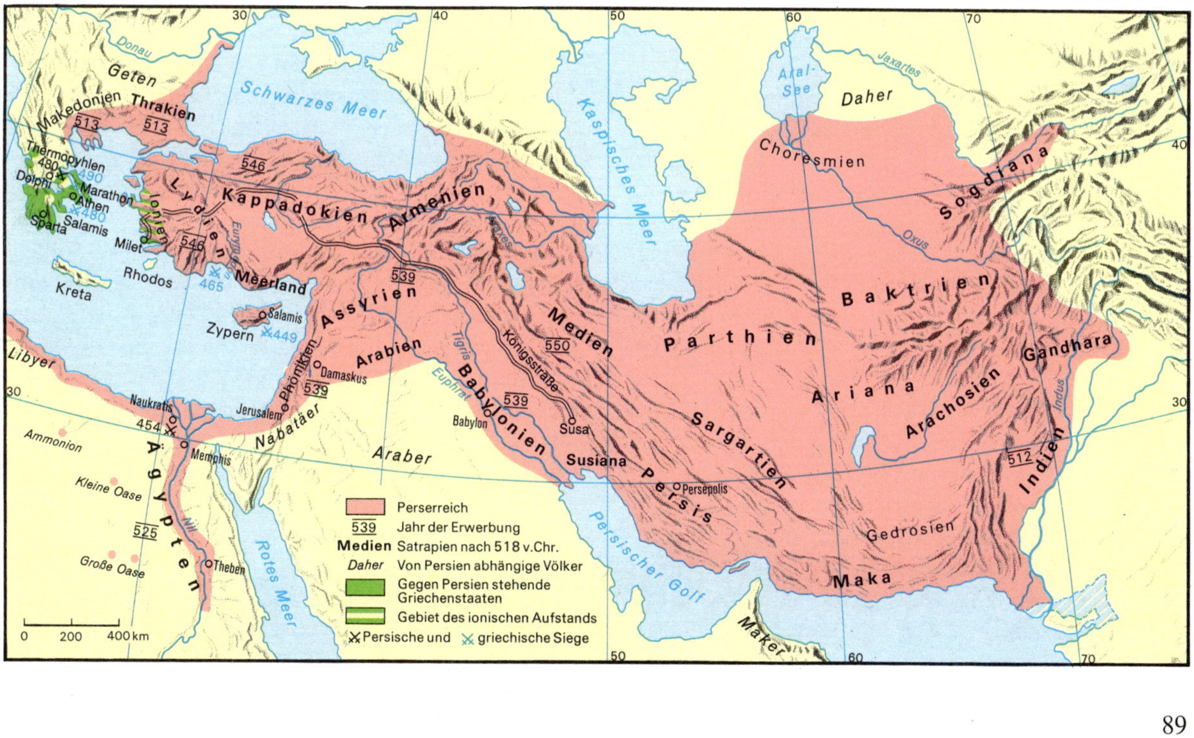

*Ein Ratsuchender bei der Priesterin (Pythia) des Orakels von Delphi (Vase aus dem 5. Jahrhundert v. Chr.)*

ell konstruierten Schiffsbrücke. Flotte und Landheer gingen gemeinsam vor.
Den ersten Widerstand fanden sie in Mittelgriechenland an den *Thermopylen*, einem schmalen Engpaß zwischen Bergen und dem Meer. Dort hatten die Griechen den Landweg abgeriegelt. Es kam zu erbitterten Kämpfen. Diese Schlacht ist sehr berühmt geworden. Denn diesen Engpaß hatte ein kleines griechisches Heer unter Führung des Spartaners Leonidas zunächst erfolgreich gegen eine persische Übermacht verteidigt. Erst nach einem Verrat wurde es eingekreist; fast alle Griechen – etwa 1000 – fielen.
Es schien fast so, als würde das persische Heer jetzt den endgültigen Sieg erringen. Auf dem Land marschierten die persischen Soldaten ungehindert nach Attika. Die Bevölkerung Athens wurde angesichts dieser Gefahr evakuiert. Hilfesuchend wandte sich Athen an die delphische Pythia um Rat. Doch nicht zu Lande, sondern zur See, in der Meerenge bei *Salamis*, fand dann die Entscheidungsschlacht statt. Wie vom Führer der attischen Flotte, Themistokles, vorausgesehen, behinderten sich die großen persischen Schiffe in der Enge des Sundes gegenseitig und wurden von der beweglicheren Flotte der Griechen geschlagen. Xerxes floh in höchster Eile, ließ aber sein Heer zurück. Das fiel im folgenden Jahr noch einmal in Attika ein und wurde endgültig 479 v. Chr. bei Platää besiegt.

## Athen und Griechenland nach den Perserkriegen

Der Sieg bei Marathon war von schwerbewaffneten Bauern (Hopliten) aus Attika errungen worden, während in der Seeschlacht bei Salamis die mit Theten bemannten Schiffe der attischen Flotte den Ausschlag für den Sieg gegeben hatten. Ganz Attika war stolz auf diesen Sieg der Flotte. Die Theten, im frühen Griechenland als besitzlose Landarbeiter verachtet und bei den Reformen Solons (siehe S. 85) in die unterste Vermögensklasse eingeordnet, waren jedoch die eigentlichen Gewinner: Der Sieg stärkte ihr Selbstbewußtsein und ihre militärische Stellung.
Die Flotte blieb seitdem das wichtigste Machtinstrument Athens, das 478/477 v. Chr. mit vielen Städten der Ägäis ein Bündnis, den *Delisch-Attischen Seebund*, schloß; Athen übernahm die Führung in diesem Bund und baute seine Flotte weiter aus. Für die Theten hatte das zur Folge, daß nicht nur ihre militärische, sondern auch ihre politische Bedeutung wuchs. Konnte man sie weiterhin möglichst von der politischen Mitsprache fernhalten, wo sie doch für die Flotte unersetzlich waren?
Eine Wirkung der Perserkriege war deshalb, daß sie die Entwicklung der Polis Athen zu einer demokratischen Ordnung förderten. Doch die Einheit unter den griechischen Städten wurde nicht gestärkt. Zwar feierten die Griechen den Sieg über die Perser als Triumph der Freiheitsliebe, aber das hinderte bald griechische Städte nicht daran, sich mit den Persern gegen andere griechische Städte zu verbünden.
Der größte Konflikt entstand zwischen den beiden mächtigsten Staaten, Athen und Sparta. Im *Peloponnesischen Krieg (431–404 v. Chr.)* gelang es Sparta nach langem Ringen, Athen mit persischer finanzieller Hilfe zu besiegen. Die attische Demokratie blieb zwar bestehen, ebenso aber auch die Konkurrenz unter den griechischen Städten.

## 1 Ein gerechter Herrscher?

*Über der Grabkammer des persischen Großkönigs Dareios I. (522 – 486 v. Chr.) befand sich folgende Inschrift:*

**Q** Was recht ist, liebe ich, Unrecht hasse ich.
Nicht ist es mein Gefallen, daß der Niedere des Hohen wegen Unrecht leide; noch ist das mein Gefallen, daß der Hohe des Niederen wegen Unrecht leide; was recht ist, das ist mein Gefallen.
Den Anhänger des Trugs hasse ich. Ich bin nicht rachsüchtig: Was mich zornig macht, halte ich fest unter Kontrolle, und meiner eigenen Leidenschaft bin ich streng Herr. Wer sich bemüht, den belohne ich nach seinem Verdienst, wer sich vergeht, den bestrafe ich nach seiner Missetat …
Solches ist mein Verstand und mein Urteil. … Dies auch ist mein Gutsein: So sehr mein Leib vermag, bin ich als Krieger ein guter Krieger.

*Zit. nach: Geschichte in Quellen, Bd. 1, hg. v. W. Arend, München 1965, S. 109.*

1. *Wodurch war nach dieser Inschrift die Herrschaft des persischen Großkönigs gekennzeichnet?*
2. *Nenne Beispiele aus der Zeit der Herrschaft des Dareios, die die hier angeführten Eigenschaften belegen.*
3. *Vergleiche diese Aussagen mit der Darstellung auf S. 87–88. Welche Unterschiede kannst du feststellen?*

## 2 Was rät die Pythia in Delphi den Athenern?

*Als die Athener mit einem Feldzug des Perserkönigs Xerxes gegen Athen rechnen mußten, schickten sie Boten nach Delphi, um sich einen Orakelspruch geben zu lassen. Der erste Spruch der Pythia war niederschmetternd. Schon wollten die Boten wegen des prophezeiten Unglücks verzweifeln, da riet ihnen ein Mann, der in Delphi sehr angesehen war, sie sollten mit Ölzweigen in den Händen in den Tempel zurückkehren und das Orakel noch einmal befragen. Herodot gibt diesen zweiten Orakelspruch wieder:*

**Q** „Den Zorn des olympischen Zeus besänftigt selbst nicht Athene, mag sie mit vielen Worten und voll Vernunft ihn auch bitten. Darum sag ich ein zweites, ein unveränderlich Wort dir: Alles gehört den Feinden, soviel des Kekrops Hügel (die Akropolis) und des heiligen Kithairons (Gebirge im Nordwesten von Athen) Schluchten umschließen. Nur die hölzerne Mauer schenkt Zeus seiner Pallas Athene, sie allein bleibt heil für dich und die Kinder. Nicht zu Land halte du stand den feindlichen Scharen, die mit Roß und zu Fuß dich bedrängen; kehr ihnen den Rücken, fliehe! Es kommt die Zeit, da deine Stirn du erhebst! Salamis, göttliche Insel, du tötest die Kinder der Mütter, wenn Demeter das Korn ausstreut oder wenn sie es erntet."
Das schien ihnen ein günstigerer Spruch, und er war es auch wirklich. Sie schrieben ihn auf und kehrten heim nach Athen. Dort legten sie ihn dem Volke vor, und viele verschiedene Meinungen wurden laut.

*Herodot, Historien VII, 141,3–142,1. Übers. nach A. Horneffer, Herodot, Historien, Stuttgart 1955.*

1. *Orakelsprüche waren in den meisten Fällen mehrdeutig. Weshalb schien den Boten der zweite Spruch günstiger zu sein?*
2. *Welche verschiedenen Meinungen über die Prophezeihung der Pythia sind wohl bei den Athenern geäußert worden?*
3. *Mach aus dem Spruch der Pythia einen politischen Slogan.*

## 3 Gründe für den Sieg der Athener

*Über den Ausgang der Perserkriege schreibt Herodot:*

**Q** Die Athener waren stark geworden. Das Recht eines jeden Vollbürgers, in der Volksversammlung zu reden, ist eben in jeder Hinsicht, wie sich zeigt, etwas Wertvolles. Denn als die Athener von Tyrannen beherrscht wurden, waren sie keinem einzigen ihrer Nachbarn im Kriege überlegen. Jetzt aber, wo sie frei von Tyrannen waren, standen sie weitaus an der Spitze. Daraus ersieht man, daß sie als Untertanen, wo sie sich für ihren Gebieter mühten, sich absichtlich feige und träge zeigten, während jetzt nach ihrer Befreiung ein jeder eifrig für sich selbst schaffte.

*Herodot, Historien V, 78. Übers. d. Verf.*

1. *Welche Gründe waren nach Herodot für den Sieg der Athener entscheidend?*
2. *Nenne andere Gründe für den Sieg der Griechen über die Perser. Lies hierzu die Darstellung auf S. 90.*

# Das demokratische Athen – „Keines Mannes Sklaven sind sie“

## Athen als Herrschafts- und Handelsmittelpunkt

Wie wir im letzten Abschnitt gesehen haben, stand Athen seit 478/477 v. Chr. an der Spitze des *Delisch-Attischen Seebundes*. Es benutzte immer mehr dieses Bündnis griechischer Stadtstaaten dazu, seine Partner zu beherrschen. Diese mußten Tribute zahlen, Athen hielt dafür eine große Flotte und war unbestritten die erste Macht zur See. Zwischen Athen und den Bündnispartnern gingen Gesandtschaften hin und her. Jederzeit konnte man Bewohner dieser Städte in Athen treffen, weil dort auch über ihre Angelegenheiten Recht gesprochen wurde. Begleiten wir einen, der aus einer Bundesstadt – etwa um das Jahr 420 v. Chr. – nach Athen kommt.

Gleich bei der Ankunft in Piräus, dem Hafen von Athen, bietet sich ihm ein eindrucksvolles Bild: „Was es nur an Leckereien in Sizilien oder Italien oder auf Zypern oder in Ägypten oder in Lydien oder in Pontos oder in der

*Attika im 5. Jahrhundert v. Chr.*

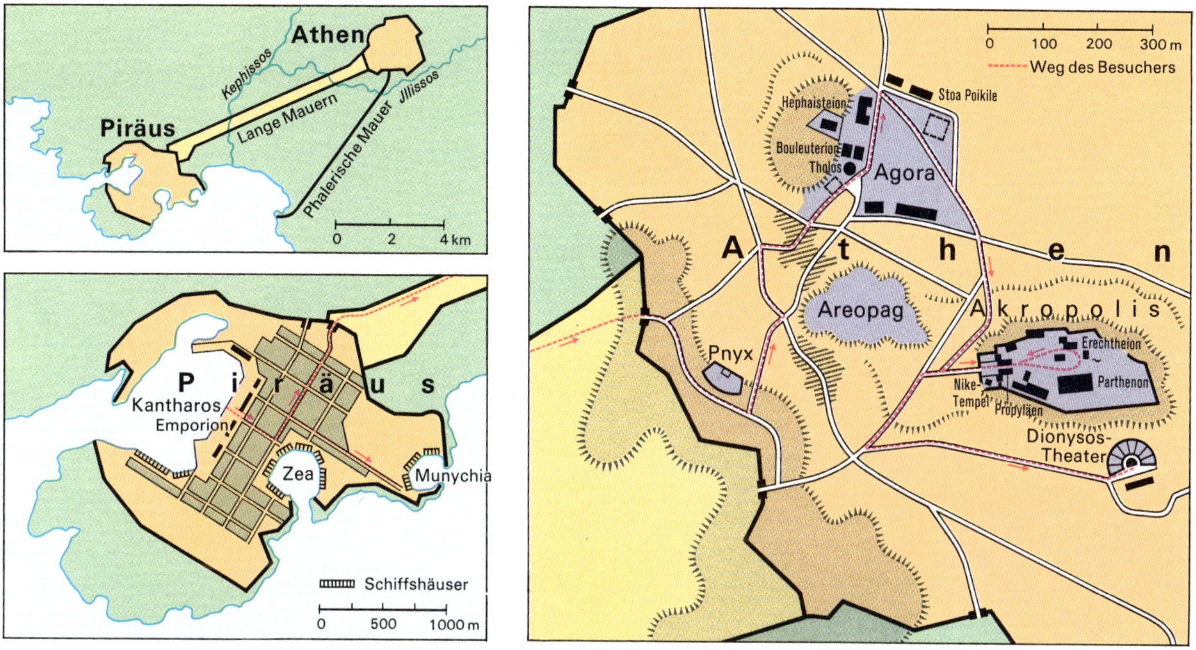


*Athen und Piräus im 5. Jahrhundert v. Chr.*

Peloponnes oder sonstwo gibt, all dieses ist an einem Punkt zusammengeströmt dank der Seeherrschaft", sagt ein unbekannter attischer Schriftsteller des 5. Jahrhunderts v. Chr. Aber nicht nur Luxusgüter kommen nach Athen. Wichtiger noch sind die Schiffe, die Korn aus dem Schwarzmeergebiet für die Versorgung der attischen Bevölkerung bringen oder Ladungen von Schiffbauholz aus Makedonien. Im Kantharos, dem Handelshafen, herrscht stets lebhaftes Treiben.

Nachdem unser Besucher das Schiff verlassen hat, zwängt er sich durch das Emporion, den Bezirk für den Fernhandel, mit großen Hallen und einem Hafenmarkt. Er wandert zu den beiden Kriegshäfen Zea und Munychia, entlang vieler Schiffshäuser, und verläßt dann den Hafen auf einer Straße, die innerhalb der „Langen Mauern" verläuft. Die Athener haben sie gebaut, um die Verbindung zwischen der Stadt und dem Hafen zu sichern. Zwischen den beiden Schenkeln der Mauern haben viele tausend Menschen Platz; hierhin wurde die Landbevölkerung von Attika zum Schutz gebracht, als im Peloponnesischen Krieg (siehe S. 88) die Spartaner das Land verwüsteten.

## Die Demokratie und ihre Bauten

### Die Volksversammlung und der Areopag

Unser Reisender betritt die Stadt durch eines der Tore der alten Stadtmauer von Athen und gelangt in wenigen Minuten zu einer Felskuppe, der Pnyx. Seit Kleisthenes, der 508/507 v. Chr. in Athen politische Reformen durchführte, ist dieser Platz für die Volksversammlung hergerichtet.

Unser Besucher hat Glück: Eine Volksversammlung findet gerade statt. Auf dem Platz stehen dichtgedrängt Männer aus ganz Attika. Jeder männliche Bürger über 18 Jahre darf an der Volksversammlung teilnehmen. Im Jahr sind 40 Volksversammlungen vorgeschrieben. Die Versammlung kann über alles bestimmen, auch über die kleinsten Dinge. Und jeder Teilnehmer, ob reich oder arm, hat eine volle Stimme. Wir nennen das heute eine *unmittelbare Demokratie*: Das Volk wählt keine Regierung, keine Volksvertreter (wie bei uns zum Beispiel die Bundestagsabgeordneten), es übt selber alle Macht aus, stimmt zu jedem Problem selber ab.

*Perikles* (um 490–429 V. Chr.) wurde bald nach 460 v. Chr. ein führender Politiker in Athen. Von 443–429 v. Chr. war er ununterbrochen *Stratege*, das heißt einer der zehn Beamten, die das Landheer und die Flotte Athens führten. Thukydides (um 460 bis nach 400 v. Chr.) – ein attischer Geschichtsschreiber – sagt, Athen sei in dieser Zeit nur dem Namen nach eine Demokratie gewesen, in Wirklichkeit habe der erste Mann (nämlich Perikles) geherrscht. Aber auch Perikles mußte immer wieder die Mehrheit der Volksversammlung für sich gewinnen.

Modell der Agora zur Zeit des Perikles:
① Tholos (Rundbau, in dem die Prytanen speisten)
② Gebäude, in dem der Rat der 500 tagte
③ Stoa (Gerichtsgebäude)
④ Hephaistos-Tempel (– – – Weg des Besuchers)

Auf der Rednertribüne sieht unser Reisender einen Mann, der auf das Volk einredet. Zwar hat jeder Bürger das Recht, in der Volksversammlung zu reden und Anträge zu stellen; tatsächlich sind es aber immer nur wenige, die genügend Bildung, Erfahrung und Redekunst besitzen, um von diesem Recht Gebrauch machen zu können. Sie werden *Demagogen* genannt. Der berühmteste von ihnen im 5. Jahrhundert v. Chr. war Perikles.

Von der Pnyx wendet sich unser Besucher nach Nordosten und kommt am Fuß eines weiteren Hügels, des Areopags, vorbei. Nach diesem Hügel wurde auch der Rat genannt, der auf ihm tagte. Bis 462/461 v. Chr. hatte der Areopag die Beamten kontrolliert, war er Gerichtshof für alle Mordsachen gewesen. Dann hatte Ephialtes, ein attischer Politiker, Anträge in der Volksversammlung durchgesetzt, mit denen dem Areopag alle Aufgaben außer der Gerichtsbarkeit in Mordsachen genommen worden waren. Seitdem war nicht mehr der Areopag-Hügel, sondern die Pnyx das politische Zentrum Athens – und mit ihr der Markt, die *Agora*.

Auf dem Weg dorthin kommt unser Besucher an Häusern vorbei, die kleine Läden zur Straße hin haben: Töpfer, Lederarbeiter, Schmiede. Fast immer sind es kleine Familienbetriebe, in denen manchmal auch ein paar Sklaven mitarbeiten. Es gibt Hunderte solcher Hauswerkstätten in der Stadt, und manches berühmte Gefäß, das wir heute bewundern, ist dort entstanden.

## Die Agora

Die Agora betritt unser Besucher von der Südwestecke her, wo er auf einen merkwürdigen Rundbau stößt, hinter dem sich zwei viereckige Gebäude befinden. In ihnen tagt der Rat der Fünfhundert, die Boule, die neben der Volksversammlung wichtigste Institution der attischen Demokratie. Der Rat der Fünfhundert besteht aus Ratsleuten aus ganz Attika, die durch das Los bestimmt werden. Er bereitet die Beschlüsse der Volksversammlung vor, das heißt, er legt die Tagesordnung fest und bestimmt die Punkte, über die abgestimmt werden soll. Ferner ist er verantwortlich dafür, daß die Beschlüsse der Volksversammlung richtig ausgeführt werden. Eine der wichtigsten Aufgaben des Rats der Fünfhundert ist es, die größtenteils durch Los bestellten Beamten zu überwachen. Eine Ausnahme bilden die *Strategen*. Diese Oberbefehlshaber des Heeres, die – wie das Beispiel Perikles zeigt – oft auch Einfluß auf die politische Führung nahmen, werden von der Volksversammlung gewählt. Insgesamt hat der Rat der Fünfhundert weniger Einfluß als die Volksversammlung. In Streitfällen zwischen beiden hat er weniger Gewicht. Der Rat kann keine eigenständige Politik machen.

Der Rundbau (Tholos) neben den Tagungsgebäuden des Rates ist für die *Prytanen* bestimmt. So nennt man die 50 Ratsleute, die jeweils für einen Monat im Rat den Vorsitz führen und im Rundbau speisen.

Rund um die Agora stehen Säulenhallen (Stoen). Links neben einer breiten Straße, die den ganzen Markt durchquert, liegt ein abgegrenzter Platz. Auf ihm werden täglich die Richter für die einzelnen Gerichtshöfe ausgelost, die dann in verschiedenen Gebäuden tagen. Auch die Gerichtsbarkeit liegt in Athen in den Händen des Volkes. Insgesamt werden jedes Jahr 6000 Richter erlost, die dann auf einzelne Gerichtshöfe verteilt werden. Es gibt keine Berufsrichter, die Richter Athens sind eher mit unseren heutigen Geschworenen zu vergleichen.

## Tempel, Feste und die Kosten

Unser Besucher befindet sich jetzt auf der Straße, die unmittelbar zur *Akropolis* (Burg von Athen) führt. Auf dieser Straße zieht auch alle vier Jahre die große Prozession zum Fest der Stadtgöttin Athena entlang. Der Besucher geht bis zum Fuß der Akropolis, steigt dann hinauf und sieht schon rechter Hand den kleinen Tempel der Athene Nike, der Siegesgöttin. Staunen erfaßt ihn, als er die mächtige Eingangshalle, die Propyläen, durchschreitet und vor sich den Parthenon, den Haupttempel der Athener, und die anderen Heiligtümer sieht. Eine solche Pracht ist ihm noch nirgends begegnet. Waren die Athener so fromm, oder wollten sie ihre Größe zur Schau stellen? Nachdenklich steigt der Besucher von der Akropolis wieder herunter und macht noch einen Abstecher zum Dionysos-Theater (siehe S. 107), das er von oben schon gesehen hat. Er läßt sich erzählen, daß die Athener von der Stadt sogar Geld dafür bekommen, wenn sie Theatervorführungen besuchen, die zu bestimmten Kultfesten gehören. Und er erfährt ebenso, daß es für politische Betätigung Tagegelder, Diäten genannt, gibt.
Was war das für eine Stadt! Alle erdenklichen Luxusgüter, 40mal im Jahr eine Volksversammlung, ein ständiger Rat von 500 Athenern, ein Volksgericht mit 6000 Richtern, dazu die prächtigen Bauten, die Feste mit den Theatervorführungen! Woher nahm Athen das Geld, um den prächtigen Aufwand zu bezahlen?
Der Besucher dachte an das, was er am Morgen in Piräus gesehen hatte. Die Ein- und Ausfuhrzölle, die Hafenabgaben und Marktgebühren mußten bei einer so großen Handelsstadt viel einbringen. Auch er selbst trug ja zu ihrem Reichtum bei. Sein Aufenthalt in der Stadt brachte Einnahmen für so manchen attischen Wirt. Und schließlich waren da noch die Tribute, die auch seine Stadt jährlich an Athen abführen mußte. Die Athener hatten viel aus ihrer Stadt gemacht. Aber er selbst und zehntausende anderer Griechen hatten kräftig dafür bezahlen müssen.

*Modell der Akropolis*

## 1 Politische Ordnung und Herrschaft in Athen

**1a** *Die Verfassung der attischen Demokratie*

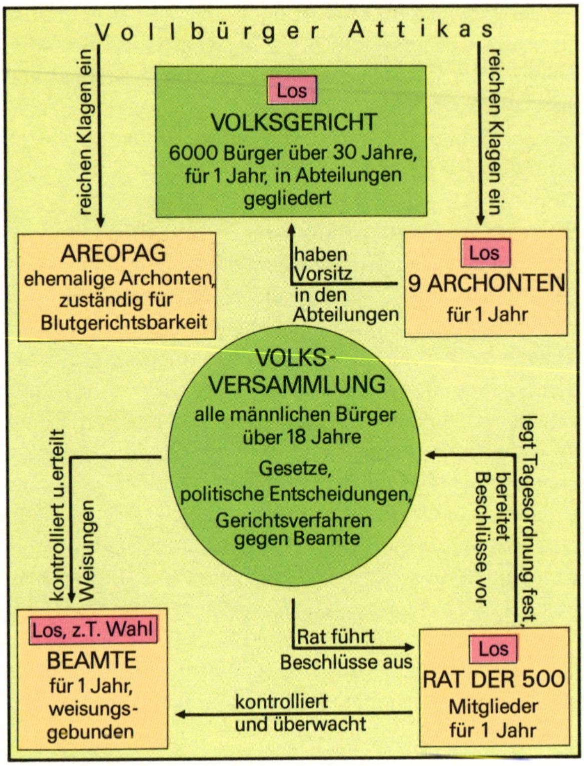


**1b** *Gesellschaft und Herrschaft in Athen*

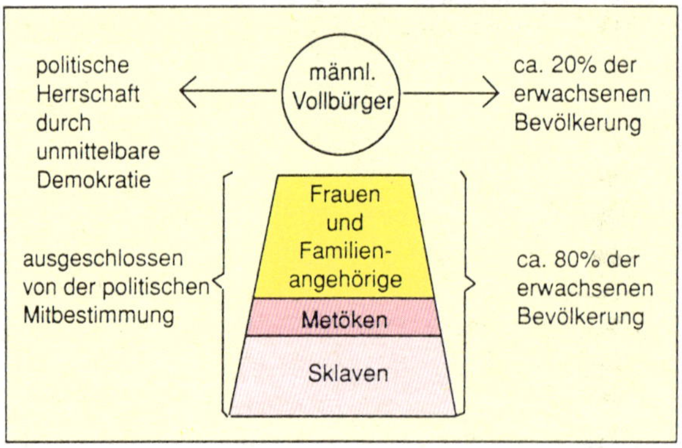


1. *Stelle fest, wer nach Abb. 1a in Athen ein politisches Amt erringen konnte. Vergleiche mit dem Gesellschaftsaufbau in Abb. 1b.*
2. *Beschreibe die Aufgaben der in Abb. 1a aufgeführten Institutionen. Ziehe dazu auch S. 93/94 heran.*
3. *Erörtere Vor- und Nachteile des Losverfahrens.*
4. *Wie unterscheidet sich die politische Ordnung in Athen von der einer modernen Demokratie?*

## 2 Die Demokratie als Herrschaft der „Gemeinen"?

**Q** Zunächst behaupte ich, daß dort (in Athen) mit Recht die Armen und das Volk den Vorzug vor den Vornehmen und Reichen haben, und zwar deshalb, weil das Volk es ist, das die Schiffe betreibt und dadurch der Stadt ihre Machtstellung verschafft. Es sind die … (Seeleute) und die Schiffbauer, die der Stadt ihre Machtstellung verschaffen, viel weniger das schwere Fußvolk und die Vornehmen und überhaupt die Edlen. Unter diesen Umständen erscheint es nur gerecht, daß allen bei der jetzt üblichen Losung und bei der Wahl die Ämter offenstehen.

*Pseudo-Xenophon I 2. Übers. des Verf.*

1. *Aus welcher Bevölkerungsgruppe Athens kommen die Schiffsbesatzungen, aus welcher das schwerbewaffnete Fußvolk?*
2. *Nimm zu der Behauptung Stellung, daß in der Verfassung Athens die Armen und das Volk den Vorzug vor den Vornehmen und Reichen haben.*

## 3 Wen wählt das Volk?

**Q** Als Sokrates einst den Nikomachides aus der Wahlversammlung kommen sah, fragte er ihn: „Nun, Nikomachides, was für Feldherrn sind gewählt worden?" Und jener erwiderte: „O Sokrates, sind daraus nicht ganz unsere Athener zu erkennen, daß sie mich, der ich vom untersten Rang aufwärts im Kriegsdienst grau geworden, als Hauptmann und Oberster erprobt und von den Feinden" – hierbei entblößte er sich und zeigte seine Narben – „mit Wunden bedeckt bin, nicht wählten? Dem Antithenes aber, ihm, der einmal als Schwerbewaffneter gedient, als Streiter sich durch nichts hervorgetan und der überhaupt nichts weiter versteht, als Geld zusammenzuscharren, dem haben sie ihre Stimme gegeben."

*Xenophon, Erinnerungen an Sokrates III 4,1. Übers. nach A. Zeising, Berlin o. J., S. 82.*

1. *Welche Vorzüge hat Nikomachides, welche Antithenes vorzuweisen?*
2. *Warum hat sich die Volksversammlung wohl für Antithenes entschieden?*
3. *Welche Kritik an der Demokratie wird hier geäußert?*

## 4 Athen als Vorbild

**4a** *Es war in Athen üblich, die im Kriege Gefallenen öffentlich zu bestatten. Dabei hielt ein von der Stadt ausgewählter Mann eine Lobrede auf die Toten. Nach dem ersten Jahr des Peloponnesischen Krieges wurde Perikles dazu berufen, die Lobrede auf die Gefallenen zu halten. Er sagte unter anderem:*

**Q** Wer für sein Hauswesen sorgt, achtet auch auf das Wohl des Staates. Während er seiner eigenen Arbeit nachgeht, bedenkt er auch die öffentlichen Angelegenheiten. Wir nennen einen Bürger, der sich darum nicht kümmert, zwar nicht faul, aber unnütz. So erreichen wir die Fertigkeit, die Dinge zu beurteilen und durchzuführen. Die Aussprache darüber halten wir keineswegs für hinderlich oder unnötig; im Gegenteil: Es bringt Schaden, wenn man sich über Geplantes nicht unterhält und es nicht berät.

*Thukydides, Geschichte des Peloponnesischen Krieges II 40. Übertragen und bearbeitet von J. Feix, München 1959, S. 45.*

1. *Was lobt Perikles? Worin sieht er die Vorteile der Demokratie?*
2. *Welche Polis kritisiert Perikles, ohne sie direkt zu nennen?*

**4b** *Der griechische Schriftsteller Plutarch (45–125 n. Chr.) kommt in der Beschreibung des Lebens des Perikles auf dessen Bautätigkeit in Athen zu sprechen:*

**Q** Was aber Athen am meisten zum Schmuck und zur Zierde gereichte, was den andern Völkern die größte Bewunderung abnötigte und heute allein noch dafür Zeugnis ablegt, daß Griechenlands einstiges Glück, daß der Ruhm seiner früheren Größe nicht leeres Gerede sei, das waren seine prachtvollen Tempel und öffentlichen Bauten. Und doch stieß keine von Perikles' Staatshandlungen auf so viel Kritik wie seine Bautätigkeit. Ihretwegen mußte er in der Volksversammlung die schärfsten Vorwürfe seiner Gegner über sich ergehen lassen. „Schimpf und Schande", schrien sie, „ist über das Volk gekommen, da es die Bundesgelder, das Gemeingut aller Griechen, aus Delos nach Athen geholt hat … Griechenland steht unter dem Eindruck, es werde in frevler Weise beschimpft und offen tyrannisiert, da es sehen muß, wie wir mit den Geldern, die es notgedrungen für den Krieg zusammengesteuert, unsere Stadt vergolden und herausputzen und sie mit kostbaren Steinen, mit Bildern und Tempeln von tausend Talenten behängen wie ein eitles Weib."

*Plutarch, Perikles. Übers. v. K. Ziegler, Frankfurt 1957, S. 107.*

1. *Welchen Vorwürfen sieht sich Perikles wegen seiner Bautätigkeit ausgesetzt?*
2. *Mit welchen Argumenten könnte er sich vor der Volksversammlung rechtfertigen?*

## 5 Das politische Zentrum des demokratischen Athen

*Die Pnyx, Platz für die Volksversammlung. Die größte Breite des Platzes beträgt 80 Meter, die größte Tiefe 40 Meter.*

1. *Athen hatte um 430 v. Chr. ungefähr 40 000 erwachsene männliche Bürger. Wie viele von ihnen fanden schätzungsweise auf der Pnyx Platz?*
2. *Betrachte die Karte auf S. 92. Suche die Orte Marathon und Sunion, die auch zur Polis Athen gehörten.*

*Wie weit ist es jeweils von dort bis Athen? Wie lange braucht man wohl für diese Strecken zu Fuß? Welche Folgen ergaben sich daraus für die Teilnahme an den Volksversammlungen (40 Volksversammlungen pro Jahr!)?*

# Familie und Gesellschaft in Athen

## Familie und Erziehung

### Die griechische Familie

Eine Familie sah in Athen kaum anders aus als bei uns. Sie bestand aus Mann, Frau und Kindern. Wir nennen das eine *Kern- oder Kleinfamilie*. Wenn die Eltern des Mannes noch lebten, wohnten sie oft mit der Familie zusammen. Die Söhne waren durch Gesetz verpflichtet, für den Unterhalt der Eltern im Alter zu sorgen.

*Rekonstruktion griechischer Häuser. Die Bereiche der Frauen und Männer sind in der Regel voneinander getrennt. Im Untergeschoß befindet sich u. a. der Raum für Besuche und Gastmähler der Männer. Die Räume für die Frauen befinden sich meist im Obergeschoß.*

**A** Halle
**B** Wohnraum
**C** Symposienraum
**D** Schlafraum
**E** Frauenraum
**F** Vorrat, Handwerk, Stall

Im Athen des 5. Jahrhunderts v. Chr. konnten gültige Ehen nur zwischen Athenern geschlossen werden. Gingen aus der Ehe Kinder hervor, so entschied der Vater darüber, ob das Kind angenommen wurde oder ob man es aussetzen sollte.

### Kindheit und Schule

Wurde das Kind angenommen, so trug es der Vater am siebten Tag nach der Geburt in der sogenannten Amphidromie um den Herd herum, wobei ihm die Hausgenossen und die Hebamme folgten. Der Herd galt als heiliger Mittelpunkt des Hauses; die Amphidromie bedeutete also, daß das Kind nun Mitglied der Familie als religiöser Gemeinschaft geworden war. Am zehnten Tag nach der Geburt erhielt das Kind seinen Namen.

Die Erziehung der Kinder bis zum 6./7. Lebensjahr lag in den Händen der Mutter. Wohlhabende Familien übertrugen diese Aufgabe oft einer Amme. Sobald das Kind laufen konnte, spielte es in Haus und Hof, aber auch auf der Straße und lernte so die Welt der Erwachsenen kennen. Wie bei uns gab es typische Spiele für Mädchen und Jungen, auch wenn die Erziehung in diesem Alter noch nicht nach Mädchen und Jungen getrennt war. Nach der Vollendung des 6./7. Lebensjahres blieben die Mädchen oft bei der Mutter, wurden von ihr in die häuslichen Tätigkeiten eingeführt und so auf die Ehe vorbereitet.

Einige Mädchen und die meisten Jungen konnten eine Schule besuchen, in der sie lesen, schreiben und die Grundrechenarten lernten. Diese Fähigkeiten brauchte man u. a. für die politische Betätigung in der Demokratie. Die Ausbildung dauerte drei bis vier Jahre. Der Schulbesuch war nicht kostenlos wie bei uns. Das Schulgeld war in Athen jedoch so niedrig, daß auch ärmere Familien ihre Kinder zur Schule schicken konnten. Wohlhabendere Familien ließen ihre Söhne daneben in Musik und Gymnastik ausbilden. Schließlich gab es in Athen für die reichen Jugendlichen noch den sehr teuren Unterricht in der Redekunst, der *Rhetorik*. Sie ist mit unserer Universitätsausbildung vergleichbar und sollte die Jugendlichen dazu befähigen, als Redner in der Volksversammlung und vor Gericht aufzutreten.

*Szenen aus dem Schulalltag (attische Schalen, um 480 v. Chr.)*

## Familie und Staat

### Die Bedeutung der Polis-Gemeinde

Im frühen Griechenland vollzog sich die Erziehung fast ausschließlich im Haus. Im Athen des 5. Jahrhunderts v. Chr. wirkten Schulen an der Erziehung mit. Jungen konnten ihre Väter zu öffentlichen Veranstaltungen oder auf die Agora, den Markt, begleiten. Sie nahmen, wie übrigens auch Mädchen, an den großen Götterfesten der Stadt teil. In der Palästra, einer Art Sporthalle, begegneten sie Gleichaltrigen und Männern. Das bedeutet: Ein wichtiger Teil der Erziehung, die Einführung in das öffentliche Leben und die Vorbereitung auf die politische Tätigkeit, geschah nicht in der Familie.

Im frühen Griechenland hatte die Hausgemeinschaft, der Oikos, den Lebensmittelpunkt gebildet (siehe S. 62). Das hatte sich in der Polis Athen des 5. Jahrhunderts v. Chr. grundlegend geändert. Die Polis-Gemeinde bildete jetzt den Lebensraum der Griechen.

Das fing schon bei den wirtschaftlichen Zukunftsaussichten der jungen Männer an: Früher waren sie ganz auf die Hausgemeinschaft angewiesen. Jetzt mußten die attischen Männer über 18 Jahre auf der Flotte oder im Heer

*Auf diesem Grabstein (um 400 v. Chr.) einer verstorbenen Großmutter steht geschrieben: „Hier halte ich das Kind meiner Tochter, meinen Liebling, den ich einst auf meinem Knie hielt, als wir beide lebten und das Sonnenlicht sahen; nun bin ich tot und halte sie, die auch tot ist."*

Dienst tun und empfingen dafür Sold und Anteile an der Kriegsbeute. Auch die umfangreiche Bautätigkeit Athens in der zweiten Hälfte des 5. Jahrhunderts v. Chr. schuf Arbeitsplätze, die freilich oft von Metöken und Sklaven besetzt wurden. Männer über 30 Jahre konnten als Beamte, Ratsherren und vor allem als Richter tätig sein und dafür ebenfalls Sold empfangen.
Zwar war die Familie für den Lebensunterhalt ihrer Mitglieder nach wie vor unentbehrlich – vor allem für die Altersversorgung war man allein auf die Familie angewiesen –, aber Familienmitglieder hatten doch immer wieder die Möglichkeit, auch außerhalb des Hauses Arbeit und Lebensunterhalt zu finden.
Die Aufgabe des Schutzes und der Verteidigung der Familie mußte früher der Hausvater leisten. Jetzt, im 5. Jahrhundert v. Chr., hatte sie der Staat übernommen. Er sicherte auch durch viele Gesetze, daß der Familie ihr Erbe erhalten blieb und daß keine Bürgerfamilie ausstarb. Daran hatte der Staat deshalb Interesse, weil die Zahl der Staatsbürger erhalten oder vermehrt werden mußte; das war wichtig für die militärische Stärke der Stadt, da ja die Bürger Kriegsdienst leisteten.
Wohlhabende Familien übernahmen auch unmittelbar staatliche Aufgaben, z. B. die Instandhaltung eines Kriegsschiffes für ein Jahr. Auch dafür mußte die wirtschaftliche Kraft der Familien erhalten werden. Dagegen gab es keine Gesetze, die die Erziehung der Kinder regelten. Hier vertrauten die Athener offenbar darauf, daß die Jungen durch Teilnahme an den Festen, an sonstigen öffentlichen Veranstaltungen, am Leben auf dem Markt und durch den Kriegsdienst genügend auf ihre Rolle als Bürger vorbereitet wurden.

**Die Rolle der Frau**

Wie schon erwähnt, besuchten nur wenige Mädchen die Schule. Durch die Mutter wurden sie auf ihre zukünftige Rolle im Haus vorbereitet. Dem entspricht, daß die Frauen nicht am geselligen Leben des Hauses, an den Gastmählern des Vaters mit Freunden, teilnahmen. Auch im politischen Leben hatten Frauen keinen Platz. Sie durften weder in der Volksversammlung abstimmen noch Ämter bekleiden. In den griechischen Theaterstücken kommen manchmal Frauen in der Öffentlichkeit vor. Meistens handelt es sich um ältere Frauen, die auf dem Markt Waren feilbieten. Bei den Aufführungen wurden Frauenrollen von Männern dargestellt.
Wir nennen eine Gesellschaft, in der nur Männer politische Aufgaben wahrnehmen können und die Frauen eine gesellschaftlich untergeordnete Rolle spielen müssen, eine *patriarchalische Gesellschaft* (Patriarchat). Sie hatte auch schon im 8. und 7. Jahrhundert v. Chr. bestanden. Aber dadurch, daß die Städte feste politische Ordnungen erhalten und die Männer alle politischen Aufgaben für sich reserviert hatten, war die Trennung zwischen der Welt der Männer und der Welt der Frauen noch tiefer geworden.

## 1 Die Aufgaben von Männern und Frauen

*Sokrates und Ischomachos unterhalten sich über die Pflichten der Männer und Frauen:*

**Q** (Sokrates:) „Aber auch das, mein lieber Ischomachos“, fiel ich ihm ins Wort, „möchte ich sehr gern von dir erfahren, ob du selbst deine Frau erzogen hast, so daß sie ist, wie sie sein muß, oder ob sie schon in allem unterrichtet war, als du sie von ihrem Vater und ihrer Mutter bekamst.“

„Wie hätte sie schon alles verstehen können?“ meinte Ischomachos. „Sie war doch noch nicht fünfzehn Jahre alt, als ich sie heiratete. Die Zeit vorher hatte man fürsorglich auf sie aufgepaßt, daß sie möglichst wenig sah, hörte und fragte. Ich war schon damit zufrieden, daß sie bei ihrem Kommen bereits verstand, mit Wolle umzugehen und ein Gewand anzufertigen, und daß sie auch schon bei der Spinnarbeit der Dienerinnen zugesehen hatte. Außerdem war sie in der Magenfrage ganz vorzüglich erzogen, mein lieber Sokrates, was mir bei Mann und Frau die wichtigste Erziehungsfrage zu sein scheint …“

Ischomachos berichtet dann, wie er seine Frau unterrichtet hat:

„Mir scheinen auch die Götter dieses Gespann, Mann und Weib genannt, sehr vorsichtig zusammengepaßt zu haben, damit es sich durch die Gemeinschaft gegenseitig soviel Nutzen bringe wie möglich. Denn erstens ist dieser Bund geschlossen, um miteinander Kinder zu zeugen, damit die Arten der Lebewesen nicht aussterben. Zweitens schaffen sie sich mit den Kindern, die aus diesem Bunde hervorgehen, Stützen für das Alter.

Da nun diese Menschen nicht wie das Vieh unter freiem Himmel leben können, brauchen sie offenbar gedeckte Räume. Dahinein gehört auch alles, was sie im Freien erzeugen. Für die Arbeit unter freiem Himmel brauchen sie Leute. Die Feldbestellung und die Aussaat, das Pflanzen und Weiden, alles das sind Arbeiten unter freiem Himmel. So entsteht und wächst, was wir zum Leben brauchen. Wenn dann die Ernte eingebracht ist, dann braucht man wieder jemand, der sie behütet und die Arbeiten, die damit zusammenhängen, erledigt. Nach einem schützenden Hause verlangt auch die Aufzucht der kleinen Kinder; ebenso kann die Bereitung des Brotes und die Herstellung der Kleider aus Wolle nur in gedeckten Räumen geschehen.

Da beide Arten von Arbeit nötig sind, die draußen und drinnen, schuf Gott die Natur des Weibes für die Arbeiten im Hause, die des Mannes für die Arbeiten außerhalb des Hauses. Denn der Mann ist mehr dazu geschaffen, Kälte und Wärme, Märsche und Feldzüge zu ertragen. Daher trug der Gott ihm die Arbeiten außerhalb des Hauses auf. Der Körper der Frau ist weniger widerstandsfähig, deshalb ist sie besser für die Arbeiten im Hause geeignet. Da sie aber mehr dazu befähigt ist, die kleinen Kinder aufzuziehen, gaben ihr die Götter die größere Liebe; und da sie sie zur Hüterin des Eingebrachten bestimmten, gaben sie ihr auch dafür die nötigen Fähigkeiten.

Daß die Natur des Weibes furchtsamer ist als die des Mannes, darin sahen die Götter keinen Mangel. Dem Manne aber gaben sie mehr Kühnheit, da es zuweilen nötig sein könnte, sein Hab und Gut gegen zugefügtes Unrecht zu verteidigen. Weil aber beide Teile geben und nehmen müssen, verteilte er Gedächtnis und die Sorge in gleicher Weise. Daher kann man nicht unterscheiden, welches Geschlecht darin den Vorzug verdient, das männliche oder das weibliche. Auch das Maßhalten in manchen Dingen teilte er beiden gleichmäßig zu und gab ihnen die Möglichkeit, daß, wer der beste sei, sei es Mann oder Frau, von diesem Gut den größeren Nutzen habe. Da aber der Gott die Natur beider nicht zu allem gleich gut geschaffen hat, sind sie aufeinander angewiesen und können einander helfen, weil der eine kann, was dem anderen fehlt.“

*Xenophon, Oikonomikos 7. Übers. von E. Bux, Stuttgart 1965, S. 258f.*

1. *Welche Aufgaben werden hier dem Haus, welche der Familie zugewiesen?*
2. *Welche Aufgaben haben die Frauen, welche die Männer?*
3. *Wie wird die Verteilung der Aufgaben begründet?*
4. *Vergleiche die damalige Situation von Mann und Frau mit der heutigen.*

## 2 Spiele griechischer Jugendlicher

*Die Bilder stammen alle aus der Zeit zwischen 510 – 420 v. Chr.*

*1. Vergleiche die Spiele von attischen Jungen und Mädchen mit heutigen Spielen.*

## 3 Handwerker in Athen

*1. Ordne folgende Berufe den Abbildungen von Vasen aus dem 5. Jahrhundert v. Chr. zu: Töpfer, Erzgießer für Statuen, Schmied, Waffenhersteller, Schuster.*

*2. Beschreibe die handwerklichen Tätigkeiten und nenne Werkzeuge, die dabei verwendet wurden.*

# Die Kultur der Griechen – „Die Nachwelt wird mit Bewunderung auf uns blicken“

## Die griechische Kunst: Architektur, Plastik, Malerei

Mit ihren Tempeln und Heiligtümern, ihren Menschen- und Götterdarstellungen in Stein, Marmor oder Bronze, mit bemalten Vasen und Schalen haben uns die Griechen Zeugnisse ihres großen handwerklichen und künstlerischen Könnens hinterlassen. Architektur, Plastik und Malerei spiegeln die Freude der Griechen an harmonischen Formen, an Genauigkeit und Klarheit wider.

Anders als die ägyptischen Künstler, die einmal gefundene Darstellungsarten über Jahrhunderte hinweg beibehielten, fanden die Griechen zu immer neuen Ausdrucksformen. Zwar standen sie anfangs unter ägyptischem Einfluß, denn für Quader- und Säulenarchitektur, für Menschen- und Tierdarstellungen in Stein war Ägypten das Vorbild. Sie entfernten sich aber bald davon und stellten Körper und Wesen des Menschen in den Mittelpunkt ihres künstlerischen Interesses.

Über eine lange Zeit hinweg schufen die Griechen ihre Bauten und Skulpturen vorwiegend für den Götterkult: Die griechischen Tempel waren im 8. Jahrhundert v. Chr. nur bescheidene Häuser für ein Kultbild und unterschieden sich kaum von den menschlichen Hütten. Bereits im 6. Jahrhundert v. Chr. hatten die Griechen sie aber schon zu großen, harmonischen, ausgewogenen Steinbauwerken mit Säulenreihen und einem Innenraum für das Kultbild entwickelt.

Die Städte, besonders die der griechischen Kolonisten, wetteiferten geradezu miteinander, die schönsten Bildwerke, das größte Heiligtum zu schaffen. Ein Beispiel

Orpheus hat durch seinen Gesang die Schatten der Unterwelt gerührt, ja sogar Persephone, die Gattin des Hades, so bezaubert, daß sie ihm erlaubt, seine junge Frau Eurydike wieder mit in die Menschenwelt zu nehmen. Sie machte ihm jedoch zur Bedingung, daß er Eurydike nicht ansehen dürfe, bis sie das Reich des Todes verlassen hätten. Hermes, der Götterbote, wird als Begleiter mitgegeben. Schon sind sie an der Schwelle zur Oberwelt, da ergreift Orpheus die Sehnsucht, Eurydike zu sehen. Diesen Moment fängt der Künstler auf dem Relief ein. Orpheus, erkennbar an der Leier und den Reiseschuhen, wendet sich seiner Frau zu und streicht ihr liebevoll den Schleier vom Gesicht. Eruydike neigt sich zu ihm: Ihre Hand auf seiner Schulter ist eine Geste des Erkennens und des Abschieds; sie sehen sich ein erstes und letztes Mal. Denn schon hat Hermes die Hand Eurydikes ergriffen; die Bewegung seiner Beine zeigt Gehen und Stocken: Eurydike muß zurück, Orpheus hat sein Versprechen nicht erfüllt.

Der Künstler hat das Relief meisterhaft komponiert. Alle drei Personen sind miteinander verbunden: Hermes und Eurydike durch die Parallele der Haltung und Bewegung; mit Orpheus ist Eurydike vereint durch die Gebärde der Hände, das Zueinanderneigen, die Gegenläufigkeit der Bewegung. Hermes und Orpheus sind einander als „Gegenspieler“ symmetrisch zugeordnet. Die Mittelachse verläuft durch das Kleid Eurydikes; sie gehört noch zum Leben und schon zum Tod. So sind in diesem Relief für einen Augenblick Vergangenheit, Gegenwart und Zukunft zusammengefaßt.

dafür sind die Tempel in Paestum (siehe S. 72). Die Giebel der Tempel waren mit farbenprächtigen Skulpturen von Göttern und Heroen (Halbgöttern) geschmückt, im Tempelbezirk standen als Weihegeschenke Statuen – auch von Menschen –, zum Beispiel die Statue eines Wagenlenkers oder die eines Diskuswerfers. Die Altäre waren mit Reliefs verziert.

Neben den Tempeln sind uns heute vor allem unzählige Gefäße erhalten, die den Griechen als Grabbeigaben oder als Gebrauchsgegenstände dienten. Die Malereien auf diesen Gefäßen zeigen uns Szenen aus dem Berufsleben, von kriegerischen und sportlichen Ereignissen, aber auch Szenen aus der Welt der Götter.

Man teilt die griechische Kunst vereinfacht in folgende Epochen ein, entsprechend den Veränderungen, die sie in nur wenigen Jahrhunderten durchlief:

- die geometrische Kunst (11.–8. Jh. v. Chr.)
- die archaische Kunst (8.–6. Jh. v. Chr.)
- die klassische Kunst (5.–4. Jh. v. Chr.)
- die hellenistische Kunst (4.–1. Jh. v. Chr.)

Das Relief, das Orpheus, Eurydike und Hermes darstellt, ist ein Beispiel klassischer Kunst.

## Anfänge der Wissenschaft

### Ein Beispiel: Der „Physiker" Anaxagoras

Zu den Freunden des athenischen Politikers Perikles gehörte Anaxagoras aus Klazomenai in Kleinasien (500–428 v. Chr.), ein Gelehrter, der seine Lebensaufgabe darin sah, Sonne, Mond und Sterne und die Naturereignisse auf der Erde zu erforschen. So erklärte er unter anderem sehr zutreffend, wie es zur jährlichen Nilüberschwemmung kam, die Entstehung von Blitz und Donner und die Mond- und Sonnenfinsternis. Als man Perikles von seinem Landgut einen Widderkopf mit einem einzigen Horn auf der Stirn brachte – solche Mißbildungen hielt man damals für Wunderzeichen –, ließ Anaxagoras kurz entschlossen den Schädel öffnen und zeigte, daß diese Mißbildung aus natürlichen Ursachen entstanden war.

Anaxagoras behauptete außerdem, daß die Himmelskörper ähnliche Klumpen wie die Erde seien und die Sonne ein glühender Stein. Das brachte ihm den Vorwurf der Gottlosigkeit ein, und er wurde zum Tode verurteilt. Dieser Strafe entzog er sich, indem er Athen verließ. Was hatte Anaxagoras Schlimmes getan?

Er hatte nicht – wie einst Homer im 8. Jahrhundert v. Chr. – in allen Erscheinungen der Welt das Walten der Götter gesehen. Anaxagoras hatte versucht, durch Nachforschen und Beobachten Naturerscheinungen zu erklären. Gegen den Glauben hatte er die Vernunft gesetzt. Anaxagoras gehörte zu einer Gruppe von Gelehrten, die wir als *Naturphilosophen* bezeichnen, weil sie nach dem Ursprung der Natur fragten und die Gesetzmäßigkeiten der Natur aufzuspüren versuchten. Deshalb wurden sie „Physiker" genannt, das heißt Naturforscher (griech.: Physis = Natur).

### Die griechischen Philosophen

Das Wort Philosophie entstammt ebenfalls dem Griechischen und bedeutet „Liebe zur Weisheit" oder „Streben nach Weisheit". Als Philosophie bezeichnen wir noch heute die Wissenschaft, die sich mit Fragen beschäftigt wie: Was ist der Sinn des menschlichen Daseins? Was ist der Mensch? Wer bestimmt das Wesen des Menschen und das der Welt?

Einer der berühmtesten Philosophen der Antike war *Sokrates* (469–399 v. Chr.). Anders als der „Physiker" Anaxagoras war er der Überzeugung, daß der Mensch nicht durch Wissen und Kenntnis der Naturgesetze weise wird, sondern durch das unaufhörliche Fragen, z. B. nach dem, was gut ist und was das richtige Verhalten des Menschen in der Gemeinschaft ist. Sokrates stellte seine Fragen so geschickt, daß sie jeden zum Nachdenken brachten. Das verschaffte ihm aber nicht nur Freunde. Seine Gegner klagten ihn vor Gericht an, er verführe die Jugend und beleidige die Götter. Er wurde zum Tode verurteilt und trank, obwohl er hätte fliehen können, den Becher mit Gift – eine damals übliche Todesstrafe (siehe S. 109).

Die Gespräche und Gedanken des Sokrates hat sein Schüler *Platon* (427–347 v. Chr.) niedergeschrieben und weitergeführt. Er gründete in Athen eine Schule, die Akademie, die fast ein Jahrtausend lang ein Zentrum der Gelehrsamkeit war. Als „heidnische" Bildungsstätte wurde sie im Jahre 529 n. Chr. vom christlichen Kaiser Justinian geschlossen.

Platons berühmtester Schüler war *Aristoteles* (384–322 v. Chr.), der das gesamte Wissen seiner Zeit sammelte und vor allem die Logik, die Lehre von den Regeln des Denkens, begründete. Er wurde später Erzieher Alexanders des Großen (siehe S. 114).

## 1 Ein Blick in das griechische Theater

**1b** *Das Dionysos-Theater*

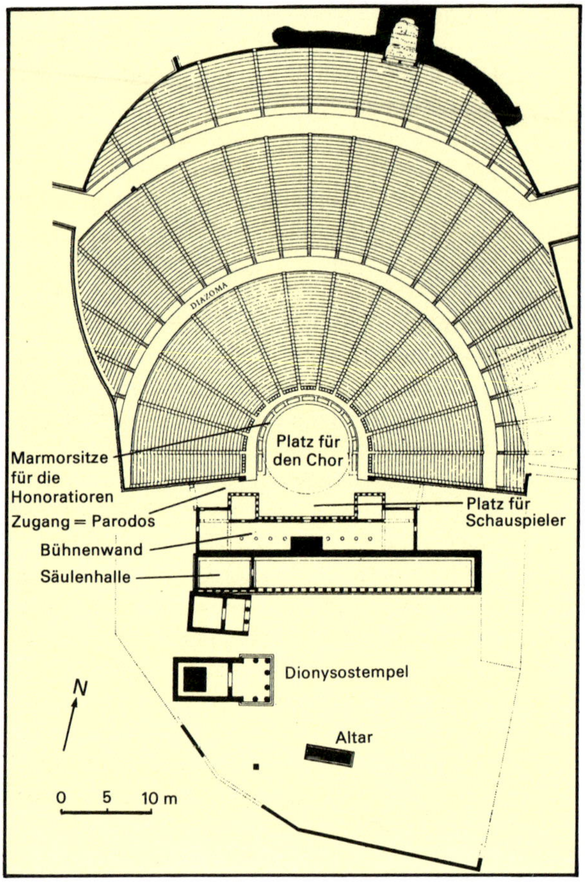


**1b** *Schauspieler mit tragischer Maske*

**1c** *Rekonstruktion eines Szenenbildes zu König Ödipus (5. Jahrhundert v. Chr.)*
*In dieser Tragödie gibt es drei Schauspieler: Der erste Schauspieler spielt Ödipus, der zweite Schauspieler spielt Kreon und den Boten, der dritte Schauspieler spielt den Oberpriester, die Königin, den Hirten, den Seher. Dazu tritt der Chor mit dem Chorführer auf.* ▼

## 2 Ein Tag im Dionysos-Theater

*Die folgende erdachte Geschichte versucht, ein Bild vom antiken Theater zu geben:*

**D** Mit seinem athenischen Gastfreund betritt Isokrates aus Delos das Theater. Obwohl die Athener schon eine Reihe von Festtagen und Schauspielen hinter sich haben, füllt sich an diesem frühen Aprilmorgen das mindestens 14 000 Zuschauer fassende Halbrund rasch.

Wie jedes Jahr waren die Großen Dionysien, das Fest zu Ehren des Fruchtbarkeitsgottes, mit einem Umzug eröffnet worden. Am zweiten Tag hatte Isokrates den Wettkampf verschiedener Chöre, die zur Leier tanzten und sangen, verfolgt. Am dritten Tag waren drei Komödien aufgeführt worden, heitere Stücke voller Anspielungen auf politische Ereignisse, voller Späße und Kritik. Mit Beifalls- und Buhrufen hatte man die Handlung begleitet. Zwei Tage mit jeweils drei bis vier Tragödien hatten sich angeschlossen. Wie können die Athener nur so vielen gesungenen und gesprochenen Versen aufmerksam lauschen, fragt sich Isokrates. Warum sollen möglichst viele Athener, auch Frauen, „ins Theater" gehen? Warum bezahlt die Polis den Bedürftigen sogar einen kleinen Beitrag für die Teilnahme an den Festspielen? Die Aufführungen kosten doch Geld – wer bezahlt das? Welche Dichter dürfen ihre Werke aufführen, wer wählt aus? Wer organisiert die Festspiele?

Sein Freund erklärt ihm, daß die höchsten Beamten die Vorbereitung der Spiele leiten und nach ihrer Amtszeit vor der Volksversammlung zur Rechenschaft gezogen werden; daß reiche Bürger von diesen Beamten aufgefordert werden, die Kosten zu übernehmen. Dichter, die am Wettbewerb teilnehmen wollten, müßten sich beim Archonten melden, dieser wähle aus. Die Schauspiele zu besuchen, sei für jeden Bürger, ob Schuster oder Stratege, religiöse und politische Pflicht.

Eben hat Sophokles in der ersten Reihe neben den Schiedsrichtern und Beamten Platz genommen. Seit dem Wirken des Aischylos ist er neben Euripides der anerkannteste Tragödiendichter. Heute soll sein Werk „König Ödipus" uraufgeführt werden. Durch die Parodos zieht jetzt unter Flötenklängen eine feierliche Prozession von „Bürgern" Thebens; sie klagen, daß die Pest in der Stadt wüte. Ödipus tritt aus dem Palast. Er trägt ein langes, weißes Gewand und – wie alle Schauspieler – eine Maske. Die Masken sollen die Person des Schauspielers, der auch Frauenrollen spielt, verbergen und den Typ „König" oder „blinder Seher" oder „junge Frau" verkörpern. Bis in die obersten Reihen sind die Worte des Königs zu hören: Er werde alles tun, um das Leid zu beenden. Nach Delphi habe er bereits geschickt. Das Orakel fordere, man müsse den Mörder des Laios, des vorherigen Köngis von Theben, finden und strafen. Schritt für Schritt erlebt nun Isokrates, wie Ödipus durch sein beharrliches Fragen entdecken muß, daß er selbst Laios, seinen eigenen Vater, erschlagen und als Sieger über die Sphinx die Hand der Königin, seiner eigenen Mutter, erhalten hat. Der Prozeß des Erkennens wird immer wieder unterbrochen durch die Lieder des Chors, der aus 15 Greisen besteht. Sie verkörpern den Rat der Stadt und kommentieren singend und sich rhythmisch bewegend das Geschehen. Nachdem Ödipus sich in seinem Entsetzen geblendet hat, wendet sich der Chor an die Zuschauer:

„Seht, wie hat des Unheils Woge diesen Mann hinweggespült! Muß der Mensch nicht ängstlich spähen nach dem letzten Lebenstag? Kann man fortan einen Menschen glücklich nennen, der noch nicht seine ganze Bahn durchmessen, ohne Kummer, ohne Leid?" – Diese Wahrheit verstehen alle. Furcht erfaßt sie vor dem, was das Schicksal einem jedem zugedacht haben mag, Mitleid mit dem einst so strahlenden Helden, der jetzt als Blinder die Stadt verläßt.

Bei der Preisverleihung erhält Sophokles diesmal nicht den Preis. Doch ahnt Isokrates, daß er eine der größten Tragödien miterlebt hat!

1. *Stelle Unterschiede zwischen dem Theater in der antiken Polis und dem heutigen Theater heraus. Beachte dabei*
   - *die Anlage (siehe Skizze 1a)*
   - *die Art der Aufführung und der Inszenierung (siehe 1b und 1c)*
   - *das Programm der „Festwoche" (siehe Text 2)*
2. *Welche Aufgaben und welche Bedeutung des Theaters werden in dem Text angesprochen?*

## 3 Griechische Kunst

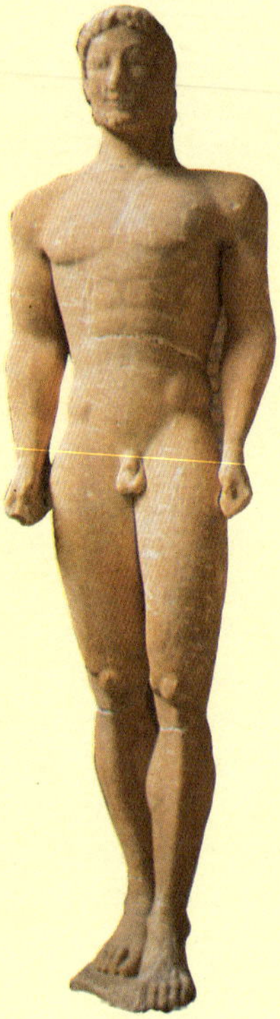

*Jünglingsgestalt („Kuros"), entstanden um 540 v. Chr., Höhe 2,11 m*

*Götterstatue, im Meer gefunden (Zeus oder Poseidon), nach 460 v. Chr., Höhe 2,09 m, Spannweite der Arme 2,10 m*

*Die Geburt der Aphrodite (5. Jahrhundert v. Chr.)*

*Laokoon-Gruppe, 1. Jahrhundert v. Chr.*
*Laokoon, ein trojanischer Priester, warnte während des Trojanischen Krieges seine Landsleute davor, das Geschenk der Griechen, das hölzerne Pferd, in die Stadt zu holen. Die Göttin Athene, auf der Seite der Griechen, schickte voller Zorn zwei Schlangen, die Laokoon und seine Söhne töten sollten.*

1. *Vergleiche die Plastiken und achte auf die Darstellung des menschlichen Körpers, auf Ausdruck und Bewegung.*
2. *Ordne die Kunstwerke den jeweiligen Epochen (siehe S. 105) zu.*
3. *Beschreibe mit Hilfe der grundlegenden Fragen am Ende des Buches (siehe S. 241) die Laokoon-Gruppe.*

## 4 Der Philosoph Sokrates

Sokrates lebte von ca. 470–399 v. Chr. Er war der Sohn eines Bildhauers in Athen, zeichnete sich in mehreren Feldzügen durch seine Tapferkeit und seine beispielhafte Haltung aus. Auf den Straßen und Plätzen Athens lehrte er vor allem die Jugend, über die Wahrheit und das richtige Leben nachzudenken. Wir kennen seine Lehre nur durch seine Schüler, besonders Platon und Xenophon.
Er selbst hat keinerlei Schriften hinterlassen. Als er zum Tod verurteilt wurde, nahm er das Urteil an, wie er sich immer den Gesetzen seiner Vaterstadt unterworfen hatte.

**Q** Ich weiß, daß ich nichts weiß.
*(Sokrates)*

**Q** Ich hasse auch den Sokrates, den Habenichts, den Schwätzer, der über vieles sonst sinniert, doch wie er was zu essen kriegt, das hat ihn nie gekümmert.
*(Aus einer Komödie des Eupolis, Fragment 352 K)*

**Q** Er lebte immer in der Öffentlichkeit. Er ging früh in die Wandelhallen und Gymnasien … Wenn sich der Markt füllte, war er dort zu sehen. Er lehrte auch meistenteils, und wer Lust hatte, konnte zuhören. Niemand aber hat je gesehen oder gehört, wie Sokrates etwas Gottloses und Frevelhaftes tat oder sagte. Er redete auch nicht über die Natur des Weltalls wie die meisten anderen Philosophen … Er selbst aber unterhielt sich immer nur über die menschlichen Dinge und forschte, was fromm, was göttlich, was schön, was häßlich, was gerecht, was ungerecht, was Besonnenheit, was Verzückung, was Tapferkeit, was Feigheit, was Staat, was Staatsmann, was Herrschaft über Menschen, was ein Herrscher über Menschen sei.
*Xenophon, Erinnerungen an Sokrates. In: Geschichte in Quellen, Bd. 1 (hg. v. W. Arend), München 1965, S. 291.*

1. *Vergleiche die drei Aussagen: Wie sieht Sokrates sich selbst? Warum wird er in der Komödie kritisiert? Was bewundert Xenophon an seinem Wirken?*
2. *Wodurch unterscheiden sich das Denken des Sokrates und seine Art zu fragen von den Naturphilosophen (siehe S. 105)?*

## Die Welt der Polis

Eine Gemeinschaftsordnung für das Zusammenleben der Adligen und Bauern gab es in den meisten Städten im frühen Griechenland nicht. Dies änderte sich seit dem 7. Jahrhundert v. Chr. dadurch, daß Gesetzgebungen zu politischen Ordnungen führten und die *„Polis als Stadtstaat"* entstehen ließen. Die bekanntesten sind Sparta und Athen.

Erziehung zum Kampf war das Ziel der Polis Sparta. Deshalb wurde das Leben der Spartaner von Kindheit an vom Staat geregelt. Die Spartaner machten die Bevölkerung der von ihnen unterworfenen Gebiete zu rechtlosen Heloten, die für sie arbeiten mußten. In Sparta entstand ein *Kriegerstaat*, weil die Spartaner glaubten, nur durch militärische Stärke ihre Übermacht über die Heloten behaupten zu können.

Den Anfang zu einer neuen Ordnung in Athen machten die *Reformen Solons 594 v. Chr.* Solon hob die Schuldknechtschaft auf; die Volksversammlung erhielt feste Zuständigkeiten, ein Volksgericht wurde eingerichtet. Die höchsten Staatsämter blieben jedoch den Adligen vorbehalten.

Trotz dieser Reformen kam es danach zu einer Alleinherrschaft unter Peisistratos und seinen Söhnen. Erst unter Kleisthenes wurde 508/507 v. Chr. ein neuer Anlauf zu einer Beteiligung des Volks (griech. demos) an der Herrschaft unternommen.

In den *Perserkriegen 490–479 v.Chr.* konnten die Griechen die Freiheit ihrer Stadtstaaten gegen die Übermacht des persischen Großreiches behaupten. In Athen wurden die Siege bei Marathon (490 v. Chr.) und Salamis (480 v. Chr.) als Triumphe der Freiheitsliebe gefeiert und dadurch die Entwicklung zur Demokratie gestärkt.

Die *demokratische Verfassung Athens*, die unter Perikles um 450 v. Chr. vollendet wurde, sicherte allen Vollbürgern politische Mitsprache in der Polis. Jeder konnte in der Volksversammlung aktiv Politik betreiben und hatte zu allen Ämtern Zugang, die durch Los vergeben wurden. Die Athener konnten soviel Zeit für Politik aufbringen, weil Sklaven und Metöken als Landarbeiter, Händler, Handwerker und Kaufleute einen großen Teil der Arbeiten verrichteten.

Kunst, Philosophie und Wissenschaften machten Athen im 5. Jahrhundert v. Chr. zum kulturellen Mittelpunkt.

*Ordne die drei Abbildungen einem Ort oder einem Ereignis der griechischen Geschichte zu:*

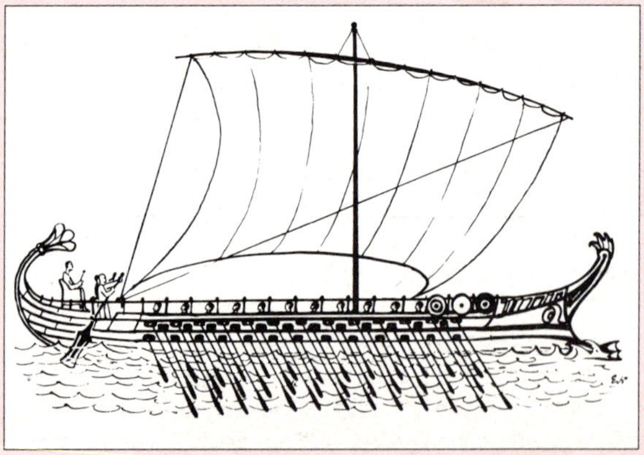

**Griechenland von A – Z**

Durch folgendes Spiel könnt ihr in der Klasse euer Wissen zur griechischen Geschichte gegenseitig überprüfen:

Ihr schreibt auf einem Blatt die Buchstaben des Alphabets von A bis Z untereinander. Dann sucht ihr zu den einzelnen Buchstaben Götter, Persönlichkeiten, Flüsse, Landschaften, Städte, Ereignisse oder Begriffe heraus, die ihr in den Kapiteln zur griechischen Geschichte kennengelernt habt und umschreibt sie. Es macht nichts, wenn ihr zu dem einen oder anderen Buchstaben nichts findet. Die anderen Gruppen oder – wenn ein Schüler allein ein solches Rätsel zusammengestellt hat – alle, raten dann, wer oder was mit der Umschreibung gemeint ist. Das Rätsel könnte etwa so aussehen:

| | |
|---|---|
| Griechische Göttin, deren Tier die Eule ist: | A(thene) |
| Landschaft in Griechenland: | B(öotien) |
| Mutterstadt vieler Kolonien: | C(halkis) |
| Berühmte Orakelstätte: | D(elphi) |

**Wer war's?**

Besonders schön war er nicht. Aber sehr gesprächig soll er gewesen sein. Manchmal ist er seinen Mitbürgern ganz schön auf die Nerven gegangen mit seiner Fragerei.

Eine böse Frau soll er gehabt haben, sagen die einen. Die andern meinen, sie habe es schwer mit ihm gehabt. Nie hätte er sich darum gekümmert, ob es zu Hause etwas zu essen geben könnte. Sein letztes Getränk war bitter.

**Kennst du den Ort?**

Recht frisch ist es hier oben. Oft sind wir hier von Wolken umgeben. Hier wohnen wir, in schönen Palästen. Alles könnte schön sein, das Essen, das Trinken. Aber wir streiten uns oft und führen einander an der Nase herum. Manchmal muß unser Oberhaupt mit Blitz und Donner dazwischenfahren. Bisweilen steigen wir von hier oben herunter, um so einiges auf der Erde zu erledigen.

**Hier stimmt doch vieles nicht!**

Im folgenden Text hat der „historische Fehlerteufel" Schlimmes angerichtet, wohl um dich zu ärgern oder zu prüfen. Du findest sicherlich die inhaltlichen Fehler. (Kleiner Tip: Es sind mehr als zehn.)

Nach den Olympischen Spielen in Marathon zogen die Spartaner nach Hause. Sie wollten nichts mehr zu tun haben mit dem Kriegerstaat Athen, zumal sie es als beleidigend empfanden, daß dort auch alle Frauen in der Volksversammlung bei politischen Fragen mitbestimmen durften. Sie sandten ausgewählte Boten nach Korinth, die das berühmteste griechische Orakel befragen sollten, wie man bei ihnen die Herrschaft der drei Könige abschaffen könnte. Doch die Sphinx weissagte ihnen, daß der Athener Xerxes käme, um in Salamis eine große Landschlacht gegen sie zu führen. Daraufhin wandten sich die Spartaner an ihren Feldherrn Solon um Hilfe. Dieser riet ihnen, sich zu beruhigen und in das Dionysos-Theater nach Olympia zu gehen, wo eine Tragödie von Sokrates aufgeführt würde. Aus dieser könnten sie in den sehr langen und umständlichen Redensarten lernen, daß Marathon wegen eines ganz anderen Ereignisses berühmt geworden sei.

# Die Ausbreitung der griechischen Kultur

An einem Julitag des Jahres 356 v. Chr. gab es in der griechischen Stadt Ephesos in Kleinasien eine große Katastrophe: Der Tempel derArtemis, ein weltweit berühmtes Heiligtum, ging in Flammen auf. Die Priester sahen darin ein schlimmes Vorzeichen: „Dieser Tag bringt Unheil über ganz Asien", so sagten sie.
Später glaubte man, dafür eine Erklärung zu haben. An demselben Tag war im Königreich Makedonien der Thronfolger geboren worden. Dieser hat später als König Alexander tatsächlich das damals bekannte Asien erobert. Damit begann eine neue Epoche, die von der Herrschaft Alexanders des Großen (336–323 v. Chr.) bis zur Unterwerfung Ägyptens durch Rom (30 v. Chr.) dauerte und als *Hellenismus* bezeichnet wird.
Die Welt des Hellenismus ist durch Eroberungen entstanden: Zwei Könige von Makedonien, Philipp II. (359–336 v. Chr.) und Alexander der Große, haben die griechischen Stadtstaaten besiegt und das größte Reich der damaligen Zeit, das persische Weltreich, bezwungen. Danach kämpften verschiedene makedonische Herrscher um die Macht. Dadurch entstand schließlich eine Staatenwelt aus drei Großreichen, verschiedenen mittleren und kleineren Königreichen sowie griechischen Bundesstaaten.
Ohne den Schwung, den Ehrgeiz und die Härte des jungen Alexanders, ohne seine Wirkung auf ein ihm treu ergebenes Heer hätte sich die antike Welt nicht so grundlegend verändert. „Den Großen" nannte man ihn später, um die Bedeutung der einzelnen Person, des Individuums, für die Geschichte zu betonen.
Der Wandel der antiken Welt durch seine Eroberungen war so groß, daß schon ein Zeitgenosse von ihm fragen konnte: „Glaubt ihr, vor 50 Jahren hätten es die Perser oder ihr König, die Makedonen oder ihr König für möglich gehalten, daß zum gegenwärtigen Zeitpunkt von den Persern, die früher über die ganze Welt geboten, nicht einmal der Name übrig sein wird? Daß dagegen die Makedonen, von denen früher nicht einmal der Name bekannt war, überall gebieten werden?"
Doch nicht nur Eroberungen kennzeichnen die Epoche des Hellenismus. Durch Auswanderung und Kolonisierung hat sich das Griechentum in dieser Zeit auf den gesamten östlichen Mittelmeerraum und Vorderasien ausgebreitet: Viele hundert griechische Städte wurden im Orient und Ägypten neu gegründet, zahlreiche Siedlungen mit nicht-griechischer Bevölkerung richteten sich nach der Kultur und der Lebensweise der Griechen. Diesen Vorgang nennt man *Hellenisierung*.
Als Mittelpunkt der Hellenisierung waren die Städte sehr wichtig, aber ihre politische Bedeutung hatten sie weitgehend verloren. Die meisten Städte waren nicht mehr unabhängige Staaten, sondern mußten sich bald den Königen der neuen Reiche unterordnen. In den Städten gab es deshalb im Gegensatz zu früher kaum Möglichkeiten, sich politisch zu betätigen. Welche Folgen hatte dieser Wandel?
Viele Griechen wandten sich dem privaten Leben zu und suchten Zuflucht in der Religion. Einzelne Götter, die im Orient oder in Ägypten verehrt wurden, übernahmen sie. In ihren religiösen Gemeinschaften suchten sie eine enge Verbindung mit ihrem Gott, weil sie glaubten, dadurch für sich das ewige Leben zu gewinnen. An diese neue Gläubigkeit im Hellenismus knüpfte später das Christentum an.

*Makedonia und Asia: Zwei Frauengestalten, gekennzeichnet durch charakteristische Kopfbedeckungen, stellen Makedonien und Persien, die wichtigsten Gebiete der hellenistischen Welt, dar (zweite Hälfte des 3. Jahrhunderts v. Chr.).*

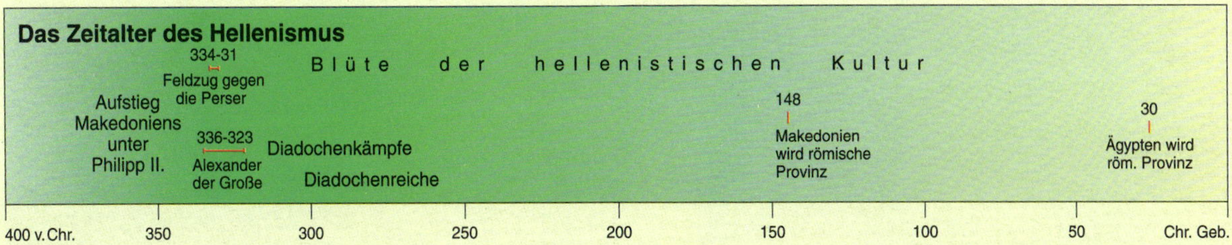

# Alexander der Große – Ein Mann macht Geschichte

## Der junge Alexander

Alexander stammte aus dem Geschlecht der Könige der Makedonen, eines Volksstammes im Norden Griechenlands. Zu einer Zeit, als die griechischen Staatstaaten in voller kultureller und politischer Blüte standen, war das rauhe Leben der Makedonen von Viehzucht und Jagd geprägt. Sie waren unter sich zerstritten, feindliche Nachbarstämme waren eine ständige Bedrohung. Deshalb mußte der König der Makedonen vor allem ein tatkräftiger Heerführer und ein geschickter Politiker sein.
Alexanders Vater, Philipp II. (359–336 v. Chr.), muß als ein solcher König angesehen werden. Ihm gelang es, die verschiedenen makedonischen Stämme zu einen und ein schlagkräftiges Heer zu formen. Mit ihm konnte er sogar in der Schlacht von Chaironeia 338 v. Chr. die im *Hellenischen Bund* zusammengeschlossenen griechischen Stadtstaaten unterwerfen. Nach diesem Sieg erzwang er eine Neuordnung Griechenlands unter seiner Führung.
Der Kronprinz Alexander hatte in der Schlacht von Chaironeia schon die Reiterei kommandiert, obwohl er erst 18 Jahre alt war. Er war speziell für seine Aufgabe als König erzogen worden. Eine Zeitlang war Aristoteles, der berühmte Philosoph und Universalgelehrte (siehe S. 105), sein Lehrer gewesen. Dieser brachte ihm die alten Heldensagen und die Lebensweise der Griechen näher. Besonderen Eindruck auf den Prinzen machte die Lektüre der griechischen Epen, vor allem der „Ilias“ von Homer.
Bald beherrschten die Ideale der griechischen Helden auch den jungen Alexander: Im Sport zu siegen, bei der Jagd die größten und wildesten Tiere zu erlegen, im Kampf am tapfersten zu fechten, aber auch in fröhlicher Runde möglichst viele Becher zu leeren – das waren für ihn wie für seine Freunde und Stammesgenossen die Leistungen des „richtigen“ Mannes.
Aber der junge Alexander wollte noch mehr: Er maß sich selbst an den größten Helden der griechischen Sage, an Herakles und Achill. Diesen wollte er es gleichtun, ja, sie sogar übertreffen. Deshalb suchte er stets den Kampf und die Herausforderung durch das, was noch niemand erreicht hatte. Keiner konnte und kann sagen, wo letztlich

*Alexandermosaik aus einem Haus in Pompeji. Das Mosaik, das ein hellenistisches Gemälde nachahmt, stellt den entscheidenden Moment einer Schlacht zwischen Alexander und Dareios dar (Issos oder Gaugamela): Alexander (links) trifft auf das Zentrum des Perserheeres, Dareios (rechts) auf seinem Streitwagen beginnt seine Flucht.*

sein Ziel lag. Deutlich wurde nur, daß er es bedenkenlos verfolgte.
Als sein Vater Philipp II. 336 v. Chr. einem Attentat zum Opfer gefallen war, sicherte sich der Zwanzigjährige rasch und rücksichtslos die Herrschaft über die eigenen Landsleute. Auch den Griechen zeigte er schnell, daß er jetzt der alleinige Herrscher war: 335 v. Chr. ließ er die große Stadt Theben zerstören, die sich von den Makedonen losgesagt hatte.
Dann setzte er den Krieg gegen die Perser fort, den schon sein Vater begonnen hatte. Dieser hatte Dareios III., den König der Perser, in Kleinasien angegriffen, angeblich aus Rache für die von den Persern 480 v. Chr. in Griechenland angerichteten Zerstörungen (siehe S. 90). In Wirklichkeit aber hatte er sich für die griechische Sache nur eingesetzt, um seine eigene Machtstellung in Griechenland zu sichern. Alexander aber ging es um mehr, wie sich bald zeigen sollte.

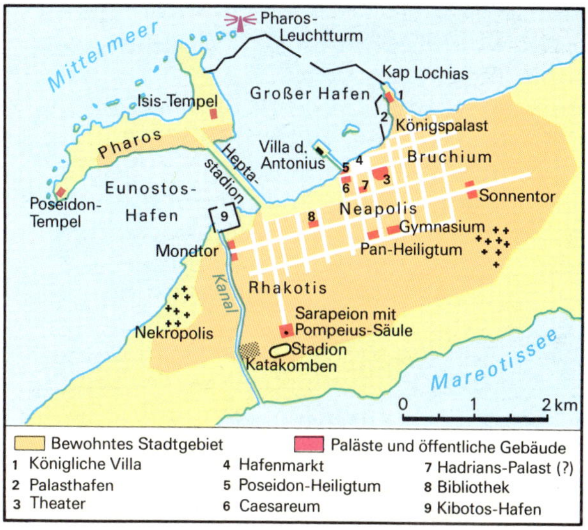


*Plan der hellenistischen Stadt Alexandria, Ägypten*

## Der Eroberer Alexander

Im Jahr 334 v. Chr. setzte Alexander mit einer Streitmacht von 32 000 Fußsoldaten und 15 500 Reitern von Europa nach Asien über. Vor Troja, damals ein kleines griechisches Städtchen an der kleinasiatischen Küste, brachte er seinem Helden Achill ein Opfer. Direkt im Anschluß daran besiegte er ein erstes persisches Heer am Flusse *Granikos*.
Während der persische Großkönig Dareios III. ein riesiges Heer vor allem aus den Westprovinzen seines Reiches aufstellte, zog Alexander an der Küste von Kleinasien entlang. Die dortigen Griechen und ein Großteil der anderen persischen Untertanen begrüßten ihn als Befreier.
Im folgenden Jahr (333 v. Chr.) besiegte er das zahlenmäßig deutlich überlegene Perserheer in der Schlacht bei *Issos*: Die Entscheidung führte Alexander selber herbei. An der Spitze seiner Reiterei warf er sich gegen das Zentrum des persischen Heeres, wo sich der persische Großkönig auf seinem Streitwagen befand. Dieser wandte sich zur Flucht und verlor damit die Schlacht.
Alexander marschierte zunächst weiter an der Küste entlang, um die letzten Stützpunkte der persischen Flotte in seine Hand zu bringen. Wo er auf Widerstand stieß, bekämpfte er diesen rücksichtslos. Die mächtige phönizische Stadt Tyros zum Beispiel ließ er monatelang belagern. Mit Hilfe eines über einen Meeresarm aufgeschütteten Dammes eroberte er sie schließlich und versklavte oder tötete ihre Bevölkerung.
Ägypten fiel ihm danach kampflos zu. Die Ägypter sahen in ihm ihren Befreier von der persischen Herrschaft und krönten ihn zum Pharao. Bei dem Besuch einer berühmten Orakelstätte in der Oase Siwah wurde er als Sohn des Gottes Amun-Re (für die griechische Vorstellung Zeus, siehe auch S. 64) begrüßt. Jetzt konnte er sich Herakles, dem Zeus-Sohn, ebenbürtig fühlen. Vom makedonischen Heerkönig war Alexander zum ägyptischen Gottkönig und zum griechischen Halbgott geworden.
An der Mündung eines Nilarmes gründete er eine Stadt mit seinem Namen: Alexandria. Auch in anderen Teilen des eroberten Reiches entstanden später Städte, die nach ihm benannt wurden. Diese Städte waren nicht nur militärische Stützpunkte, sondern vor allem Siedlungszentren für ausgediente Soldaten, aber auch für andere Bevölkerungsgruppen. Hier liegt der Beginn einer neuen *Kolonisierung* in Gebieten, die den Griechen vorher verschlossen waren.
Im Kampf gegen den Perserkönig fiel die endgültige Entscheidung bei *Gaugamela* (331 v. Chr.): Dareios hatte erneut ein gewaltiges Heer zusammengezogen, vor allem aus den östlichen Teilen des Reiches, in denen iranische

Stämme lebten, die mit den Persern verwandt und besonders tapfere Krieger waren. Doch wie bei Issos konnte der Großkönig selbst Alexanders Angriff, der wieder an der Spitze seiner Reiterei direkt auf ihn zustürmte, nicht abwehren.
Jetzt stand Alexander das Zweistromland offen. Babylon unterwarf sich ihm freiwillig, und in der Hauptstadt des persischen Reiches, in Susa, bestieg er den Thron der persischen Großkönige.

## Der Weltherrscher Alexander

### Alexander als persischer Großkönig

Alexander ging es nicht um die Vernichtung des persischen Reiches. Vielmehr wollte er selber als Nachfolger der persischen Königsfamilie, der Achaimeniden, über die Welt herrschen. Das zeigt sich besonders deutlich in folgenden Maßnahmen:

- Als Dareios auf der Flucht von einem Statthalter ermordet worden war, bestrafte Alexander diesen als Königsmörder mit größter Härte.
- Alexander übernahm jetzt teilweise die Herrschertracht des persischen Großkönigs, besonders dessen Kopfbedeckung, die *Tiara* mit dem *Diadem.*
- Im Hofzeremoniell versuchte Alexander nun auch bei seinen makedonischen und griechischen Kampfgefährten die persische Art der Verbeugung, die *Proskynese*, einzuführen. Das empfanden viele als erniedrigend. Es gab deswegen in den Reihen der Griechen und Makedonen manche Unruhen, die Alexander jedoch schonungslos unterdrückte.

Seine Herrschaft als persischer Großkönig besiegelte er durch die Hochzeit mit der iranischen Prinzessin Roxane („kleiner Stern").
Den Widerstand, den ihm die iranischen Stämme in Zentralasien leisteten, brach sein Heer in langwierigen Feldzügen. Im Sommer 327 v. Chr. schließlich wandte sich Alexander zur Ostgrenze des Reiches und näherte sich damit dem Ende der den Griechen damals bekannten Welt. Er kam nach Indien, in das große Gebiet der Quellflüsse des Indus. Hier besiegte er einen der mächtigsten indischen Fürsten, König Poros, der ihm mit einem großen Heer und mit seiner „Spezialwaffe", einer Schlachtreihe von Elefanten, entgegengetreten war. Doch immer noch trieb es ihn weiter.

### Alexanders Rastlosigkeit und Tatendrang

Alexander hatte von einem riesigen Reich am Fluß Ganges gehört, das noch viel mächtiger als das persische sein sollte . Mit diesem wollte er sich unbedingt noch messen. Aber jetzt verweigerten seine Soldaten den Gehorsam. Sie hatten alle Kämpfe und Strapazen auf sich genommen, nun aber fürchteten sie, ihr König würde nie ans Ziel kommen. So mußte Alexander umkehren. Auf neu gebauten Schiffen fuhr er den Indus hinab bis zum Indischen Ozean. Die Flotte gelangte von dort unter dem Admiral Nearchos in den Persischen Golf. Alexander aber marschierte mit seinem Heer durch eines der unzugänglichsten Wüstengebiete der Welt, die Gedrosische Wüste. Nur um noch nie Dagewesenes zu vollbringen, setzte er das Leben von Zehntausenden aufs Spiel. Von etwa 60 000 Menschen sind nur rund 15 000 durchgekommen.
Nach seiner Rückkehr in das Zentrum des Reiches gab es einiges zu ordnen: Alexander war jetzt der Gebieter über ein riesiges Reich, das sich allein mit Griechen oder gar nur Makedonen nicht verwalten und kontrollieren ließ. Deshalb nahm er immer mehr Perser in seinen Dienst, als Statthalter, Offiziere und Soldaten, die jedoch in makedonischer Kampfesweise trainiert wurden. Diese Verbindung zwischen Makedonen und Persern sollte durch eine große Massenhochzeit in Susa gefestigt werden. Alexander selber, seine Kampfgefährten sowie rund 10 000 Soldaten vermählten sich mit Iranerinnen, Alexander mit einer Tochter des Königs Dareios.
Für die meisten Untertanen hatte sich nichts geändert. Aber die Griechen spürten jetzt, daß ihre Stadtstaaten die Unabhängigkeit endgültig verloren hatten. Sie unterstanden nun der Lenkung eines Alleinherrschers, sie lebten in einer Monarchie. Es blieb ihnen auch nichts anderes übrig, als Alexanders Überlegenheit noch deutlicher anzuerkennen: Viele griechische Staaten beschlossen, ihm die Ehre eines Gottes zu erweisen.
Alexander hätte sich am Ziel sehen können: Heldentaten wie kein zweiter, anerkannter Sohn des Zeus, selbst wie ein Gott verehrt, Herrscher der Welt. Aber Ruhe war ihm fremd. Er schmiedete bereits neue Pläne. Nachdem ihn der Tod seines besten Freundes Hephaistion für viele Monate in tiefe Trauer gestürzt hatte, bereitete er einen neuen gigantischen Feldzug vor: die Unterwerfung der reichen und sagenumwobenen arabischen Halbinsel. Da erkrankte er im Juni 323 v. Chr. an einem Fieber und starb nach wenigen Tagen, gerade 33 Jahre alt.

## 1 Der Zug Alexanders des Großen und sein Reich

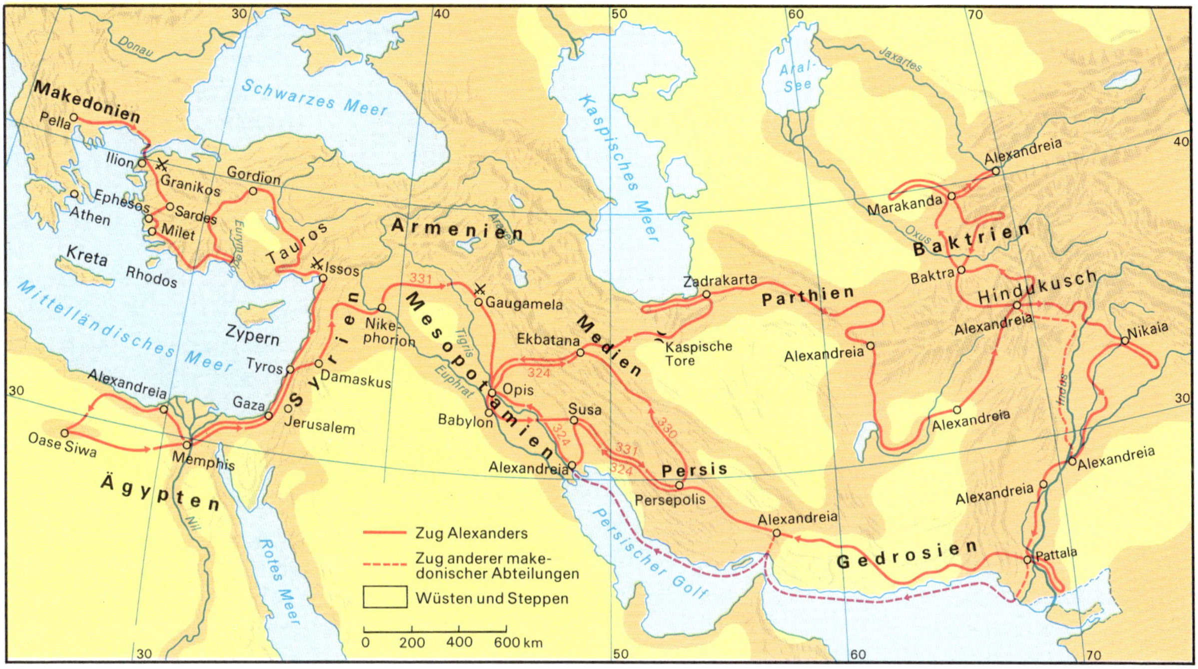


1. *Ermittle die ungefähre Länge der Wege, die Alexander und sein Heer zurückgelegt haben.*
2. *Stelle fest, welche heutigen Staaten ganz oder teilweise im Gebiet des Alexanderreiches liegen.*

## 2 Wie Alexander sich darstellen ließ

**2a** *Münze, die den Halbgott Herakles zeigt. Das über den Kopf gezogene Löwenfell erinnert an seine erste Großtat, die Erlegung des nemeischen Löwen. Die Gesichtszüge sind die Alexanders des Großen.*

**2b** *Die Münze stellt Alexander mit Widderhörnern dar. Sie sind das Sinnbild von Zeus-Ammon.*

1. *Welche Absicht verfolgte Alexander mit der Prägung solcher Münzen?*
2. *Welches sind die wichtigsten Eigenschaften der Helden des griechischen Mythos (siehe S. 60)?*

## 3 Begegnungen mit Alexander

**3a** *Der Politiker, Philosoph und Geschichtsschreiber Arrian (um 95–175 n. Chr.) bemerkt in seinem Buch über den Alexanderzug:*

**Q** Zu dieser Zeit (im Frühjahr 323 v. Chr.) kamen Gesandtschaften aus Griechenland. Und deren Angehörige gingen selbst bekränzt auf Alexander zu und bekränzten ihn mit goldenen Kränzen, waren also wie Festgesandte zur Ehre eines Gottes gekommen.

*Arrian, Alexandri Anabasis 7, 23,2. Übers. d. Verf.*

**3b** *Im 2. Jahrhundert v. Chr. äußerte sich der griechische Historiker Polybios über Alexander:*

**Q** Der Geschichtsschreiber Timaios lobt den Demosthenes und die anderen Redner, die damals (zur Zeit Alexanders) sehr angesehen waren, und er behauptete, sie hätten sich Griechenlands würdig gezeigt, weil sie der göttergleichen Verehrung Alexanders widersprochen hätten.

*Polybios, Historien 12, 12b, 21. Übers. d. Verf.*

**3c** *Der Biograph Plutarch (um 100 n. Chr.) sowie Arrian berichten von Alexanders letzten Tagen in Babylon (323 v. Chr.):*

**Q** Am 18. Daisios (makedonischer Monat, etwa = Juni) schlief er im Bad, weil er Fieber bekommen hatte. Am folgenden Tag ging er ins Schlafzimmer und verbrachte den Tag mit Medios beim Würfelspiel. Am Abend nahm er ein Bad, opferte den Göttern, aß hastig und fing nachts an zu fiebern. Am 20. brachte er nach dem Baden wieder das gewohnte Opfer, legte sich im Bad nieder und unterhielt sich mit Nearchos, der ihm von seiner Fahrt und dem großen Meer erzählte. Am 21. machte er dasselbe, das Fieber aber stieg. In der Nacht ging es ihm schlecht, und am folgenden Tag hatte er hohes Fieber. Er ließ sich wegbringen und legte sich neben das große Schwimmbassin. Jetzt besprach er mit den Kommandeuren die freien Offiziersstellen … Am 24., mit hohen Fieber, ließ er sich zum Vollzug der Opfer wegtragen. Er befahl, daß die höchsten Offiziere sich im Hof aufhalten, die übrigen draußen übernachten sollten. Nachdem er sich in den gegenüberliegenden Palast hatte bringen lassen, schlief er am 25. ein wenig, das Fieber aber ging nicht zurück. Als die Kommandeure hereintraten, konnte er nicht mehr sprechen, ebenso auch am 26. des Monats. Die Soldaten wünschten, ihn aufzusuchen, die einen, um ihn noch ein letztes Mal zu sehen, die anderen, weil sie wegen der schon kursierenden Gerüchte über seinen Tod glaubten, das Ende des Königs würde ihnen von den höchsten Würdenträgern verheimlicht. Die meisten erzwangen sich aus Trauer und Sehnsucht gewaltsam Zugang zu Alexander. Er lag stumm da, als das Heer vorbeizog, begrüßte aber die einzelnen, indem er mühsam den Kopf hob und mit den Augen Zeichen gab. Am 28. starb er gegen Abend.

*Plutarch, Alexander 76; Arrian, Alexandri Anabasis 7, 26, 1. Übers. d. Verf.*

**3d** *Im 1. Jahrhundert n. Chr. schrieb der römische Philosoph Seneca an seinen Freund Lucilius über Alexander:*

**Q** Den unglückseligen Alexander trieb seine Wut, Fremdes zu zerstören, in unbekannte Gegenden. Oder hältst Du jemanden für geistig gesund, der von der Unterwerfung Griechenlands ausging, wo er erzogen worden war? … Nicht zufrieden mit dem Zusammenbruch so vieler Städte, die Philipp besiegt oder gekauft hatte, vernichtet er hier diese, dort jene, und er trägt seine Waffen in der ganzen Welt herum. Nirgends macht seine Grausamkeit erschöpft halt, wie bei wilden Tieren, die mehr zerfleischen, als ihr Hunger verlangt. Schon hat er viele Reiche in einem vereinigt, schon fürchten ihn zugleich Griechen und Perser, schon empfangen selbst von Dareios unabhängige Völker sein Joch. Dennoch dringt er über den Ozean und den Sonnenaufgang hinaus, ist entrüstet, daß er mit seinem Sieg hinter Herakles und Dionysos zurückbleibt, und nimmt es selbst mit der Natur auf.

*Seneca, Briefe 94, 62f. Übers. d. Verf.*

1. *Was erfährt man aus den Quellen 3a und 3b über die Einstellung vieler Griechen in den alten Stadtstaaten zu Alexanders Herrschaft?*
2. *Was sagt Quelle 3c über das Verhältnis zwischen Alexander und seinen makedonischen Soldaten aus?*
3. *Überlege, welche Vorteile die Zuerkennung von göttlichen Ehren einem Herrscher bringen kann.*
4. *Wie beurteilt der römische Philosoph Seneca Alexanders Wirken? Beachte dabei die Vergleiche in Quelle 3d.*
5. *Würdest du Alexander auch den Beinamen „der Große“ geben? Begründe deine Meinung.*

# Hellenismus – Der Mensch ist mehr als ein politisches Wesen

## Alexanders Reich zerfällt

Das Weltreich, das Alexander erobert hatte, bestand nicht lange. Nach seinem frühen Tode begannen sehr bald Kämpfe zwischen seinen höchsten Offizieren und engsten Vertrauten. Die einen wollten seine Nachfolge im gesamten Reich antreten, die anderen wollten wenigstens einen Teil des Reiches für sich gewinnen. Keiner duldete die Herrschaft anderer über sich. Immer wieder schlossen sich verschiedene Machthaber gegen andere zusammen. Nahezu 50 Jahre lang herrschte deshalb in Griechenland und in ganz Vorderasien größte Unruhe. Wir nennen diese Kämpfe *Diadochenkämpfe* (von griech.: diadochos = Nachfolger). In ihrem Verlauf änderten sich die Zustände fortwährend: Städte wurden erobert und wieder befreit, Menschen vertrieben und versklavt.

Selbst das einst so mächtige Athen war nur noch ein Spielball für die neuen Herrscher. In den 15 Jahren nach Alexanders Tod wechselte es viermal den Herrn. Immer wieder erhielt es eine neue Besatzung. Bürger, die den neuen Gebietern nicht genehm waren, mußten fliehen oder wurden hingerichtet. Wer in der Stadt Einfluß haben wollte, mußte sich den Mächtigen anpassen. Die demokratische Verfassung wurde geändert: Nur die reicheren Bürger behielten ihre politischen Rechte.

In den Diadochenkämpfen setzten sich schließlich diejenigen durch, die gegen die Einheit des Gesamtreiches waren. Sie machten sich selbst zu Königen über neue Reiche, die wir *Diadochenreiche* nennen. Deren wichtigste waren:

- das Königreich des Seleukos I. (312–281 v. Chr.) und seiner Nachfolger, der Seleukiden, das sich über Syrien, Kleinasien, Mesopotamien und fast das ganze Persien erstreckte;
- das Königreich des Ptolemaios I. (323–283/2 v. Chr.) und seiner Nachfolger, der Ptolemäer, das sich entlang der nordafrikanischen Küste von Libyen nach Ägypten und Palästina ausbreitete;
- das Königreich des Antigonos (283–239 v. Chr.) und der Antigoniden in Makedonien und Teilen von Griechenland.

## Könige und Untertanen

Was schon im Jahr 338 v. Chr. mit dem Sieg Philipps II. über die griechischen Stadtstaaten begonnen hatte, war jetzt endgültig bestätigt: Nicht mehr die Polis machte die Politik, sondern der Alleinherrscher. Zwar hatten die Könige gegen viele Schwierigkeiten anzukämpfen, denn sehr unterschiedliche Völkergruppen siedelten in ihren Reichen. Die Menschen hatten verschiedene Vorstellungen von Recht und Gesetz und glaubten an ganz unterschiedliche Götter.

Riesige Entfernungen mußten auf teilweise schlechten Straßen und durch unwegsame Gebiete zurückgelegt werden, wenn die Könige ihren Untertanen Befehle übermitteln wollten. Aber wie ihr großes Vorbild Alexander ließen sie sich dadurch nicht davon abhalten, nach immer mehr Macht zu streben und die anderen Könige zu übertreffen. Deshalb suchten sie den Krieg und den Erfolg, ließen sich als Wohltäter der Städte feiern und – von den Einheimischen wie von den Griechen – als göttliche Herrscher verehren. Wo sich eine Gelegenheit bot, zeigten sie ihre Macht durch große Prachtentfaltung: In ihren Hauptstädten residierten sie in riesigen Palästen, umgeben von ihren Beamten und Soldaten, aber auch von Künstlern und Gelehrten.

Die Kosten für die häufigen Kriegszüge und für den üppigen Lebensstil mußten die Untertanen durch Steuern und andere Abgaben aufbringen. Die Einkünfte, die z. B. der König von Ägypten auf diese Weise erzielte, hätten ausgereicht, 500 000 Menschen ein Jahr lang zu versorgen. Für die Bevölkerung des Orients und Ägyptens war diese Art der Alleinherrschaft nichts Neues. Für sie hatte lediglich der Herr gewechselt. Den politischen Vorstellungen der Griechen aber widersprach dies zutiefst. Sie waren gewohnt, als freie Bürger der Polis ihre Angelegenheiten selbst in die Hand zu nehmen. Aber jetzt hatten sie sich zu fügen. Wer von ihnen überhaupt noch politisch tätig war, stand im Dienst des Königs. Politik war nicht mehr Sache aller Bürger, sondern einiger weniger Reicher und Vornehmer mit guten Beziehungen zum Herrscher. Die meisten Menschen zogen sich ins private Leben zurück.

## Die neue Weltkultur – eine griechische Kultur?

### Die Lebensweise

Wie lebten die Menschen in diesen Reichen? Wie sah das Zusammenleben zwischen Einheimischen und Griechen aus? Begleiten wir einen griechischen Kaufmann aus Athen auf seiner ersten großen Handelsfahrt.

Zu Schiff gelangte er mit seinen Waren in die kleinasiatische Stadt Milet (siehe Karte S. 125). Sein erster Gang führte ihn auf den Markt, und sogleich stellte er fest: Die Stadt erinnerte ihn sehr an den Hafen seiner Heimatstadt, an Piräus. Die Straßen kreuzten sich rechtwinklig, sie waren breit und übersichtlich. Der Marktplatz war eine rechteckige Anlage, und er konnte seine Waren in einer schattigen Säulenhalle (Stoa), die den Marktplatz säumte, verkaufen.

Auch für seine gewohnte Freizeitbeschäftigung war hier gesorgt. Das Theater sah fast genauso aus wie das in Athen; selbst einige Stücke, die gespielt wurden, hatte er bereits in seiner Heimatstadt gesehen. Ferner gab es Plätze, auf denen man Sport treiben konnte, nämlich ein Stadion, einen Ringkampfplatz (Palästra) und ein Gymnasion. Dort hielten öfter berühmte Redner und Gelehrte Vorträge, wie er es von Athen her gewohnt war. Und die zahlreichen Denkmäler unterschieden sich kaum von denen in der Heimat. Allzu verwunderlich war es allerdings nicht, daß er sich hier fast wie zu Hause fühlte, denn Milet war ja eine alte griechische Stadt.

Aber als er seine Reise ins Innere von Kleinasien fortsetzte, staunte er doch darüber, daß die Städte – auch sehr neue – ganz ähnlich aussahen. Besonders freute er sich darüber, daß er keine Schwierigkeiten mit der Verständigung hatte, denn überall sprachen die Menschen griechisch. Viele erzählten ihm, daß sie aus Griechenland in die neue Stadt ausgewandert seien. Andere Städte waren von den Einheimischen nach griechischem Vorbild umgebaut: Man zeigte ihm stolz das Theater, das Gymnasion und das Stadion. Sogar die Tempel der einheimischen Götter sahen wie griechische Tempel aus, die Götter selber hatten griechische Namen bekommen. Und die Einheimischen, diese „Barbaren", sprachen oft griechisch.

Auf dem Lande aber sah es anders aus. In den Dörfern, oft schon nahe den Stadtmauern, und je mehr er ins Landesinnere kam, desto häufiger sprachen die Menschen ihre herkömmlichen Sprachen und hatten wenig von dem städtischen Komfort. Die Götter, die sie anbeteten, und die Opfer, die sie verrichteten, kamen dem griechischen Kaufmann fremdartig und etwas unheimlich vor. Und immer begleitete ihn die Angst vor Überfällen durch Räuber; denn wirklich sicher konnte man sich nur in der Stadt fühlen.

Auf weiteren Reisen, die den griechischen Kaufmann aus Athen zu Schiff nach Alexandria in Ägypten und den Nil aufwärts sowie mit Karawanen am Euphrat entlang nach Mesopotamien führten, machte er die gleichen Beobachtungen: Überall fand er Griechen und zu Griechen gewordene Orientalen, die *hellenisiert* waren, wie man sagte; überall – vor allem in den Städten – stieß er auf griechische Lebensweise, Sprache und Kultur.

Außerhalb der Städte aber hatten sich bei der einfachen Landbevölkerung weiterhin orientalische und ägyptische Vorstellungen, Sitten und Sprachen gehalten. Vieles davon hatten die Griechen sogar ihrerseits von den Einheimischen übernommen, besonders in der Religion: Sie verehrten auch deren Götter, ja, sie zogen sie oft sogar den eigenen vor. In den unruhigen Zeiten fanden sie in diesen Göttern einen besonderen Halt und Hoffnung auf ein Jenseits. So vermischten sich griechische und orientalische Göttervorstellungen.

### Bildung und Wissenschaft

Anders als bei der Religion waren Bildung und Wissenschaft stark von den Griechen geprägt. Die großen Hauptstädte der hellenistischen Reiche waren die Zentren – auch die des geistigen Lebens.

Eine besondere Stellung nahm dabei Alexandria in Ägypten ein: Dort hatten die ägyptischen Könige aus der Dynastie der Ptolemäer eine Gruppe von Gelehrten um sich geschart, die im *Museion* lebten, einem Gebäude, das den Musen, also den Göttinnen von Kunst und Wissenschaft, geweiht war. Diese Wissenschaftler sammelten und erklärten alle wichtigen Schriften aus der ganzen Welt und übersetzten sie, wenn nötig, ins Griechische. Beispielsweise übertrugen hier jüdische Gelehrte das Alte Testament. Auf diese Weise entstand eine riesige Bibliothek mit Hunderttausenden von Büchern. Manche Forscher beschäftigten sich auch mit technischen Experimenten und mit naturwissenschaftlichen Fragen. Sie konstruierten z. B. Dampfmaschinen als Spielzeug, aber auch besondere Schiffe und Geschütze; oder sie versuch-

*Bronzestatue eines „Dornausziehers" (aus dem 1. Jahrhundert v. Chr.)*

*Mädchen mit Taube (Kopie eines hellenistischen Originals aus dem 2. Jahrhundert v. Chr.)*

ten, die Gestalt der Erde zu ergründen. Andere wieder untersuchten die Regeln der menschlichen Sprache und stellten sie in einer Grammatik zusammen. Ihre Erkenntnisse breiteten sich in der griechischen Welt aus, denn die Städte boten mit ihren Gymnasien und Bibliotheken auch den Wissenschaften eine Heimat. Zur Verbreitung trug außerdem bei, daß die verschiedenen Herrscher mit den von ihnen geförderten Gelehrten gegeneinander konkurrierten. Neben Alexandria tat sich besonders der kleinere Hof der Könige von Pergamon im westlichen Kleinasien hervor: Dort soll man die Häute von Tieren – nämlich das nach dieser Stadt benannte Pergament – als Material zum Beschreiben benutzt haben, als ein ägyptischer König die Ausfuhr von Papyros unterbunden hatte.

## Ende und Weiterleben

Die großen hellenistischen Reiche hatten ihre Blütezeit im 3. Jahrhundert, zum Teil auch noch im 2. Jahrhundert v. Chr. Dann wurden sie nach und nach von einer neuen Macht, den Römern, erobert, als letztes Ägypten im Jahr 30 v. Chr. Aber die Epoche des Hellenismus war damit nur im Bereich der Politik beendet. Auf die Kultur und die Lebensweise der Menschen hatten die politischen Machtwechsel wenig Einfluß. Nicht einmal die Sprache der neuen Herren, das Lateinische, wurde im Osten gebräuchlich. So blieben Griechenland, Ägypten, Kleinasien, Syrien und Palästina hellenistisch. Erst die Ausbreitung des Islams im 7. Jahrhundert n. Chr. schuf eine völlig neue Lage.

## 1 Die hellenistische Stadt: Modell von Pergamon

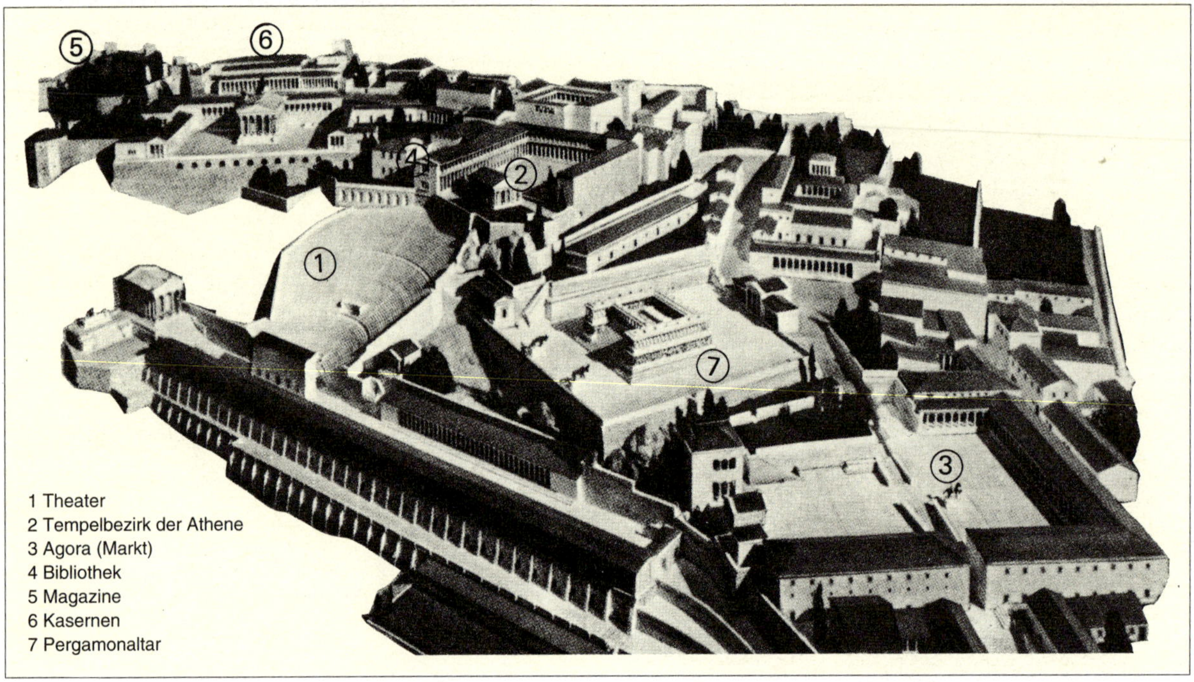


1. *Vergleiche die Modelle von Athen (siehe S. 92), Alexandria (siehe S. 115) und Pergamon (Kleinasien) miteinander.*
2. *Zähle auf, was allen Städten gemeinsam ist.*
3. *Stelle die wichtigsten Unterschiede fest. Wie kann man sie erklären?*

## 2 Der hellenistische Wissenschaftler Eratosthenes

**2a** *Weltkarte des Eratosthenes von Kyrene, um 200 v. Chr.*

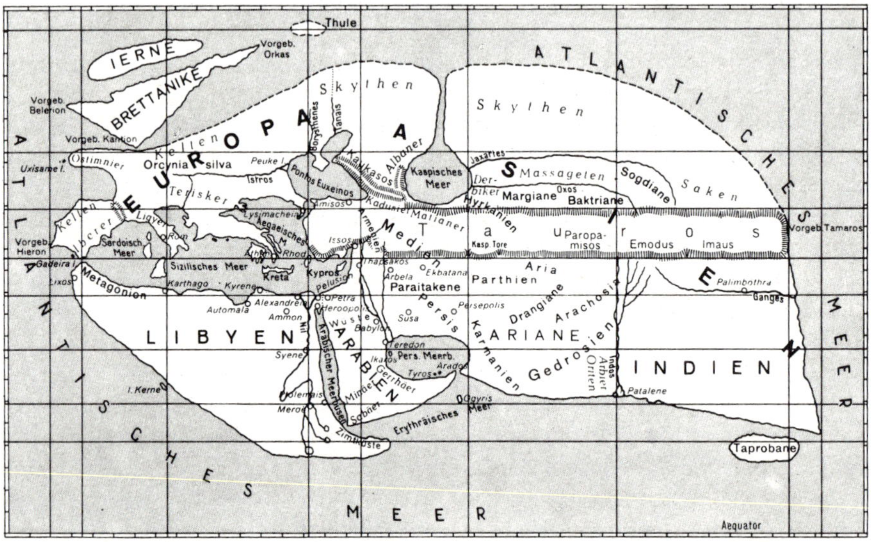

**2b** *Der griechische Philosoph Strabon bemerkt zu Anfang des 1. Jahrhunderts n. Chr. in seinem Werk „Erdkunde" über den Wissenschaftler Eratosthenes:*

**Q** Auch Eratosthenes selbst hat betont, welche Fortschritte die Kenntnis der bewohnten Welt (oikumene) in der Zeit nach Alexander dem Großen und schon zu dessen Lebzeiten gemacht hat. Danach hat er sich der Untersuchung der Gestalt der gesamten Erde, nicht nur der bewohnten Gebiete, zugewandt. Diese ist, so sagt er, kugelförmig, nicht wie künstlich konstruiert, sondern mit gewissen Unregelmäßigkeiten. Deshalb hebt er die Fülle der Veränderungen hervor, die die Erde durch Wasser, Feuer, Erdbeben, Vulkanausbrüche und anderes dieser Art erfahren hat.

*Strabon, Geographika 1, 3, 3. Übers. d. Verf.*

1. *Vergleiche die Karte 2a und die Angaben von Strabon über Eratosthenes mit einer heutigen Weltkarte.*
2. *Über welche Gebiete gab es die meisten Kenntnisse? Wie hängt das mit der politischen Entwicklung unter Alexander dem Großen zusammen?*
3. *Vergleiche die Karte mit der aus Babylon auf S. 55. Wie hat sich das Weltbild verändert?*

## 3 Heron von Alexandria – ein antiker Ingenieur

**3a** *Über die technisch-wissenschaftliche Entwicklung in der Zeit des Hellenismus heißt es in einer Geschichte der Naturwissenschaften:*

**D** Auf wissenschaftlichem, künstlerischem und technischem Gebiet verlagerten sich die Zentren von den griechischen Stadtstaaten an die Höfe der hellenistischen Herrscher. In Alexandria riefen die Ptolemäer-Könige noch vor 300 v. Chr. ein staatlich unterhaltenes Forschungszentrum unter dem Namen Museion (soviel wie Musensitz) ins Leben, an dem mathematische, astronomische, botanische, zoologische und anatomische Studien betrieben wurden. …
Es gehört zu den Besonderheiten des wissenschaftlich-kulturellen Lebens in Alexandria, daß sich dort ein Berufsstand herausbilden konnte, der als eine Art Ingenieur zu bezeichnen ist … Als Ingenieur war Heron die Zentralfigur der hellenistischen Antike. Sein Ideenreichtum ist faszinierend: Er verbesserte Geschütze und beschrieb sie, konnte (mit dem sogenannten Heronsball) die Dampfkraft zur Bewegung ausnutzen, beschäftigte sich mit Gewölben, Wasseruhren, Seilwinden, Vermessungsinstrumenten, konstruierte eine Reihe von Apparaten und Vorrichtungen, durch die sich automatisch Tempeltüren öffneten, künstliche Vögel zwitscherten, Trompeten schmetterten und manches andere.

*H. Wußing, Geschichte der Naturwissenschaften, Köln 1983, S. 56f.*

1. *Beschreibe das Leben der Gelehrten im Museion von Alexandria. Ziehe dazu auch die Darstellung S. 120/121 heran.*
2. *Stelle die Erfindungen Herons zusammen und versuche herauszubekommen, wann sie bei uns „eingeführt" wurden.*
3. *Versuche selbst, den Mechanismus einer Seilwinde zu erklären.*

**3b** *Das von Heron erfundene Windrad*

1. *Beschreibe den Mechanismus des Windrads.*
2. *Wofür ließ sich diese Maschine in der Antike benutzen?*
3. *Wie hätte diese Maschine das Leben der Menschen verändert, wenn sie massenweise eingeführt worden wäre?*

## Die Epoche des Hellenismus

Unter Hellenismus versteht man die Epoche, die von der Herrschaft Alexanders des Großen (336–323 v. Chr.) bis zur Unterwerfung Ägyptens durch die Römer im Jahr 30 v. Chr. reichte. Philipp II., der Vater Alexanders, einigte als König die im Norden Griechenlands lebenden Makedonen und besiegte die griechischen Stadtstaaten. Alexander führte die Vorherrschaft über Griechenland weiter. 335 v. Chr. begann er einen Feldzug gegen die Perser, der ihn innerhalb von zehn Jahren zum Eroberer eines Weltreiches, zur gottähnlichen Verehrung und zur antiken Weltherrschaft führen sollte. Schritte auf diesem Weg waren seine Siege über den persischen Großkönig bei *Issos (333 v. Chr.)* und *Gaugamela (331 v. Chr.)*, sein Zug nach Ägypten und ein Indienfeldzug, der ihn bis ans Ende der damals bekannten Welt führte.

In dem neuen Weltreich verstand sich Alexander nicht nur als Herr über Griechen und Makedonen, sondern auch als persischer Großkönig. In die führenden Positionen nahm er Iraner auf. Nach seinem frühen Tod zerfiel sein Reich. In zahlreichen Kämpfen zwischen seinen Nachfolgern (griech.: Diadochen) bildeten sich schließlich drei große *Diadochenreiche* heraus.

Während seiner Herrschaft hatte Alexander zahlreiche Städte – viele mit dem Namen Alexandria – gegründet. Städte wurden zu bedeutenden Handels-, Wirtschafts- und Kulturzentren. Griechisches Denken und griechische Kultur breiteten sich dadurch aus und vermischten sich mit orientalischen Vorstellungen. Diesen Vorgang nennt man *Hellenisierung*.

Die meisten Städte besaßen keine politische Unabhängigkeit mehr. Die Bürger wurden zu Untertanen. Politik war nicht mehr Sache der Bürger, sondern der Könige und adliger Führungsschichten. Die Menschen kümmerten sich jetzt stärker um private Angelegenheiten, was sich in der Kunst und Literatur niederschlug. Neue Formen von Gläubigkeit entstanden, die später das Christentum beeinflußten.

Die hellenistischen Reiche wurden vom 2. Jahrhundert v. Chr. an von einer neuen Großmacht, den Römern, erobert. Der politische Machtwechsel hatte jedoch auf Lebensweise, Kultur und Sprache der Menschen in den hellenisierten Gebieten wenig Einfluß.

## Selbstloser Alexander?

*Alexanders Zug gegen den persischen Großkönig und seine Feldzüge durch große Teile Asiens sind von vielen Schriftstellern dargestellt worden. In einem Jugendbuch über Alexander wird folgende Episode erzählt, die sich vor dem Aufbruch nach Persien ereignet haben soll:*

Bei Pella (Geburtsstadt Alexanders in Makedonien) wurde nun das Heer für den großen Zug aufgestellt: Zehntausend Makedonen, die mit Speeren und Schwertern kämpften; zweitausend makedonische Reiter; dazu zweitausend griechische Reiter und zehntausend Söldner zu Fuß; fünftausend Bogenschützen und Krieger aus anderen Völkerschaften. Fünfunddreißigtausend Mann und fünftausend Pferde standen bereit, um gegen den Perserkönig zu ziehen, der über eine vielfache Übermacht gebot.

Vor Beginn des großen Zuges machte Alexander jedem seiner Freunde ein Geschenk. Dem einen schenkte er ein Landgut, dem anderen ein Dorf aus dem königlichen Besitz, dem dritten ein Pferdegestüt, dem vierten die Einkünfte aus einem Hafen.

„Und was bleibt dir?“ fragte ihn Perdikkas, einer seiner Heerführer.

„Die Hoffnung auf den Sieg“, sagte Alexander.

Da wies Perdikkas das Geschenk Alexanders zurück und sagte: „Diese Hoffnung will ich mit dir teilen – sonst nichts.“

Alle wollten nun ihre Geschenke zurückgeben.

*(aus: H. Baumann, Der große Alexanderzug, dtv-junior, München 1989, S. 23)*

Zu welchem berühmten Gemälde gehört dieser Bildausschnitt? Wer ist dargestellt?

**Meisterwerke der Technik aus der Zeit des Hellenismus**

Auf den beiden Abbildungen sind zwei der Sieben Weltwunder der Antike in Nachbildungen wiedergegeben. Beide sind in der Epoche des Hellenismus entstanden, und beide sind angeblich bei einem Erdbeben eingestürzt.
Versuche über beide Bauwerke mehr herauszubekommen (Größe, Entstehungsjahr, Bauzeit, Bedeutung u. ä.).

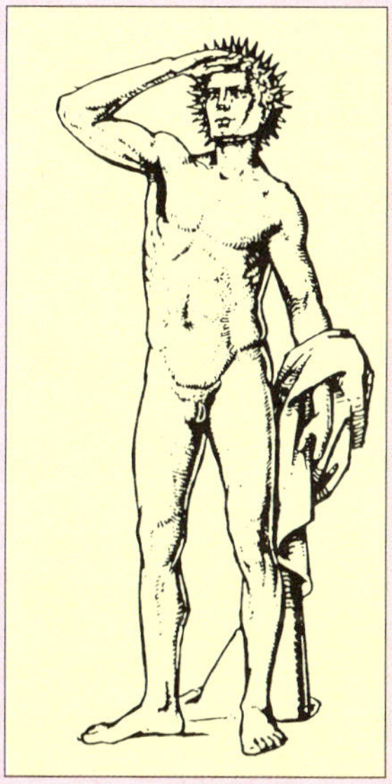

Von dem Erfinder und Ingenieur Heron aus Alexandria hast du schon etwas auf S. 121 erfahren. Heron hat nicht nur versucht, den Gesetzen der Energie und Mechanik auf die Spur zu kommen und daraus auch für den Alltag nützliche Geräte, z. B. eine Feuerlöschpumpe und den Vorläufer einer Dampfmaschine, zu konstruieren. Er hat auch Spielzeug und sogenannte „Tempelwunder" erfunden. Hierzu gehört z. B. ein mechanisch angetriebenes Puppentheater und eine Vorrichtung, bei der eine Spielzeugtrompete einen langgestreckten Ton erschallen läßt, wenn eine Tempeltür geöffnet wird. Die nebenstehende Rekonstruktion gibt eine weitere Erfindung Herons aus diesem Bereich wieder: Durch das Brennen einer Altarflamme vor dem Tempel wird die Tür des Tempels automatisch geöffnet. Wie funktioniert diese „Maschine"?

# Querschnitt II: Die Kelten – Eine Kultur nördlich des Mittelmeerraumes

Von Hochkulturen, von der Bildung von Stadtstaaten und von Großreichen im Mittelmeerraum haben wir bisher gehört. Aber auch nördlich dieses Raumes, in West- und Mitteleuropa, hat es Kulturen gegeben.
Seit dem 5. Jahrhundert v. Chr. hatte sich am nördlichen Machtbereich von Griechen, Etruskern und Römern die Kultur der Kelten ausgebreitet. Die Kelten haben zwar ihr Siedlungsgebiet sehr weit von Westen nach Osten ausgedehnt und im Laufe der Zeit ein riesiges Gebiet besiedelt, aber dennoch nie ein Reich oder einen festen Staat mit einer gemeinsamen Regierung daraus geformt. Da von ihnen keine schriftlichen Zeugnisse überliefert sind, wissen wir auch nichts sehr Genaues über sie. Sie lebten wohl in verschiedenen Stämmen ohne größeren Zusammenhalt. An der Spitze solcher Stammesverbände standen Adlige, die über abhängige Bauern und Sklaven bestimmten. Neben ihnen spielten die Druiden, die Priester und Seher, eine große Rolle.
Zwischen den einzelnen Keltenstämmen muß ein reger Handelsaustausch geherrscht haben, und Handel haben sie auch mit den Griechen, Makedonen und Römern im Süden getrieben. Über die Kolonie Massilia (Marseille) übernahmen sie z. B. von den Griechen die Münzprägung.
Bedeutend war das handwerkliche Können der Kelten: Neben wertvollen Schmuckstücken wie Gewandnadeln, Fibeln, Hals- und Armringen stellten sie auch kostbare Goldschmiedearbeiten, Keramiken und Waffen aus Bronze und Eisen her. Sie bauten kunstvolle Wagen und woben schöne Stoffe.
Wir wissen, daß die Kelten seit dem 3. Jahrhundert v. Chr. feste Siedlungen angelegt haben, die man als Städte be-

*Hellenistische Stadtgründungen und keltische Siedlungen um 100 v. Chr.*

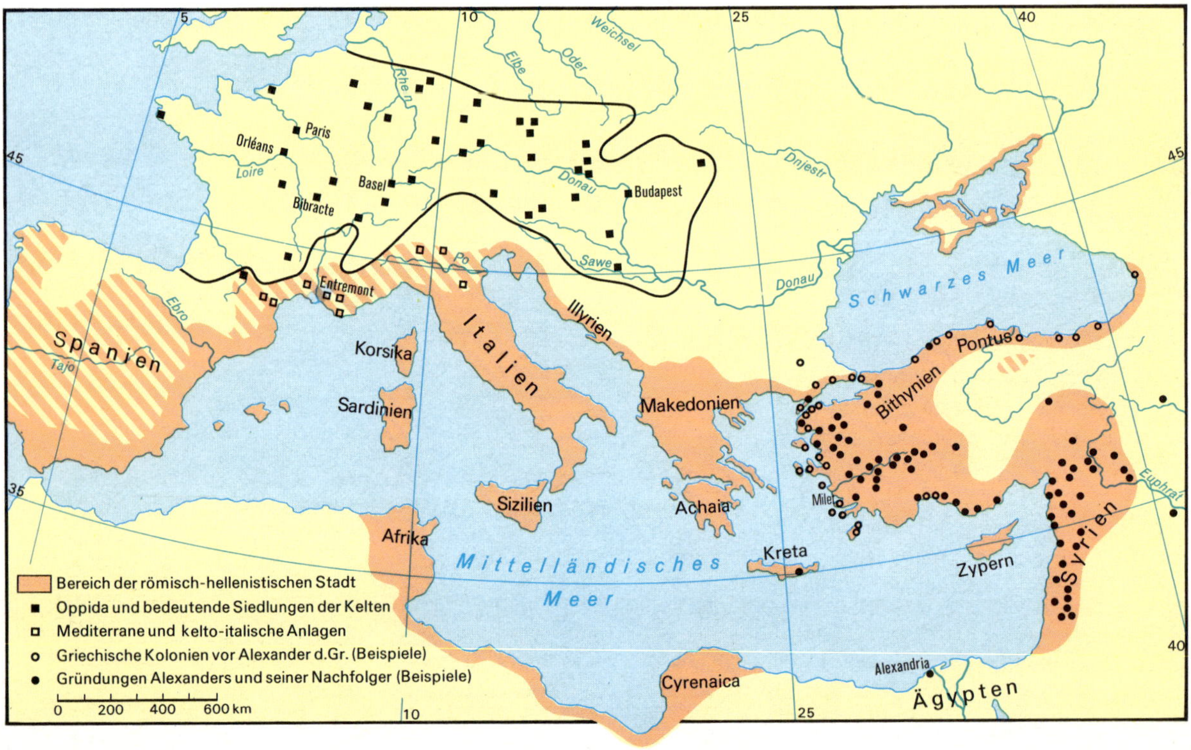

zeichnen kann. Diese Siedlungen, die von einem Wall oder einer Mauer umgeben waren, nennt man *oppida*. Innerhalb des Schutzes der Mauer wurden Vorräte angelegt, und Händler und Handwerker fanden hier einen sicheren Ort, um ihre Produkte herzustellen und zu vertreiben.

Die Anlage der keltischen *oppida* läßt kein einheitliches Muster wie bei der hellenistischen Stadt erkennen. In manchen gab es ein geregeltes Straßensystem und eine Kanalisation; vereinzelt gab es reiche Privathäuser und öffentliche Gebäude, die vielleicht religiösen Zwecken dienten. Obwohl wir von einer Regierung und Verwaltung dieser keltischen Städte nichts wissen, muß es eine Organisation gegeben haben, die die Durchführung gemeinsamer Aufgaben, wie den Bau von Befestigungsanlagen, regelte. Da es solche befestigten *oppida* vor allem in Südgallien gab, vermutet man, daß der Bau solcher Befestigungen unter dem Einfluß hellenistischer und römischer Städte entstanden ist. Trotzdem bestehen noch große Unterschiede zwischen den hellenistischen Städten (siehe S. 115 und 122) und den *oppida*. Wenn du die Pläne von Milet und Entremont vergleichst, wirst du solche Unterschiede erkennen. Achte dabei besonders auf Gebäude und Plätze, die gemeinsamen Aktivitäten der Stadtbewohner in der Politik, im Kult, im Sport, im wirtschaftlichen Austausch dienten.

*Keltischer Bronzehelm mit Raubvogelaufsatz aus dem 3. Jahrhundert v. Chr.*

*Plan von Milet*

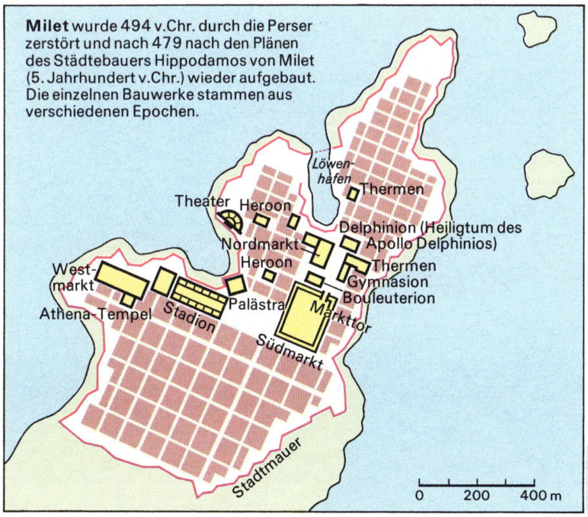


*Teilplan des Oppidums von Entremont (Südfrankreich)*

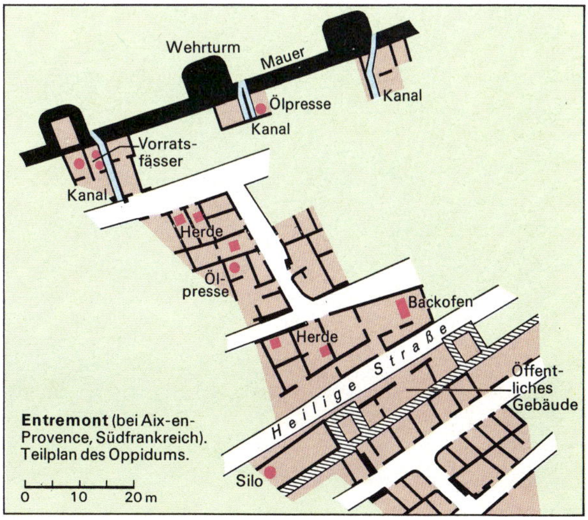

# 6. Die römische Republik

Eine Sage aus dem alten Rom erzählt von einem unerklärlichen Ereignis, das die Bürger in große Angst versetzte: Auf dem Marktplatz hatte sich ein tiefer Erdspalt aufgetan, den die Bürger nicht zu füllen vermochten. Man wandte sich schließlich an die Auguren – das waren Männer, die die Zukunft weissagten. Sie verkündeten: Der Spalt werde sich erst schließen, wenn er mit dem wertvollsten Gut, über das die Römer verfügten, gefüllt würde. Arm und reich eilten nun herbei, um Gold und Schmuck in den Spalt zu werfen. Doch es war vergeblich, der Spalt blieb offen. Ein junger Mann namens Curtius legte den Spruch der Auguren anders aus: Das Wertvollste, das die Römer besäßen, sei ihre Tapferkeit, rief er. Er bat die Götter, das Opfer, das er nun bringen wolle, zu segnen, und stürzte sich in voller Rüstung mit seinem Pferd in die Tiefe. Und wirklich: Der Spalt schloß sich langsam; zurück blieb nur ein kleines Gewässer, das an sein Opfer gemahnte.

Diese Geschichte wurde in Rom von Generation zu Generation erzählt. Für uns ist sie aufschlußreich, weil wir daraus etwas über die Denkweise der Römer erfahren. Tapferkeit und Einsatz für die Gemeinschaft galten ihnen als vorbildliche Verhaltensweise.

Mit einer solchen Einstellung haben die Römer ein Reich gebildet, das von Spanien und Frankreich im Westen bis an den Euphrat und Tigris im Osten, von der Nordsee bis Nordafrika reichte. Sie haben dieses Reich in vielen Kämpfen erobert. Manchmal geriet dabei Rom selbst in größte Gefahr. Und sie haben es jahrhundertelang behauptet. Die von ihnen unterworfenen Völker haben oft Widerstand gegen die römische Fremdherrschaft geleistet. Es gab aber auch viel Bewunderung für ihre Leistungen.

Ohne das Römische Reich würde Europa anders aussehen: Nicht nur, weil wir heute noch grandiose Überreste der Römerzeit – Theater, Brücken, Aquädukte – bewundern können. Auch viele europäische Sprachen stammen vom Lateinischen ab, das römische Recht hat jahrhundertelang großen Einfluß ausgeübt. Und schließlich war das Römische Reich auch der Boden, auf dem das Christentum sich ausbreiten konnte.

Von der Antike bis heute hat man sich immer wieder gefragt, wie es die kleine Stadt Rom in Mittelitalien schaffen konnte, ein Weltreich aufzubauen. Schon Zeitgenossen haben diesen Aufstieg Roms auf die „gute Verfassung“ des römischen Staates zurückgeführt. Andere glaubten, daß sich die Römer in ganz besonderer Weise für ihren Staat eingesetzt haben. Doch auch dann bleiben noch Fragen: Warum taten sie das? Wie kam es zu dieser guten Verfassung?

Die politische Ordnung der Römer ist langsam entstanden. Eine bedeutende Rolle dabei spielten äußere Gefahren – z. B. Angriffe benachbarter Stämme –, aber auch innere Auseinandersetzungen, vor allem der Kampf zwischen dem Adel, den Patriziern, und dem Volk, den Plebejern. Man kann deshalb behaupten: Die Römer waren zum Zusammenhalt, zum Einsatz für den Staat gezwungen, um überleben zu können. Anscheinend haben sie dabei auch gelernt, innere Gegensätze nicht bis zum äußersten auszutragen, sondern sich zu verständigen und Kompromisse zu schließen. Diese Eigenschaften haben sich in der römischen Verfassung niedergeschlagen. Sie erklären zwar nicht den Aufstieg zum Weltreich, sie sind aber wohl wichtige Voraussetzungen dafür. Denn als diese Eigenschaften im 2. und 1. Jahrhundert v. Chr. in den Hintergrund traten, geriet auch die römische Republik in Krisen und Bürgerkriege.

*Römischer Aquädukt (Wasserleitung) in der Nähe von Rom, im 3. Jahrhundert v. Chr. erbaut*

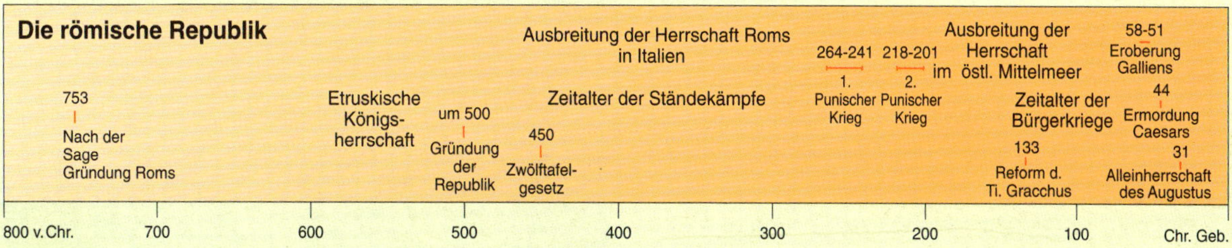

# Entstehung und Entwicklung der frühen römischen Republik

Wer heute Rom, die Hauptstadt Italiens, besucht, erkennt nicht nur die sieben Hügel, auf denen schon in frühester Zeit Siedlungen entstanden. Er begegnet auch auf Straßen und Plätzen immer wieder einem Zeichen, das an die antike Tradition erinnert: „SPQR“. Das bedeutet „Senatus Populusque Romanus“, d. h. „Der Senat und das römische Volk“. Bevor sich aber dieses Zeichen für die römische Republik durchsetzte, hatte Rom schon eine lange Geschichte hinter sich.

## Königszeit und Etruskerherrschaft

### Die Anfänge Roms

Über die Anfänge des späteren römischen Weltreiches wissen wir sehr wenig. Daß die Stadt Rom genau im Jahr 753 v. Chr. gegründet sein soll, beruht auf einer späteren römischen Berechnung. Sicher ist aber, daß schon seit einigen Jahrhunderten vor dieser Zeit am Unterlauf des Tibers mehrere Siedlungen bestanden. Aus dem Zusammenschluß dieser Siedlungen muß sich im Laufe des 8. und 7. Jahrhunderts v. Chr. die Stadt Rom entwickelt haben.

In der Anfangszeit Roms herrschten Könige über die Stadt. Wie in Griechenland führten sie das Heer an und hatten die Aufgabe, Feinde abzuwehren. Außerdem hatten sie als oberste Priester das Wohlwollen der Götter für die Stadt zu sichern. Bevor sie als Könige etwas unternahmen, ließen sie Tiere opfern und die Vorzeichen von anderen Priestern deuten. Nur wenn die Vorzeichen, die Auspizien, günstig waren und die Götter zustimmten, handelten die Könige. Deutlich wird hier, daß schon in der Frühzeit Roms die Religion eine besondere Rolle spielte und Staat und Religion fest miteinander verbunden waren. Warum haben sich die Menschen in Rom so häufig an die Götter gewandt? War das vielleicht der Ausdruck einer tiefen Unsicherheit, die aus der Gefährdung durch Feinde oder durch die Natur erwachsen war?

### Die Etruskerherrschaft

Die Etrusker, ein Volk, das sich in der heutigen Toskana gebildet hatte, eroberten um 600 v. Chr. Rom und setzten ihre Könige an die Spitze der Stadt. Hatten die römischen Könige vorher keine besonders hervorgehobene Stellung, so änderte sich dies jetzt: Die etruskischen Könige traten im Purpurgewand auf, geschmückt mit einem Goldkranz; ihr Sitz war ein Elfenbeinthron. Wenn sie in der Stadt auftraten, wurden sie ständig von zwölf Amtsdienern, *Liktoren* genannt, begleitet, die Rutenbündel und Beile bei sich trugen. Jeder konnte so sehen: Hier kommt der Herrscher, der Macht über Leib und Leben hat.

Unter der Herrschaft der Etrusker entwickelte sich die Stadt jedoch auch weiter: Das Sumpfgebiet am Tiber wurde entwässert, der erste Abwasserkanal, die cloaca maxima, wurde gebaut und der Marktplatz, das Forum, angelegt. Auf dem Kapitol, einem der sieben Hügel Roms, ließen die Könige die ältesten Tempel errichten. Die Etrusker führten auch viele neue religiöse Bräuche ein, vor allem die Art, wie man aus den Eingeweiden von geopferten Tieren gute und schlechte Vorzeichen deuten konnte.

*Liktoren mit Rutenbündel*

## Die Adligen gründen eine Republik

Um 500 v. Chr. endete diese etruskische Königsherrschaft. Die Adligen vertrieben den letzten König, Tarquinius Superbus, aus Rom. Zukünftig sollte die Herrschaft in der Stadt nicht mehr Sache eines einzelnen sein, sondern *gemeinsame* Sache. Deshalb nannten die römischen Adligen ihren Stadtstaat jetzt Republik, lateinisch „res publica", d. h. gemeinsame Sache. Die Herrschaft eines Königs sollte es in Rom nicht mehr geben.

Die Macht, die bisher der König auf Lebenszeit hatte, übernahmen zwei Konsuln; allerdings dauerte ihre Amtszeit nur ein Jahr. Durch zwei Grundsätze glaubten die Adligen, einen wirksamen Schutz gegen Machtmißbrauch eingeführt zu haben: daß die Macht auf ein Jahr beschränkt war (*Annuität*, von lat. annus = Jahr) und daß immer zwei Konsuln sich die Macht teilen mußten (*Kollegialität)*. Denn jeder Konsul hatte das Recht, den Befehl des anderen durch seinen Widerspruch aufzuheben. Die Grundsätze von Kollegialität und Annuität galten auch für alle Ämter, die später eingeführt wurden.

Überwacht wurde diese neue Ordnung von einer Versammlung der Adligen, die Senat hieß. Einfluß auf die Geschicke des Staates hatten in dieser Republik nur die Adligen, die sich Patrizier nannten. Doch alle anderen Römer, die Plebejer genannt wurden, wollten sich mit der Adelsherrschaft nicht einfach abfinden. Seit Beginn der Republik um 500 v. Chr. bis etwa 300 v. Chr. gab es deshalb Auseinandersetzungen zwischen den Patriziern und Plebejern. „Gemeinsame Sache" konnte nach Ansicht der Plebejer doch nicht heißen, daß nur die Adligen bestimmten.

*Italien zur Zeit der Gründung der römischen Republik*

*Die Münze zeigt den Concordia-Tempel, der an der Stelle des alten Tempels auf Veranlassung des Kaisers Tiberius (14–37 n. Chr.) neu aufgebaut wurde.*

## Die Ständekämpfe

In Rom stand am Abhang des Kapitols, dem Forum zugewandt, der Tempel der Concordia, d. h. Einigkeit oder Eintracht. Dieser Tempel war nicht einem Gott geweiht, sondern einer Idee, die für die Römer einen hohen Wert darstellte. Dieser Tempel soll 367/366 v. Chr. von Senat und Volk in Rom gemeinsam erbaut worden sein. Er galt als ein Zeichen dafür, daß sich Patrizier und Plebejer nach langer Zeit heftiger Auseinandersetzungen miteinander versöhnt hatten.

### Zwei Stände: Patrizier und Plebejer

Wie im frühen Griechenland gehörte auch in Rom derjenige zum Adel, der reich und von vornehmer Abstammung war. Die *Patrizier* waren Grundbesitzer. Im Staat stellten sie die Beamten, bildeten den Senat und waren die Oberbefehlshaber im Krieg. Sie setzten das Recht fest und bekleideten die religiösen Ämter, die ihnen ebenfalls großen Einfluß auf das öffentliche Leben sicherten. Sie verteidigten ihre Vorrechte, die ihnen aufgrund ihrer Geburt „zustanden“, und schlossen sich streng vom übrigen Volk ab.

Zu den *Plebejern* gehörten wohlhabende und arme Bauern, Kaufleute, Handwerker und Tagelöhner. Sie bildeten also von Anfang an keine einheitliche Gruppe und hatten deshalb auch unterschiedliche Interessen:

- Die Mehrzahl der Bauern litt unter drückenden Schulden. Wenn sie die Zinsen für geliehenes Saatgut oder geborgte Lebensmittel nicht bezahlen konnten, drohte ihnen von seiten ihrer Gläubiger Tod, Verkauf in die Sklaverei oder die Schuldknechtschaft. Viele Schuldner verloren ihre persönliche Freiheit und mußten beim Gläubiger ihre Schulden abarbeiten. Die Situation ähnelte der in Athen zur Zeit Solons.
- Die wohlhabenderen Plebejer empfanden es als ungerecht, daß sie zwar Kriegsdienst leisten mußten, aber kein politisches Amt ausüben durften.
- Alle Plebejer vermißten Rechtssicherheit, da das Recht nicht schriftlich festgelegt war.

Für alle Plebejer galt, daß sie von den politischen Tätigkeiten und von der Rechtsprechung ausgeschlossen blieben. Patrizier und Plebejer bildeten zwei Gruppen in der römischen Republik, die durch ihre Rechte – oder Vorrechte – strikt voneinander getrennt waren. Man bezeichnet solche Gruppen im Staat als Stände.

### „Kampf den Patriziern“

Wie konnten die Plebejer vorgehen, um von den Patriziern, die freiwillig nichts von ihren Rechten preisgeben wollten, Zugeständnisse zu erhalten? Sollten sie verhandeln oder zu den Waffen greifen und einen Bürgerkrieg riskieren?

Als zu Beginn des 5. Jahrhunderts v. Chr. die Patrizier sich bei der Frage nach der Schuldentilgung unnachgiebig zeigten, soll erstmals ein Großteil der Plebejer gemeinsam aus der Stadt auf einen nahegelegenen Hügel gewandert sein.

Ein unerhörtes Vorgehen in den Augen der Patrizier! Selbstbewußt hatten die Plebejer – sie stellten die Masse der Fußsoldaten – damit den Heeresdienst verweigert und sich von den Patriziern getrennt. Rom war in kriegerische Auseinandersetzungen in Italien verwickelt. Was sollten die Patrizier ohne ein schlagkräftiges Heer tun?

Die Patrizier konnten in dieser Situation nichts dagegen unternehmen, als die Plebejer eine eigene Versammlung bildeten und sich „Anwälte“, *Volkstribunen* genannt, wählten. Diese wurden feierlich von der Plebs als unverletzlich erklärt. Wer Hand an einen Tribunen legte, sollte der Strafe der Götter verfallen. Jeder durfte einen solchen Frevler töten. Durch die Einführung des Volkstribunats wurde den Plebejern eine weitere Zusammenarbeit mit den Patriziern ermöglicht. Auch bei späteren Konflikten schreckten beide Seiten vor dem Ausbruch von Bürgerkrieg und Zwietracht zurück.

Um 450 v. Chr. veröffentlichte auf Betreiben der Volkstribunen eine Kommission von zehn Männern für alle geltende Gesetze. Auf zwölf Tafeln konnte nun jeder die Rechtsvorschriften einsehen. Eine Forderung der Plebejer – die Abschaffung der Rechtsunsicherheit – war damit erfüllt. Diese *Zwölftafelgesetze* betrafen z. B. Schulden, Diebstahl und Erbschaftsfragen. Es wurden aber auch nächtliche Zusammenkünfte ebenso wie Ehen zwischen Patriziern und Plebejern verboten. Nur fünf Jahre später erreichten die Plebejer durch ihre Tribunen, daß dies zurückgenommen wurde.

In der Folgezeit erkämpften sich die Plebejer weitere Zugeständnisse: Sie erhielten Anteil am eroberten Land und bekamen 367/366 v. Chr. durch Gesetz Zugang zum höchsten Amt, dem Konsulat. Sie konnten sich jetzt um jedes Amt bewerben, bald auch um die Priesterämter. Auch einer Aufnahme in den Senat stand nichts mehr im Wege. Die Anrede im Senat lautete deshalb nicht mehr „patres“, sondern „patres conscripti“, d. h. „Väter (= Patrizier) und Dazugeschriebene“. Zu diesem Zeitpunkt soll der oben erwähnte Tempel geweiht worden sein.

Aber noch waren nicht alle Ziele der Plebejer erreicht. Zwar wurde um 326 v. Chr. die Schuldknechtschaft verboten, doch blieb das Schuldrecht weiterhin hart. 287 v. Chr. griffen die Plebejer – allerdings das letzte Mal – zu ihrem schärfsten Druckmittel: Sie verließen wieder die Stadt, weil viele von Schulden erdrückt wurden. Wir wissen nicht, wie dieses Problem schließlich gelöst wurde. Doch dieser letzte Auszug bewirkte, daß die Be-

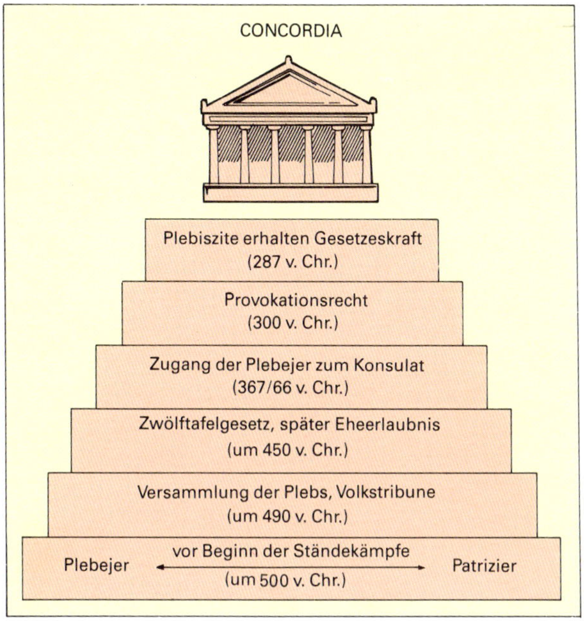


*Die Stufen auf dem Weg zur „Eintracht"*

schlüsse der Plebs zukünftig als Gesetze für das ganze Volk gelten sollten. Erst damit waren die Versammlung der Plebs und deren Leiter, der Volkstribun, voll anerkannt.

## Was die Plebejer erreichten

Für die politische Ordnung in der römischen Republik wurde als Ergebnis der Ständekämpfe vor allem die *Einrichtung des Volkstribunats* wichtig. Bei inneren Auseinandersetzungen konnte der Volkstribun „dazwischentreten", wenn z. B. ein patrizischer Beamter einen Plebejer bedrohte, und ihn so an der Ausübung seiner Macht hindern. Am Ende der Ständekämpfe wurde dieses Intercessions- oder Vetorecht (veto = ich verbiete) von den Patriziern anerkannt. Das konnte geschehen, weil inzwischen auch plebejische Familien in den Adel aufgestiegen waren und Volkstribune auch aus solchen Familien gewählt wurden.
Daß die Römer mit dem Amt des Volkstribunen leben konnten und die Volkstribunen nicht alles staatliche Handeln lahmlegten, ist bezeichnend für die Kompromißbereitschaft der Römer. Trotzdem blieb das Volkstribunat ein Risiko, wie sich am Ende des 2. und im 1. Jahrhundert v. Chr. zeigen sollte.
Außerdem haben die Plebejer als ein wichtiges Ergebnis der Ständekämpfe die Anerkennung der *Versammlung der Plebs* erreicht. Ihre Beschlüsse (Plebiszite) erlangten Gesetzeskraft.

## Bedeutung und Folgen der Ständekämpfe

Dem Gesetz nach waren nun die Plebejer den Patriziern gleichgestellt, patrizische Vorrechte waren gefallen. Aber eine Demokratie ist die römische Republik nicht geworden. Nur eine kleine Schicht von reichen, vornehmen Plebejern konnte die Errungenschaften ausnützen und politisch tätig werden. Denn in der Republik gab es keine Bezahlung für Ämter; jedes Amt galt als Ehre. Die plebejischen Familien, denen dieser Aufstieg gelang, verschmolzen mit den Patriziern zu einer neuen Führungsschicht, zu einer Art *Amtsadel.*
Zu diesem Amtsadel, Nobilität genannt, zählten alle Familien, die unter ihren Vorfahren Konsuln hatten. Sie bildeten im Senat eine hervorgehobene Gruppe. Und die Nobilitätsfamilien achteten darauf, daß die Politik in ihren Händen blieb. Wer nicht zu ihnen gehörte, hatte es schwer, politische Karriere zu machen.
Daß es während der Ständekämpfe nicht zum unheilbaren Bruch kam, lag an der politischen Einsicht der Patrizier, an den unterschiedlichen Interessen der Plebejer und schließlich auch daran, daß die Republik ständig in Kriege mit Nachbarn verwickelt war. Daraus vor allem erklären sich die Kompromisse zwischen Patriziern und Plebejern, die die Einigkeit immer wieder herstellten.

## 1 Die Gründungssage Roms

**1a** *Münze aus dem 3. Jahrhundert v. Chr., auf der die Wölfin mit den Zwillingen dargestellt ist*

**1b** *Wie in Griechenland und Ägypten, so wurden auch in Italien Sagen über die Entstehung von Menschen und Städten erzählt. Man kannte in Mittelitalien die Sage vom Trojanischen Krieg und von einer Wölfin, die zwei Kinder fand und sie wie ihre eigenen Jungen nährte. Aus diesen beiden Geschichten entstand zu einem Zeitpunkt, als Rom schon eine bedeutende Stadt war, folgende Gründungssage Roms:*

**D** Der Trojaner Aeneas, ein Sohn der Venus und eines sterblichen Vaters, kann aus Troja, dem der Untergang bevorsteht, fliehen – er rettet auch seinen Vater und seinen Sohn. Nach langen Irrfahrten landet er in Karthago an der nordafrikanischen Küste. Dort hätte ihm die Königin Dido gern als Gemahl eine neue Heimat geboten, aber Aeneas hat den göttlichen Auftrag, eine neue Stadt in Italien aufzubauen. Er gelangt schließlich nach Latium, der Landschaft, in der später Rom liegen wird. Sein Sohn Julus Askanius gründet eine Familie, und eine Nachfahrin dieses Julus, Rhea Silvia, wird Generationen später zur Mutter von Zwillingen, deren Vater der Kriegsgott Mars ist. Zu dieser Zeit regiert ein unrechtmäßiger König, der den rechtmäßigen König, seinen Bruder und Vater der Rhea Silvia, vom Thron gestoßen hat. Als er bemerkt, daß nun zwei legale Erben, die Zwillinge Romulus und Remus, geboren sind, läßt er sie in einem Korb auf dem Tiber aussetzen. Der Korb verfängt sich an den Wurzeln eines Baumes, und die Kinder locken mit ihrem Geschrei eine Wölfin an. Sie säugt die beiden. Ein Hirte entdeckt dies und nimmt die Kinder mit nach Hause. Die nun heranwachsenden jungen Männer wollen an der Stelle, an der sie einst als Säuglinge ausgesetzt wurden, eine Stadt gründen. Die Götter sollen entscheiden, wer der Stadt den Namen geben darf. Von unterschiedlichen Stellen aus betrachten sie den Himmel. Zuerst erscheinen dem Remus sechs Geier – sie künden nach altem Glauben Glück. Aber kurz darauf sieht Romulus zwölf Geier. Sofort beginnt er, um seine künftige Stadt eine Mauer zu bauen. Lachend springt Remus darüber, um seinem Bruder zu zeigen, daß diese Mauer keinen Schutz bietet. Da tötet Romulus im Zorn seinen Bruder.

1. *Was kann durch die Wolfsgeschichte zum Ausdruck gebracht werden, was durch die Aeneasgeschichte?*
2. *Überlege dir, warum die Römer sich eine solche Gründungssage gaben.*

## 2 Die Auseinandersetzung zwischen Patriziern und Plebejern

**2a** *Der römische Historiker Livius (59 v. Chr. –17 n. Chr.) geht in seiner „Geschichte seit der Gründung der Stadt" auf Ursachen und Verlauf der Kämpfe zwischen Patriziern und Plebejern ein. Die im folgenden geschilderten Ereignisse sollen um 490 v. Chr. stattgefunden haben:*

**Q** Jetzt drohte der Krieg mit den Volskern – und die Bürger selbst waren untereinander nicht einig, denn zwischen Patriziern und Plebejern herrschte erbitterter Haß, besonders wegen derjenigen, die in Schuldknechtschaft waren. Sie waren empört, daß sie draußen für Freiheit und Herrschaft Roms kämpfen müßten, zu Hause aber von ihren Mitbürgern verhaftet und zugrunde gerichtet würden. Die Freiheit der Plebejer sei im Krieg und unter den Feinden weniger gefährdet als im Frieden und unter ihren Mitbürgern. Dieser Groll, der von selbst glühte, wurde durch das auffallende Elend eines einzigen Mannes zur Flamme. Ein alter Mann, dem man sein Elend ansah, lief auf das Forum. Seine Kleidung war schmutzig, sein Körper blaß, abgezehrt und verfallen. Der lange Bart und die Haare ließen ihn verwildert aussehen. Trotz dieses unschönen Äußeren erkannten ihn die Leute und sagten, er sei lange Hauptmann gewesen. Mitleidig erzählten sie sich einige seiner Heldentaten im Krieg. Er selber zeigte die Narben auf seiner Brust, die von manch ehrenvollem Kampf zeugten. Warum er denn so heruntergekommen sei, fragte man ihn, und man stellte sich um ihn herum wie bei einer Versammlung. „Im sabinischen Krieg", sagte er, „habe ich Schulden gemacht. Als ich Kriegsdienst leistete, wurden meine Felder verwüstet, ich konnte nichts ernten. Mein Hof brannte ab, man nahm mir alles, auch das Vieh wurde weggetrieben. Zu diesem ungünstigen Zeitpunkt war auch noch die Kriegssteuer fällig; die Schulden wuchsen durch die Zinsen. Erst mußte ich meinen väterlichen und großväterlichen Besitz veräußern, dann mein übriges Vermögen. Endlich ergriff dieses Übel auch meinen Körper. Ich wurde meinem Gläubiger übergeben, nicht als Sklave, sondern ins Gefängnis und zur Folterung." Darauf zeigte er seinen Rücken, der schlimm aussah mit den noch frischen Striemen der Prügel. Als man dies sah und hörte, entstand lautes Geschrei. Es blieb nicht auf dem Forum, sondern lief durch die ganze Stadt. Alle, die noch in Schuldknechtschaft oder wieder daraus entlassen waren, liefen von allen Seiten herbei und schrien laut um Hilfe. Überall fanden sich Leute, die freiwillig mitgingen. Scharen von Menschen liefen so mit viel Geschrei zum Forum. Die Patrizier, die sich zufällig dort aufhielten, gerieten in große Gefahr, als sie mit diesen Leuten zusammentrafen. Man hätte sicher Hand an sie gelegt, wenn nicht die Konsuln Servilius und Claudius dazugekommen wären, um diesen Aufruhr zu beruhigen. Die Menge wendete sich nun an sie, zeigte ihnen ihre Fesseln und ihr Elend: „Dafür also haben wir uns geplagt." Und jeder erzählte von den einzelnen Orten, wo er sich tapfer geschlagen hatte. Sie drohten mehr, als daß sie baten, daß der Senat einberufen werden solle.

*Livius 2, 23. Übers. d. Verf.*

**2b** *Livius berichtet weiter, daß die Patrizier zwar versprochen hätten, nach Beendigung des Krieges gegen die Volsker das Schuldenproblem anzupacken, aber unmittelbar nach dieser kriegerischen Auseinandersetzung wollten sie die Plebejer erneut zu einem Krieg ausrücken lassen. Darauf zogen die Plebejer aus der Stadt hinaus auf den Heiligen Berg. Dort verhielten sie sich ruhig:*

**Q** Groß war die Bestürzung in der Stadt, die gegenseitige Furcht hielt alles in Atem. Die Plebejer, die von den Ihren zurückgelassen waren, fürchteten Gewaltmaßnahmen der Patrizier. Die Patrizier fürchteten die zurückgebliebenen Plebejer und wußten nicht, was sie eher wünschen sollten: daß diese in der Stadt blieben oder auch weggingen. Wie lange würde die Menge, die weggegangen war, ruhig bleiben? Und was sollte werden, wenn in der Zwischenzeit ein auswärtiger Krieg ausbrach? Sie kamen zu der Überzeugung, daß die einzige Hoffnung, die ihnen blieb, in der Einigkeit der Bürger liege. Diese müsse, koste es, was es wolle, wieder für den Staat hergestellt werden. Man beschloß also, den Menenius Agrippa als Sprecher zu den Plebejern zu schicken, einen redegewandten Mann, der bei den Plebejern sehr beliebt war, weil er aus ihren Reihen stammte.

Er wurde ins Lager eingelassen und soll in jener alten ungeschliffenen Art nur folgendes gesagt haben: „Zu der Zeit, als im menschlichen Körper noch nicht wie heute alle Körperteile einem Willen gehorchten, sondern jedes seinem eigenen Willen, und seine eigene Sprache hatte, ärgerten sich die Teile, daß sie nur für den Magen sorgten, für ihn arbeiteten und alles für ihn heranholten, daß aber der Magen in ihrer Mitte in aller Ruhe nur die gebotenen Annehmlichkeiten genieße. Da beschlossen die Körperglieder, daß die Hände keine Nahrung mehr zum Mund bringen, der Mund das Angebotene nicht annehmen und die Zähne nicht kauen sollten. Die Folge ihrer Empörung aber war, daß sie selbst und der ganze Körper außerordentlich schwach wurden, wo sie doch den Magen durch Hunger bezwingen wollten! Da wurde ihnen klar, daß auch der Magen keine bequeme Aufgabe hat und nicht weniger ernährt wird, als er selbst ernährt, indem er die Nahrung verarbeitet und das Blut – wodurch wir leben und gedeihen – in alle Körperteile und Venen verteilt."

Durch den Vergleich des Aufruhrs im Innern des Körpers mit der Empörung der Plebejer gegen die Patrizier soll Menenius die Leute umgestimmt haben.

*Livius 2, 32. Übers. d. Verf.*

1. *Beschreibe, wie sich Plebejer und Patrizier in beiden Auseinandersetzungen (Q 2a und 2b) verhalten.*
2. *Stelle aus beiden Quellen die Gründe zusammen, die zum Kampf zwischen Plebejern und Patriziern geführt haben.*
3. *Welche Absicht verfolgte Menenius mit seiner Fabel? Welche Argumente konnten die Plebejer für und gegen Menenius vorbringen?*

# Die Verfassung der römischen Republik

Die Ständekämpfe hatten gezeigt, daß für das Zusammenleben im Staat Regeln, d. h. Grundsätze für die politische Ordnung, notwendig waren. Anders als heute üblich, wurde die Verfassung der römischen Republik jedoch nie aufgeschrieben. Die meisten Regeln für das politische Leben – also z. B. wer Volksversammlungen einberufen durfte, wie abgestimmt wurde und welche Aufgaben Beamte hatten – wurden in Rom nicht durch Gesetze festgelegt. Die Tradition und die Überlieferung waren für die Römer fast wichtiger. Das, was schon die Väter und Urväter gemacht hatten, war für die Römer gültig wie ein Gesetz. Wenn wir von der Verfassung der römischen Republik sprechen, dürfen wir sie nicht mit einer geschriebenen Verfassung gleichsetzen.

## Der Senat und das römische Volk „SPQR"

### Der Senat

Das Zentrum der politischen Ordnung in der römischen Republik bildete der Senat. Ihm gehörten bis ins 1. Jahrhundert v. Chr. 300 Mitglieder an, dann wurde die Zahl auf 600 erhöht. Ursprünglich konnten nur Patrizier Mitglieder des Senats werden. Im Laufe der Ständekämpfe wurden aber auch Angehörige mächtiger plebejischer Familien zugelassen.

Darüber, wer einen Senatssitz erhalten sollte, wurde nicht abgestimmt, sondern entschieden alle fünf Jahre die Zensoren. Berücksichtigt wurden von ihnen in der Regel diejenigen, die hohe Ämter bekleidet hatten. Deshalb nennt man den Senatsadel auch *Amtsadel*. Einmal in den Senat berufen, gehörte man ihm bis zum Tode an. Nur wer sich schwerer Vergehen schuldig gemacht hatte, z. B. sich hatte bestechen lassen, konnte von den Zensoren aus dem Senat ausgestoßen werden.

Der Senat entschied über alle wichtigen Angelegenheiten des Staates, obwohl er eigentlich nur die Konsuln und die übrigen Beamten beraten sollte. Ein hoher Beamter hätte sich über die „Ratschläge" des Senats hinwegsetzen können. Doch dadurch hätte er eine ernste Auseinandersetzung mit dem Senat riskiert. Und außerdem besaß der Senat auch Machtmittel, Alleingänge eines Beamten zu verhindern, denn es galt von alters her die *Annuität*, d. h. die Amtszeit für nur jeweils ein Jahr.

### Die Magistrate

Die Staatsaufgaben wurden in der römischen Republik wie bei uns heute von Beamten, Magistrate genannt, wahrgenommen. Allerdings konnten in Rom nur Reiche Beamte werden, weil die Tätigkeit nicht bezahlt wurde. An der Tradition, alle Magistrate nur für ein Jahr und für jedes Amt mindestens zwei Beamte zu bestellen, wurde seit der frühen Republik festgehalten. Weil der eine Amtsträger Handlungen des anderen verbieten konnte, war auch das Prinzip der *Kollegialität* gewahrt.

*Die Prätoren waren die Gerichtsmagistrate Roms. Die unten abgebildete Münze zeigt das Tribunal des Prätors auf dem Forum: einen Pavillon mit der sella curulis.*
*Die Buchstaben A und C heißen: absolvo = ich spreche frei, und condemno = ich verurteile. Links im Bild eine Stimmurne.*

Neben den *Konsuln*, die die Staatsgeschäfte leiteten und das römische Heer führten, und den *Zensoren*, die die Aufsicht über die allgemeine Lebensführung hatten, gab es als wichtigste Beamte *Prätoren*, *Ädile* und *Quästoren*. Die gesamte Führungsschicht (Aristokratie) sollte herrschen. Eigenmächtige Handlungen eines einzelnen sollten verhindert werden. Sie hatten besondere Aufgaben in der Staatsverwaltung (siehe S. 138). Zur Durchsetzung ihrer Anordnungen waren die Amtsträger mit einer Zwangsgewalt ausgestattet: Sie konnten den Bürgern Geldstrafen auferlegen. Bis 300 v. Chr. konnten die Konsuln und Prätoren Bürger auspeitschen oder sogar töten lassen. Zeichen dieser Macht waren die Rutenbündel und Beile der Liktoren (siehe S. 130). Seitdem aber jeder Bürger, dessen Leben ein Magistrat bedrohte, dagegen die Volksversammlung anrufen konnte („Provokationsrecht"), trugen die Liktoren kein Beil mehr.
Schon bald nach Beginn der Ständekämpfe war ein besonderes Amt geschaffen worden: die *Volkstribune*, die die Plebejer vor Übergriffen patrizischer Magistrate schützen sollten. Mit dem Ende der Ständekämpfe waren sie ordentliche Magistrate geworden und hatten jetzt alle Bürger vor Beamtenwillkür zu schützen. Auch weiterhin durften zwar nur Plebejer Volkstribune werden. Doch da sie seit 300 v. Chr. aus dem Kreis der aufgestiegenen senatorischen Plebejerfamilien kamen, handelten sie meistens im Interesse des Senats. Ja, der Senat benutzte sie als Mittel, um gegen allzu „unabhängige" Magistrate vorzugehen.

*Auf der Rückseite dieser Münze des Münzmeister Cassius Longinus (vgl. Inschrift) ist ein Abstimmungsvorgang dargestellt. Ein Bürger legt einen Stimmstein in eine Urne, auf dem der Buchstabe V (= uti rogas, wie du verlangst) zu erkennen ist.*

## Die Volksversammlungen

Es gab in Rom verschiedene Formen von Volksversammlungen, aber alle unterlagen ganz bestimmten Regelungen. In keiner Volksversammlung wurde nach Personen abgestimmt, sondern nach „Stimmeinheiten" (z. B. Zenturien, die nach dem Besitz zusammengestellt waren, oder Wohnbezirken). Auf diese Weise wurde erreicht, daß die Reichen mehr politisches Gewicht als die Armen hatten. Eine römische Volksversammlung dürfen wir uns nicht wie eine lebhafte Parlamentsdebatte vorstellen. Über die von den Magistraten eingebrachten Vorlagen wurde nicht diskutiert; sie konnten nur angenommen oder verworfen werden. Außerdem waren nur wenige Entscheidungen den Volksversammlungen vorbehalten: Sie wählten die Magistrate, entschieden über Krieg und Frieden und – seit dem 300 v. Chr. eingeführten „Provokationsrecht" – über das Leben römischer Bürger. Im übrigen konnten der Senat oder die Magistrate entscheiden, ob sie eine Angelegenheit dem Volk zur Entscheidung vorlegen wollten.
Vergleicht man diese politische Ordnung mit der von Athen (siehe S. 93–95), dann wird deutlich, daß Rom keine Demokratie war. Die römische Republik wurde vom Adel beherrscht, sie war eine *Aristokratie*. Der Adel legte dabei großen Wert darauf, in Eintracht zu herrschen. Der Gehorsam gegenüber Senat und den Magistraten wurde in der römischen Gesellschaft schon von klein auf in der Familie eingeübt. Das politische Zusammenleben in Rom wurde fast stärker als durch die Verfassung dadurch bestimmt, daß die Bürger die Autorität des Senats und der Magistrate anerkannten und sich im Krieg für die *res publica* einsetzten. Deshalb mußten auch kaum Zwangsmittel angewandt werden, z. B. gab es keine Polizei.

## 1 Römische Beamte und ihre Aufgaben um 150 v. Chr.

| | |
|---|---|
| 2 Zensoren | Sie schätzen alle fünf Jahre die Bürger nach ihrem Vermögen und tragen sie in die Bürgerlisten ein. Sie wählen die Senatsmitglieder aus. Sie haben die allgemeine Aufsicht über die Sitten, verwalten die staatlichen Häuser und Grundstücke und verpachten die staatlichen Bergwerke und Zölle. |
| 2 Konsuln | Sie üben die allgemeine Leitung des Staates aus und führen das römische Heer. Sie berufen und leiten die Stimmabteilungen (Comitien) und den Senat. |
| 6 Prätoren | Der Stadtprätor vertritt die Konsuln. Zuständig ist er für die Gerichtsbarkeit in Rom und für die Durchführung feierlicher Spiele. Der Fremdenprätor ist zuständig für die Gerichtsbarkeit zwischen Bürgern und Fremden. Die 4 Provinzprätoren verwalten die Provinzen Sizilien, Sardinien mit Korsika und beide spanischen Provinzen. |
| 4 Ädilen | Die 2 plebejischen Ädilen können (wie die Volkstribunen, s. u.) die Versammlung der Plebs, die beiden kurulischen Ädilen die Tributcomitien einberufen und leiten. Allen Ädilen obliegt die Sorge für die Sicherheit und Sauberkeit der Stadt Rom, die Aufsicht über Verkehr, Kultstätten, Märkte, öffentliche Bäder und Brunnen. Außerdem sind sie für die Getreide- und Ölversorgung, die Magazinaufsicht und die Getreideverteilung zuständig. |
| Quästoren (Anzahl nicht genau bekannt) | 2 Quästoren sind in Rom Gehilfen der Konsuln und Verwalter der Staatskasse. 2 weitere sind Gehilfen der Feldherrn und Verwalter der Kriegskasse und Proviantmagazine. 4 Quästoren sind für die römische Flotte zuständig. Zusätzlich gibt es noch Provinzquästoren, die in den Provinzen Gelder verwalten und den Statthalter vertreten. |
| 10 Volkstribunen | Als Vertreter der Plebs gehören sie ursprünglich nicht zu den ordentlichen Magistraten, werden aber im Laufe der Zeit in die Ämterlaufbahn eingeordnet. Sie berufen und leiten die Versammlung der Plebs. Sie können Bürgern gegen andere Magistrate helfen – ihre Haustür darf deshalb nie verschlossen sein – und Handlungen aller anderen Beamten verbieten. |

*1. Fasse zusammen, welche Aufgaben die einzelnen Beamten übernahmen. Mit welchen heutigen Bezeichnungen kann man sich ihre Aufgaben klarmachen?*

*2. Was wird in deiner Stadt oder Gemeinde durch Behörden geregelt? Welche Unterschiede kannst du feststellen?*

## 2 Das Forum Romanum

① Jupiter-Tempel auf dem Kapitol
② Tempel der Juno auf der Burg
③ Tabularium (Staatsarchiv)
④ Tempel der Concordia
⑤ Tempel des Saturn
⑥ Rednertribüne
⑦ Basilica (Markt- und Gerichtshalle)
⑧ Curia (Versammlungsort des Senats)
⑨ Basilica Aemilia
⑩ Tempel der Vesta

*1. Forum und Kapitol sind das Zentrum Roms und des Römischen Reiches. – Versuche, diese Aussage anhand der Rekonstruktion zu erläutern.*

# Religion und Lebensformen der Römer

## Staat und Religion

Schon in der Frühzeit Roms hatte die Religion eine wichtige Rolle im politischen Leben gespielt. Dies hat sich auch später nicht verändert. Die Römer sahen in allem, was sie bedrohen konnte, göttliche Kräfte wirken. Da besonders die Bauern von den Gefahren der Natur abhängig waren, ist es nicht verwunderlich, daß die vom Staat organisierten religiösen Gebräuche und Feste oft mit der Landwirtschaft in Verbindung standen: Es ging darum, das Wohlwollen der Götter z. B. für das Aufgehen der Saat und für das Einbringen der Ernte zu gewinnen.
Ebenso hielten es die Römer für notwendig, die Zustimmung der Götter zu allen staatlichen Handlungen einzuholen. Bevor eine Volksversammlung oder ein Kriegszug stattfand, mußten die Götter befragt werden. Zuständig für die Durchführung dieser religiösen Handlungen waren Magistrate oder Priester, die eine Stellung wie die Magistrate hatten. Es handelte sich also um beamtete Priester.
Ein besonders kennzeichnendes Beispiel für die römische Religion ist der Kult der Vesta. Wie das Herdfeuer als Mittelpunkt des Hauses galt, so gab es auch auf dem Forum ein Herdfeuer, das als Zentrum des Staates galt und das die Göttin Vesta darstellte. Zuständig für den Dienst im Vesta-Tempel waren sechs Priesterinnen, die im Alter von sechs bis zehn Jahren ausgewählt wurden und die das Herdfeuer dann mindestens 30 Jahre pflegen mußten. Während dieser Zeit mußten sie unverheiratet und keusch bleiben. Dafür waren sie aber – als einzige Frauen in Rom – nicht der väterlichen Gewalt oder einem Vormund unterstellt und wohnten in einem Haus neben dem Tempel auf dem Forum. Von jeder menschlichen Bindung befreit, sollten sie allein der Gottheit gehören, aber auch ein Zeichen dafür sein, wie wichtig gegenüber den einzelnen Häusern und ihren Herdfeuern der Staat und das allgemeine Herdfeuer waren.
In der römischen Religion ging es also nicht um eine persönliche Beziehung des Menschen zu Gott, nicht um persönliche Frömmigkeit. Vielmehr ging es darum, drohende Gefahren abzuwehren, die Götter für die eigenen Vorhaben gnädig zu stimmen und durch sie die staatliche und gesellschaftliche Ordnung zu stärken.

## Die römische Familie

In Sparta (siehe S. 81) spielte das Familienleben keine Rolle. Der Staat übernahm hier die Aufgaben, die sonst die Familie erfüllt. Auf diese Weise sollte gesichert werden, daß sich jeder bedingungslos für die Gemeinschaft einsetzte. Die Römer hatten dasselbe Ziel: Pflichtgefühl, Gehorsam und Disziplin mußten nach ihrer Ansicht einen Römer auszeichnen, damit der römische Staat bestehen konnte. Aber in Rom übernahm nicht – wie in Sparta – der Staat die Aufgabe, dafür zu sorgen, daß diese Ziele verwirklicht wurden, sondern die Familie. Dabei wurde die Stellung des Vaters besonders hervorgehoben.

### Die väterliche Gewalt

Zwar stammt das Wort Familie aus dem Lateinischen, es hatte aber in Rom eine andere Bedeutung als heute: Damit war in Rom nicht eine Kleinfamilie mit Vater, Mutter und Kindern gemeint, sondern alles, was dem Hausvater *(pater familias)* unterworfen war. Über alle Angehörigen der Familie hatte der Hausvater absolute Gewalt. Er konnte über alle, die zu seiner Familie gehörten, Strafen aussprechen, bis hin zur Todesstrafe. Er konnte sogar seine Kinder verkaufen. Er allein verfügte über das Vermögen. Alle anderen besaßen nichts und konnten auch keine Verträge abschließen.
Seine Gewalt war lebenslänglich: Solange er lebte, waren ihm seine Söhne, Enkel und Urenkel unterworfen,

*Die Stellung des pater familias*

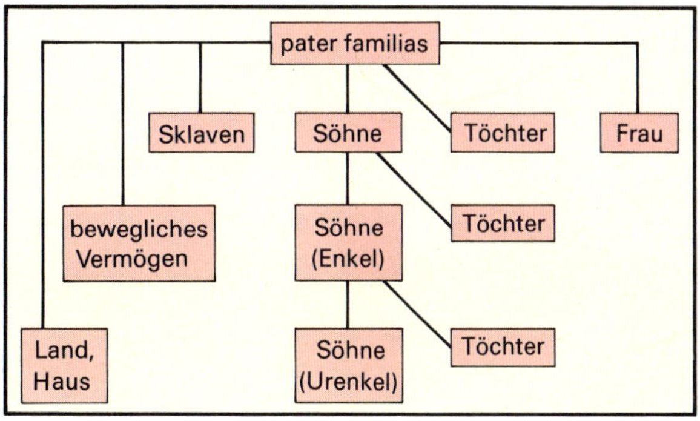

*Eine römische Ehe kam dadurch zustande, daß eine Frau und ein Mann ein gemeinsames Leben zu führen begannen. Wenn sie nicht mehr zusammenlebten, bedeutete das die Scheidung. Die abgebildete Vereinigung der rechten Hände gehörte zu den Hochzeitsbräuchen und sollte den Willen zum Zusammenleben, nicht Gefühle deutlich machen.*

auch wenn sie schon erwachsen waren und eigene Kinder hatten. Viele römische Väter wurden also nie pater familias, nämlich dann nicht, wenn sie schon vor ihrem eigenen Vater starben.
Ein Gesetz, das die Gewalt des pater familias eingeschränkt hätte, gab es nicht. Wurde über ein Mitglied der Familie die Todesstrafe ausgesprochen, mußte er sich jedoch vorher mit Verwandten und Nachbarn beraten. Außerdem konnte der Zensor, der die Aufsicht über die Lebensführung hatte (siehe S. 136), den Mißbrauch der Gewalt des pater familias durch eine Rüge strafen. Leider wissen wir kaum etwas darüber, wie die römische Familie tatsächlich lebte. Angesichts der unbegrenzten Gewalt des pater familias ist selbstverständlich, daß er über die Ausbildung und die Ehe der Familienangehörigen bestimmte. Bei Söhnen sollte er vom siebten Lebensjahr an selbst die Ausbildung übernehmen. Eine Schulpflicht und öffentliche Schulen gab es in Rom nicht. In späteren Zeiten wurde den erwachsenen Söhnen gewöhnlich auch ein Sondervermögen gegeben, mit dem sie wirtschaften konnten, das aber – wie auch die damit erwirtschafteten Gewinne – Eigentum des pater familias blieb.

### Die Familie als Kultgemeinschaft

Wie jede Gemeinschaft damals war die Familie auch Kultgemeinschaft. Das Herdfeuer und die Hausgötter wurden verehrt, aber auch die verstorbenen Eltern als „Elterngötter". Die vornehmen Familien durften in ihren Häusern Wachsbüsten ihrer Verstorbenen aufstellen, die bei jedem Begräbnis einschließlich aller Amtsabzeichen mitgeführt oder von Schauspielern getragen wurden. Die Vergangenheit blieb also immer lebendig, und von jedem Römer war gefordert, sich seiner Ahnen würdig zu erweisen.

## Mächtige und Schutzbedürftige

Die *familia* bildete nur einen Kreis von Beziehungen, in die jeder Römer fest eingebunden war. Ein weiterer und für die Römer kennzeichnender Kreis war die sogenannte Klientel.
Ein Klientelverhältnis entstand, wenn jemand sich unter den Schutz eines Mächtigen – gewöhnlich eines Senators – begab. Dieser Mächtige wurde dann Patron (patronus) genannt und hatte seinem Klienten (cliens) vor allem Beistand vor Gericht zu gewähren. Noch heute werden die „Kunden" eines Rechtsanwalts „Klienten" genannt.
Aber nicht nur vor dem Gericht war der Beistand eines einflußreichen Patrons von Vorteil. Auch bei anderen Bedrängnissen und Notlagen wie bei Feuer, Raub und Überfall wurde vom Patron Hilfe gewährt. Was hatte der Klient dafür zu leisten? In den Volksversammlungen stimmte der Klient so, wie es der Patron wollte. Das Verhältnis zwischen Patron und Klient wurde als „fides" (Vertrauen, Treu und Glauben) bezeichnet.
Warum begaben sich fast alle Römer in ein solches Klientelverhältnis? Die Antwort ist nicht schwer zu finden. Bei uns heute gibt es Polizei und Gerichte, die für den Schutz des Bürgers da sind. Auch ein Schwacher soll durch gesellschaftliche Einrichtungen geschützt werden. In Rom gab es eine Polizei in unserem Sinne überhaupt nie. Wer in der Republik jemanden anklagen wollte,

*Urne in Form einer Hütte aus dem 9./8. Jahrhundert v. Chr.*

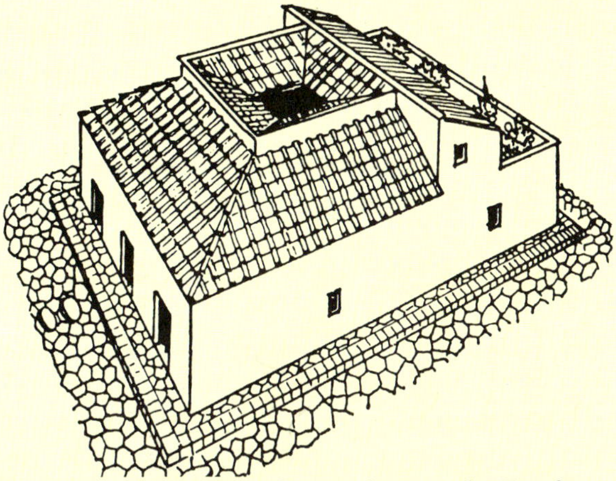

*Das Atriumhaus, das die typische römische Hausform wurde, haben wahrscheinlich die Etrusker entwickelt.*

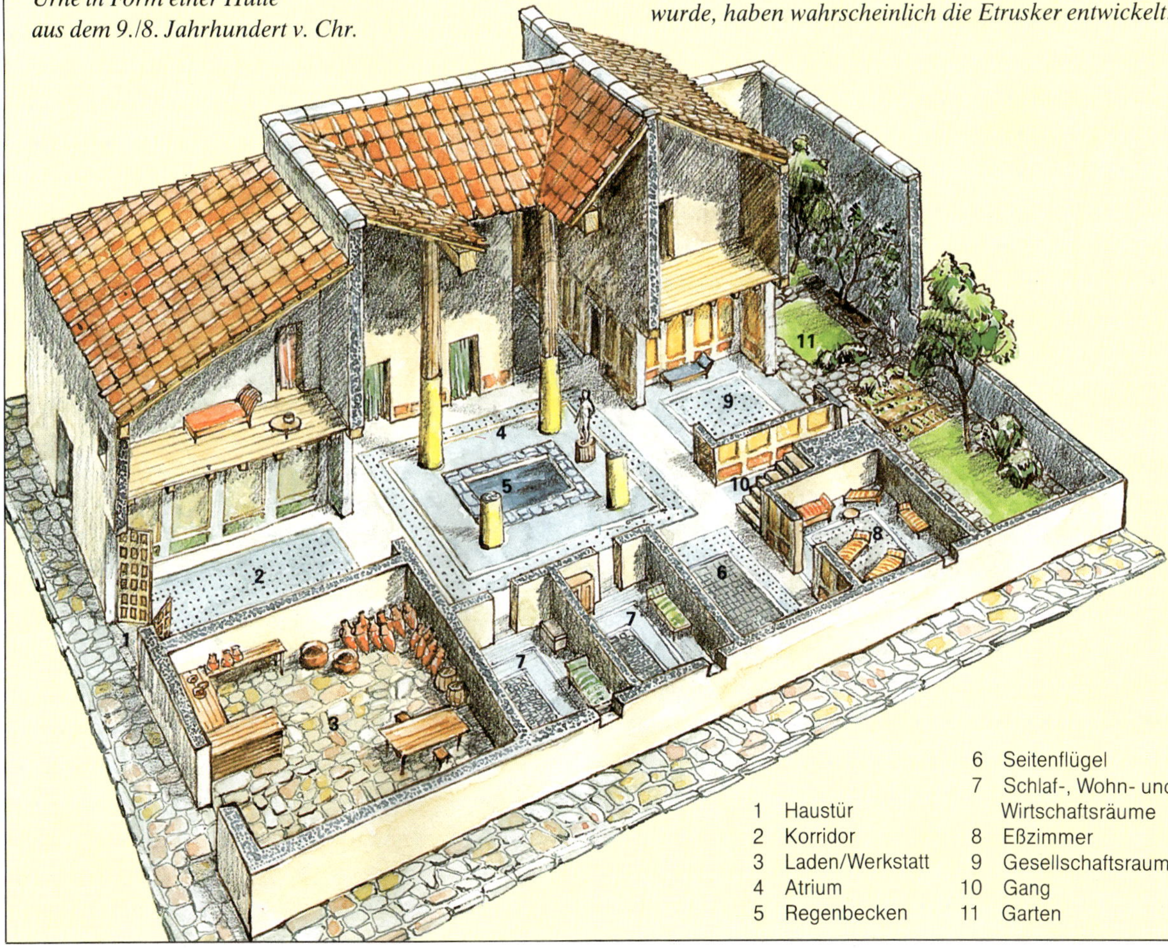


1 Haustür
2 Korridor
3 Laden/Werkstatt
4 Atrium
5 Regenbecken
6 Seitenflügel
7 Schlaf-, Wohn- und Wirtschaftsräume
8 Eßzimmer
9 Gesellschaftsraum
10 Gang
11 Garten

mußte selbst dafür sorgen, daß der Beklagte vor Gericht erschien, und selbst auch die Bestrafung übernehmen. Das konnten nur einflußreiche und mächtige Senatoren leisten, ganz abgesehen davon, daß deren Wort vor Gericht auch mehr zählte.
Die Klientel brachte also durchaus auch Vorteile für die Schwachen. Daneben erhielt und stärkte sie aber die Macht der Senatoren, und vor allem: Sie sicherte deren Gleichheit. Da jede Senatorenfamilie ihre Klientel hatte und die Klienten in den Volksversammlungen im Sinne ihrer Patrone abstimmten, konnte kein Adliger sich über einen anderen erheben.

## Römische Tugenden und Werte

### Was bestimmte das Denken der Römer?

Die Erinnerung an die Vergangenheit und die Vorfahren war für Römer sehr wichtig: Römische Eltern erzählten ihren Kindern Geschichten aus der Vergangenheit. Öffentliche Redner bezogen sich auf die Lebensweise der Vorfahren, wenn sie auf einer Versammlung überzeugen wollten. Viel mehr als wir uns das in unserer heutigen Zeit vorstellen können, haben sich die Römer an der Erfahrung und der Vergangenheit orientiert. Wir dürfen diese Hochschätzung der Tradition aber nicht so verstehen, daß die Römer dadurch nicht in der Lage gewesen wären, sich neuen Anforderungen anzupassen. Vielleicht war diese starke Besinnung auf die Tradition gerade eine wichtige Voraussetzung für die Erfolge Roms.
Viele Begriffe, mit denen wir heute bestimmte menschliche Eigenschaften bezeichnen, kommen aus dem Lateinischen: Disziplin, pietätvoll, autoritär. Oft haben diese Begriffe bei uns einen negativen „Beigeschmack“. Um das Denken und Leben der Römer zu verstehen, müssen wir uns ansehen, welche Bedeutung sie bei ihnen hatten.

### Die Einordnung in die Gemeinschaft

Eine besondere Bedeutung hatten für die Römer alle Tugenden, die die Einordnung in die Gemeinschaft förderten. Die Erfahrung, sich zusammenschließen zu müssen, um sich gegen äußere Angriffe erwehren zu können, spielte dabei eine wichtige Rolle. Hier war z. B. Gehorsam (disciplina) gegenüber dem Vater, dem Magistrat, dem Feldherrn gefordert. Vertrauen, Treue (fides) sollte nicht nur das Verhalten zwischen Patron und Klient bestimmen, sondern auch das Verhältnis unter Gleichen.
Unter Adligen war die politische Freundschaft sehr hoch angesehen, denn um sich im Senat oder in der Volksversammlung durchzusetzen, brauchte der römische Adlige Verbindungen zu seinen Standesgenossen. Pflichtgefühl (pietas) sowohl gegenüber den Göttern („Frömmigkeit“) als auch gegenüber den Eltern galt als rechte Gesinnung.

### Das Streben nach Ruhm

Wie in jeder Adelsherrschaft war auch für den römischen Adel Ruhm (gloria) erstrebenswert. Ein besonderes Kennzeichen der römischen Aristokratie war, daß Ruhm allein durch politische und vor allem militärische Taten gewonnen werden konnte. Höchste gloria bedeutete es, nach einem wichtigen Sieg imTriumph in Rom einziehen zu können – die Kleidung des Triumphators war die alte der etruskischen Könige, ein Purpurgewand.

### Die rechte Lebensführung

Die Forderungen dazu stammen noch ganz aus der bäuerlichen Welt, in der das tägliche Überleben ein Problem war. Sparsamkeit steht hier neben mühevoller Tätigkeit. Arbeit wurde bei den Römern nur gutgeheißen und gefordert, wenn man dadurch nicht, wie z. B. bei der Lohnarbeit, von anderen abhängig wurde. Beständigkeit und Durchhaltevermögen sollten den römischen Mann ebenso auszeichnen wie Würde und Strenge.
Der Inbegriff aller positiven Eigenschaften wurde mit dem Begriff *virtus* bezeichnet. Damit war ein vorbildlicher Charakter und untadeliges Verhalten gemeint.

## 1 Lob für Verstorbene

**1a** *Grabinschrift des Lucius Cornelius Scipio (Konsul 259 v. Chr.)*

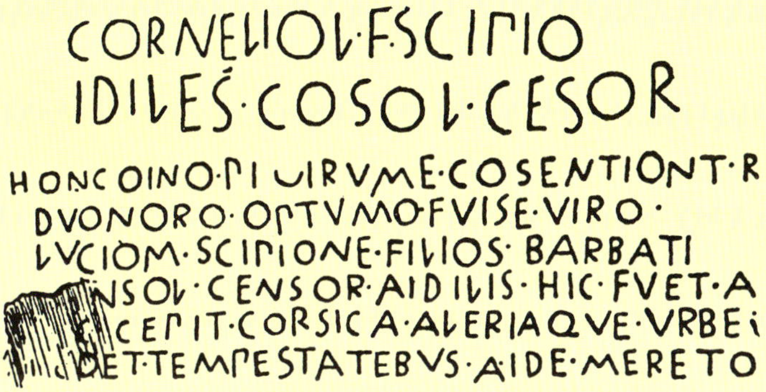


*Die Übersetzung lautet:*
Lucius Cornelius, des Lucius Sohn, Scipio, Aedil, Konsul, Censor. Dieser eine, so stimmen die meisten Römer überein, ist der guten Männer bester gewesen, Lucius Scipio, der Sohn des Barbatus, Konsul, Censor, Aedil, dieser ist bei euch gewesen, dieser nahm Korsika und Aleria, die Stadt, weihte den Wettergottheiten einen Tempel nach Gebühr.

**1b** *Grabinschrift des Cnaius Cornelius Scipio Hispanus (Prätor 139 v. Chr.):*

**Q** Die Mannestugenden meines Geschlechts habe ich durch meine Lebensführung gemehrt, Nachkommenschaft mir gezeugt, den Taten des Vaters nachgeeifert, der Vorfahren Ruhm erhalten, daß sie sich freuen sollten, daß ich ihnen geboren ward; ihren Sproß hat die Ehre geadelt.

**1c** *Grabinschrift für eine Gattin (120 v. Chr.):*

**Q** Kurz, Wandrer, ist mein Spruch: Halt an und lies ihn durch! Dies ist der schlichte Grabstein einer schönen Frau. Mit Namen nannten sie die Eltern Claudia. Mit ganzem Herzen liebte sie den eignen Mann. Der Söhne zwei gebar sie; einen läßt auf Erden sie zurück, den andren barg sie in der Erde Schoß. Sie war von art'ger Rede und gemeßnem Gang, versah das Haus und spann. Ich hab' gesprochen. Geh!

*Alle drei Grabinschriften in: Geschichte in Quellen, Bd. 1 (hg. v. W. Arend), München 1965, S. 407f.*

1. *Welche Vorzüge und Taten werden bei den beiden verstorbenen Männern, welche bei der Frau hervorgehoben?*
2. *Heute werden die Vorzüge Verstorbener oft nicht auf den Grabsteinen, sondern in Todesanzeigen in der Zeitung genannt. Stelle solche Vorzüge zusammen und vergleiche sie mit denen in den Grabinschriften.*

## 2 Ein Römer mit den Büsten seiner Vorfahren

1. *Welche römischen Werte werden dadurch ausgedrückt, daß sich ein Römer mit den Büsten seiner Ahnen darstellen ließ?*

## 3 Von Opfern und Festtagen

**3a** *Relief von einem Opferaltar in Pompeji aus dem 1. Jahrhundert v. Chr.*

**3b** *Über die römischen Feiertage:*

**D** Die Römer hatten keine Siebentagewoche mit einem Sonntag als regelmäßigem Feiertag. Aber es gab viele Festtage, die einem oder mehreren Göttern geweiht waren. Zum Festtag gehörte das Opfer, das Beamte und Priester dem Gott darbrachten: Tiere (Rinder, Schweine oder Schafe), aber auch Kuchen, Honig und Wein waren den Göttern wohlgefällig. Das Opfertier wurde zum Altar, auf dem ein Feuer brannte, geführt. Der Opfernde sprach ein Gebet, wobei er sich nicht versprechen durfte. Dies galt nämlich als böses Vorzeichen, und das Gebet mußte wiederholt werden. Dann tötete der Opferdiener das Tier. Eingeweide und Knochen gehörten dem Gott, das Fleisch wurde gebraten und von der Opfergemeinde als Opferschmaus verzehrt.
Mehrere aufeinanderfolgende Festtage hießen *feriae*. Zu den längsten „Ferien" gehörten die Festtage für den Gott Saturn, ein Gott des Ackerbaus, in der Mitte des Monats Dezember. Man feierte diesen Festtag mit einem fröhlichen Umzug; vor dem Tempel des Saturn auf dem Forum wurde ein Opfer dargebracht, daran schloß sich ein Festmahl an. Verwandte, Freunde und Bekannte erhielten Geschenke. Die Sklaven bekamen für einen Tag alle Freiheiten und wurden von ihren Herren bedient.
Neben den feststehenden Feiertagen gab es noch eine Reihe beweglicher Festtage. Außerdem konnten die Beamten aus besonderem Anlaß, z. B. wegen eines Sieges oder einer überstandenen Gefahr, weitere Feiertage ansetzen.

1. *Beschreibe mit Hilfe des Textes und des Bildes die Opferfeier.*
2. *Vergleiche die Art, wie die Römer opferten und feierten, mit unseren Feiertagen.*
3. *Erkläre die Besonderheiten der „Saturnalien" und überlege, inwieweit auch wir noch ein Stück dieser Tradition übernommen haben.*

## 4 Ein Vater straft seinen Sohn

*Die folgende Schilderung ist der „Sammlung merkwürdiger Reden und Taten" des Valerius Maximus entnommen. Diese Sammlung, die um 30 n. Chr. entstand, ist kennzeichnend für das Bemühen der Römer, aus der Geschichte Beispiele (exempla) für die Gegenwart zu gewinnen:*

**Q** Die römische Reiterei war von den Kimbern bei der Etsch geschlagen worden; sie ließ den Konsul Catulus im Stich und floh voller Angst nach Rom. Der Sohn des Marcus Scaurus war bei dieser jämmerlichen Flucht dabei. Marcus Scaurus, dieser in Rom hochangesehene und anerkannte Mann, ließ nun seinem Sohn bestellen, er, der Vater, wäre lieber dem Leichnam seines in der Schlacht getöteten Sohnes entgegengegangen, als daß er ihn, seinen Sohn, als einen Mitschuldigen an dieser unehrenhaften Flucht sehen müßte. Wenn auch nur noch ein Funken Ehrgefühl in ihm sei, dann solle er es vermeiden, unter die Augen seines Vaters zu treten, dem er Schande bereitet habe.
Marcus Scaurus dachte an seine eigene Jugend, und es wurde ihm klar, was für einen Sohn er lieben könne und was für einen er verachten müsse.
Als dem jungen Scaurus die Nachricht seines Vaters überbracht war, sah er sich gezwungen, das Schwert gegen sich selbst zu richten mit größerer Tapferkeit, als er dies gegen den Feind getan hatte.
*Valerius Maximus V 8, 4. Übers. d. Verf.*

1. *Was kannst du aus dem Bericht über die römische Erziehung lernen?*
2. *Von welchen Werten wird das Verhalten des Vaters bestimmt?*
3. *Welche Argumente kann man aus heutiger Sicht dem Verhalten des Vaters entgegensetzen?*

# Ein Bauernstaat wird Großmacht

## Über Krieg und Frieden heute und in der Antike

Um 500 v. Chr. war Rom ein kleiner Bauernstaat am Tiber mit einem Gebiet, das ungefähr so groß war wie das heutige Hamburg. 250 Jahre später beherrschte es Italien, nach weiteren 100 Jahren einen großen Teil des Mittelmeergebietes. In diesen Jahrhunderten reihte sich Krieg an Krieg mit großen Siegen, aber auch mit katastrophalen Niederlagen.
Warum führten die Römer Kriege? Warum war es so schwer für sie, Frieden zu erringen und zu bewahren? Diese Fragen gelten für uns heute ebenso wie für die Völker der Antike. Die verheerenden Kriege unseres Jahrhunderts und das Bewußtsein, daß ein neuer weltweiter Krieg die Menschheit insgesamt vernichten könnte, lassen uns den Frieden als ein besonders kostbares Gut erscheinen.
In der Antike hatten Krieg und Frieden eine andere Bedeutung. Die Forderung „Nie wieder Krieg!" hätte bei den meisten Menschen damals nur ein Kopfschütteln hervorgerufen. Kriege wurden fast als selbstverständlich betrachtet, sie brachen schnell aus und blieben außerdem meist auf einen bestimmten Raum beschränkt.
Die Gründe, warum diese Kriege geführt wurden, waren vielfältig: Da gab es als Motive den Hunger, den Mangel an fruchtbarem Land oder die Jagd nach Beute. Aber auch, weil man der Erste sein wollte, sich militärisch überlegen fühlte oder seine Macht und seinen Einflußbereich vergrößern wollte, wurden Kriege geführt. Und nicht zuletzt begannen Kriege, weil sich ein Staat in seinen Rechten verletzt fühlte oder ein anderer Staat als Gefahr und Bedrohung empfunden wurde.
Welche Motive spielten bei den vielen Kriegen der Römer eine Rolle? Das können wir nicht für jeden Fall klären. Wichtige Hinweise erhalten wir aber aus Friedensschlüssen und dem, was die Römer darin von den Besiegten verlangt haben. Mußten von den Besiegten z. B. Gebiete abgetreten werden? Aufschlußreich sind auch die Unternehmungen der Römer in den Zeiten, in denen sie keinen Krieg führten: Waren das Reaktionen auf vorherige oder Vorbereitungen für neue Kriege?

## Rom breitet seine Herrschaft über Italien aus

Bald nach Beendigung der Ständekämpfe befanden sich um 270 v. Chr. Mittel- und Süditalien unter römischer Vorherrschaft. In den vorangegangenen Jahrhunderten hatten die Römer gegen Kelten, Etrusker, Lukaner, Samniten und gegen Tarent – die mächtigste Griechenstadt Süditaliens – gekämpft (siehe Karte S. 131). Nicht immer waren die Römer die strahlenden Sieger – dennoch haben sie sich durchgesetzt. Woran lag das?
Fast über das ganze 5. Jahrhundert v. Chr. zog sich das Ringen mit der benachbarten Etruskerstadt Veji hin. Veji kontrollierte wichtige Salinen am Tiber und sperrte Rom den Zugang nach Norden zu befreundeten Städten. Die junge Republik Rom sah in Veji eine Gefahr. Nachdem es den Römern gelungen war, die Stadt einzunehmen (396 v. Chr.), zerstörten sie sie völlig und verteilten das

*Samnitische Krieger, Malerei aus einem Grab bei Paestum (Anfang 4. Jahrhundert v. Chr.)*

*Die Via Appia, begonnen 312 v. Chr., führte zunächst von Rom nach Capua, später bis Brindisi (siehe Karte S. 150). Sie war die erste gepflasterte Straße. Ihren Namen hat sie von dem Zensor Appius Claudius Caecus, der sie anlegen ließ.*

Gebiet an römische Bauern. Das römische Staatsland wurde dadurch verdoppelt. Dieses Vorgehen, bei dem Rom sich das Land der Gegner aneignete und römischen Siedlern zuwies, wurde zu einem Grundmuster bei der Ausbreitung der römischen Herrschaft in Italien.

### Ein „schwarzer Tag" und seine Folgen

Um 400 v. Chr. hatten Kelten – von den Römern Gallier genannt – die Poebene besetzt. Von dort unternahmen sie Beutezüge und brachten den Römern 387 v. Chr. an der Allia, einem Nebenfluß des Tiber, eine schwere Niederlage bei. Sie fielen in Rom ein, plünderten die Stadt – nur das Kapitol soll verschont worden sein – und zogen erst ab, als sie eine hohe Abfindung erhalten hatten. „Wehe den Besiegten", soll der Gallierfürst Brennus gedroht haben. Dieses Ereignis setzte sich als Schock für Jahrhunderte im Gedächtnis der Römer fest. Alljährlich erinnerte der römische Kalender an diesen „schwarzen Tag". Die Stadt wurde durch eine Mauer, die sogenannte Servianische Mauer, geschützt.

In der Folgezeit kämpfte Rom gegen benachbarte Stämme, bis es schließlich die Herrschaft über Latium errang. Verteidigte Rom anfangs wegen seiner offenen Lage die eigene Sicherheit, so änderte sich dies allmählich. Rom wurde von bedrängten Städten in Süditalien um Hilfe angerufen und ließ sich so in neue kriegerische Konflikte hineinziehen. Dabei versetzten schwere Niederlagen den Römern große Rückschläge. Sie bewirkten, daß sich das Sicherheitsbedürfnis der Römer noch stärker ausprägte.

Aufgrund ihrer überlegenen politischen Organisation und ihres Einsatzes für den Staat wuchs das Ansehen Roms. Viele Stämme gingen freiwillig Bündnisse mit den Römern ein. Einzelpersönlichkeiten, von deren Tapferkeit und Opfermut die Geschichtsschreiber erzählen, stehen stellvertretend für eine breite Führungsschicht, die für Bestand und Wachstum des römischen Staates kämpfen wollte.

### Wie sichern die Römer ihre Herrschaft in Italien?

In den eroberten Gebieten verfuhren die Römer nicht nach einem einheitlichen Schema. Manche Gebiete annektierten sie und gaben sie an römische Siedler, z. B. Veji, oder machten sie zu Staatsland (ager publicus). Einige Gemeinden erhielten das römische Bürgerrecht. An den Wahlen in Rom aber nahmen diese Bürger nicht teil; sie behielten ihre eigene Verwaltung, in der Außenpolitik entschied Rom.

In ungesicherten Gebieten, z. B. im Rücken der Feinde, legten die Sieger Kolonien an, in denen Römer und Nichtrömer angesiedelt wurden. Diese erhielten eine eigene Verwaltung, die der römischen nachgebildet war. Als Bollwerke gegen mögliche Gefahren sollten sie selbständig handeln können. Außerdem schloß Rom Bündnisse mit weiterhin selbständigen Gemeinden. Diese Bundesgenossen waren ebenso wie die Bewohner der Kolonien verpflichtet, Truppen zu stellen.

Über das annektierte Gebiet und die Kolonien breiteten sich die lateinische Sprache, römische Sitten und Fertigkeiten wie die Baukunst langsam in Italien aus. Man begann auch, feste Straßen zu militärisch oder wirtschaftlich wichtigen Städten zu bauen. Sie werden zum Teil noch heute benutzt, wie die Via Appia von Rom nach Capua.

## Rom auf dem Weg zur Weltherrschaft

Im Jahr 141 v. Chr. beendete Scipio Aemilianus seine Amtszeit als Zensor mit einem Opfer. Ein Schreiber las ihm das dazugehörige Gebet aus den Staatsurkunden vor. Darin wurden die unsterblichen Götter angefleht, den Besitz des römischen Volkes zu fördern und auszudehnen. Da sagte Scipio: „Er ist groß und stark genug. So bitte ich die Götter nur darum, ihn für immer unversehrt zu erhalten." Und er ließ den Wortlaut des Gebetes in den Staatsurkunden abändern. Habsüchtig sei, wer jetzt, da Rom den größten Teil der bewohnten Erde besitze, noch darüber hinaus etwas erbitte.
Seit der römischen Eroberung Italiens waren rund 120 Jahre vergangen. In dieser Zeit hatte Rom seine Herrschaft weit über die Halbinsel hinaus ausgedehnt. Scipio selbst und viele seiner Vorfahren waren maßgeblich an der Vergrößerung des Reiches beteiligt gewesen.

### Rom und Karthago

Karthago war seit dem 7. Jahrhundert v. Chr. eine große See- und Handelsmacht im westlichen Mittelmeer. Sein Verhältnis zu Rom war lange Zeit gut. Das wissen wir aus Verträgen, in denen Rom und Karthago ihre gegenseitigen Interessen zu wahren versprachen.
In Süditalien gerieten die Römer erstmals in unmittelbare Nachbarschaft zu den Karthagern, die sich auch in Sizilien festgesetzt hatten. Von 264–241 v. Chr. dauerte der *Erste Punische Krieg* – die Römer nannten die Karthager Punier –, der auf beiden Seiten mit äußerster Härte geführt wurde. In einer letzten Anstrengung schließlich sorgten die Angehörigen der römischen Nobilität mit ihrem Privatvermögen für den Bau einer neuen Flotte und ermöglichten so den entscheidenden Sieg. Im Friedensschluß verlangten die Römer:

*Die Ausbreitung des Römischen Reichs von 200 v. Chr. bis 14 n. Chr.*

- die Herausgabe Siziliens,
- eine Kriegskostenentschädigung von 1000 Talenten sofort, von weiteren 2200 in zehn Jahresraten ( 1 Talent betrug 25,8 kg Silber).

Wiederum hatte Rom sein Herrschaftsgebiet ausgedehnt. Sizilien wurde danach aber anders behandelt als italische Gebiete: Ein römischer Beamter, ein Prätor, verwaltete das Gebiet, das damit politisch abhängig wurde. Die Bewohner mußten Tribute bezahlen. Die erste römische Provinz war errichtet.

Die Karthager verlegten daraufhin ihre Tätigkeit nach Spanien, wo ihnen die Gründung eines Reiches gelang. Von dort aus fiel Hannibal in Italien ein, nachdem die Römer wegen einer Vertragsverletzung Karthago den Krieg erklärt hatten. In einem spektakulären Zug (siehe Karte S. 148) hatte Hannibal mit Kriegselefanten die Alpen überschritten.

Dieser *Zweite Punische Krieg* (218–202 v. Chr.) brachte Rom fast den Untergang. Zwei römische Heere waren schon geschlagen, als die Römer 216 v. Chr. bei *Cannae* ihre bis dahin größte Niederlage erlitten. Das 80000 Mann starke Heer wurde in einer Umfassungsschlacht völlig aufgerieben. Keine Familie in Rom, in der nicht ein Trauerfall zu beklagen war. Senat und Volk aber gaben nicht auf. Karthagische Gesandte, die die Bereitschaft zu einem Friedensschluß erkunden sollten, wurden nicht in Rom eingelassen. Hannibals Versuche, möglichst viele römische Bundesgenossen für den Kampf gegen Rom zu gewinnen, schlugen fehl. Schließlich riefen ihn die Karthager nach Afrika zurück. Ein römischer Feldherr war nämlich mit seiner Streitmacht dorthin übergesetzt, um den Krieg in Afrika weiterzuführen. In der Entscheidungsschlacht bei *Zama* (202 v. Chr.) schlug dieser Feldherr, ein Scipio, der dann den Beinamen Africanus erhielt, Hannibal mit derselben Taktik, die dieser in Cannae angewendet hatte.

In Spanien wurden zwei römische Provinzen eingerichtet. Außerdem verlangten die Römer:

- die Herausgabe aller Kriegselefanten und aller Kriegsschiffe bis auf zehn,
- eine Kriegskostenentschädigung von 10 000 Talenten, zahlbar in 50 Jahresraten,
- daß Kriege nur mit römischer Zustimmung geführt werden dürften.

Diese letzte Bedingung wird den Karthagern zum Verhängnis. Ohne vorher in Rom die Erlaubnis einzuholen, wehren sie sich im Jahre 150 v. Chr. gegen Angriffe der Numider, die in ihr Gebiet einfallen. Die römische Kriegserklärung folgt unverzüglich. Da unterwerfen sich die Karthager. Sie liefern sämtliche Waffen aus. Als aber die Konsuln von ihnen verlangen, ihre Stadt, die zerstört werden soll, zu verlassen, weigern sie sich.

Drei Jahre lang halten sie der römischen Belagerung stand, bis es gelingt, die Stadt zur Aufgabe zu bringen. Die Überlebenden werden versklavt, die Stadt wird dem Erdboden gleichgemacht, der Boden verflucht: Nie wieder soll er bebaut werden. Das Gebiet wird zur Provinz Afrika (146 v. Chr.). Jetzt hat Rom die uneingeschränkte Herrschaft im westlichen Mittelmeerraum.

## Rom und der Osten

Seit etwa 200 v. Chr. wurde Rom von Staaten im östlichen Mittelmeerraum als Schutzmacht angerufen. Dabei ließ es sich bei Streitigkeiten zwischen den Diadochenherrschern (siehe S. 117) in mehrere Kriege verwickeln. Schließlich ordnete Rom das ehemalige makedonische Reich neu. Als Provinz Macedonia mit Achaia (Griechenland) wurde es dem Römischen Reich im Jahr 148 v. Chr. angegliedert.

Die römische Macht hat dann den König von Pergamon so „beeindruckt", daß ihm nichts anderes übrigblieb, als sein Reich testamentarisch den Römern zu vermachen (133 v. Chr.). In den folgenden Jahrhunderten vergrößerten die Römer ihr Reich noch weiter (siehe Karte S. 145). Wer dachte wohl noch an die Worte, die Scipio ins Staatsgebet hatte aufnehmen lassen?

## Die Auswirkungen der Weltherrschaft

Die Unterlegenen verloren ihre politische Unabhängigkeit. Im Westen nahm man römische Sitten, Sprache und Kultur auf. Die spanische, portugiesische und französische Sprache sind wie das Italienische romanische Sprachen, Tochtersprachen des Latein. Im Osten dagegen lernten die Römer eine Kultur kennen, die der ihren weit überlegen war und die ihr Denken und Verhalten zu beeinflussen begann. Nicht nur griechische und hellenistische Kunstwerke, Philosophen und Gelehrte kamen nach Rom und Italien, sondern auch unzählige Sklaven. So veränderte sich neben der Kultur auch die Wirtschaftsweise der Römer. Konnte dieses große Weltreich weiterhin mit der Verfassung, die auf einen Stadtstaat zugeschnitten war, regiert werden?

## 1 Die Römer – Schutzmacht für Bedrängte?

*Um 340 v. Chr. bedrängten die kriegerischen Samniten die Bewohner Campaniens und deren Hauptstadt Capua. Mit einer Gesandtschaft wandten sich die Campaner an den Senat in Rom um Hilfe. Livius (59 v. Chr.–17. n. Chr.) berichtet über den Beschluß des Senats:*

**Q** Obwohl es sich um die bekannteste und reichste Stadt Italiens, um sehr fruchtbares Hinterland handelte, das nahe am Meer lag und in teuren Zeiten die Kornkammer für Rom werden konnte, galt ihnen doch die Treue mehr als dieser große Vorteil. Der Senat entschied, und nach diesem Beschluß antwortete der Konsul: „Campaner, der Senat ist der Meinung, daß ihr Hilfe verdient; allerdings können wir nur unter der Bedingung mit euch Freundschaft schließen, daß keine ältere Bindung dadurch verletzt wird. Die Samniten sind mit uns verbündet; daher können wir euch nicht mit Waffen, die eher die Götter als die Menschen verletzen würden, gegen die Samniten unterstützen. Aber wir können Gesandte zu ihnen als Freunde und Verbündete schicken mit der Bitte, euch kein Leid zuzufügen – das ist göttliches und menschliches Recht."

Darauf erwiderte der Führer der Gesandtschaft: „Wenn ihr auch unser Hab und Gut nicht gegen Gewalt und Ungerechtigkeit schützen wollt, so werdet ihr sicher eure Habe verteidigen; deshalb legen wir das campanische Volk, Capua, das ganze Land, die Tempel, alles Eigentum von Göttern und Menschen in eure Gewalt, Senatoren, und in die des römischen Volkes. Alles, was wir von jetzt an ertragen, werden wir als eure Untertanen ertragen!" Bei diesen Worten warfen sich alle in der Vorhalle der Kurie zu Boden; sie streckten weinend die Hände zu den Konsuln …

Da glaubten die Senatoren, sie müßten auch diesen Unterworfenen die Treue halten und dürften sie nicht im Stich lassen. Die Samniten würden unrecht handeln, wenn sie das Land und die Stadt, die durch Unterwerfung zum Eigentum des römischen Staates geworden seien, angriffen. Also faßten sie den Entschluß, sofort Gesandte an die Samniten zu schicken … Wenn die Gesandten auf freundlichem Wege nichts erreichten, sollten sie den Samniten deutlich sagen: „Hände weg von Capua und dem Land der Campaner!"

*Livius 7, 31. Übers. d. Verf.*

1. *Gib in eigenen Worten den Vorgang wieder, der sich im Senat abspielte.*
2. *Warum lehnt der Senat anfangs eine sofortige Hilfe für die Campaner ab? Wodurch gelingt es der Gesandtschaft, den Senat für ihre Sache zu gewinnen?*
3. *Versetze dich in die Lage eines Nichtrömers. Wie würde er den Bericht des Livius aufnehmen?*

## 2 Wie sichern die Römer ihre Herrschaft in Italien?

**Q** Als die Römer nach und nach Italien im Krieg unterwarfen, nahmen sie jedesmal einen Teil des eroberten Landes für sich und gründeten Städte darauf oder wählten für die schon vorhandenen Gemeinden aus ihren Reihen Siedler aus. Diese Städte sollten, so war ihre Absicht, Festungen ersetzen; von dem jeweils erbeuteten Lande aber verteilten sie den bebauten Teil sogleich an die Siedler oder verkauften oder verpachteten ihn; das Land aber, das infolge des Krieges unbebaut war – das war bei weitem der überwiegende Teil –, nahm man sich nicht die Zeit zu verteilen. Vielmehr sprachen sie es durch eine Bekanntmachung einstweilen demjenigen zu, der bereit war, es zu bearbeiten, gegen eine bestimmte Abgabe vom jährlichen Ertrag, eines Zehntels der Getreideernte, eines Fünftels der Baumfrüchte; auch für die, die das Land nur zur Weide benutzten, war eine Abgabe von größerem und kleinerem Vieh festgesetzt. Und das taten sie, um den italienischen Stamm, der ihnen besonders ausdauernd schien, zu vermehren, um so Bundesgenossen aus dem eigenen Lande zu haben. Doch gerade das Gegenteil davon trat ein. Denn die Reichen rissen den größten Teil dieses nicht verteilten Bodens an sich und kamen mit der Zeit zu der festen Überzeugung, niemand werde ihnen das wieder wegnehmen. Und von dem angrenzenden Land und sonstigen Kleinbesitz der Armen kauften sie das eine auf, indem sie ihnen gut zuredeten, das andere nahmen sie mit Gewalt fort; so bebauten sie bald große Landgebiete anstelle einzelner Plätze, die sie mit gekauften Landarbeitern (Sklaven) und Hirten bewirtschafteten, um zu vermeiden, daß freie Bauern von der Landarbeit für den Kriegsdienst abgezogen würden.

*Appian, Bürgerkriege 1,7ff. In: Geschichte in Quellen, Bd. 1 (hg. v. W. Arend), München 1975, S. 469f.*

1. *Beschreibe das Vorgehen der Römer in den eroberten Gebieten.*
2. *Welche negativen Folgen ergaben sich daraus für die Bevölkerung?*

**3 Die Ausbreitung Roms in Italien bis ca. 200 v.Chr.**

*1. Mit welchen Mitteln haben die Römer ihre Herrschaft in Italien gesichert? Lies dazu auch S. 146.*

**4 Rom und Karthago zur Zeit des Zweiten Punischen Krieges 218–202 v. Chr.**

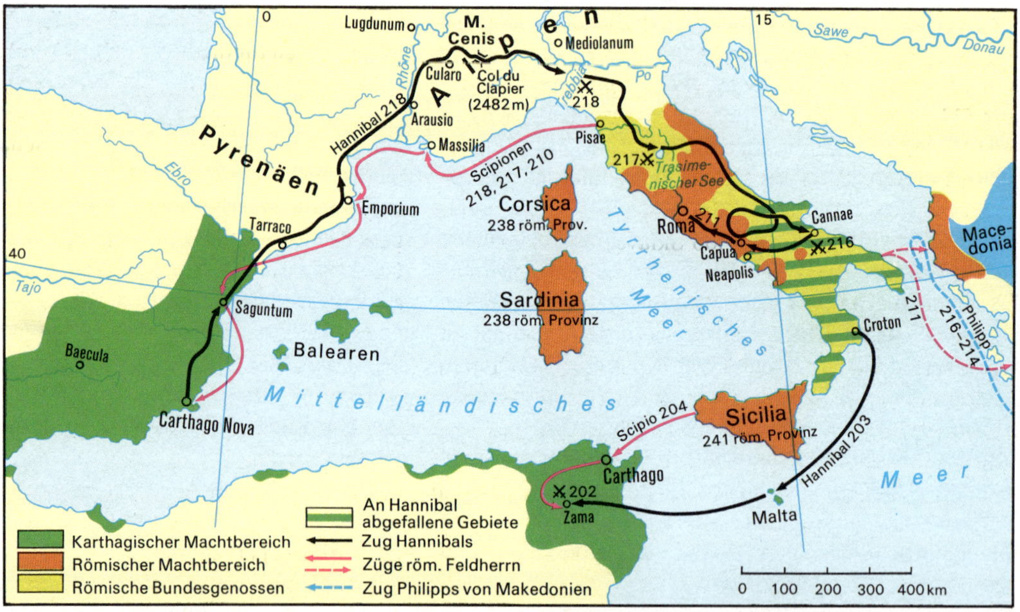


*1. Beschreibe Hannibals Zug nach Italien; achte dabei auf die Jahreszahlen.*

*2. Welche Taktik Hannibals läßt sich aus diesem Zug erschließen?*

# Die späte Republik – Krisen und Bürgerkriege

## Eine Gesellschaft fällt auseinander

In Italien hatte sich nach dem Aufstieg Roms zur Weltmacht vieles verändert. In den langen Kriegen waren viele Bauern und deren Söhne gefallen. Andere hatten jahrelang ihre Höfe nicht richtig bewirtschaften können. Immer mehr Kleinbauern verließen das Land. Dafür waren viele große Gutsbetriebe entstanden.

### Großgrundbesitzer und Bauern

Reiche Großgrundbesitzer hatten das Land verschuldeter Bauern aufgekauft, manche Bauern gewaltsam vertrieben und große Teile des Staatslandes für sich in Anspruch genommen. Ihr Wohlstand wuchs, weil sie sich auf bestimmte Produkte spezialisierten. Sie bauten Wein und Oliven in großem Stil an oder verlegten sich auf die Viehwirtschaft. Im Umkreis der Städte gab es Großgrundbesitzer, die durch Geflügel- und Fischzucht hohe Gewinne erwirtschafteten. Solche Großgrundbesitzer besaßen meist mehrere Höfe, die sie von Verwaltern bewirtschaften ließen, während sie selbst in Rom politischen Geschäften nachgingen. Auf ihren Gütern arbeiteten Sklaven, die entweder als Kriegsgefangene oder auf Sklavenmärkten erworben wurden. Nach Schätzungen sind in der Zeit zwischen 200 und 150 v. Chr. rund 250 000 Kriegsgefangene als Sklaven nach Italien gebracht worden. In den nachfolgenden 100 Jahren sollen dann noch einmal über 500 000 Sklaven – vor allem aus dem kleinasiatischen Raum – nach Italien gekommen sein. Unter dieser Situation hatten besonders die Kleinbauern zu leiden. Früher hatten sie sich noch als Tagelöhner auf den Gütern einen zusätzlichen Verdienst geschaffen, jetzt wurden sie dort allenfalls noch bei Erntearbeiten gebraucht. So mußten viele ihre Höfe aufgeben und zogen mit ihren Familien nach Rom. Nur erwartete sie dort keine bessere Zukunft, denn auch im Handwerk und Kleinhandel waren schon viele Sklaven tätig.

### Die Ritter

Die Großgrundbesitzer waren zum einen Senatoren, zum andern Mitglieder einer sich neu bildenden Schicht aus reichen Bauern, die Ritter. Mit der Weltherrschaft mußte der römische Staat neue Aufgaben übernehmen: In den Provinzen waren Abgaben und Pachtbeträge einzuziehen; die großen Heere mußten mit Lebensmitteln und Gerätschaften versorgt werden, und schließlich gab es auch noch viele Bergwerke, Minen und Salinen, die im Auftrag des Staates auszubeuten waren. Solche Aufgaben durften Senatoren nicht übernehmen. Sie fielen deshalb reichen Bauern zu, die auf diese Weise riesige Vermögen gewannen. Damit erwarben sie oft in Italien wieder neues Land. So wurden sie als Ritter zu einer finanzstarken Gruppe.

### Die Senatoren

Aber auch die Senatoren profitierten von den Provinzen. Als Feldherren und Statthalter hatten sie viele Möglichkeiten, sich privat zu bereichern. Viele leisteten sich eine luxuriöse Lebensführung. In den Provinzen traten sie wie Könige auf, und manchem fiel es schwer, sich in Rom wieder in den Senat einzugliedern.
Die politische Karriere war kostspielig geworden. Weil die Ämter einen so großen Gewinn versprachen, veranstalteten die Kandidaten aufwendige Wahlkämpfe. Sie organisierten für die Massen der stimmberechtigten Bürger teure Spiele und versorgten sie auch mit Getreidespenden, die sie aus Sizilien oder Afrika importierten. Hatten vor der Weltherrschaft die Senatoren darauf geachtet, daß in ihrem Stand Gleichheit herrschte, so versuchten sie jetzt, sich gegenseitig durch eine zur Schau gestellte Lebensführung zu übertrumpfen.
Gegen die Ausbeutung der Provinzen und die Ansprüche der einzelnen erinnerte Cato (234–149 v. Chr.) an die alten römischen Werte und Traditionen. In vielen Reden rief er zu Anspruchslosigkeit und Bescheidenheit auf.

### Die Gefährdungen der Republik

Die Entwicklung zum Weltreich brachte drei große Gefahren mit sich: Zum einen begann die Einheit der Senatorenschicht auseinanderzufallen. Als zweites traten soziale Spannungen zwischen den Großgrundbesitzern und den von ihren Höfen vertriebenen ehemaligen Kleinbauern auf. In Rom nahm die Zahl der unzufriedenen „Proletarier“ gefährliche Ausmaße an. Proletarier nannte man sie, da sie außer ihren Nachkommen (= proles) keinerlei Eigentum mehr besaßen. Und drittens wurde es für die Römer immer schwieriger, genügend Soldaten einzuziehen; denn das Kleinbauerntum, aus dem sich die Soldaten rekrutierten, ging immer mehr zurück.

## Die Reformversuche der Gracchen

Die Initiative zu einer Veränderung ergriff der junge *Tiberius Gracchus*, der aus einer der angesehensten und reichsten Familien Roms stammte. 134 v. Chr. bewarb er sich mit Erfolg um das Volkstribunat. Entsetzt hatte er auf einer Reise durch Etrurien beobachtet, wie verödet das Land darniederlag, und festgestellt, daß fast nur noch Sklaven auf den Feldern anzutreffen waren. Unterstützt durch einen kleinen Kreis von reformwilligen Senatoren beantragte Tiberius, daß jeder nur noch höchstens 1000 Morgen (250 ha) Staatsland besitzen dürfe. Das freiwerdende Land sollte in kleinen Parzellen an die landlosen Bauern verteilt werden. Tiberius sorgte sich nicht nur um das Wohl der mittellosen Kleinbauern. Er war auch besorgt darüber, daß das römische Heer an Stärke verlor. Denn das römische Heer war ein Bauernheer. Es beruhte auf dem Grundsatz, daß jeder aus eigenen Mitteln die Kosten für die Ausrüstung aufbringen mußte. Das aber konnten Bauern ohne Land nicht.

### Der Kampf um das Ackergesetz

Der Gesetzentwurf enthielt viel politischen Zündstoff. Die Großgrundbesitzer sperrten sich dagegen und brachten folgende Gründe vor: Zwischen ihrem Privatland und dem genutzten Staatsland (siehe S. 149) könne man nicht mehr unterscheiden; außerdem hätten sie viel Geld und Arbeit für das Land und seine Bebauung aufgebracht. – Vorwände oder stichhaltige Argumente?

Tiberius Gracchus ließ sich jedenfalls nicht davon beeindrucken und brachte den Antrag sofort vor die Volksversammlung, ohne ihn, wie traditionell üblich, im Senat vorberaten zu lassen. Damit entzog sich der Volkstribun dem Einfluß des Senats und versuchte, mit Unterstützung der Volksversammlung gegen den Senat eigenmächtig Politik zu machen. Aus der Sicht des Tiberius war dies die einzige Möglichkeit für eine wirksame Landreform.

Doch die Volksversammlung nahm einen unerwarteten Verlauf: Gegen das Ackergesetz legte der Mittribun M. Octavius im Auftrag der Mehrheit des Senats sein Veto ein. Tiberius hielt trotzdem an seiner Reform fest. Er beantragte die Absetzung seines Kollegen, weil dieser durch das Veto sein Amt gegen die Interessen des Volkes wahrgenommen habe. Octavius wurde für abgesetzt erklärt, das Ackergesetz angenommen. Das war ein verfassungswidriger, ja, fast revolutionärer Akt. Denn der Volksversammlung stand eine solche Befugnis nicht zu. Der Senat befürchtete, seine zentrale Stellung im Staat zu verlieren.

Als Tiberius, um sich vor einer Anklage zu schützen, für das Tribunat im kommenden Jahr kandidierte, sprengten die Senatoren die Volksversammlung. Tiberius und viele seiner Anhänger wurden erschlagen. Der erste Reformversuch endete mit einem politischen Mord.

### Das Volkstribunat des Gaius Gracchus

Zehn Jahre nach der Ermordung des Tiberius griff dessen Bruder Gaius Gracchus die Reformpolitik auf. Allerdings hatte sich in der Zwischenzeit die politische Führungsschicht in zwei Gruppen gespalten. Auf der einen Seite standen die *Popularen*, die mit dem Volkstribunat und der Volksversammlung Reformen durchsetzen wollten. Ihnen gegenüber formierten sich die *Optimaten*. Sie vertraten die Interessen der Besitzenden, duldeten keine Einschränkung der Macht des Senats und widersetzten sich jeglichen Reformabsichten.

Auch Gaius Gracchus führte eine Landreform durch, versuchte aber daneben die Lebensbedingungen der stadtrömischen Plebs zu erleichtern. Der Staat sollte für feste Getreidepreise sorgen, da in schlechten Erntejahren das Getreide für die Armen unerschwinglich war. Außerdem wollte Gaius die Korruption in den Provinzen dadurch bekämpfen, daß er die Ritter zu Richtern über die senatorischen Statthalter machte. Zugleich konnte er damit die Ritter gegen die Senatoren ausspielen.

Zwei Jahre stand Gaius in der Gunst des Volkes. Als aber ein Tribun im Auftrag des Senats eine noch bessere Landverteilung vorschlug, fiel das Volk von ihm ab. Der Senat ging gewaltsam gegen Gaius vor: Die meisten seiner Anhänger wurden erschlagen, über 3000 mit dem Tod bestraft. Er selbst ließ sich von einem seiner Sklaven töten. Eine umfassende Agrarreform war auch in Zukunft nicht mehr möglich. Die Nobilität blieb künftig gespalten, und Gewalt war ein Mittel der politischen Auseinandersetzung geworden.

HA: „panem et circenses" = ?

## Die Heeresreform des Marius

In den folgenden Jahren wurde die Situation in Rom stark von außenpolitischen Gefährdungen bestimmt: 111 v. Chr. brach in Nordafrika ein Krieg aus, und seit 113 v. Chr. bedrohten die germanischen Stämme der Kimbern und Teutonen die Nordgrenze des Reichs. Schon mehrere römische Heere waren ihnen unterlegen.

In dieser Lage erhielt Marius trotz senatorischen Einspruchs für das Jahr 107 v. Chr. das Konsulat. Er war der Sohn eines Ritters, hatte sich im Kriegsdienst emporgearbeitet und machte keinen Hehl aus seiner Verachtung gegenüber den gebildeten, in seinen Augen aber feigen und entscheidungsschwachen Angehörigen der Nobilität. Entschlossen setzte er eine Heeresreform durch:

- Entgegen der Tradition nahm er Freiwillige aus den Reihen der Proletarier in sein Heer auf. Sie erhielten Sold und freie Verpflegung.
- Die Organisation des Heeres wurde verbessert. Auf Staatskosten bekamen alle Soldaten eine einheitliche Bewaffnung. Für die Zeit nach dem Ausscheiden aus dem Militärdienst versprach ihnen Marius ein Stück Land. Das war die Alterssicherung für die Veteranen.

Worin lag die Bedeutung der Heeresreform? Die Gracchen hatten versucht, durch die Neuschaffung von Bauernstellen das alte Bürgerheer zu retten. Nun wurden Besitzlose zu Soldaten, die kein Interesse an der Verteidigung des eigenen Besitzes hatten. Aus dem *Bürgerheer* wurde ein *Berufsheer*, das eng an seinen Feldherrn gebunden war.

Damit bestand die Gefahr, daß das Heer nicht mehr für die Republik kämpfen würde, sondern nur noch für seinen Feldherrn. Wer konnte ausschließen, daß ein mächtiger Feldherr, dem die Soldaten ergeben waren, das Heer nicht eines Tages als Waffe für eigene politische Interessen in Rom einsetzen würde?

Offen blieb, woher man das Land für die Versorgung der Veteranen nehmen sollte. Marius konnte mit seinem neuen Heer zwar den Krieg in Afrika beenden und in zwei Schlachten die Kimbern und Teutonen (102/101 v. Chr.) besiegen. Wegen der Veteranenversorgung aber kam es zu blutigen Auseinandersetzungen, die eine bürgerkriegsähnliche Situation in Rom schufen.

*Aufnahme von Römern ins Heer. Dargestellt ist die Rekrutierung von der Einschreibung über die Einkleidung bis zur Ausrüstung. Relief aus dem Ende des 2. Jahrhunderts v. Chr.*

## Die Diktatur Sullas

Als 88 v. Chr. der Konsul Sulla, ein radikaler Vertreter der Interessen der Besitzenden, mit seinem Heer nach Rom marschierte, die Stadt einnahm und die Popularen vertrieb, schien die Republik am Ende. Erstmals war ein Heer von einem Feldherrn gegen die freie Republik eingesetzt worden.

Sulla ließ sich, nachdem er die Herrschaft der Römer in der Provinz Asia wieder zurückerobert hatte, 82 v. Chr. zum Diktator ernennen. Sein Auftrag lautete, die Republik wiederherzustellen.

Hart griff er gegen alle Gegner der Senatspartei durch. Ihre Namen wurden auf Tafeln, sogenannten Proskriptionslisten, bekanntgegeben; jeder konnte sie töten, ohne bestraft zu werden. Ihre Güter und ihr Eigentum wurden beschlagnahmt. Über 40 Senatoren und 1500 Ritter verloren ihr Leben. Ganze Städte und Gemeinden, die zu Marius und den Popularen gehalten hatten, traf die Rache der Optimaten. Tausende verloren Haus und Hof, ihren Besitz übergab Sulla seinen Veteranen.

Um die Herrschaft des Senats zu festigen, beschränkte Sulla die Machtbefugnisse der Volkstribunen. Anträge auf Volksbeschlüsse durfte ein Tribun nur noch stellen, wenn der Senat vorher zugestimmt hatte. Den Statthaltern wurde es untersagt, mit ihren Heeren ihre Provinz zu verlassen. Keiner sollte mehr ein Heer gegen Rom führen können, wie Sulla selbst es getan hatte.

Auch die Ritter büßten ihren Einfluß ein. In den neuen Geschworenengerichten war nur noch für die Senatoren Platz. Dafür berief Sulla 300 neue Mitglieder aus dem Ritterstand in den Senat.

Im Jahre 79 v. Chr. legte Sulla zum Erstaunen aller seine Diktatur nieder und zog sich als Privatmann auf sein Gut zurück. Zwar hatte Sulla durch seine Maßnahmen dem Senat die Führungsrolle wiedergegeben, aber waren dadurch Ruhe und Frieden gesichert? Enthielt seine Politik Ansätze zur Lösung der Probleme?

*Münze des Marcus Lollius Palicanus. Der Vater des Münzmeisters war einer der wichtigsten Vorkämpfer für die Wiederherstellung der Rechte des Volkstribunats, die durch Sullas Reformen stark eingeschränkt wurden. Die Vorderseite der Münze zeigt die Libertas (= Freiheit), die Rückseite die Rednertribüne (rostra) mit den erbeuteten Schiffsschnäbeln. Auf ihr befindet sich die Sitzbank der Volkstribunen.*

## Die Republik in der Sackgasse

### Läßt sich die Alleinherrschaft noch vermeiden?

Schnell zeigte sich, daß die römische Plebs nicht gewillt war, die Beschränkung der Rechte des Volkstribunats hinzunehmen. 70 v. Chr. erhielten die Volkstribunen ihre alten Rechte wieder zurück. Entscheidender aber war, daß der Senat die politischen Probleme des Reichs nur noch lösen konnte, wenn er bestimmten Männern uneingeschränkte Vollmachten gab; aber gerade dadurch verlor der Senat wieder an Einfluß. Das sollte sich bald am Beispiel des Pompeius zeigen.

Er war ein außergewöhnlich organisatorisch begabter Feldherr. Ohne die Ämterlaufbahn beschritten zu haben, erhielt er ein Sonderkommando für den Kampf gegen die Seeräuber, die fast den ganzen Mittelmeerhandel lahmlegten. In wenigen Monaten vernichtete sie Pompeius.

### Der Aufstieg Caesars

60 v. Chr. schlossen sich Pompeius, der reiche Crassus und der geschickte Taktiker Caesar zu einem inoffiziellen Bündnis, einem *Triumvirat*, zusammen und teilten die Macht unter sich auf.

In den folgenden Jahren eroberte Caesar nach und nach ganz Gallien und unterstellte die Gebiete der römischen Herrschaft (siehe S. 158–159). Am Ende dieser Kämpfe verfügte Caesar als siegreicher Imperator über drei Trümpfe, die entscheidend werden sollten: über ein unbegrenztes Ansehen, großen Reichtum und ihm ergebe-

*Die Darstellungen auf dieser Münze beziehen sich auf Caesars Krieg in Gallien. Auf der Vorderseite ist der Kopf eines Galliers mit der Halskette zu erkennen, auf der Rückseite ein Streitwagen mit einem nach rückwärts kämpfenden Barbaren.*

ne Soldaten. Jetzt verwies er auf seine Leistungen, die er für den römischen Staat erbracht habe, und verlangte vom Senat, daß sie in Rom gebührend gewürdigt würden. Doch dem widersetzten sich der Senat und Pompeius.
Der Entscheidungskampf um die Herrschaft über die Republik stand bevor! Als der Senat, gedeckt durch Pompeius und sein Heer, von Caesar verlangte, daß er seine Soldaten entlassen solle, sah dieser darin das Ende seiner politischen Karriere und eine Mißachtung seiner Verdienste für den Staat. Er entschloß sich, den Bürgerkrieg zu wagen, überschritt den Rubikon, die Grenze seiner Provinz, und zog gegen Rom. In einem erbitterten Bürgerkrieg schlug er zunächst Pompeius (bei Pharsalos 48 v. Chr.) und danach dessen Anhänger. Pompeius floh nach Ägypten, wo er ermordet wurde.

## Die Alleinherrschaft Caesars

Mit Caesars Sieg über Pompeius war eine Rückkehr zur alten Senatsherrschaft verbaut. Daraus machte Caesar auch keinen Hehl; nicht umsonst hatte er Sulla als politischen Analphabeten bezeichnet, weil dieser die Diktatur niedergelegt hatte.
Zunächst erhielt Caesar die Diktatur auf ein, später auf zehn Jahre und schließlich 45 v. Chr. durch Senatsbeschluß auf Lebenszeit. Anders als früher war die Diktatur nicht mehr auf bestimmte Aufgaben beschränkt. Caesar war Alleinherrscher in Rom. Die Kandidaten für die Ämter schlug er allein vor, und im Senat erhielt er nicht nur einen Ehrensitz, sondern wurde auch immer als erster um seine Meinung gefragt.
Viele Ehrungen betonten seine Sonderstellung: Seit 45 v. Chr. durfte er bei allen staatlichen Handlungen das Gewand des Triumphators und einen Lorbeerkranz tragen, der eigentlich Jupiter, dem höchsten römischen Staatsgott, gebührte. Im gleichen Jahr wurde eine Caesarstatue mit der Inschrift „Dem unbesiegten Gott" aufgestellt und ihm der Titel „pater patriae" (Vater des Vaterlandes) verliehen. Schließlich gestattete man ihm, bei den Senatssitzungen und Gerichtsverhandlungen auf einem vergoldeten Stuhl zu sitzen.
Bei den Zeitgenossen stieß seine Politik auf geringe Kritik. Auffallend war zunächst seine große Bautätigkeit;

C. Julius Caesar, geb. 100 v. Chr., stammte aus dem alten Patriziergeschlecht der Julier, die ihre Ahnenreihe auf die Sagengestalten Aeneas und dessen Mutter, die Göttin Venus, zurückführten. Unter Sulla verließ er Rom und kehrte erst nach dessen Tod (78 v. Chr.) wieder zurück. Er wurde Quästor, Ädil – wobei er große Schulden machte –, danach Prätor; als Prätor verwaltete er später die Provinz Spanien, bildete im Jahre 60 v. Chr. mit Pompeius und Crassus das erste Triumvirat und wurde im Jahr darauf Konsul. Danach erhielt er zunächst für fünf Jahre die Provinz Illyricum, Gallia Cisalpina und Gallia Narbonensis zur Verwaltung. In den Jahren 58–51 v. Chr. eroberte Caesar ganz Gallien. Er schlug z. B. im Elsaß Ariovist, den König der germanischen Sueben, die über den Rhein gekommen waren, und bei Alesia den gallischen Fürsten Vercingetorix, der während Caesars Abwesenheit einen Aufstand ganz Galliens organisiert hatte. Vom Senat wurde er zum Diktator auf Lebenszeit ernannt (45 v. Chr.). An den Iden des März (15. März) 44 v. Chr. wurde er von politischen Gegnern ermordet.

durch die geplanten Großbauten sollte der Staat neuen Glanz und damit auch neue Macht ausstrahlen. Dann verringerte Caesar die Zahl der stadtrömischen Proletarier, die auf Staatskosten Getreide erhielten, von 320 000 auf ca. 150 000. Überall im Reich legte er Kolonien an für mehr als 80 000 Veteranen und Bürger. Auch gegen die Ausbreitung der Sklavenwirtschaft versuchte er vorzugehen. Den Senat organisierte er neu, indem er die Zahl der Senatoren von 600 auf 900 erhöhte und dabei vorwiegend eigene Anhänger aufnahm.
Viele seiner weiteren Pläne, wie den Ausbau des Hafens von Ostia, die Entwässerung der Pontinischen Sümpfe südlich von Rom und eine Sammlung des gesamten römischen Rechts, konnte er nicht mehr ausführen.

### Die Ermordung Caesars

Obwohl Caesar den Königstitel und das Diadem von sich wies, entstand durch die Art seiner Machtausübung bei vielen alten Republikanern der Verdacht, er erstrebe die Monarchie. Sein Auftreten und das Gebaren seiner Anhänger trugen dazu bei, daß sich seine Gegner wieder auf die alten republikanischen Werte besannen. Die Opposition sammelte sich um M. Iunius Brutus. An den Iden des März (15.3.44 v. Chr.) wurde Caesar während einer Senatssitzung ermordet.
Nach der Ermordung brach ein Bürgerkrieg aus zwischen denen, die sich als Erben Caesars betrachteten, und denen, die sich als alte Republikaner verstanden. Er dauerte über zehn Jahre.
Caesar war weniger an dem gescheitert, was er politisch in die Tat umgesetzt hatte, als vielmehr an der Unbedenklichkeit, mit der er die republikanischen Tugenden hinter sich gelassen hatte, und an der Art, wie er mit der Macht und den Ehrungen umgegangen war.

*Die Münze wurde im Heer des Brutus etwa 43/42 v. Chr. geprägt. Sie zeigt zwischen zwei Schwertern die Mütze, die die freigelassenen Sklaven als Zeichen ihrer Freilassung trugen. Die Unterschrift lautet: „EID(ibus) MAR(tis)" = An den Iden des März.*

Auf der anderen Seite hatten die Caesarmörder weder eine politische Vorstellung, wie der Staat geordnet werden sollte, noch wollten sie die Macht für sich. Ihre Tat verstanden sie als einen Tyrannenmord, als einen Akt der Befreiung für die alte Adelsrepublik. Aber gab es die überhaupt noch? War sie durch den bloßen Akt der Befreiung wiederherstellbar? Und war Caesars Politik wirklich die eines Tyrannen gewesen?

zu beantworten!

## 1 Die Gründe für den Niedergang der Republik

*Der Geschichtsschreiber Sallust (86–35 v. Chr.) schreibt in seinem Werk „Krieg gegen Jugurtha":*

**Q** Im übrigen war die Unsitte, daß es politische Parteien und Cliquen mit all den üblen Begleiterscheinungen gab, erst vor wenigen Jahren in Rom aufgekommen, und zwar infolge der Friedenszeit und des Überflusses an allen Dingen, die die Menschen für besonders wichtig erachten. Denn bis zur Zerstörung Karthagos verwalteten Volk und Senat von Rom miteinander die Republik auf friedliche und maßvolle Weise, und es gab keinen Wettstreit um Ruhm oder die Herrschaft über andere. Furcht vor dem Feinde hielt die Bürgerschaft bei guten Sitten.

Sowie aber diese Furcht aufhörte, da freilich begann leider das, was gute Zeiten gerne mit sich bringen: Zügellosigkeit und Übermut. Deshalb wurden die Zustände mit der Ruhe, die die Bürger in schlechten Zeiten so ersehnt hatten, seit sie sie bekommen hatten, schlimmer und betrüblicher. Denn die Nobilität begann ihr Ansehen, das Volk seine Freiheit zu mißbrauchen. Jeder nahm, raffte und raubte für sich, was er wollte. So wurde alles in zwei Parteien gespalten, und die Republik, die in der Mitte lag, auseinandergerissen.

Dabei konnte sich die Nobilität durch ihren Zusammenschluß besser durchsetzen; die Macht des Volkes aber, die wegen der großen Menge locker und zerstreut war, vermochte weniger. Nach dem Willen von wenigen Leuten wurde Außen- und Innenpolitik gemacht. In den Händen dieser Leute lagen auch Staatsschatz, Provinzen, Ämter, Ruhmestitel und Triumphe.

Das Volk hatte unter Kriegsdienst und Not zu leiden. Die Beute in den Feldzügen teilten sich die Feldherrn gierig mit einigen Freunden. Inzwischen wurden die Eltern oder die jungen Kinder der Soldaten, wenn diese an einen mächtigen Nachbarn grenzten, von ihren Höfen vertrieben.

So kam mit diesem Machtanspruch der Nobilität Habsucht ohne Maß und Grenzen auf, beschmutzte und verwüstete alles, kannte nichts Hohes noch Heiliges mehr; schließlich richtete sie sich selbst zugrunde. Denn sowie sich in der Nobilität Männer fanden, die wahren Ruhm ungerechter Macht vorzogen, geriet die Bürgerschaft in Bewegung, und es entstand eine Spaltung der Bürger, ähnlich einem Erdbeben.

*Sallust, Krieg gegen Jugurtha 41. Übers. d. Verf.*

1. *Erkläre, was sich nach Sallust in der römischen Republik verändert hat. Fertige eine tabellarische Übersicht an, und ordne die Aussagen nach den Bereichen Politik, Wirtschaft und Gesellschaft.*
2. *Ermittle den Zeitpunkt, von dem an für Sallust der Niedergang der Republik beginnt.*
3. *Welche Gründe führt Sallust für die Veränderung an?*
4. *Nenne weitere Gründe für den Niedergang der Republik. Benutze dafür den Darstellungsteil.*

## 2 Warum sind Reformen notwendig?

*Nach dem griechischen Schriftsteller Plutarch (45–125 n. Chr.) soll Tiberius Gracchus folgende Rede vor dem Volk gehalten haben:*

**Q** Die wilden Tiere, die in Italien leben, haben ihre Höhlen und kennen ihre Lagerstätten und ihre Schlupfwinkel. Die Männer aber, die für Italien kämpfen und sterben, haben nichts als Luft und Licht. Unstet, ohne festen Wohnsitz ziehen sie mit Frau und Kind im Land umher. Die Feldherren lügen, wenn sie in der Schlacht ihre Soldaten ermahnen, Gräber und Heiligtümer gegen die Feinde zu verteidigen. Denn keiner von diesen armen römischen Bürgern hat einen Hausaltar von seinen Vätern geerbt, keiner eine Grabstätte seiner Vorfahren. Für Wohlleben und Reichtum anderer kämpfen und sterben sie im Krieg. Herren der Welt werden sie genannt. In Wirklichkeit aber besitzen sie nicht das kleinste Stückchen Land.

*Plutarch, Tiberius Gracchus 9. Übersetzung nach W. Ax, Plutarch, Römische Heldenleben, 5. Aufl., Stuttgart 1953.*

1. *Auf welche Mißstände macht Tiberius Gracchus in dieser Rede aufmerksam?*
2. *Welche Motive haben nach dieser Rede Tiberius Gracchus bewogen, seine Reformvorschläge zu machen?*

## 3 Neue Männer braucht die Republik

*Nachdem Marius zum Konsul gewählt war, erhielt er den Auftrag, Krieg gegen den Numiderkönig Jugurtha zu führen. Vor dem Feldzug soll er folgende Rede an das Volk gehalten haben:*

**Q** Ihr habt entschieden, ich solle mit Jugurtha Krieg führen, und darüber hat sich die Nobilität heftig geärgert. Ich bitte, überlegt noch einmal, ob es nicht besser wäre, dies zu ändern, indem ihr einen aus jener adligen Clique

zu diesem … Geschäft abordnet, einen Menschen aus alter Familie mit einer großen Ahnengalerie. Ich für meine Person kenne Leute, die erst nach ihrer Wahl zum Konsul angefangen haben, die Geschichte unserer Vorfahren und die militärischen Schriften der Griechen zu lesen … Vergleicht nun mich, den Neuling, mit diesen überheblichen Menschen. Was sie gewöhnlich nur vom Hören oder Lesen her kennen, das habe ich gesehen oder mit eigener Hand vollbracht. Was sie aus Büchern gelernt haben, das habe ich beim Kriegsdienst gelernt … Ich kann keine Ahnenbilder, keine Triumphe oder Konsulate meiner Vorfahren aufweisen, damit man mir Vertrauen schenkt, allerdings kann ich eine Reihe von militärischen Auszeichnungen vorweisen, außerdem Narben auf der Brust. Dies sind meine Ahnenbilder, dies ist mein Adel. Dieser Adel ist mir freilich nicht erblich hinterlassen, wie bei jenen, sondern das alles habe ich mir persönlich durch unendliche Mühen und Gefahren erworben. Ich kann keine schönen Reden halten – daraus mache ich mir wenig … Die Tüchtigkeit spricht für sich selbst. Jene brauchen Kunstgriffe, um ihre Übeltaten mit gewandten Worten zu verdecken.
Aber das, was für den Staat das beste ist, das habe ich gelernt: einen Feind niederzuschlagen, Wache zu halten, nichts zu fürchten außer der Schande, Kälte und Hitze in gleicher Weise zu ertragen, auf dem Boden zu schlafen, Hunger und Strapazen auszuhalten. Mit solchen Grundsätzen will ich die Soldaten führen; ich will nicht sie knapp halten und selbst üppig leben; ich will nicht ihnen die Anstrengung überlassen und mir den Ruhm vorbehalten. Durch solch eine Haltung haben euere Vorfahren sich und den Staat berühmt gemacht. Ungehobelt und unkultiviert nennen sie mich, weil ich ein Gastmahl nicht besonders geschmackvoll ausrichten kann, weil ich keinen Spaßmacher und keinen Koch halte, der mehr kostet als ein Hausverwalter. Das gebe ich gerne zu. Denn von meinem Vater und anderen ehrwürdigen Männern hörte ich, daß solche Spielereien Frauensache seien, Arbeit aber Männersache. Für alle richtigen Männer gehöre es sich, mehr Ruhm als Reichtum zu besitzen. Waffen, nicht Hausgerät seien ihr Schmuck.

*Sallust, Krieg gegen Jugurtha 85. Übers. d. Verf.*

1. *Wie kennzeichnet Marius die alte Adelsschicht?*
2. *Welche eigenen Vorzüge setzt er dagegen?*

## 4 Münzen zum Kampf um die Republik

*Linke Münze: Aeneas, der als Stammvater Roms und Inbegriff römischer Pietas galt, trägt seinen Vater Anchises aus dem brennenden Troja (siehe S. 134).*
*Rechte Münze: Die Siegesgöttin Victoria trägt einen Palmzweig in der Hand. Sie zerstört das Diadem; zu ihren Füßen liegt das zerbrochene Zepter.*

1. *Für welche politischen Richtungen ergreifen die Münzen Partei? Welche Absichten wurden mit der Prägung solcher Münzen verfolgt?*

## 5 Gallien wird römische Provinz

**5a** *Caesars Feldzüge in Gallien*

**5b** *Caesar über Gallien und die Gallier*

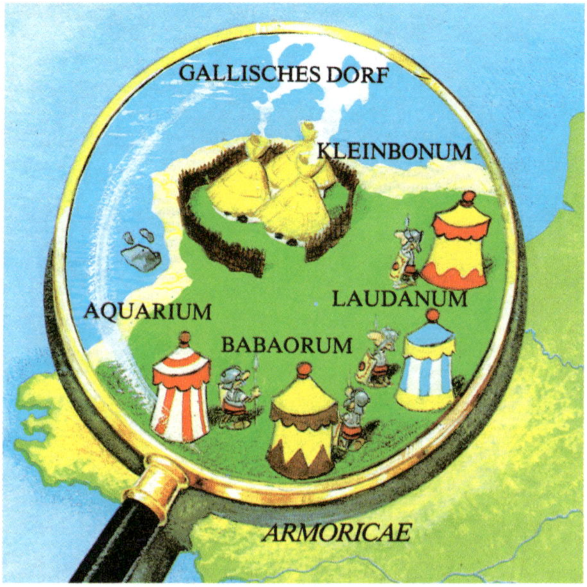


„Wir befinden uns im Jahre 50 v. Chr. Ganz Gallien ist von den Römern besetzt... Ganz Gallien? Nein! Ein von unbeugsamen Galliern bevölkertes Dorf hört nicht auf, dem Eindringling Widerstand zu leisten..."

*So wird aus der Sicht von Asterix und Obelix, den Helden zahlreicher Abenteuer, die Situation eines kleinen Dorfes in Gallien beschrieben, dessen Bewohner dem großen Caesar und seinen Soldaten immer wieder neue Schwierigkeiten machen.*

*Caesar selbst hat die Ereignisse und Kriegszüge in Gallien, die Überfahrten nach Britannien und die Rheinüberquerungen in seinem Buch „Der Gallische Krieg" dargestellt. Dort schreibt er, daß es ihm schließlich gelungen sei, durch ein „erträgliches" Abhängigkeitsverhältnis den Frieden mit Leichtigkeit aufrechtzuerhalten. Er beschreibt darin auch die Gesellschaft, die Religion und die Gebräuche der Gallier:*

**Q** In ganz Gallien gibt es zwei Stände, die Bedeutung haben und Ansehen genießen. Die Leute aus dem Volk (plebs) werden fast wie Sklaven behandelt; sie wagen nichts auf eigene Verantwortung und werden zu keiner Beratung hingezogen. Da die meisten von ihnen durch Schulden und große Tribute belastet oder ungerechterweise von den Mächtigen unterdrückt werden, begeben sie sich in den Dienst der Vornehmen. Diese haben dann die gleichen Rechte ihnen gegenüber wie Herren gegenüber Sklaven.
Die beiden oben genannten Stände sind die Druiden und die ~~Richter~~. Die Druiden führen die Götterdienste durch; sie besorgen die öffentlichen und privaten Opfer und geben Auskünfte in religiösen Angelegenheiten ... Viele junge Leute lassen sich von ihnen unterrichten, und das Ansehen, das die Druiden genießen, ist groß. Denn in der Regel entscheiden sie in allen öffentlichen und privaten Angelegenheiten; bei jedem Mordfall, bei Erbschafts- und Grenzstreitigkeiten fällen sie das Urteil. Fügt sich ein einzelner oder ein Stamm ihrem Urteil nicht, dann schließen sie ihn von der Teilnahme an den Opfern aus. Das ist die härteste Strafe in Gallien ... Die Druiden versuchen die Leute vor allem davon zu überzeugen, daß die Seele unsterblich ist und nach dem Tod von einem Körper in einen anderen übergehe. Sie glauben, daß diese Lehre besonders zur Tapferkeit ansporne, weil man dann den Tod nicht fürchte ...
Der zweite Stand ist der der Ritter. Ihr Beruf ist der Kriegsdienst. Vor Caesars Ankunft in Gallien (Caesar schreibt hier von sich in der dritten Person) trat es in der Regel alle Jahre ein, daß sie selbst mit den Feindseligkeiten begannen oder solche abwehrten ...
Unter den Göttern verehren sie am meisten Merkur. Von ihm gibt es die meisten Bildnisse. Er gilt in Gallien als der Erfinder der Künste; er zeigt den richtigen Weg und begleitet die Reisenden; er hat, wie sie glauben, den größten Einfluß auf alle Arten von Gelderwerb und Handel. Nach ihm verehren sie Apollo, Mars, Jupiter und Minerva. Von diesen haben sie ungefähr die gleichen Vorstellungen wie die anderen Völker.

*Caesar, De bello Gallico VI 13. Übers. d. Verf.*

1. *Entwirf aus der Sicht eines römischen Legionärs, der von Anfang an an den Feldzügen in Gallien teilgenommen hat, einen Bericht über seine „Tour de France". Welche heutigen Gegenden und Städte hat er dabei kennengelernt?*
2. *Wie beschreibt Caesar die Gallier?*
3. *Was beabsichtigte Caesar mit dieser Schilderung, die in Rom gelesen wurde?*

## Die römische Republik

Als Gründungsdatum für die Stadt Rom geben die römischen Geschichtsschreiber das Jahr 753 an. Wohl um 600 v. Chr. übernahmen etruskische Könige die Herrschaft in Rom. Gegen 500 v. Chr. vertrieben die Römer den etruskischen König und gründeten eine *Republik*. In ihr galten folgende Grundsätze:

- Alle Führungsämter wurden von mindestens zwei Beamten besetzt (Kollegialität).
- Alle Ämter waren auf eine Amtszeit von einem Jahr begrenzt (Annuität).

Die Kurzformel „SPQR“ ( d. h. „der Senat und das römische Volk“) bedeutet, daß in dieser Republik der Senat und das Volk politischen Einfluß haben sollten. In Wirklichkeit aber übte der Senat den entscheidenden Einfluß aus.

Schon kurz nach Gründung der Republik begannen die *Ständekämpfe*, die bis 287 v. Chr. andauerten und in denen die Plebejer den Patriziern wichtige Rechte abtrotzten: die Zwölftafelgesetze, das Volkstribunat und den Zugang zu den politischen Ämtern.

Außenpolitisch ist die Zeit der Ständekämpfe dadurch bestimmt, daß Rom zunächst seine Macht über Italien ausbreitete. In *drei Kriegen gegen Karthago* sicherte es sich dann die Herrschaft im westlichen Mittelmeergebiet. Im 1. Jahrhundert v. Chr. errang Rom auch die Vorherrschaft im östlichen Mittelmeerraum. Die unterworfenen Gebiete wurden als Provinzen dem Römischen Reich angegliedert.

Der Aufstieg Roms zum *Weltreich* hatte innenpolitische Folgen: Das 2. und 1. Jahrhundert v. Chr. ist durch innenpolitische Auseinandersetzungen und *Bürgerkriege* gekennzeichnet. Mehrere Politiker versuchten diese Krise zu lösen:

- Die Brüder Tiberius und Gaius Gracchus wollten eine Landreform durchsetzen, scheiterten aber am Widerstand des Senats.
- Marius führte eine Heeresreform durch.
- Sulla wollte die alte Senatsherrschaft wiederherstellen.
- Caesar errang nach der Eroberung Galliens die politische Macht in Rom und setzte als Diktator die republikanischen Grundsätze außer Kraft.

Nach seiner Ermordung wurde in einem erneuten Bürgerkrieg um die Macht im Staat gestritten. Im Jahr 31 v. Chr. sicherte sich Octavian, der spätere Augustus, nach seinem Sieg bei Actium die Herrschaft.

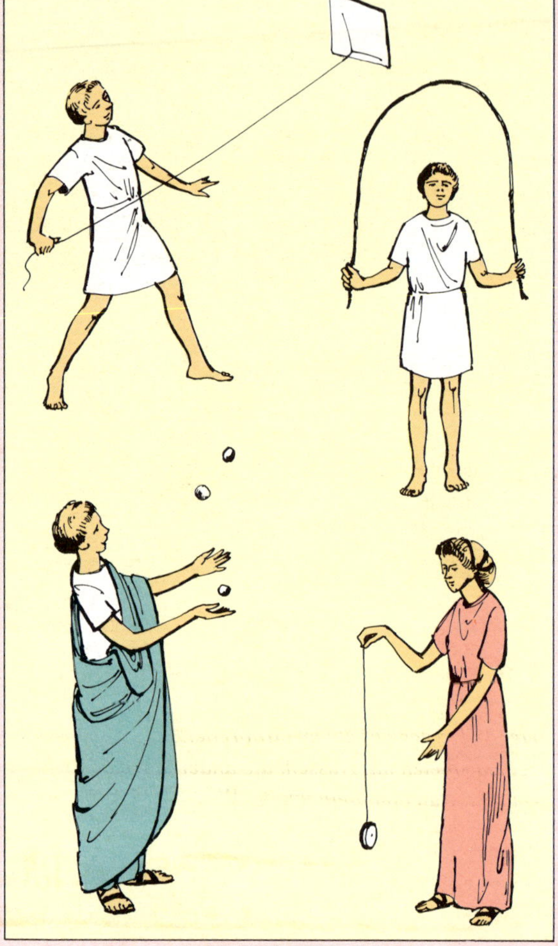

### Wer war's?

Er hatte ein gutes Dutzend Jahre, um Italien, vor allem den Süden des Landes, kennenzulernen. Berühmt gemacht hat ihn ein waghalsiges Unternehmen: Ehe sich seine Feinde versahen, war er auf ungewöhnlichem Weg nach Italien gekommen. Dort löste sein Name große Furcht aus. Das hing auch damit zusammen, daß er eine neue „Waffe“ mitbrachte. Die Römer verbanden vor allem einen Ortsnamen mit diesem Mann. Übrigens war es ein Römer, der aus jenen Ereignissen so viel gelernt hat, daß er die Taktik des Gesuchten übernahm und einen glänzenden Sieg über ihn errang.

## Was man im Alten Rom so spielte

Viele Spiele römischer Kinder kann man gut rekonstruieren. Unsere Informationen darüber stammen aus Wandkritzeleien, aus in Stein eingeritzten Spielfeldern, aus Darstellungen auf Grabreliefs und aus Schilderungen von römischen Schriftstellern.

Ein besonders vielseitiges und weitverbreitetes Spielmaterial waren Nüsse. „Die Nüsse verlassen“ war ein Sprichwort dafür, daß man erwachsen wurde. Die Kinder versuchten, mit Nüssen in eine Amphore mit schmalem Hals zu treffen. Oder sie übten, mit drei oder vier Nüssen zu jonglieren.

Sie spielten auch „Gerade – Ungerade“: Ein Spieler nimmt ohne Kenntnis des anderen eine bestimmte Anzahl von Nüssen in die Hand und läßt den Mitspieler raten, ob es eine gerade oder ungerade Zahl ist. Rät er richtig, bekommt er die Nüsse, rät er falsch, muß er dem anderen so viele Nüsse geben, wie dieser in der Hand hält.

### „Loculus Archimedius“

Dies ist ein römisches Spiel, das dem chinesischen Tangram ähnelt. Es besteht aus 14 einzelnen Plättchen, die, richtig zusammengelegt, ein Quadrat ergeben. Spannend wird es, wenn gemeinsam verschiedene Figuren gelegt werden sollen wie die abgebildeten oder andere, z. B. ein Elefant oder eine fliegende Gans. Eine wichtige Regel: Immer müssen alle 14 Teile verwendet werden.

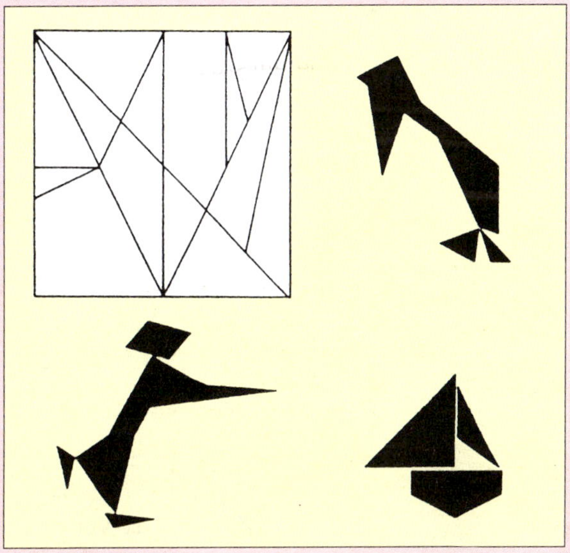

*Spielende Kinder auf einem Grabrelief: Die einen spielen mit Nüssen, die anderen treiben Kugeln mit Rutenbündeln um die Wette vorwärts.*

*Dieses Spielfeld war in eine Steinplatte eingeritzt.*

*Augustus*

*Diokletian*

*Konstantin*

*Justinian*

## Die wichtigsten römischen Kaiser

| | | | | | | | |
|---|---|---|---|---|---|---|---|
| Augustus | 27 v. Chr. – 14 n. Chr. | Domitian | 81 – 96 | Severus Alexander | 222 – 235 | Galerius | 293 – 311 |
| Tiberius | 14 – 37 | Trajan | 98 – 117 | Decius | 249 – 251 | Konstantin d. G. | 306 – 337 |
| Caligula | 37 – 41 | Hadrian | 117 – 138 | Valerianus | 253 – 260 | Constantius II. | 337 – 361 |
| Claudius | 41 – 54 | Antoninus Pius | 138 – 161 | Gallienus | 253 – 268 | Julian Apostata | 355 – 363 |
| Nero | 54 – 68 | Mark Aurel | 161 – 180 | Aurelianus | 270 – 275 | Theodosius I. | 379 – 395 |
| Vespasian | 69 – 79 | Septimius Severus | 193 – 211 | Probus | 276 – 282 | Theodosius II. | 408 – 450 |
| Titus | 79 – 81 | Caracalla | 211 – 217 | Diokletian | 284 – 305 | Justinian I. | 527 – 565 |

# 7. Die römische Kaiserzeit

Mit der Herrschaft des Augustus beginnt die römische Kaiserzeit. Sie dauerte im Westen vom Beginn des 1. Jahrhunderts bis fast zum Ende des 5. Jahrhunderts. Im Osten blieb das Kaiserreich noch länger erhalten.
Das römische Kaiserreich, das sich von der Nordsee bis Nordafrika, von der Iberischen Halbinsel bis zum Euphrat erstreckte, hat die Sprache, Kultur und Lebensweise der Menschen in diesem Raum bestimmt.
Unter Augustus und den nachfolgenden Kaisern wurde die Weltstadt Rom weiter ausgebaut. Rom war eine Millionenstadt, in der Menschen aus Italien, Afrika, Spanien, Gallien, Griechenland und aus Vorderasien lebten. Sie nahmen an den aufwendigen Festen und Spielen, die die Kaiser z. B. im Kolosseum veranstalteten, teil. Waren und Luxusgüter aus aller Welt strömten in diesem Handelszentrum zusammen, und die Stadt war der politische Mittelpunkt, von dem aus die Kaiser das riesige Weltreich verwalteten. Alle Wege führten wirklich nach Rom.
Der erste römische Kaiser Augustus hat seine Macht mit Waffengewalt erlangt. Er war der Neffe Caesars, der ihn kurz vor seiner Ermordung adoptiert hatte. In einem langen Bürgerkrieg hat er sich durchgesetzt und am Ende den Beinamen Augustus vom Senat in Rom erhalten. Alle nachfolgenden Kaiser führten in ihrem Titel die Namen Caesar und Augustus. In den Begriffen Kaiser und Zar lebt diese Tradition fort.
Tausende von Römern mußten den Weg des Augustus zur Macht mit ihrem Leben bezahlen. Und dennoch wird Augustus in vielen römischen Dichtungen und auch in kirchlichen Schriften als Friedenskaiser gepriesen. Wie ist das miteinander zu vereinbaren?
Augustus hatte zwar alle Macht, aber er hat nicht alle Möglichkeiten dieser Macht ausgenutzt. Aus Caesars Ermordung lernte er, daß er mit den wichtigsten Gruppen im Staat – mit dem Heer, dem Senat und der Stadtbevölkerung Roms – zusammenarbeiten mußte, um seine Herrschaft auf Dauer zu erhalten. Die Bewohner der Provinzen nahmen die Herrschaft des Augustus und der nachfolgenden Kaiser in der Regel an, weil das Ende der Bürgerkriege gute Bedingungen für einen wirtschaftlichen Aufschwung schuf. Selbst die Christen haben den durch Augustus geschaffenen Frieden als eine Voraussetzung dafür betrachtet, daß sich das Christentum im ganzen Reich ausbreiten konnte. Da die Geburt Christi unter die Regierungszeit des Augustus fiel, wurde der erste Kaiser später bei ihnen hoch angesehen, obwohl die Christen von den Römern lange Zeit verfolgt wurden. Wie kam es dazu, daß die christliche Religion Ende des 4. Jahrhunderts sogar Staatsreligion wurde?
Trotz seiner Größe und Macht blieb aber auch das Römische Reich verwundbar. Seine militärische Stärke konnte nicht verhindern, daß seit der zweiten Hälfte des 2. Jahrhunderts Rom immer schwerere Kämpfe an den Grenzen des Reiches zu bestehen hatte. Gegner waren am Rhein und an der Donau die Germanen, im Osten seit dem 3. Jahrhundert das Reich der Sasaniden.
Die Kämpfe wirkten sich auf das innere Leben des Reiches aus: nicht nur durch Zerstörungen, sondern auch dadurch, daß die Kaiser das Heer und die Verwaltung ausbauten, dafür immer mehr Geld brauchten und den Städten immer größere Lasten auferlegten. Dennoch konnte sich das Reich weit bis ins 5. Jahrhundert hinein halten. Die Kaiser Diokletian und Konstantin haben es sogar noch einmal gefestigt, ehe es im Westen an seinen inneren und äußeren Schwierigkeiten zerbrach. Das oströmische Kaiserreich mit seiner Hauptstadt Byzanz blieb noch bis 1453 erhalten.

*Das Kolosseum (Amphitheater) in Rom, erbaut im 1. Jahrhundert n. Chr.*

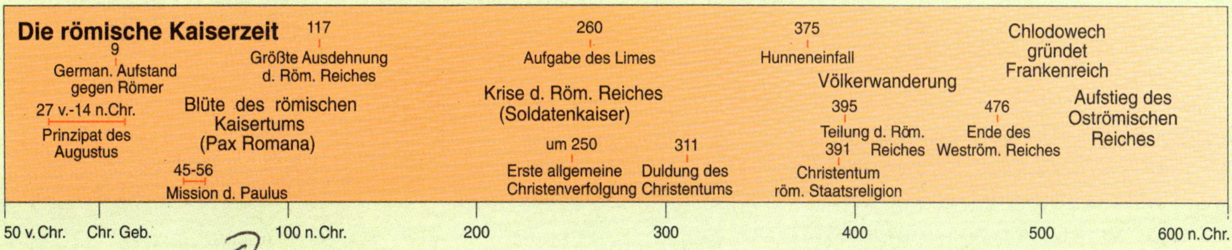

# Der Princeps wird Kaiser

## Von der Republik zum Kaisertum

### Der Kampf um Caesars Erbe

Die Römer konnten sich einen Staat nur als eine „Sache der Allgemeinheit“, als eine „res publica“, vorstellen. Die Herrschaft eines einzelnen hatten sie seit der Königszeit verabscheut. Die führenden Senatoren waren auch bereit gewesen, die Republik gegen jede Form von Alleinherrschaft zu verteidigen. Aus diesem Grund war Caesar, der in ihren Augen allzu offenkundig die Herrschaft für sich allein beansprucht hatte, im Jahre 44 v. Chr. getötet worden. Die Caesarmörder Brutus und Cassius sahen sich als Befreier, mußten aber dennoch Rom verlassen, da die Stimmung im Volk umgeschlagen war und Caesar als ein Wohltäter für das Volk gefeiert wurde.

Als Erben hatte Caesar in seinem Testament den noch nicht zwanzigjährigen Octavius eingesetzt. Unter seinem neuen Namen Gaius Julius Caesar Octavianus versuchte er das Erbe Caesars zu übernehmen und die Macht im Staat an sich zu reißen. In einem erbitterten Bürgerkrieg kämpfte er gegen die Caesarmörder und ihre Anhänger. Viele Senatoren und Ritter wurden auf Proskriptionslisten gesetzt, verfolgt und hingerichtet, unter ihnen auch Cicero, ein berühmter Staatsmann und Anhänger der Republik. Die Entscheidung fiel bei Philippi in Kleinasien 42 v. Chr. Die Caesarmörder unterlagen im Kampf um die Republik und gaben sich selbst den Tod.

Doch Octavian mußte sich die Macht noch mit Antonius, einem ehemaligen Feldherrn Caesars, teilen. Dieser regierte von Ägypten aus den östlichen Teil des Reiches. Als er die ägyptische Königin Kleopatra heiratete und wie ein König auftrat, setzte Octavian in Rom durch, daß ihm der Krieg erklärt wurde. Bei *Actium* im Jahre 31 v. Chr. beendete er diesen Krieg siegreich. Durch Selbstmord entzogen sich Antonius und Kleopatra der Verfolgung durch Octavians Leute.

### Die Alleinherrschaft des Augustus

Octavian verfügte zwar jetzt allein über die Macht, aber er hatte aus Caesars Ermordung gelernt. Zumindest nach außen hin galt es, alles zu vermeiden, was nach Monarchie oder Diktatur aussah. Im Jahre 27 v. Chr. gab er alle außerordentlichen Vollmachten an den Senat zurück. Mit dem Ehrentitel „Augustus“ ließ er sich als Neugründer des Staates feiern. Der Titel sollte an das günstige Vorzeichen erinnern, das Romulus vor der Gründung Roms von den Göttern erhalten haben soll (siehe S. 134). Die alten Einrichtungen der Republik ließ er bestehen. Es gab weiterhin Konsuln und Prokonsuln, Prätoren und Volkstribunen. Offiziell wurde verkündet, daß die Republik wiederhergestellt sei. Aber war sie es wirklich?

Nichts konnte darüber hinwegtäuschen, daß Rom in Wahrheit eine Monarchie geworden war. Denn Augustus kontrollierte allein die Macht: Er hatte die Befehls-

*Kaiser Augustus, dargestellt wie ein römischer Feldherr und ein griechischer Halbgott. Auf seinem Panzer sind Gottheiten abgebildet, z. B. oben der Himmelsgott, der den Himmel wie ein Segel über sich ausspannt.*

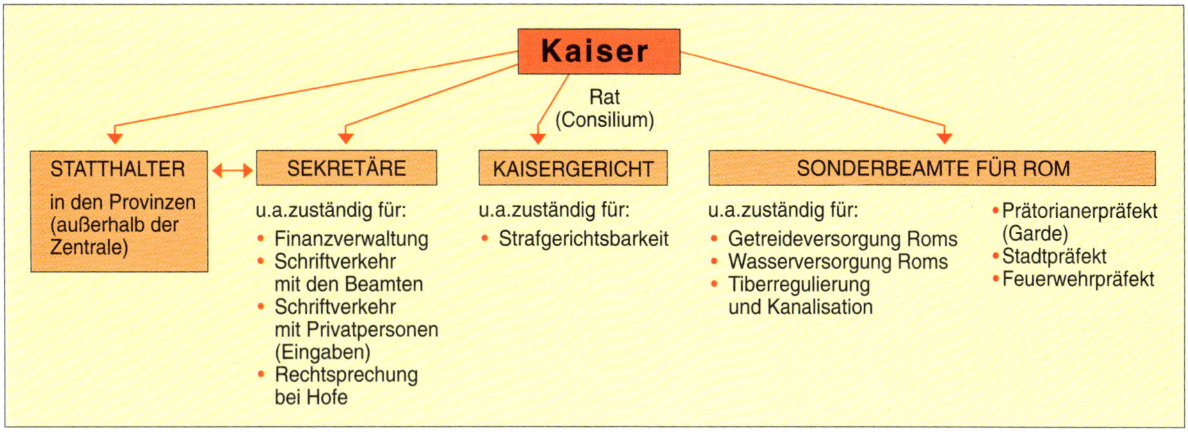


*Aufbau der kaiserlichen Verwaltung (1. bis 3. Jahrhundert n. Chr.)*

gewalt über das Heer, die wichtigsten Provinzen waren ihm unterstellt, und er war zwar nicht Volkstribun, hatte aber alle Rechte eines Volkstribunen. Auf Lebenszeit erhielt er diese politischen Rechte sowie auch die von anderen Ämtern. Er wurde oberster Priester *(pontifex maximus)*, und der Senat verlieh ihm den Titel „Vater des Vaterlandes" *(pater patriae)*.
Warum regte sich jetzt kein Widerstand gegen seine Alleinherrschaft? Lag es daran, daß Augustus die lange Zeit der Bürgerkriege beendet hatte? Augustus vermied den Begriff Monarch. Er nannte sich selbst nur Princeps. Dieser Titel war schon in der Republik gebräuchlich gewesen. Princeps hieß „der Erste" und bedeutete, daß ein Senator seine Standesgenossen aufgrund seines Ansehens überragte. So ließ der Titel die tatsächliche Macht des Augustus nicht erkennen. Denn in Wirklichkeit war er ein Kaiser. Das Wort „Kaiser" ist von Caesar abgeleitet. Alle römischen Kaiser trugen später den Namen Caesar als Bestandteil ihres Titels.

### Die Beteiligung der Senatoren an der Macht

Die Senatoren hatten während der Republik selbständig die Politik bestimmt und dadurch sich und ihren Familien Ansehen erworben. Dabei erstrebten sie vor allem wichtige Ämter und ein Kommando über ein Heer. Diese Möglichkeiten überließ ihnen Augustus, und das änderte sich auch unter seinen Nachfolgern nicht. Alle Ämter blieben bestehen, man konnte also Karriere machen. Außerdem waren die Senatoren in den Provinzen als Statthalter tätig. Sie hatten die Truppen unter sich und übten gegenüber den Untertanen die römische Herrschaft aus. Freilich handelten sie nicht mehr selbständig wie in der Republik, sondern im Namen des Kaisers.
Dennoch kam es zu Spannungen zwischen Kaiser und Senat. Besonders wenn ein Kaiser den Versuch machte, seine Macht über den von Augustus gesteckten Rahmen hinaus auszudehnen, stieß er auf Widerstand bei den Senatoren. Und manch ein Statthalter kam später auf den Gedanken, sich selbst zum Kaiser zu erheben. Immer blieb nämlich die Grundlage des römischen Kaisertums deutlich: Der militärische Sieg eines Machthabers hatte es begründet, und Legionen stützten seine Macht.

## Regierung und Verwaltung des Reiches

### Der Kaiser baut eine Zentrale auf

Die neue Macht des Alleinherrschers zeigte sich auch darin, daß jetzt anders regiert wurde. Um den Kaiser herum bildete sich eine ständige Verwaltung, die während der Kaiserzeit immer weiter ausgebaut wurde. Zunächst zog der Kaiser seine Sklaven und Freigelassenen als Verwaltungspersonal heran. Sie entwarfen und schrieben seine Briefe und Erlasse, regelten den Besucherverkehr mit ihm und bereiteten die von ihm geführten Prozesse vor. Über sein persönliches Personal hinaus zog der Kaiser vor allem Ritter in seinen Verwaltungsdienst. Er stellte Angehörige dieses zweiten Standes als bezahlte Beamte ein. Solche Beamte hießen *Prokuratoren* und hatten wichtige Aufgaben, vor allem in der Finanzverwaltung. Sie überwachten die Einziehung von Steuern und Zöllen. In manchen Provinzen nahmen sie sogar die Aufgaben eines Statthalters wahr. Und einige besonders einflußreiche Posten, die der Kaiser nicht Senatoren überlassen wollte, wurden Rittern anvertraut: Der Statthalter der reichen Provinz Ägypten und der Kommandeur der einzigen in Rom stationierten militärischen Einheit, der kaiserlichen Garde *(Prätorianer)*, waren Ritter.

### Der Kaiser und die römische Plebs

Die besondere Aufmerksamkeit der kaiserlichen Verwaltung galt dem Volk von Rom, also der Millionenbevölkerung der Hauptstadt. Dort waren Massen zusammengeströmt, die zum Teil ohne Beruf und Einkommen waren. Sie mußten ernährt und beschäftigt werden. Für „Brot und Spiele" zu sorgen, war deshalb eine ganz wichtige Aufgabe des Kaisers: Getreide wurde aus allen Teilen des Reiches herbeigeschafft und an Bedürftige kostenlos verteilt. Häufige Unterhaltungsveranstaltungen sorgten für Ablenkung. Am beliebtesten waren die Rennen mit Pferdegespannen auf einer langgestreckten Rennbahn, dem Circus, und Kämpfe von Gladiatoren, die in großen Arenen gegeneinander oder gegen wilde Tiere auf Leben und Tod kämpften.
Auch sonst taten die Kaiser viel für die Einwohner Roms. Sie trafen Vorkehrungen zum Schutz gegen die regelmäßigen Überschwemmungen des Tiber, verbesserten die Versorgung der Stadt mit Wasser und sorgten durch die Einrichtung einer Feuerwehr für die öffentliche Ordnung. Deswegen war die Herrschaft der Kaiser beim römischen Volk durchaus beliebt.

### Der Kaiser und die Städte im Reich

Das Reich wurde von Rom aus verwaltet. Da das Reich aber sehr groß war, konnten die Kaiser nicht alles kontrollieren und durch Vorschriften regeln.
Das Heer, auf dem die Macht des Kaisers beruhte, und das Volk von Rom behielten sie direkt im Auge. Um die Angelegenheiten in Italien und in den Provinzen kümmerten sie sich weniger. Die vielen Städte verwalteten sich und das Umland weitgehend selbst ohne Vorschriften aus der Zentrale in Rom. Das galt vor allem für die Rechtsprechung unter Bürgern und für die Eintreibung der Steuern. Jedes Jahr wählte man dafür in den Städten Beamte. Ohne diese Selbstverwaltung von Tausenden von Städten hätte ein so großes Reich kaum bestehen können.
Die Kaiser waren dennoch gegenüber den Städten und Provinzen nicht untätig. Jederzeit konnten sich die Bewohner der Städte an den Kaiser wenden. Das geschah vor allem bei Streitigkeiten, bei schlechter Lebensmittelversorgung oder finanziellen Problemen. Auch die Statthalter der Provinzen konnten in jeder Angelegenheit den Kaiser befragen. Am kaiserlichen Hof gab es für solche Fälle im Rat Sachverständige, meistens Juristen. Diese trafen dann eine Entscheidung, die vom Kaiser bekräftigt wurde. Sie wurde schriftlich mitgeteilt und zugleich in den kaiserlichen Büros aufgezeichnet. Wenn es später, in einer anderen Stadt oder in einer anderen Provinz, ähnliche Probleme gab, konnte man sich nach den früheren Entscheidungen richten. Das Ergebnis dieser Art der kaiserlichen Regierung war, daß im Römischen Reich die Vielfalt der Städte lange Zeit erhalten blieb.

*Münze des Kaisers Trajan (98–117 n. Chr.). Umschrift (übersetzt): Senat und Volk von Rom dem besten Kaiser. Dargestellt ist die Annona, Symbol der Getreideversorgung: Im linken Arm hält sie ein Füllhorn, im rechten Getreideähren. Rechts zu ihren Füßen steht ein Modius, ein Hohlmaß zum Abmessen von Getreide, Ähren schauen heraus. Links ist ein Schiffsheck mit Ruder dargestellt als Zeichen für die Herkunft und den Transport des Getreides.*

## 1 Kaiser und Untertanen

*Alle Römer und Untertanen mußten dem Kaiser einen Treueid leisten. In einem solchen Eid auf den Kaiser Caligula (37–41 n. Chr.) heißt es:*

**Q** Nach bestem Wissen und Gewissen schwöre ich, daß ich diejenigen als meine persönlichen Feinde ansehen werde, von denen ich erfahre, daß sie dem Kaiser Caligula feindlich gesonnen sind. Und wenn jemand ihn und sein Wohlergehen gefährdet oder gefährden wird, werde ich nicht aufhören, ihn mit Waffen und Krieg zu Wasser und zu Land zu verfolgen, bis er vernichtet ist.
Ich werde um das Wohl das Kaisers mehr besorgt sein als um meines oder das meiner Kinder; und ich will diejenigen, die ihm feindlich gesonnen sind, als Staatsfeinde ansehen. Wenn ich bewußt gegen diesen Eid verstoße oder verstoßen werde, dann sollen Jupiter Optimus Maximus und der unter die Götter aufgenommene Augustus und alle anderen unsterblichen Götter mir und meinen Kindern Vaterland, Gesundheit und all meinen Besitz nehmen.

*Dessau, ILS Bd. I 190. Übers. d. Verf.*

1. *Wozu wird der Bürger, der diesen Eid schwören muß, verpflichtet?*
2. *Welche Vorteile bringt ein solcher Eid dem Kaiser?*
3. *Entwirf aus der Sicht eines Anhängers der Republik eine Kritik an dieser Eidesverpflichtung.*
4. *Was ergibt sich aus dem Schluß des Eides über die Stellung von Kaiser Augustus?*

## 2 Kaiser und Spiele

*Auszüge aus einer römischen Chronik, in der Amtshandlungen der Kaiser aufgeführt sind (die Daten sind in unsere Zeitrechnung übertragen):*

**Q** 108 n. Chr., 4. Juni: Kaiser Trajan begann sein zweites Gladiatorenspiel.
109 n. Chr., 22. Juni: Kaiser Trajan weihte seine Badeanstalt ein und übergab sie der Öffentlichkeit.
24. Juni: Der Kaiser weihte die Wasserleitung ein, die unter seinem Namen die Stadt mit Wasser versorgt.
1. November: Kaiser Trajan beendete sein Gladiatorenspiel: An 117 Tagen kämpften 494 1/2 Gladiatorenpaare.
11. November: Kaiser Trajan weihte sein Seeschlacht-Stadion ein, wo an sechs Tagen 127 1/2 Gladiatorenpaare kämpften. Beendigung am 24. November.
112 n. Chr., 1. Januar: Kaiser Trajan weihte seinen Markt und die Ulpische Halle (Markt- und Gerichtshalle) ein.
30. Januar: Kaiser Trajan veranstaltete Spiele in drei Theatern an 15 Tagen, darunter drei Tage mit Geschenkwürfen.
1. März: Der Kaiser veranstaltete Wagenrennen im Circus, 30 Starts. Am selben Tag gab er dem Senat und dem Ritterstand ein Essen.

*Fasti Ostienses, ed. A. Degrassi, fr. XXII. Übers. d. Verf.*

1. *Welche Leistungen des Kaisers werden hier erwähnt?*
2. *Wem kommen diese Leistungen zugute?*
3. *Warum hat der Kaiser diese Aufgaben wahrgenommen?*
4. *Gibt es heute noch vergleichbare Veranstaltungen?*

## 3 Gladiatorenkämpfe

*Ausschnitt aus einem Gladiatorenmosaik, aus einer römischen Villa in Zliten (Nordafrika)*

1. *Beschreibe die Situation, die der Künstler dargestellt hat.*

# Das römische Weltreich – Eroberung und Frieden

## Frieden nach Art der Römer

### Die Abrundung des Reiches unter Augustus

Die Römer hatten in der Zeit der Republik ein großes Reich erobert, waren aber an der Aufgabe gescheitert, es gerecht zu verwalten. Die Eroberungen haben letztlich zum Niedergang der Republik geführt. Daß sich in den Machtkämpfen am Ende der Republik mit dem Kaiser Augustus ein Alleinherrscher durchgesetzt hatte, war für das Reich von Vorteil. Nun lag die Herrschaft in einer Hand. Der Kaiser konnte die Politik auf lange Sicht und in größerem Zusammenhang planen. Vorbei war die Zeit, in der die Senatoren sich gegenseitig in Rom bekämpften und aus eigener Willkür die unterworfene Bevölkerung in den Provinzen ausbeuteten. Von jetzt an kontrollierte der Kaiser die Senatoren.

Rom hatte zwar alle mächtigen Gegner besiegt, aber an vielen Stellen hing das Reich nur lose zusammen. Der Westteil war mit dem Ostteil nur durch Seewege verbunden. Außerdem war Rom durch die Eroberungen in Gebiete vorgestoßen, die weit von der Hauptstadt entfernt lagen. In diesen Gebieten, z. B. in Spanien und Gallien, lebten kriegerische Stämme, die noch nicht vollständig unterworfen waren und oft noch Verbindungen zu Völkern jenseits der Reichsgrenze hatten.

Augustus setzte sich deshalb das Ziel, ein räumlich zusammenhängendes Reichsgebiet zu schaffen, das durch natürliche Grenzen gesichert sein sollte. Bei seinem Tode hatte er das erreicht: Das Reich wurde im Westen vom Meer, besonders dem Atlantik, im Süden und Osten von den Wüsten in Nordafrika und im Nahen Osten sowie vom Euphrat und im Norden von Donau und Rhein begrenzt.

Gescheitert war Augustus nur mit dem Versuch, die Reichsgrenze östlich des Rheins bis an die Elbe vorzuschieben. Ein Aufstand der bereits unterworfenen germanischen Stämme, geführt von den Cheruskern unter ihrem Anführer Arminius, brachte den Römern 9 n. Chr. in der Schlacht im Teutoburger Wald eine vernichtende Niederlage. Aber insgesamt war das Reich in sich geschlossen, hatte bessere Verbindungswege auch auf dem Lande und sichere Grenzen.

### Sicherung der Grenzen durch die Nachfolger

Die Kaiser nach Augustus haben das Reich nur noch an wenigen Stellen ausgedehnt: Britannien kam hinzu (im wesentlichen unter Kaiser Claudius) und Dakien, ein großer Teil des heutigen Rumäniens, unter Kaiser Trajan. Dessen Nachfolger, die Kaiser Hadrian und Antoninus Pius, begnügten sich damit, die Grenzen zu halten und sicherer zu machen. Sie schufen Befestigungsanlagen, Türme und Mauern oder Palisaden, die von Wällen begleitet waren: Eine solche Grenzbefestigung hieß *Limes*. Kleinere Angriffe, vor allem Raubzüge, konnten so an den Grenzen selbst abgewehrt werden.

Von wenigen Unterbrechungen abgesehen, erfuhren die Menschen im Inneren des Reiches über 200 Jahre lang nicht am eigenen Leib, was Krieg bedeutete. Und so sahen im Laufe der Zeit viele darüber hinweg, daß dieser Friede ein Frieden im Sinne Roms, d. h. auf der Grundlage der römischen Herrschaft über die einst unterworfenen Völker, war.

*Rekonstruktion des obergermanischen Limes mit Holzzaun, Wall und Graben und der rätischen Limes-Mauer*

*Das Römische Reich vom 1. bis 3. Jahrhundert n. Chr.*

## Das römische Heer

Das römische Heer hatte vor allem die Aufgabe, die Grenzen zu sichern, und war deshalb unmittelbar an den Grenzen stationiert. Das Heer bestand aus größeren Einheiten, den Legionen, die eine Stärke von 6000 Mann hatten. Sie lagen in der Nähe der Grenzen in Festungen. Daneben gab es auch kleinere Einheiten, die sogenannten Hilfstruppen, die 500 bis 600 Soldaten umfaßten. Diese waren meist in kleinen Befestigungen, den Kastellen, stationiert. Die Legionäre waren römische Bürger, die Hilfstruppen setzten sich aus den Bewohnern der Provinzen zusammen, d. h. aus Nichtrömern.

Das Leben der Soldaten wurde nicht nur durch Krieg und Kampf bestimmt. Die römischen Soldaten hatten ihre Festungen und Kasernen selber zu bauen, sie mußten Baumaterial herstellen und Straßen und Kanäle anlegen. Sogar die Äcker in der Umgebung ihres Standortes wurden von ihnen bestellt. In der Nähe der militärischen Festungen entstanden Gemeinden. Manche von diesen waren der Verwaltung durch das Heer unterstellt, weil sie der Versorgung der Soldaten dienten. Andere wurden durch die Anordnung des Kaisers zu selbständigen Gemeinden mit eigenem Stadtrecht erklärt.

Nach Ablauf der Dienstzeit, die in der Legion 20 Jahre, bei den Hilfstruppen sogar 25 Jahre dauerte, blieben die Soldaten oft in diesen Siedlungen oder ließen sich im nahen Umland als Bauern nieder. Auf dem Boden des Reiches, dort wo es noch keine größeren Siedlungen gab, wurden Städte gegründet. Schließlich war das ganze Reich mit einem Netz von Städten und Militärsiedlungen überzogen, in Deutschland z. B. Novaesium = Neuß, Bonna = Bonn, Mogontiacum = Mainz.

*Ausschnitt aus der Trajanssäule in Rom, auf der die beiden Kriege gegen die Daker dargestellt sind.*
*Unten: Das römische Heer überquert die Donau (als Gott personifiziert). Mitte: Bau eines Lagers. Oben: Reiterei und Fußsoldaten beim Aufbruch*

## Die Bevölkerung im Römischen Reich

Die freie Bevölkerung im Römischen Reich war nach ihrer rechtlichen Stellung in drei Gruppen eingeteilt:

- Die *römischen Bürger*, die nicht nur in der Stadt Rom lebten, hatten Vorteile, weil sie sich bei Gerichtsverfahren an den Kaiser wenden konnten. Den Vornehmen und Reichen unter ihnen war es sogar möglich, in die Führungsschichten des Römischen Reiches aufzusteigen.
- Die *Latiner* besaßen das „kleine" römische Bürgerrecht: Sie konnten leicht römische Bürger werden, etwa wenn sie Bürgermeister oder Ratsherren ihrer Gemeinde geworden waren.
- Die Freien, die weder Römer noch Latiner waren, bildeten die große Gruppe der *Peregrinen* oder *Provinzialen*. Das waren diejenigen, die meist durch Unterwerfung ins Römische Reich gelangt waren. Bürger griechischer Städte standen neben ägyptischen Bauern, nordafrikanische Beduinen und syrische Händler neben gallischen und germanischen Kriegern. Von den Römern waren sie nur durch ihre rechtliche Stellung abgegrenzt. Niemand wurde wegen seiner Volkszugehörigkeit oder Hautfarbe unterdrückt.

All diese Nichtrömer hatten grundsätzlich die Möglichkeit, selber Römer zu werden und die damit verbundenen Vorteile zu genießen. Ein Weg dazu war der Dienst in den Hilfstruppen des Heeres, da diese aus Nichtrömern zusammengesetzt waren. Die Soldaten wurden nach Ablauf ihrer Dienstzeit mit dem römischen Bürgerrecht beschenkt, das dann auch für ihre Nachkommen galt. Auf diesem Weg sind große Massen der Bevölkerung nicht nur mit der Sprache der Römer, ihrer militärischen Ordnung und ihrer Lebensweise vertraut geworden, sondern auch in ihren Kreis aufgenommen worden. Man nennt diesen Vorgang Romanisierung.

An ganze Städte konnte das Bürgerrecht verliehen werden, denn die Römer nahmen die Angehörigen der führenden Schichten aus nichtrömischen Städten oder Stämmen unter ihre Bürger auf, um sie an sich zu binden. Auch auf diese Weise wurde sehr stark „romanisiert". Schon am Ende des 1. Jahrhunderts n. Chr. setzte sich die Führungsschicht des Reiches zunehmend aus „Neurömern" zusammen. Sie wurden Senatoren, Konsuln und Statthalter, ja, die höchste Position stand ihnen schließlich offen: Kaiser Septimius Severus z. B. stammte aus Afrika, und später gab es einen Kaiser Philippus Arabs.

Die Unterschiede zwischen Römern und Nichtrömern wurden immer geringer. Die Bewohner in den Provinzen fühlten sich nicht mehr so sehr als Unterworfene, sondern als Mitbeteiligte im Rahmen des römischen Reichsverbandes: Sie selber trugen und verkörperten als Beamte und Soldaten das Römische Reich. Schließlich war es sogar möglich, diese Entwicklung für alle Reichsbewohner (mit kleinen Ausnahmen) auch rechtlich festzulegen: Ein Gesetz des Kaisers Caracalla, die *Constitutio Antoniniana* (212/213), verlieh sämtlichen Bewohnern des Reiches das römische Bürgerrecht – aber das war schon zu einer Zeit, als man die damit verbundenen Lasten mehr spürte als die Vorteile.

## 1 Das Leben römischer Soldaten

**1a** *Modell des Legionslagers Novaesium (Neuß)*

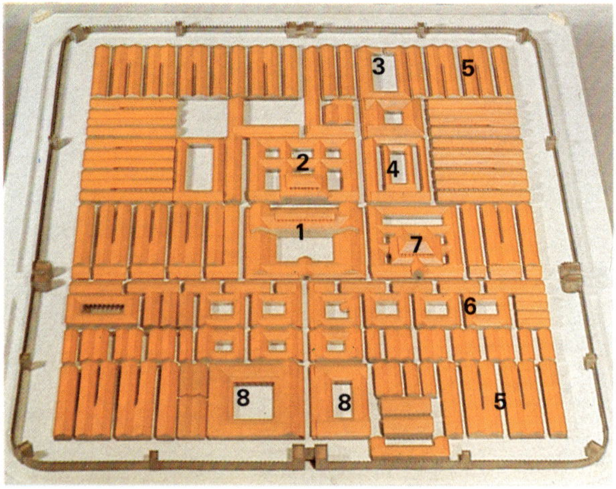


1 Lagerkommandantur
2 Versorgungsoffizier
3 Werkstatt
4 Lazarett
5 Mannschaftsunterkünfte
6 Offizierswohnungen
7 Kommandeurswohnung
8 Magazine

1. *Beschreibe die Anlage des Legionslagers.*
2. *Was sagt das Modell über den Aufbau einer römischen Legion aus?*

**1b** *Aus einem Dienstplan römischer Soldaten*

| Name | 4. Okt. | 5. Okt. | 6. Okt. | 7. Okt. | 8. Okt. | 9. Okt. |
|---|---|---|---|---|---|---|
| Aemilius Valens | – | – | ? | Baumwolle(?) | in den Waffenkammern | im Bad |
| Julius Valens | in den Kalksteinbrüchen | in den Waffenkammern | | im Bad | Ordonnanz | Wache in der eigenen Einheit |
| Julius Octavianus | ? | Wache in der eigenen Einheit | im Bad | Wache in der Kommandantur | an der Nicopolis-Straße | Wache in der eigenen Einheit |
| Claudius Secundus | auf dem Lagermarkt(?) | | ? | Torwache | Kalk | Schuhe des Helius |
| Sextilius Germanus | bei den Wurfgeschützen | in der Einheit des D. Decrius | | | | |

Anmerkung: Diese Diensteinteilung römischer Soldaten, die in Alexandria (Ägypten) stationiert waren, ist auf einem stark beschädigten Papyros überliefert; bei Fragezeichen konnten die Eintragungen nicht entziffert werden, Striche sind aus dem Original übernommen.

1. *Ordne die Tätigkeiten nach militärischen und zivilen Bereichen.*

**1c** *Die Ausrüstung eines römischen Legionärs*

1 Wurflanzen
2 Helm
3 Kurzschwert
4 Schild
5 Feldflasche
6 Korb
7 Zeltplane
8 Getreidevorrat
9 Spaten
10 Spitzhacke
11 „Tornister“ mit Löffel, Sichel, Topf, Säge und Kettengliedern

1. *Schätze, wieviel Kilogramm Marschgepäck ein römischer Legionär tragen mußte.*
2. *Ordne seine Ausrüstungsgegenstände in Gruppen. Erkläre, wozu die einzelnen Dinge notwendig waren.*
3. *Schildere mit Hilfe der Materialien 1a – 1c das Leben eines römischen Soldaten.*

**2 Rekonstruktion eines römischen Gutshofes (Ludwigsburg-Hoheneck)**

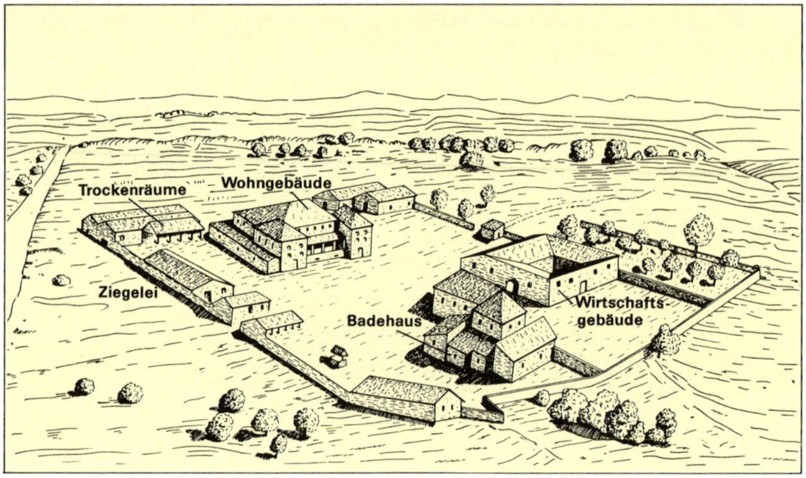


1. *Vergleiche diesen römischen Gutshof mit einem Bauernhof in deiner Heimat.*

**3 Das Römische Reich aus römischer und fremder Sicht**

**3a** *Der römische Dichter Vergil schrieb zur Zeit des Kaisers Augustus über die Aufgaben der Römer:*

**Q** Andere werden weicher atmendes Erz herausarbeiten – glaube ich jedenfalls –, werden aus Marmor lebende Gesichter formen, werden vor Gericht besser reden, die Bahnen des Himmels mit dem Stab beschreiben und aufsteigende Gestirne benennen: Du, Römer, denke daran, durch Herrschaft die Völker zu lenken – das werden deine Künste sein –, ihnen die Ordnung des Friedens aufzuerlegen, die Unterworfenen zu schonen und die Hochmütigen zu bezwingen.

*Vergil, Aeneis 6, 847ff. Übers. d. Verf.*

**3b** *Der griechische Redner Aelius Aristides richtete im Jahre 156 n. Chr. eine Rede an die Römer. Darin heißt es:*

**Q** So kommt kein Haß gegen eure Herrschaft auf ... Ihr machtet alles allen gemeinsam und gabt den Leuten, die dazu fähig waren, die Möglichkeit, ebenso beherrscht zu werden wie an der Herrschaft teilzunehmen ... So sind Arme wie Reiche mit Recht zufrieden mit den jetzt bestehenden Verhältnissen und haben ihren Nutzen davon; eine andere Möglichkeit zu leben gibt es nicht ..., und was früher unmöglich schien, wurde unter euch zur Wirklichkeit: Stärke der Herrschaft verbunden mit Menschlichkeit.

*In: Geschichte in Quellen, Band 1 (hg. v. W. Arend), München 1965, S. 678ff.*

**3c** *Nordbritannische Stämme sind von Rom angegriffen worden. Einem ihrer Anführer legt der römische Historiker Tacitus (etwa 55–120 n. Chr.) folgende Worte in den Mund:*

**Q** Feindlicher als die Natur sind die Römer; vor ihrem überheblichen Machtanspruch flieht man vergebens, da hilft weder blinder Gehorsam noch Zurückhaltung. Die Römer, diese Räuber des Erdkreises, durchstöbern jetzt die Meere, nachdem ihnen, die alles verwüsten, keine neuen Länder mehr zur Verfügung stehen. Wenn der Feind reich ist, dann sind sie habgierig, ist er arm, geht es ihnen um Ruhm. Weder der Orient noch der Okzident wird sie je zufriedenstellen. Sie allein von allen Menschen nehmen mit der gleichen Gier reich und arm für sich in Anspruch. Stehlen, Töten, Rauben – das nennen sie mit einem falschen Wort „Herrschaft", und Frieden nennen sie es, wenn sie eine Wüste hinterlassen.

*Tacitus, Agricola 30, 3f. Übers. d. Verf.*

1. *Welche Tätigkeiten stellt Vergil einander gegenüber?*
2. *Wie kennzeichnet Aelius Aristides die römische Herrschaft?*
3. *Wie sehen die Römer ihre Leistungen in der Geschichte (Quelle 3a), wie sehen das die Reichsbewohner (Quelle 3b) und wie die Feinde der Römer (Quelle 3c)?*
4. *Welche Vorzüge bietet die römische Herrschaft nach Vergil, welche Nachteile bietet sie nach der Rede bei Tacitus?*

# Die Wirtschaft des Römischen Reiches

## Rom – Anziehungspunkt für Waren aus aller Welt

Rom war nicht allein die politische Zentrale eines Weltreiches. Es war auch mit über einer Million Einwohnern die größte Stadt der Welt. Eine wichtige Aufgabe der kaiserlichen Verwaltung bestand deshalb darin, diese Massenbevölkerung mit Lebensmitteln, vor allem mit Getreide für das tägliche Brot, zu versorgen. In und um Rom lebten aber auch zahlreiche besonders vornehme und reiche Leute. Diese gestalteten ihr Leben sehr luxuriös und verlangten nach verschiedenen Kostbarkeiten und Delikatessen, aber auch nach Sklaven.
Deshalb strömten Waren aus aller Welt in Rom zusammen: Getreide aus Sizilien, Ägypten, Nordafrika und Südfrankreich, Weine und Olivenöl aus Unteritalien, Griechenland und Spanien, Weihrauch und Elfenbein aus Arabien und Ägypten, Purpurstoffe aus dem Libanon, Edelmetalle aus Spanien und Britannien, afrikanischer und griechischer Marmor, Sklaven aus allen Teilen der Welt, besonders aus den Grenzgebieten. Kurz, was im Römischen Reich und in der damals bekannten Welt angebaut und produziert, gejagt und gefischt wurde, gab es in Rom zu kaufen. Das kann man heute noch an vielen Überresten erkennen: An der Tibermündung lag Ostia, die alte römische Hafenstadt. Da der Fluß sich immer weiter ins Meer hinausschob, wurden unter den Kaisern Claudius und Trajan künstliche Häfen in der Nähe des Meeres angelegt. So entstand ein großes geschütztes, durch Kanäle mit dem Meer und dem Tiber verbundenes Hafenbecken mit sechseckigem Grundriß. Dieses ist noch heute als Binnensee vorhanden. Der Hafen war von Säulenhallen umgeben, und um ihn herum bildete sich eine Stadt, die einfach Hafen (Portus) hieß.
Auch Ostia blieb eine bedeutende und dichtbesiedelte Stadt: Viele mehrstöckige Häuser sind zum Teil erhalten geblieben, daneben viele Speicherräume für Getreide und andere Waren. Auf dem Tiber wurden die Waren nach Rom weiterverschifft und im römischen Stadthafen gelöscht. Hier befanden sich ein großer Markt und zahlreiche Lagerhallen. Im Laufe der Zeit wuchs aus den Scherben, die von den Transportgefäßen (besonders den großen Amphoren) übriggeblieben waren, ein Hügel, der heute Monte Testaccio (Ziegelberg) heißt.
Verkauft und verteilt wurden die Waren teils hier, teils

*Weiherelief eines Reeders, 3. Jahrhundert n. Chr.
Auf dem Relief ist der von Kaiser Claudius angelegte Hafen von Ostia dargestellt, erkennbar an dem aus vier aufeinandergesetzten Blöcken konstruierten Leuchtturm. Links läuft gerade ein Lastschiff in den Hafen ein.*

*Blick auf den von Kaiser Trajan am Hang des Quirinals angelegten Einkaufsbezirk.*
*Die Läden sind die einzelnen Öffnungen; sie ließen sich durch Bretter einteilen und verschließen.*

auf dem zentralen Markt von Rom, dem Forum Romanum. In dessen Nähe hat der Kaiser Trajan am Hang eines Hügels eine große Einkaufsstadt in Terrassenform angelegt. Sie erstreckte sich über fünf verschiedene Ebenen und bestand aus Ladenstraßen mit zahlreichen Geschäften. Dort konnte man, durch Gewölbe vor der Sonne geschützt, auch leicht verderbliche Waren verkaufen. Ihre besondere Aufmerksamkeit widmete die kaiserliche Verwaltung der Getreideeinfuhr. Die Herrschaft des Kaisers hing nämlich auch davon ab, daß die Massenbevölkerung der Hauptstadt ihr Brot bekam. Viele Bewohner hätten sich und ihre Familien aus eigener Kraft gar nicht ernähren können. So sorgte der Kaiser mit einem Heer von Beamten dafür, daß Korn verteilt wurde. Weit über hunderttausend Personen bekamen auf diese Weise eine kostenlose Getreideration. Das führte dazu, daß die Kaiser die Ernte und den Transport des Getreides nach Rom beaufsichtigen und die Berufsgruppen, die damit beschäftigt waren, kontrollieren ließen.

## Die Landwirtschaft

Rom lebte also auf Kosten seines Umlandes, ja des gesamten Reiches. Wer aber schuf die Erzeugnisse, die dort und auch anderswo gekauft und verbraucht wurden? Der Großteil der Waren bestand aus landwirtschaftlichen Produkten, die Landwirtschaft war mit Abstand der wichtigste Wirtschaftszweig. Zwischen 70 und 80 Prozent der Reichsbewohner, so schätzen heutige Wissenschaftler, waren in der Landwirtschaft beschäftigt.

### Die Produkte

Am wichtigsten war der Anbau von Getreide, besonders Weizen und Gerste, denn dieses war das Hauptnahrungsmittel. Es wurde im nördlichen Afrika, daneben vor allem in Südfrankreich und in den nordwestlichen Provinzen des Reiches angebaut. Außer für die Versorgung Roms lieferten diese Anbaugebiete auch Getreide für andere Städte und für die in den Provinzen stationierten römischen Soldaten. Getreide wurde darüber hinaus aber überall angebaut, und sehr viele Bauernhöfe und Dörfer ernährten sich von ihrer eigenen Produktion.
Neben Weizen und Gerste wurden hauptsächlich Wein und Oliven angebaut. Wein war das wichtigste Getränk, oft reichlich vorhanden und billiger als Wasser. Er wurde in verschiedenen Mischungen häufig auch als Medizin verwendet. Die Früchte des Ölbaumes dienten nicht allein als Tafelfrüchte und als Speiseöl. Olivenöl war außerdem ein sehr verbreitetes Mittel zur Körperpflege – nach dem Bad salbte man sich damit regelmäßig –, und es war der wichtigste Brennstoff für Lampen. Es herrschte also ein großer Bedarf, und mit der Herstellung von Wein und Öl ließen sich gute Gewinne erzielen.

## Die Großgrundbesitzer

Gewinne zu erzielen, das setzte in der Landwirtschaft allerdings voraus, daß der Bauer weit mehr Land besaß, als er zur Ernährung für sich und seine Familie benötigte. Nur Großgrundbesitzer konnten Land für Olivenplantagen und Weingärten oder Weideland zur Verfügung stellen und die notwendigen Arbeitskräfte – Sklaven und Saisonarbeiter – erwerben und bezahlen. Die führenden Schichten des Römischen Reiches, die Angehörigen des Senatoren- und Ritterstandes, bestanden überwiegend aus solchen Großgrundbesitzern.

Die größten Grundstücke, die *Latifundien*, dienten besonders der Viehzucht. Sie lagen vor allem in Unteritalien und Sizilien. Die Hirten waren meistens Sklaven, die oft – zum Schutz gegen Räuber und wilde Tiere – bewaffnet waren und ein rauhes Leben führten.

Die Güter, auf denen Getreide, Wein, Oliven und andere Produkte angebaut wurden, waren im Durchschnitt dagegen nicht sehr groß: Ein Besitzer von 100 Morgen (etwa 25 ha) galt als wohlhabend, und größer werden die Betriebe kaum gewesen sein. Wer mehr besaß, hatte mehrere solcher Güter, oft in verschiedenen Gebieten. Die Arbeiten wurden von Sklaven, in den Erntezeiten zusätzlich von Saisonarbeitern durchgeführt.

Im Laufe der Zeit gingen die Großgrundbesitzer zur Verpachtung ihrer Ländereien über. Sie sparten dadurch Kosten für eigenes Arbeitspersonal und hatten andererseits vertraglich festgelegte Einnahmen. Allmählich gerieten viele Pächter auf diesem Weg in die Abhängigkeit von den Bodeneigentümern.

*Modell eines römischen Landhauses (Villa Rustica von Boscoreale am Vesuv)*

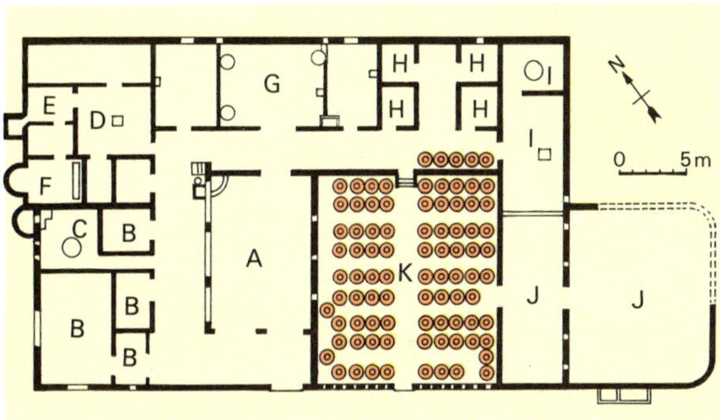


*Grundriß der Villa Rustica*
*A: Hof*
*B: Schlaf- und Eßzimmer*
*C: Backraum*
*D: Küche*
*E: Toilette*
*F: Bad mit Heizanlage*
*G: Kelterraum*
*H: Sklavenkammern*
*I: Ölpresse*
*J: Scheune mit Tenne*
*K: Hof mit den in den Boden eingelassenen Weinfässern*

## Die Bauern

Zunächst war im Römischen Reich aber das Bauerngut von einigen Morgen am meisten verbreitet. Dieses wurde vom Bauern und seiner Familie sowie einigen Sklaven und Sklavinnen bewirtschaftet. Neben den schon erwähnten Erzeugnissen wurden – oft in einem Hausgarten – Obst und Gemüse angebaut. Die Haustiere lieferten Milch, Käse, Fleisch, Rohstoffe (Wolle und Leder) und Dünger (Mist). Außerdem dienten sie als Arbeits- und Transportmittel. Die meisten Produkte verbrauchte die bäuerliche Familie selbst, nur geringe Mengen wurden auf nahegelegenen Marktplätzen verkauft.

Dem Bauern war seine Arbeit von der Natur vorgeschrieben: Im Herbst säte er das Wintergetreide aus. Im Winter konnte er die Oliven ernten. Am Ende des Winters waren die Weinreben zu beschneiden. Im Frühjahr wurde das Sommergetreide gesät. Etwa im Juli stand die Getreideernte auf dem Programm. Außerdem wurde im Sommer das Brachland für die Einsaat vorbereitet: Man bestellte nämlich immer einen Teil des Ackerlandes nicht, damit sich der Boden erholen konnte. Wir nennen dieses Verfahren *Zweifelderwirtschaft*. Im September schließlich war die Weinlese.

## Handwerker und Händler

### Das Handwerk

Gewerbliche Tätigkeiten waren damals von geringerer Bedeutung, weil viele Produkte in den Haushalten selbst hergestellt wurden. Die Hausfrau z. B. fertigte mit Hilfe ihrer Sklavinnen einen Teil der Kleidung an. Sie spann das Garn, webte das Tuch und nähte das Gewand. Außerdem waren die handwerklichen Berufe noch nicht so spezialisiert wie heute, z. B. war der Bäcker in der Regel sein eigener Müller. Jeder Handwerker und Arbeiter stellte normalerweise auch immer sein Produkt vollständig her, teilte sich also die Arbeitsgänge nicht mit anderen Kollegen auf, wie es heute in einer Fabrik üblich ist. Besonders die hohen Transportkosten führten dazu, daß Waren meistens nicht in großen Mengen für weiter entfernte und ausgedehnte Gebiete angefertigt wurden. Die meisten Handwerksbetriebe waren recht klein. Sie waren, wie die meisten bäuerlichen Betriebe, Familienunternehmen, in denen der Inhaber mit einem oder mehreren Sklaven in seiner Werkstatt arbeitete und seine Waren direkt verkaufte. Sehen wir uns die wichtigsten Berufe etwas genauer an.

**Müller und Bäcker:** Alle Arbeitsvorgänge, vom Mahlen des Getreides über das Backen bis hin zum Verkauf, fanden in demselben Laden statt. Das Getreide wurde zwischen großen Mühlsteinen zerrieben, die von Sklaven oder Tieren (meistens Eseln) gedreht wurden. Auf langen Tischen wurde der Teig hergestellt und dann in einem vorgeheizten Ofen aus Ziegelsteinen gebacken.

*Rekonstruktion einer römischen Bäckerei*

*Römisches Tafelgeschirr, sogenannte Terra sigillata*

**Töpfer:** Der Beruf hatte eine besondere Bedeutung, weil nicht allein das Geschirr, sondern auch die meisten Transportgefäße (Amphoren) aus Ton waren. Die Töpfer arbeiteten normalerweise in kleineren Werkstätten an der Töpferscheibe und mit dem Töpferofen. Es gab aber gerade in der Töpferei schon eher industrieähnliche Verfahren: Man erstellte bestimmte Formen als „Negative“ und produzierte daraus Massen von gleichen Tongefäßen. Besonders verbreitet war die auf diese Weise hergestellte Terra sigillata (gesiegelter Ton, so genannt nach den eingestempelten Namenszeichen der Töpfer). Dieses Geschirr von rötlichem Farbton war beim Verbraucher sehr beliebt.

**Tuchwalker und -färber:** Dieser Beruf war wichtig für die Herstellung großer und häufig benötigter Kleidungsstücke, der Togen, sowie von Decken und anderen Tuchen. Die Aufgabe der Tuchwalker war es, durch Verfilzung der Wolle möglichst dichtes Gewebe herzustellen. Hierzu verwendete man Urin. Deswegen hatte man die Stoffe hinterher durch mehrere Waschvorgänge in verschiedenen Becken zu reinigen und noch zu färben. In

der vom Vesuvausbruch des Jahres 79 n. Chr. verschütteten Stadt Pompeji sind mehrere Walkereien noch heute in ihren Ruinen zu erkennen.
Neben diese Handwerksberufe traten andere, wie die Gerber und Schuster oder die Schmiede, die nicht selten ihre Werkstätten außerhalb der Städte hatten, um durch Gestank oder Lärm die Stadtbewohner nicht zu belästigen. Sehr wichtig waren auch die zahlreichen, meist sehr kleinen Gaststätten und Imbißläden, die die Straßen der Städte säumten. Da viele Haushalte, besonders in kleinen Stadtwohnungen, nicht über eine eigene Küche verfügten, holte man sich hier eine warme Mahlzeit.

## Der Handel

Es gab zwei große Gruppen von Händlern: die Kleinhändler und die Fernhändler. Die Kleinhändler kauften alle möglichen Waren von den Fernhändlern oder Produzenten und verkauften sie in der Nähe ihrer Wohnorte auf dem Markt, nicht selten aber auch als reisende Händler (sogenannte Hausierer), mit einer Kiepe oder einem Esel als Tragtier. Diese Art der Versorgung war für abgelegene Gebiete, z. B. Siedlungen in Berglandschaften, sehr wichtig. Die Fernhändler lieferten Waren in größeren Mengen und handelten vor allem mit den wichtigsten Gütern wie z. B. Getreide und Wein.
Obwohl durch den Ausbau zahlreicher Straßen im Römischen Reich auch Landwege überall zur Verfügung standen (siehe Karte S. 169), bevorzugten die Fernhändler den Transport zu Wasser, da sie so mehr Waren und billiger befördern konnten. Zwar waren ihre Schiffe auch nicht allzu groß, aber sie konnten doch wesentlich mehr fassen als die sehr kleinen Lastkarren. Die Küstenlinien des Mittelmeeres und die schiffbaren Flüsse, vor allem in den nordwestlichen Provinzen des Reiches, z. B. die Rhone und der Rhein, wurden so zu den wichtigsten Handelswegen.
Handwerksberufe, besonders aber die Handelstätigkeit, genossen bei der tonangebenden senatorischen Führungsschicht kein hohes Ansehen. Die Landwirtschaft, die Basis für das gesamte Leben, stand auch hier im Vordergrund. So bemerkte der römische Politiker und Gelehrte Cicero im 1. Jahrhundert v. Chr.:
„Der Handel, wenn er Kleinhandel ist, ist für schmutzig zu halten; wenn er aber groß und umfangreich ist, indem er vieles von überall herbeibringt und vielen Leuten ohne Mogelei zuteilt, ist er nicht so tadelnswert. Und wenn ein Kaufmann, vom Gewinn gesättigt oder eher mit ihm zufrieden, so, wie er oft von einem Hafen zum andern fuhr, sich vom Hafen selbst zu Äckern und Grundbesitz begibt, dann kann man ihn mit vollem Recht loben. Denn von allen Dingen, aus denen man Gewinn ziehen kann, ist nichts besser als die Landwirtschaft, nichts ergiebiger, nichts angenehmer und eines freien Mannes würdiger."

*Außenansicht und Wirtshausschild eines „Restaurants" in Ostia*

## 1 Die Arbeit in der Landwirtschaft

**1a** *Römisches Relief*

**1b** *Der griechische Schriftsteller Georgios Drosinis beschreibt, wie am Ende des 19. Jahrhunderts in der Landwirtschaft gearbeitet wurde. Ganz ähnlich haben wir uns auch die Tätigkeiten in der Antike vorzustellen:*

**D** Die Ernte gewährt eines der schönsten ländlichen Schauspiele; aber wenn sie auch einen erfreulichen Anblick gewährt, so ist sie doch durchaus keine erfreuliche Arbeit. Den ganzen Tag schaffen die armen Schnitterinnen unter den Strahlen der glühenden Sonne. Der Schweiß rinnt rieselnd über ihre Gesichter, die unter dem Sonnenbrande so schwarz und rauh werden, daß sie gegen Ende der Erntezeit fast unkenntlich sind. Sieht man ihre nackten Füße, die unaufhörlich auf rauhem Boden und scharfen und erhitzten Steinen herumtreten müssen – ihre Hände, die in einem fort mit den im Weizen wuchernden stachligen Gewächsen, wie Brombeeren und dergleichen, zu kämpfen haben und recht oft blutrünstig und aufgerissen daraus hervorkommen – und die ganze peinigende Haltung des Körpers in der dauernd gebückten Stellung – und das anfänglich anmutige Gemälde verwandelt sich in der Nähe in ein Bild, das einem fast das Herz abdrückt.

*G. Drosinis, Land und Leute in Nord-Euböa. Übers. v. A. Boltz, Leipzig 1884, S. 21f.*

**1c** *Römisches Mosaik (Cherchell, Nordafrika)*

1. *Welche Tätigkeiten eines Bauern bzw. eines Landarbeiters sind auf den Abbildungen 1a und 1a dargestellt?*
2. *Was kannst du darüber sagen, wie man damals zu arbeiten hatte (vgl. dazu auch den Text 1b)?*
3. *Stelle fest, wie die entsprechenden Arbeiten heute durchgeführt werden.*

## 2 Ausgaben und Lebenshaltungskosten

*Das römische Münzsystem besteht vor allem aus folgenden Einheiten: 1 Denar (Silbermünze von ca. 3,9 g = 4 Sesterzen; 1 Sesterz (Messingmünze von ca. 27 g) = 4 As; 1 As ist eine Kupfermünze von ca. 10,8 g. Aus Inschriften, die in Pompeji entdeckt wurden, ließ sich folgende Preisliste aufstellen:*

| *Lebensmittel:* | |
|---|---|
| 1 modius (6,503 kg) Roggen | 12 As = 3 Sesterzen |
| 1 modius Weizen | 30 As = 7 Sesterzen + 2 As |
| 1 libra (0,328 kg) Öl | 4 As = 1 Sesterz |
| 1 Maß[1] einfacher Wein | 1 As |
| 1 Maß Falerner (besonders guter Wein) | 4 As = 1 Sesterz |

*[1] 1 Maß = ca. 0,5 Liter*

| *Geschirr:* | |
|---|---|
| 1 Breitopf | 1 As |
| 1 Teller | 1 As |
| 1 Eimer | 9 As = 2 Sesterzen + 1 As |
| 1 Lampe | 1 As |
| 1 silbernes Sieb | 90 Denare = 360 Sesterzen |

| *Kleidung:* | |
|---|---|
| 1 Tunika | 15 Sesterzen |
| Reinigung einer Tunika | 1 Denar = 4 Sesterzen |

| *Tiere:* | |
|---|---|
| 1 Maultier | 520 Sesterzen |

| *Sklaven:* | |
|---|---|
| 2 Sklaven | 5048 Sesterzen |

***1.*** *Erkundige dich, wieviel einfacher Weizen heute kostet. Vergleiche dies mit den Zahlen aus Pompeji. Welche Beträge in unserer Währung würden bei dieser Berechnung den römischen Münzeinheiten entsprechen?*

***2.*** *Wie hoch wären die Preise für die anderen Gegenstände in unserer Währung?*

***3.*** *Zu Beginn der Kaiserzeit konnte ein römischer Landarbeiter etwa 1 Denar pro Tag verdienen. Was ergibt sich daraus über seinen Lebensstandard?*

## 3 Eine antike Lehrstelle

*Auf einem Papyros, der in der römischen Provinz Ägypten gefunden wurde, ist ein Lehrstellenvertrag aufgezeichnet. Er wurde im Jahre 182 n. Chr. zwischen Ischyrion, der seinen minderjährigen Neffen in die Lehre gibt, und dem Weber Heraklas abgeschlossen. Dort heißt es:*

**Q** … daß er (der Lehrling) während des besagten Zeitraumes (von fünf Jahren) seinem Lehrherrn zu Diensten steht jeden Tag von Sonnenaufgang bis Sonnenuntergang, wobei er alles tut, was ihm von seinem Lehrherrn aufgetragen wird wie gleichartigen Lehrlingen; ernährt wird er von Ischyrion.

Und die ersten zwei Jahre sowie sieben Monate des dritten Jahres wird Heraklas als Lohn des Knaben nichts geben, während der restlichen Monate eben des dritten Jahres wird Heraklas als Lohn dieses Lehrlings monatlich zwölf Drachmen und im vierten Jahr gleicherweise pro Monat als Lohn sechzehn Drachmen und im fünften Jahr gleicherweise monatlich vierundzwanzig Drachmen zahlen, und Heraklas wird diesem Lehrling im gegenwärtigen Jahr einen Chiton (Gewand) von sechzehn Drachmen Wert fertigen, im kommenden Jahr einen Chiton von zwanzig Drachmen und im dritten Jahr ebenso einen Chiton von vierundzwanzig Drachmen und im vierten Jahr einen anderen Chiton von achtundzwanzig Drachmen und im fünften Jahr in gleicher Weise einen Chiton im Werte von zweiunddreißig Drachmen.

Für Festtage wird der Knabe jedes Jahr zwanzig Tage fehlen, ohne Lohnabzug von jener Zeit an, ab der er Lohn erhalten wird; fehlt er mehr Tage oder ist er krank oder tut er seine Schuldigkeit nicht oder arbeitet er aus einem anderen Grunde nicht, so muß ihn Ischyrion eine gleiche Zahl von Tagen stellen …

Heraklas seinerseits (versichert), er heiße dies alles gut und werde dem Lehrling das besagte Handwerk in den fünf Jahren gänzlich beibringen, wie er es selbst versteht, und die monatlichen Löhne entrichten, wie vorgesehen ab dem achten Monat des dritten Jahres.

*In: Griechische Papyri aus Ägypten (hg. v. J. Hengstl), München 1978, S. 250f. Bearb. v. Verf.*

***1.*** *Stelle in einer Tabelle zusammen, welche Verpflichtungen der Lehrherr, welche der Lehrling hat.*

***2.*** *Erkundige dich über heutige Ausbildungsverhältnisse. Wo liegen die Unterschiede, wo die Gemeinsamkeiten?*

# Die Gesellschaft des Römischen Reiches

Bisher wurde dargestellt, wie die Römer ihr Reich ausgedehnt und gesichert haben, wie die Untertanen allmählich zu Reichsbürgern geworden sind. Nun soll das Reich stärker von innen betrachtet werden: Welche Menschen lebten im Römischen Reich? Wie lebten sie in der Stadt und auf dem Lande?

In der römischen Gesellschaft gab es zwischen den Menschen Unterschiede, wie wir sie auch heute noch kennen, z. B. den Unterschied zwischen Arm und Reich. Daneben bestanden aber auch weitere, die heute verschwunden sind: nämlich zwischen Freien und Unfreien, d. h. Sklaven, die keine Rechte hatten; in der römischen Gesellschaft wurde außerdem unterschieden zwischen Senatoren und Rittern einerseits und der übrigen freien Bevölkerung andererseits.

## Die Führungsschichten

### Die Stellung der Senatoren

Wenn man durch Rom ging, konnte man die Mitglieder der obersten Schicht des Reiches, die *Senatoren*, schon an ihrer Kleidung erkennen: Sie trugen wie alle Römer zwar auch eine Toga, ihre aber hatte einen breiten Purpursaum. In der Kaiserzeit gab es etwa 600 Senatoren in Rom. Zusammen mit ihren Familien bildeten sie den Senatorenstand, der – anders als in der Republik – erblich war. Senatoren bekleideten die höchsten Ämter im Reich, vor allem die Statthalterschaften in den Provinzen. Sie hatten auch die Führung der Legionen – all dies freilich jetzt unter der Oberherrschaft des Kaisers. Senatoren besaßen besondere Vorrechte, z. B. eigene Sitze im Theater, und wurden bei Gerichtsfällen bevorzugt behandelt. Sie bildeten auch die reichste Schicht in Rom: Ihr Reichtum bestand vor allem in Landbesitz. Es wurde aber von ihnen erwartet, daß sie Spiele für das Volk bezahlten oder Bauten für die Öffentlichkeit errichten ließen.

### Die Rolle der Ritter

Die Mitglieder der zweiten Schicht des Reiches, die Ritter, waren ebenfalls oft Großgrundbesitzer. Auch sie konnte man an ihrer Kleidung erkennen: Sie trugen einen schmalen Purpursaum an ihrer Toga und außerdem einen Ritterring. Wie die Senatoren hatten sie bevorzugte Sitze im Theater. Im Unterschied zu den Senatoren war aber der Stand der Ritter nicht erblich. Man wurde vom Kaiser in den Ritterstand berufen. Insgesamt wird es wohl um 20 000 Ritter im Römischen Reich gegeben haben.

In der späten römischen Republik waren die Ritter Richter an Geschworenengerichtshöfen. Auch in der Kaiserzeit betätigten sich immer mehrere tausend Ritter als Richter in Rom. Wichtiger aber war noch, daß Ritter die Offiziersstellen im Heer innehatten und daß sie viele Posten in der von den Kaisern neu geschaffenen Verwaltung einnahmen. Sie leiteten z. B. die Finanzverwaltung in den Provinzen und die Kornversorgung Roms. Zwei Ritter kommandierten außerdem die Leibgarde der Kaiser, die *Prätorianer*. Die Ritter hatten sich nicht so stark wie die Senatoren mit der Republik verbunden gefühlt. Eben deshalb konnten sie auch besondere Vertrauenspositionen unter den Kaisern einnehmen.

*Ausschnitt aus dem Friedensaltar des Augustus in Rom (eingeweiht 9 v. Chr.). Die abgebildeten erwachsenen Personen tragen die Toga.*

Unterhalb der beiden führenden Stände war die Gesellschaft des Römischen Reiches sehr vielfältig gegliedert. Der Unterschied zwischen Reichsbewohnern mit oder ohne römischem Bürgerrecht spielte dabei jedoch kaum eine Rolle. Wer das römische Bürgerrecht hatte, genoß zwar gewisse Vorteile bei Gerichtsverfahren, mußte aber (außer wenn einer in Italien wohnte) ebenso Steuern zahlen und Kriegsdienst leisten wie die Bewohner der Provinzen (Provinzialen). Wichtiger als dieser Unterschied war, ob man in einer Stadt oder auf dem Lande lebte.

## Die Gesellschaft in den Städten

Das Römische Reich bestand aus Tausenden von Städten. Wo die Römer keine oder nur wenige Siedlungen vorfanden – wie in Gallien, Germanien oder im Gebiet der heutigen Schweiz –, haben sie neue Städte gegründet. Die Anfänge des heutigen Köln z. B. (der Name ist von colonia = Kolonie abgeleitet) gehen auf die Zeit des Augustus zurück.

Zu jeder Stadt gehörte ein bestimmtes Umland. Städte waren zu dieser Zeit die einzige Möglichkeit, das Reich zu verwalten. Die Städte trieben die staatlichen Steuern ein, verwalteten den städtischen Grundbesitz, beaufsichtigten den Markt, waren für den größten Teil der Rechtsprechung zuständig und hatten ihre eigenen Kulte.

### Die Großgrundbesitzer

In den Städten selbst lebten die reichen Großgrundbesitzer der Umgebung. Sie stellten den städtischen Rat, der dem römischen Senat nachgebildet war, und die Beamten in den Städten. Diese Posten zu bekleiden, galt in den ersten 200 Jahren der Kaiserzeit als Ehre. Wer sie erhielt, war damit auch verpflichtet und bereit, viel aus seinem eigenen Vermögen für die Stadt zu spenden. Die Reichen bezahlten Spiele, die in der Stadt gegeben wurden, sie richteten die Feste für die städtischen Götter aus, oder sie ließen auf eigene Kosten städtische Bauten errichten. Auf diese Weise wurde das Ansehen und der Einfluß der reichen Familien gestärkt. Das Geld für ihre Leistungen gewannen die Reichen vor allem aus der Landwirtschaft.

### Handwerker und Händler

Neben den reichen Grundbesitzern lebten in der Stadt vor allem Händler und Gewerbetreibende. Da sie fast immer nur kleinere Betriebe besaßen, waren die Lebensbedingungen dieser Gruppe eher bescheiden; nur wenige gelangten zu Reichtum.

Sowohl Handwerker als auch Händler waren in Vereinen, *collegia*, zusammengeschlossen (siehe S. 206). Für jedes Handwerk und jeden Zweig des Handels (Fluß- oder Seeschiffahrt, Landtransport) gab es einen solchen Verein. Jeder dieser Vereine hatte einen Schutzherrn (Patron) und besondere Götter. Man traf sich zu gemeinsamen Mahlzeiten. Die collegia waren aber vor allem so etwas wie eine Sterbeversicherung, denn sie sorgten für ein angemessenes Begräbnis. Das war deshalb wichtig, weil es keine öffentlichen Friedhöfe gab und viele Stadtbewohner kein Land hatten, auf dem sie ein Grab hätten errichten können. Die frühen Christen nahmen zwar am städtischen Wirtschaftsleben teil, konnten aber nicht Mitglieder der collegia werden, weil diese immer auch Kultgemeinschaften waren.

## Die Landbewohner

Die Situation der Landbewohner war in vielem trostlos. Das begann schon mit den Problemen der Sicherheit.

*Ein Bauer geht, unter Traglasten gebeugt, in die Stadt. Relief aus dem 1. Jahrhundert v. Chr.*

*Dieses Relief aus Neumagen an der Mosel stellt eine Pachtzahlung dar. Beim Bauern rechts im Bild erkennt man die charakteristische Kapuze der Tracht der Bauern im Trierer Land.*

Hirten, die in einsamen Gegenden ihre Herde weideten, waren schutzlos Überfällen ausgesetzt. Ein römischer Schriftsteller des 1. Jahrhunderts v. Chr. rät z.B., kein Bauernhaus in der Nähe einer Durchgangsstraße zu bauen, weil Durchreisende es überfallen könnten. Der römische Staat konnte hier keine Sicherheit garantieren.
Schlimmer noch war aber die Gewalt, der das Land von seiten der Städte ausgesetzt war. Die Städte versuchten nämlich, möglichst viel von den Steuern auf das Land abzuwälzen. Die reichen Grundbesitzer in den Städten lebten von den Pachten ihrer Bauern. Neben den Pächtern gab es freie Bauern, die aber – z. B. wenn sie bei Mißernten Geld zu Wucherzinsen aufnehmen mußten – schnell in Abhängigkeit von den Reichen geraten konnten. Oder einflußreiche Leute vernichteten mit Gewalt die Ernte eines Bauern, um sich dessen Land anzueignen.
Die Stadt lebte vom Land, der Glanz der Städte wurde von den Bauern bezahlt. Diese versuchten, sich vor allem durch starken Zusammenhalt der Familie und durch religiöse Bräuche zu schützen. Und man suchte bei Festen, auf denen auch viel gegessen und getrunken wurde, den schweren Alltag zu vergessen.
Ab und zu kam man in die Stadt, um landwirtschaftliche Produkte zu verkaufen oder die städtischen Feste zu besuchen. Ein Großgrundbesitzer konnte dann sogar eine Mahlzeit und freien Wein spenden, und vielleicht wurden im Amphitheater Spiele gegeben. Dies alles bot Erleichterungen, aber insgesamt war kein größerer Gegensatz denkbar als der zwischen Stadt und Land. „Rusticus" (= der vom Lande) wurde zum Schimpfwort, zum Inbegriff für Ungebildetheit, Rohheit und Plumpheit.

## Sklaven und Freigelassene

### Sklaven im Römischen Reich

Vor allem seit dem Ende des 3. Jahrhunderts v. Chr. gelangten ungeheure Massen von Sklaven nach Rom (siehe S. 128). Zwar haben die Römer nicht grundsätzlich alle besiegten Gegner versklavt, aber sie betrachteten deren Sklaven als ihre Kriegsbeute. Manche römischen Feldherren haben regelrechte Sklavenjagden in den Gebieten veranstaltet, die den römischen Provinzen benachbart waren, oder unrechtmäßig Provinzialen versklavt. Außerdem gab es einen Sklavenmarkt, der auch von Seeräubern „beliefert" wurde.
Sklaven galten im Römischen Reich als eine Sache, mit der der Besitzer machen konnte, was er wollte. Die Tötung von Sklaven wurde nicht bestraft, bei Gerichtsverfahren konnten Sklaven der Folter unterworfen werden. Erst in der Kaiserzeit wurden Bestimmungen erlassen, die auch den Sklavenbesitzern gewisse Beschränkungen auferlegten.
Die Lebensumstände der Sklaven waren sehr unter-

schiedlich, wobei es darauf ankam, wo sie arbeiten mußten. In den Städten arbeiteten sie vor allem in den Haushalten der Reichen als Köche, Verwalter, Sekretäre und Bedienstete. Manche führten im Auftrag ihrer Herren auch Handwerksbetriebe. Durch ihre vielseitigen Fähigkeiten waren sie für die Römer wichtig, so daß sie noch halbwegs erträglich behandelt wurden. Deshalb haben auch städtische Sklaven am großen Sklavenaufstand des Spartacus (73–71 v. Chr.) nicht teilgenommen. Dieser ging von Gladiatoren aus, die bei Spielen gegeneinander oder mit wilden Tieren kämpfen und immer mit dem Tod rechnen mußten (siehe S. 234).
Auf dem Lande teilten die Sklaven nicht nur das harte Los der Bauern, sondern arbeiteten dauernd unter Aufsicht, waren der Willkür der Verwalter ausgesetzt oder mußten sich als Hirten in einsamen Gegenden ihre Nahrung selbst beschaffen. Noch schlimmer ging es denjenigen, die die ungesunde Arbeit in den Bergwerken verrichten mußten: Hier war die Todesrate besonders hoch.

### Die Freilassung von Sklaven

Für einen Teil der Sklavinnen und Sklaven war die Sklaverei aber kein unabänderliches Los. Sie konnten sich selbst freikaufen, wenn ihr Herr ihnen Verdienstmöglichkeiten gelassen hatte. Sie konnten aber auch von ihren Herren freigelassen werden. Das geschah als Belohnung für Verdienste oder aber um den Sklaven nicht versorgen zu müssen. Am häufigsten war vielleicht die Überlegung beim Herrn, daß ein Freigelassener mehr nützte als ein Sklave. Denn auch der Freigelassene blieb seinem ehemaligen Herrn, dem Patron, zu Gehorsam verpflichtet und mußte für ihn Aufgaben übernehmen. So eignete er sich z. B. besonders dafür, Geschäftsfilialen zu leiten, die nicht am Wohnort des Patrons lagen. Freigelassene des Kaisers wurden bevorzugt in der kaiserlichen Verwaltung eingesetzt, weil sie ihrem Patron, dem Kaiser, zu Treue und Gehorsam verpflichtet waren. Viele Freigelassene haben dadurch mehr politischen Einfluß erlangt als selbst Ritter und Senatoren. Die Freigelassenen versuchten, möglichst schnell ihren alten Stand vergessen zu machen. Viele von ihnen brachten es zu Wohlstand, ja sogar zu Reichtum. Trotzdem blieben sie weniger angesehen als Freigeborene. Erst ihre Kinder konnten den Makel der unfreien Geburt ablegen.

*Seit dem 1. Jahrhundert v. Chr. gibt es viele Grabreliefs römischer Freigelassener. Unser Relief hat die Inschrift: Publius Servilius, Freigelassener des Quintus, Hilarus, der Vater; Sempronia, Freigelassene des Gaius, Eune, die Ehefrau. Es dokumentiert den Aufstieg vom Sklaven zum Freigelassenen 1. durch die Toga, das Gewand des römischen Bürgers, 2. durch den Hinweis auf die rechtsgültige Ehe der Dargestellten (pater = Vater, uxor = Ehefrau, f = filius = Sohn), die für Sklaven nicht möglich war, 3. dadurch, daß der Sohn mit der linken Hand seine Toga etwas auseinanderzieht, um eine an einer Kette befestigte Amulettkapsel (die „bulla“) sehen zu lassen; sie wurde von freigeborenen Knaben getragen, bis sie die Männertoga anlegten.*

## 1 Trier – eine römische Stadt

*In der römischen Gesellschaft spielten Städte eine große Rolle: Sie verwalteten das umliegende Land; in ihnen konzentrierte sich Handel und Gewerbe; sie hatten eigene Kulte. Und viele Menschen waren stolz darauf, zu einer bestimmten Stadt zu gehören, waren stolz auf die Bauten ihrer Stadt, auf die Tempel, die Mauern. In der Stadt hatte man seinen festen Platz, kannte man viele Menschen. Kurz: Die Stadt war für die meisten Bewohner des Römischen Reiches wichtiger als dieses Reich selbst.*

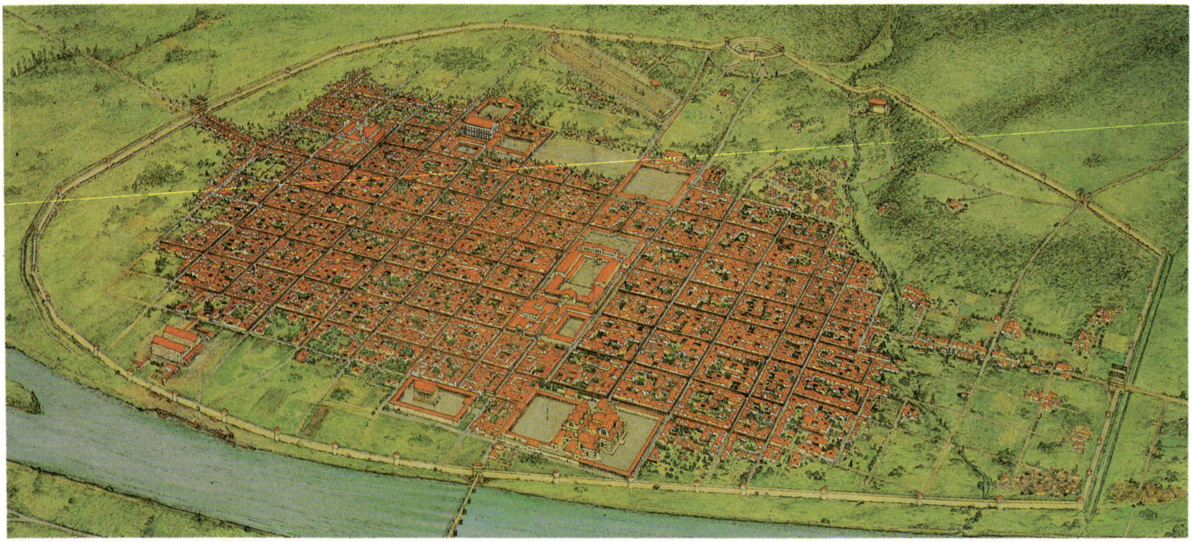

*Modell und Plan der Stadt Trier*

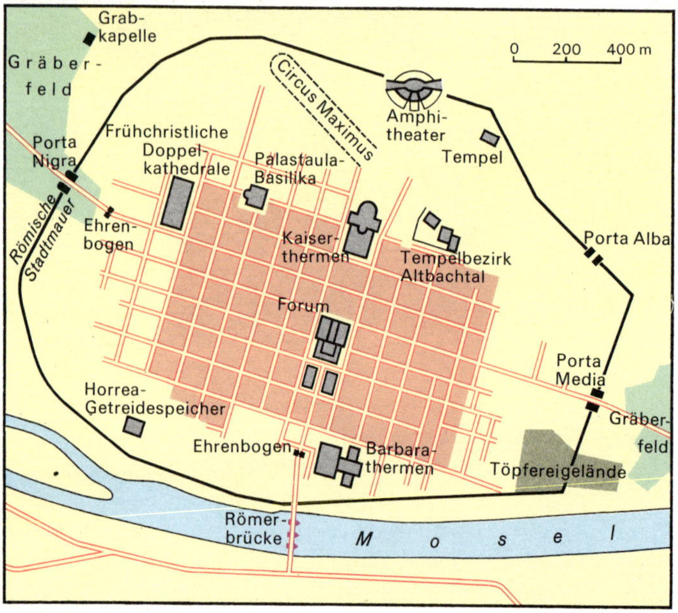


1. *Was fällt dir am Straßenplan der Stadt auf? Vergleiche den Verlauf der Straßen mit dem in deiner Stadt. Kannst du Gründe für Unterschiede oder Ähnlichkeiten angeben?*
2. *Bilde Gruppen der eingetragenen Gebäude, die gleichen oder ähnlichen Aufgaben dienen (z. B. Verwaltung, Vergnügungen). Gibt es auch in deiner Stadt Gebäude für solche Aufgaben?*
3. *Kannst du Gebäude oder Gebäudegruppen nennen, die für deine Stadt charakteristisch sind, aber im römischen Trier nicht auftauchen? (Wohnhäuser hat es auch in Trier gegeben – sie sind nicht eigens in den Plan eingetragen.)*
4. *Das römische Trier hatte wie viele andere Städte in der Antike eine Mauer. Moderne Städte haben keine Mauer mehr. Warum?*

**2 Modell der Stadt Rom in der Kaiserzeit**

① *Tiber*
② *Circus Maximus*
③ *Palatin (Hügel, auf dem kaiserliche Paläste standen)*
④ *Wasserleitung*
⑤ *Kolosseum*
⑥ *Thermen (Bäder)*
⑦ *Forum des Augustus*
⑧ *Kapitol*

1. *Vergleiche das Modell von Rom mit dem von Trier. Welche Gemeinsamkeiten und welche Unterschiede stellst du fest?*
2. *Worauf sind die Gemeinsamkeiten, worauf die Unterschiede zurückzuführen?*

# Die Christen und der römische Staat – Zwischen Gott und Kaiser

## Warum gerieten Christen in Konflikt mit dem römischen Staat?

Zwei Begebenheiten aus dem 3. Jahrhundert n. Chr. werfen ein bezeichnendes Licht auf die Probleme, die im Verhältnis zwischen dem römischen Staat und der christlichen Religion auftraten:
Auf einem Stückchen Papyros versichert ein 72jähriger Ägypter, er habe immer den Göttern geopfert, aber jetzt tue er es in Gegenwart von Zeugen. Darunter steht – jeweils von anderer Hand geschrieben – die Bestätigung von drei Zeugen, daß sie die Opferhandlung gesehen hätten. Als Zeitpunkt wird das Jahr 250 angegeben. In diesem Jahr war an alle Bewohner des Römischen Reiches die Aufforderung ergangen, den Staatsgöttern zu opfern. Offensichtlich gab es Bürger im Reich, die keine Opfer brachten. Und um nicht in den Verdacht zu geraten, zu diesen zu gehören, vollzog man das Opfer vor Zeugen.
Gründe für eine Verweigerung des Opfers erfahren wir aus der Geschichte eines Hauptmannes, der während eines Festes den Degen fortwarf und nicht mehr an weltlichen Festlichkeiten teilnehmen wollte. Er sagte, er sei Soldat Christi, des einzigen und wahren Königs. Er weigere sich fortan, Götter aus Holz und Stein anzubeten. Ein Christ, als Soldat Jesu Christi, dürfe nicht unter der Fahne eines der Großen dieser Welt dienen. Der Soldat wurde zum Tode verurteilt. Er hatte als aktiver Offizier seinen Fahneneid gebrochen und – aus der Sicht des römischen Staates – lästerliche Worte gesprochen. Lag demnach der Sinn des oben genannten Opfergebotes darin, die Christen als Feinde des römischen Staates aufzuspüren?

### Das Christentum breitet sich aus

Zunächst galten die Christen als eine jüdische Sekte, da der Begründer dieser Glaubensgemeinschaft, Jesus Christus, in Judäa gelehrt hatte und seine ersten Anhänger von dort stammten. Weil Jesus sagte, er sei der von den Juden erwartete Messias, der Erlöser, beschuldigten ihn die jüdischen Führer, daß er mit diesem Anspruch ihren Gott beleidige. Im Jahre 30 n. Chr. klagten sie ihn vor Pontius Pilatus, dem Statthalter der Provinz, an. Er wurde zum Tod am Kreuz verurteilt. Seine Jünger bildeten in Jerusalem die erste *christliche Gemeinde*, d. h. die Gemeinschaft der Getauften, was vom römischen Staat nicht weiter zur Kenntnis genommen wurde.
An die „Öffentlichkeit" traten die Christen in der Mitte des 1. Jahrhunderts n. Chr., als die *Apostel*, „Sendboten", besonders Petrus und Paulus, nicht nur in Palästina, sondern auch in anderen Provinzen des Römischen Reiches die neue Lehre zu verbreiten begannen. Diese *Missionstätigkeit* führte beide Apostel auch nach Rom. Hier trafen sie auf eine recht große Gruppe von Juden, die überwiegend Christen wurden. Bald bekehrten sich nicht nur Juden zum neuen Glauben. Das Christentum zog – wie auch anderswo im Reich – viele andere Bewohner Roms in seinen Bann. Die jüdische Religion war an das jüdische Volk gebunden, die christliche Religion sprach alle Menschen an, gleichgültig, welcher Kultgemeinschaft sie sich zugehörig fühlten.

### Christliche und römische Religion

In der christlichen Lehre fanden die Menschen Antworten auf Fragen, die viele von ihnen in der damaligen Zeit bewegten: Woher kommt der Mensch, und wohin geht er? Gibt es ein Weiterleben nach dem Tod? Werden die Guten belohnt, die Bösen bestraft? Gibt es nach dem Tod Frieden und ewige Erlösung von Qualen, Bedrohungen, Ängsten? Wer kann Trost, Sicherheit und Geborgenheit bereits im Diesseits gewähren?
Solche Fragen wurden von der römischen Religion nicht beantwortet. Wie schon die griechische, so kannte auch die römische Religion keine „Heilige Schrift", keine Sammlung von Geboten, die das Denken und Verhalten der Menschen bestimmen. Die Römer opferten den Göttern, um dafür von ihnen Schutz und Unterstützung zu erhalten, nach dem Grundsatz: „Ich gebe, damit du mir gibst." Durch Opfer, Prozessionen und Gebete sollte das Wohlwollen der Götter erreicht werden (siehe S. 139). Es gab für jeden Bereich der Natur und des menschlichen Lebens einen oder mehrere Götter, für Wegkreuzungen beispielsweise und für Quellen, für Aussaat und Ernte, für Ehe und Geburt, für Krieg, Rechtsprechung und Politik. Aber eine Beziehung des einzelnen zu Gott kam dadurch nicht zustande.

*Christus als Guter Hirte. Malerei aus der Priscilla-Katakombe, 2. Jahrhundert. In der Antike sind Opfernde, die ihre Gaben zum Tempel bringen, häufig in ähnlicher Weise dargestellt worden. Die christliche Darstellung geht also auf eine ältere Tradition zurück.*

Deshalb suchten viele neben der alten römischen Religion nach einem Gott oder einem Kult, der ihrem Bedürfnis nach Frömmigkeit und persönlicher Bindung entsprach. Viele wandten sich Kulten aus dem Osten zu, die sich über Händler und Soldaten im Mittelmeerraum verbreiteten. Solche Kulte vermittelten den Menschen die Hoffnung auf ein Fortleben der Seele nach dem Tod.
Eine weit größere Anziehungskraft als alle diese Kulte entfaltete mit der Zeit jedoch das Christentum. Die christlichen Gebote der Nächstenliebe, der Brüderlichkeit und der Demut begeisterten Menschen aller Bevölkerungsschichten. In der christlichen Gemeinde galt jeder – als Bruder in Christus – gleich viel, ob Mann, Frau, Sklave, Geschäftsmann, Senator. Daß ein Gott, Christus, Mensch geworden, für die Menschen gestorben und wieder auferstanden war, daß für die Gläubigen die Hoffnung auf Erlösung erfüllt würde, das waren Glaubensinhalte, die keiner der unzähligen Götter am römischen Götterhimmel vermitteln konnte.

## Die Christen zwischen Duldung und Verfolgung

Merkwürdig, ja verdächtig erschienen die Christen vielen Bewohnern Roms. Sie trafen sich in Privathäusern zu Gebet und Gottesdienst, nie in der Öffentlichkeit; sie blieben Festen und Circusspielen fern. Sie verehrten nur einen Gott und lehnten die heidnischen Götter ab.
Als unter Kaiser Nero im Jahre 64 Rom tagelang brannte, schob er, auf dem der Verdacht der Brandstiftung lag, die Schuld an dieser Katastrophe den Christen zu. Viele von ihnen ließ er in seinem Circus demonstrativ und qualvoll hinrichten. Bei dieser ersten Christenverfolgung sollen auch Petrus und Paulus den Tod gefunden haben. Besonders das mutmaßliche Grab des Petrus in der Nähe des Circus von Nero wurde später hoch verehrt. Im 4. Jahrhundert errichtete man über diesem Grab die Peterskirche, die bis heute das sichtbare Zentrum der katholischen Christenheit ist.
Um nach dem Tod der unmittelbaren Zeugen Christi die rechte Lehre zu wahren, schrieben im 1. Jahrhundert verschiedene Christen das Evangelium, d. h. den Bericht über das Leben und die Botschaft Jesu, auf. Die wachsende Anzahl der christlichen Gemeinden im Römischen Reich erforderte auch eine Organisation. *Bischöfe* als Vorsteher einer Gemeinde sollten die Einheit der christlichen Gemeinde garantieren und gegen Sondergruppen bewahren. Damit entstand die christliche *Kirche.*
Der Friede im Inneren des Römischen Reiches und die große Duldsamkeit des Staates gegenüber fremden Religionen förderten die stetige Ausbreitung des Christentums. Es gelangte auf römischen Straßen und in den Amtssprachen Latein und Griechisch in die Provinzen. Obwohl sie sich ruhig verhielten und ihre Steuern zahlten, waren die Christen den Vorurteilen der Massen ausgesetzt. Wußte man doch nicht so recht, was die Christen wirklich bei ihren Zusammenkünften taten, was hinter ihrer Behauptung, sie seien Brüder und Schwestern, steckte, warum sie sich abkapselten und nichts mit der übrigen Welt zu schaffen haben wollten. Die Verdächtigungen reichten vom Kindermord bis zu staatsfeindlichen Umtrieben. Warum verweigerten sie das für alle Bewohner des Reiches selbstverständliche Opfer für Kaiser und Staatsgötter? Was meinten sie, wenn sie darauf verwiesen, daß ihr Reich nicht „von dieser" Welt sei? Manch einer sah in den Christen eher „Aussteiger", Deserteure, Staatsfeinde, Kriminelle als harmlose Zeitgenossen.

*Die drei Jünglinge im Feuerofen. Malerei aus der Priscilla-Katakombe, 2. Jahrhundert.*
*Die drei Jünglinge, die nach dem Bericht aus dem Alten Testament unter Todesqualen nicht aufhörten, Gott zu preisen, galten als Symbol standhaften Glaubens und waren ein häufig wiederkehrendes Motiv der frühchristlichen Kunst.*

*In den Katakomben versteckten sich die Christen nicht während der Zeiten der Verfolgung, sondern sie bestatteten hier ihre Toten und hielten Gedächtnisgottesdienste ab. Auch Nichtchristen wurden in solchen unterirdischen Kammern begraben. Die ersten Zeugnisse christlicher Kunst stammen aus den Katakomben.*

Wir kennen aus dem 2. Jahrhundert eine Reihe von Märtyrerakten, das sind Berichte über Christen, die trotz Verfolgung ihren Glauben offen bekannten und dafür den Tod erlitten. In den meisten Fällen sind Ausbrüche von Volkswut und Unverständnis die Ursache für diese Verfolgungen; regelrechte Vergehen konnten den Christen nicht nachgewiesen werden. Offensichtlich war den Richtern auch oft daran gelegen, den Angeklagten Freiheit und Leben zu erhalten.

Im 3. Jahrhundert änderte sich das Bild. Jetzt klagten nicht mehr einzelne Leute die Christen an, sondern der Staat. Dazu trug sicher die ständige Bedrohung des Reiches an den Grenzen bei. Immer häufigere Niederlagen wurden als Zeichen dafür gedeutet, daß die Götter dem Staat ihre Gnade entzogen hätten, weil nicht mehr alle Bürger ihnen Opfer darbrachten. Die erste allgemeine Christenverfolgung begann, als unter Kaiser Decius (um 250) von allen Reichsbewohnern verlangt wurde, den alten Reichsgöttern vor Zeugen zu opfern (siehe S. 186). Einige Christen waren bereit, wieder zu opfern, andere gingen für ihren Glauben in den Tod. Ähnlich wie Decius wollte auch Kaiser Diokletian gegen drohende äußere Gefahren den alten römischen Staat wieder herstellen. Dem Christentum sollte ein Ende bereitet werden. In mehreren Edikten ordnete er an:

- die Zerstörung der christlichen Versammlungsstätten,
- die Verbrennung der christlichen Schriften,
- die Entfernung der Christen aus Ämtern und Würden,
- das Opfer für die Staatsgötter und bei Weigerung die Todesstrafe.

Obwohl mancher Christ unter diesem Druck seinem Glauben abschwor, blieb der gewünschte Erfolg aus. Die Christen ertrugen manchmal geradezu freudig Martern und Qualen. Das Beispiel der *Märtyrer* spornte die anderen zu Mut, Standhaftigkeit und Treue an. Auf das irdische Leben für ein Leben in ewiger Seligkeit zu verzichten, schien ihnen nicht schwer zu sein. Sie waren überzeugt, daß das Reich, in dem sie lebten, ohnehin bald zu Ende sein und Christus in Herrlichkeit wiederkehren werde.

Kaiser Galerius beendete die Christenverfolgungen. Er war wohl von ihrer Aussichtslosigkeit überzeugt. Auf dem Totenbett verordnete er in einem *Toleranzedikt* (311), daß der christliche Glaube fortan geduldet werden solle. Der Sieg Kaiser Konstantins über seinen politischen Rivalen Maxentius (312) veränderte endgültig die Situation zugunsten der Christen.

*Auf der Schale aus dem 4. Jahrhundert wird die Hinrichtung eines Christen dargestellt, der „ad bestias" (zum Tod durch Raubtiere) verurteilt wurde.*

## Die Konstantinische Wende

In der Nacht vor der Entscheidungsschlacht, so schreibt ein Zeitgenosse Konstantins, sei der Kaiser im Traum ermahnt worden, das Zeichen Gottes auf den Schilden der Soldaten anbringen zu lassen. Mit diesem Zeichen bewaffnet – gemeint ist das Christogramm – habe das Heer Konstantins Maxentius angegriffen und mit Gottes Hilfe gesiegt. Diese Deutung der Ereignisse hat Konstantin selbst dem berichtenden Zeitgenossen mitgeteilt. Er zollte dem Christengott seine Achtung und vereinbarte mit seinem Mitkaiser 313 in Mailand, „daß den Christen und allen anderen die Möglichkeit gegeben werde, sich zu der von ihnen gewählten Religion frei zu bekennen, damit, was immer an Gottheit und himmlischen Wesen existiert, uns und unseren Untertanen gnädig sei". Konstantin ließ auch christliche Symbole auf Medaillons prägen. Auf seine Veranlassung entstanden in Rom große Basiliken als christliche Gotteshäuser. Die Kirche stieg aus den Katakomben auf zur sichtbaren Macht. Im ganzen Reich galt von nun an der Sonntag als staatlicher Feiertag. Die Christen, die einen Großteil seiner Untertanen bildeten, wurden jetzt vom Kaiser unterstützt; ihre Einheit wurde gefördert. Denn nur so glaubte er, das Heil und die Zukunft des Staates gewährleisten zu können. Deshalb griff er auch in das kirchliche Leben ein. 325 berief er alle Bischöfe zu einem Konzil nach Nicäa in Kleinasien. Dort sollten sie sich auf eine Lehre einigen und danach gemeinsam gegen Irrlehren vorgehen.

Obwohl er als Kaiser den Einfluß des Christentums in der Gesellschaft vergrößerte, ließ er selbst sich erst kurz vor seinem Tod taufen. Das Heidentum unterdrückte er nicht, aber durch die Förderung des Christentums beschleunigte er den Zerfall des heidnischen Glaubens an viele Götter. Schließlich verbot Kaiser Theodosius 391 alle heidnischen Kulte und erhob das Christentum zur Staatsreligion.

*Medaillon Konstantins aus dem Jahre 315. Auf dem Schild ist die römische Wölfin abgebildet, am Helm zeigt eine runde Scheibe das sog. Christogramm (☧). Die griechischen Buchstaben X (CH) und P (R) sind die Anfangsbuchstaben von „Christus". Dies ist das erste eindeutig christliche Medaillon.*

*Konstantinsbogen in Rom. Die Inschrift auf dem Bogen lautet: „Dem Imperator Caesar Flavius Constantinus Maximus Pius Felix Augustus weihen der Senat und das römische Volk diesen Triumphbogen zum Dank dafür, daß er durch göttliche Eingebung und die Größe seines Geistes zusammen mit seinem Heer mit gerechten Waffen den Staat an dem Tyrannen und seinen Anhängern rächte."*

## Lateinische und griechische Kirche

In den unruhigen Jahrzehnten des 5. Jahrhunderts, in denen die Macht der Kaiser schwand, übernahmen die Bischöfe in zunehmendem Maß auch weltliche Aufgaben. Die Bischöfe von Rom, Päpste genannt, errangen allmählich eine Vormachtstellung vor anderen Bischöfen, da sie sich als Nachfolger des Apostels Petrus verstanden. Rom, seit Konstantin nicht mehr Reichshauptstadt, wurde unter den Päpsten zum Mittelpunkt der christlichen Kirche des Westens. Die Unterschiedlichkeit der lateinischen und griechischen Kultur und die Teilung in ein Weströmisches und ein Oströmisches Reich (395) waren der Ausgangspunkt dafür, daß sich später die lateinische Kirche des Westens von der griechischen Kirche des Ostens entfernte.

An der Spitze der griechischen Kirche stand der Patriarch von Konstantinopel, der sich dem Papst in Rom nicht unterordnete. Anders als im Westen beanspruchte der Kaiser des Oströmischen Reiches eine führende Stellung in der Kirche, da er sich als Stellvertreter Christi auf Erden verstand. Ein Konzil legte im Jahre 536 fest, daß ohne die Zustimmung des Kaisers im kirchlichen Bereich nichts geschehen durfte. Während sich im Westen die Kirche als geistige Macht von der weltlichen löste, banden die oströmischen Kaiser die Kirche eng an den Staat: Die Kirche war ein Teil des Staates. Der endgültige Bruch zwischen beiden Kirchen wurde 1054 vollzogen, und erst in unserem Jahrhundert findet wieder eine Annäherung statt.

*Mosaik aus dem 4. Jahrhundert aus dem Mausoleum der Tochter Konstantins, heute Kirche Santa Costanza in Rom*

## 1 Wie sollen sich Christen verhalten?

**1a** *Ratschläge des Apostels Petrus an verschiedene christliche Gemeinden:*

**Q** Ihr alle endlich, seid einmütig, mitfühlend, brüderlich, barmherzig, bescheiden! Vergeltet nicht Böses mit Bösem, nicht Schmähung mit Schmähung ... Wer kann euch schaden, wenn ihr nach dem Guten trachtet? Ja, wenn ihr leiden müßtet um der Gerechtigkeit willen, sollt ihr selig sein. Laßt euch nicht in Furcht vor ihnen bringen und in Verwirrung. Christus aber, den Herrn, haltet heilig in euren Herzen, allzeit bereit zur Verantwortung gegenüber einem jeden, der von euch Rechenschaft fordert über die Hoffnung, die ihr in euch tragt. Tut es aber mit Sanftmut und Ehrfurcht, und bewahrt ein gutes Gewissen, damit sie, die euren guten Wandel in Christus schmähen, gerade in dem beschämt werden, worin ihr verleumdet werdet. Denn es ist besser, daß ihr, wenn Gott es so will, für gute Taten leidet als für schlechte.

*1. Petrus, 3, 8–17.*

**1b** *Ratschläge des Apostels Paulus:*

**Q** Jedermann unterwerfe sich den Obrigkeiten, denn es gibt keine Obrigkeit außer von Gott, und die bestehenden sind von Gott angeordnet. Wer sich daher der Obrigkeit widersetzt, der widersetzt sich der Anordnung Gottes, und die sich widersetzen, werden sich selbst das Gericht zuziehen ... Darum ist es notwendig, sich unterzuordnen, nicht um der Strafe, sondern auch um des Gewissens willen. Aus diesem Grund zahlt ihr auch Steuern; denn Beauftragte Gottes sind sie, und gerade dafür tun sie ihren Dienst. Gebet allen, was ihr schuldig seid: Steuer, wem Steuer, Zoll, wem Zoll, Furcht, wem Furcht, Ehre, wem Ehre.

*Paulus an die Römer, 13, 1–6.*

1. *Welche Haltung verlangt Petrus von den Christen gegenüber ihren Mitmenschen? Wer dient dabei als Vorbild?*
2. *Wie sieht Paulus das Verhältnis der Christen zum Staat, und wie begründet er seine Forderungen an die Christen?*
3. *Versetze dich in die Lage eines Römers. Wie mußten auf ihn Paulus' Forderungen wirken?*

## 2 Die Christen zwischen Verfolgung und Duldung

**2a** *Während seiner Tätigkeit als Beauftragter des Kaisers in der Provinz Bithynien führt Plinius einen regen Briefwechsel mit Kaiser Trajan. In einem dieser Briefe kommt er auf die Christen zu sprechen:*

**Q** Ich habe noch nie an einer gerichtlichen Untersuchung gegen die Christen teilgenommen, daher weiß ich auch nicht, was man normalerweise bestraft oder untersucht ... Einstweilen bin ich bei denen, die mir als Christen vorgeführt wurden, folgendermaßen verfahren. Ich habe sie gefragt, ob sie Christen seien. Diejenigen, die es zugaben, fragte ich ein zweites und ein drittes Mal, wobei ich mit der Todesstrafe drohte. Blieben sie bei ihrer Behauptung, ließ ich sie (zur Hinrichtung) abführen. Ich habe nämlich nicht daran gezweifelt, daß ihre Hartnäckigkeit und ihr Eigensinn bestraft werden müßten, gleichgültig, wozu sie sich bekannten. Ich verfügte, daß andere, die vom ähnlichen Wahnsinn befallen waren, nach Rom geschickt werden sollten, weil sie nämlich römische Bürger waren. Die Anschuldigung zog ihre Kreise, und bald gab es, wie üblich, weitere Vorfälle. Vorgelegt wurde mir eine anonyme Schrift, in welcher die Namen vieler Leute standen. Einige davon leugneten, Christen zu sein oder gewesen zu sein, und als sie in meiner Anwesenheit die Götter anriefen und deinem Bild, das ich zu diesem Zweck mit den Statuen der Götter hatte herbeischaffen lassen, mit Weihrauch und Wein opferten, dazu noch Christus lästerten, glaubte ich, sie entlassen zu können; denn dazu kann man offensichtlich keinen zwingen, der wirklich Christ ist.
Eine andere Gruppe der angezeigten Personen sagte, sie seien Christen und leugneten es bald darauf. Sie seien zwar Christen gewesen, hätten es aber wieder aufgegeben, einige vor drei Jahren, andere vor mehr Jahren, mancher auch vor 20 Jahren. Auch diese alle haben dein Bild und die Götterbilder verehrt und auf Christus geflucht. Sie versicherten aber, ihre Hauptschuld oder ihr größter Irrtum habe darin bestanden, daß sie gewöhnlich an einem bestimmten Tag vor dem Hellwerden zusammengekommen seien und für Christus als ihrem Gott einen Wechselgesang angestimmt hätten; sie sagten, durch einen Eid verpflichteten sie sich untereinander nicht zu einem Verbrechen, sondern dazu, keinen Raub, keinen Diebstahl, keinen Ehebruch zu begehen, ein gegebenes Wort nicht zu brechen, anvertrautes Gut auf Verlangen

nicht zu verweigern. Danach sei es bei ihnen üblich gewesen auseinanderzugehen, dann wieder zu einem einfachen und ganz harmlosen Mahl zusammenzukommen. Nach meinem Erlaß, in dem ich deinem Befehl gemäß alle privaten Vereinigungen verboten hatte, seien sie nicht mehr zu diesen Zusammenkünften gegangen.

*Plinius, Briefe, 10, 96. Übers. d. Verf.*

**2b** *Aus der Antwort des Kaisers Trajan an seinen Statthalter:*

**Q** Du hast pflichtgemäß gehandelt. Denn es läßt sich nicht allgemein etwas festsetzen, was sozusagen als Richtschnur gelten könnte. Aufspüren soll man die Christen nicht, werden sie aber angezeigt und überführt, soll man sie bestrafen, und zwar so: Wenn jemand bestreitet, Christ zu sein und dies durch die Tat beweist, d. h. durch ein Gebet zu unseren Göttern, dann soll er begnadigt werden, auch wenn er früher einmal verdächtig war. Unterschriftslose Anklagen sind ungültig. Das wäre nämlich ein ganz schlechtes Beispiel und paßt nicht in unsere Zeit.

*Plinius, Briefe, 10, 97. Übers. d. Verf.*

1. *Warum wendet sich der Statthalter Plinius an den Kaiser? Erkläre, wie er sich den Christen gegenüber verhalten hat.*
2. *Schildere die Zusammenkünfte der Christen aus der Sicht der Nichtchristen und aus der Sicht der Angeklagten.*
3. *Welche Richtschnur legt der Kaiser seinem Statthalter nahe, und wie begründet er seine Entscheidung?*

**2c** *Ein Nichtchrist greift in einem Streitgespräch im 3. Jahrhundert einen Christen an:*

**Q** Warum bemühen sie sich denn so sehr, den Gegenstand ihrer Verehrung, was er auch sein mag, zu verbergen und zu verheimlichen? Anständigkeit läßt sich immer gern sehen, nur Laster hält man geheim! Weshalb sonst haben sie keine Altäre, keine bekannten Heiligtümer? Warum reden sie nie öffentlich, treffen sich nie frei, wenn nicht das, was sie heimlich tun, Strafe einbrächte oder Schande? … Seht doch das, was euch droht: Zwangsedikte, Strafe, Foltern; Kreuze, aber nicht zum Anbeten, sondern zum Erleiden; Feuersgluten, die ihr prophezeit und für euch selbst fürchten müßt. Wo bleibt da dieser Gott, der den Auferstehenden helfen kann, den Lebenden aber nicht? Gebieten die Römer nicht ohne euern Gott über ihr Reich, nutzen den gesamten Erdkreis und herrschen auch über euch? Ihr dagegen lebt immer in Sorge und Angst, ihr haltet euch von allen Vergnügungen fern, auch von den anständigsten. Ihr besucht keine Schauspiele, nehmt an den Festzügen nicht teil, verschmäht die öffentlichen Speisungen; ihr verabscheut die Spiele zu Ehren der Götter, das Opferfleisch und den Opferwein der Altäre. So sehr fürchtet ihr die Götter, deren Dasein ihr noch leugnet! Ihr schmückt euch das Haupt nicht mit Blumen, pflegt euren Körper nicht mit wohlriechenden Essenzen; Spezereien werden bei euch nur für die Toten verwendet, und Kränze habt ihr nicht einmal für eure Gräber übrig. Ihr bläßlichen, verschreckten Gestalten, ihr seid nur Erbarmen wert.

*Minucius Felix, Octavius, 10ff. Übers. v. B. Kytzler, Stuttgart 1983, S. 29ff.*

1. *Was versteht der nichtchristliche Römer an dem Verhalten der Christen nicht?*
2. *Von welcher Gottesvorstellung aus beurteilt er die christliche Religion?*

**2d** *Auf seinem Sterbebett erließ Kaiser Galerius, der während seiner Regierungszeit die Christen verfolgt hatte, im Jahre 311 gemeinsam mit den Mitkaisern Konstantin und Licinius folgendes Edikt:*

**Q** Wir waren bisher bestrebt, im Einklang mit den alten Gesetzen und der staatlichen Verfassung der Römer alles zu ordnen. Wir wollten dafür sorgen, daß auch die Christen, die die Religion ihrer Vorfahren verlassen hatten, zu vernünftiger Gesinnung zurückkehrten. Denn aus irgendeinem Grunde hatte diese Christen ein solcher Eigenwille und solche Torheit erfaßt, daß sie nicht mehr den Bräuchen der Alten folgten, die vielleicht ihre eigenen Vorfahren einst eingeführt hatten. Vielmehr machten sie sich nach eigenem Gutdünken so, wie jeder wollte, Gesetze, an die sie sich halten wollten. Sie versammelten da und dort verschiedene Bevölkerungen zu einer Gemeinschaft. Nachdem dann von uns der Befehl ergangen war, daß sie zu den Einrichtungen der Alten zurückkehren sollten, wurde vielen der Prozeß gemacht, viele wurden auch von Haus und Herd verscheucht. Und da die meisten in ihrem Willen verharrten und wir sehen mußten, daß sie weder den Göttern den Dienst und die geschuldete Ehrfurcht erweisen noch den Gott der Christen verehren, da haben wir in Anbetracht unserer höchsten Milde und im Hinblick auf unsere immerwährende Gewohnheit, allen Menschen Verzeihung zu gewähren, geglaubt, diese Nachsicht auch auf die Christen ausdehnen zu müssen. Sie sollen also wiederum Christen sein und die Häuser, in denen sie sich versammelten, wieder herstellen, jedoch unter der Bedingung, daß sie nichts gegen die öffentliche Ordnung tun. Mit einem weiteren Schreiben werden wir den Richtern Anweisungen geben, wie sie sich zu verhalten haben. Es wird daher aufgrund unserer Nachsicht Aufgabe der Christen sein, zu ihrem Gott zu beten für unser Heil, für das des Staates und für ihr eigenes, damit der Staat in jeder Beziehung vor Schaden bewahrt bleibe und sie sorglos in ihren Wohnungen leben können.

*Lactantius, Von den Todesarten der Verfolger 34. In: Geschichte in Quellen, Band 1 (hg. v. W. Arend), München 1975, S. 737f. Übers. nach W. Arend.*

1. *Zu welchem Entschluß kommt Galerius? Wie begründet er diesen?*
2. *Welche Haltung erwartet er in Zukunft von den Christen gegenüber Kaiser und Staat?*

## 3 Christliche Sarkophage

**3a** *Ausschnitt aus dem Sarkophag des Stadtpräfekten Junius Bassus aus dem 4. Jahrhundert. Bassus ließ sich in unmittelbarer Nähe des Grabes des Apostels Petrus begraben (siehe S. 187). In der Mitte Christus zwischen Petrus und Paulus. Links Gefangennahme des Petrus, rechts die von Christus.*

1. *Vergleiche die Darstellung von Christus mit der von Augustus auf S. 164. Was fällt auf, wenn man den Himmelsgott betrachtet? Vergleiche auch Abb. S. 205.*

**3b** *Sarkophag aus dem 4. Jahrhundert. Dargestellt ist die Anbetung des Christuskindes durch drei Könige, die ihre Gaben, Weihrauch, Myrrhe und Gold, darbringen. Das Goldgeschenk ist ein Kranz. Mit goldenen Kränzen wurden ausschließlich die römischen Kaiser beschenkt.*

1. *Welche Rolle wird Christus durch diese Darstellung zugewiesen?*

# Die Welt der Germanen und die Völkerwanderung

Jahrhundertelang war das Römische Reich nach innen und außen ein geordneter und machtvoller Staat gewesen. Die meisten Bewohner konnten sich nicht vorstellen, daß dieses Reich einmal auseinanderfallen könnte. Aber vom 3. Jahrhundert an wurde die Lage an den Grenzen und im Inneren des Reiches immer bedrohlicher für die Römer: Im Norden drangen germanische Völkerschaften gegen den Limes und die Rhein-Donau-Grenze vor, und auch im Osten gerieten die Grenzen am Euphrat in Gefahr. Deshalb gab es seit Diokletian in der Regel mehrere Kaiser, damit die Gefahr an den Grenzen besser abgewehrt werden konnte. Seit 395 verfestigte sich dies zu einer Teilung in ein Weströmisches und ein Oströmisches Reich. Vergleicht man die beiden Karten auf S. 169 und S. 214, so sieht man, welch große Veränderungen in den dazwischenliegenden Jahrhunderten geschehen sein müssen. Um sie zu verstehen, beschäftigen wir uns auch mit den Nachbarn der Römer, den Germanen.

## Wer waren die Germanen?

Seit dem 6. Jahrhundert v. Chr. hatte sich zwischen Elbe und Oder eine Völkergruppe mit eigener Sprache und Kultur herausgebildet, die sich ständig weiter verbreitete. Die Römer bezeichneten sie als Germanen. Die Stämme selber nannten sich Sueben. Bis zum 1. Jahrhundert v. Chr. hatten sie bereits das ganze Gebiet bis zum Rhein unter ihren Einfluß gebracht. Einige Stämme waren ihre Bundesgenossen, andere mußten als Zeichen ihrer Abhängigkeit Tribute zahlen, und wieder andere wurden durch eingewanderte Sueben direkt beherrscht. Ihr Ruhm und Ansehen waren so groß, daß auch nichtsuebische Stämme zu ihnen gehören und Sueben sein wollten. Es gab aber auch Stämme, die sich der suebischen Vorherrschaft nicht fügen wollten und sich deshalb westlich des Rheins neue Wohnsitze suchten.

### Ariovist – Ein germanischer Heerkönig und seine Gefolgschaft

Wie die Ausbreitung vor sich gegangen ist, können wir uns an dem Beispiel von Ariovist verdeutlichen. Seine Heimat lag vermutlich im heutigen Thüringen. Ob er dort schon König war, ist ungewiß. Aber sicher gehörte er zu den vornehmen Germanen, die sich eine Gefolgschaft hielten.

Es war Sitte, daß junge freie Männer für eine gewisse Zeit in den Dienst eines Herrn traten. Je angesehener ein Herr war, um so mehr und vornehmere Gefolgsleute konnte er um sich scharen. Sie lebten in seinem Haus und schworen ihm Treue. Sie gelobten, ihm jederzeit mit Rat und kriegerischer Hilfe beizustehen. Der Herr versprach ihnen dafür Treue und Schutz. Er kleidete und ernährte sie und gab ihnen Geschenke, z. B. ein Streitroß oder Waffen. Besonders wenn ein Kriegszug reiche Beute versprach, traten auch Angehörige fremder Stämme in die Gefolgschaft ein.

Mit einer solchen Gefolgschaft begann Ariovist, neues Land zu erobern. Große Erfolge verbreiteten seinen

*Kopf einer Moorleiche aus den ersten Jahrhunderten n. Chr. aus dem Moor von Osterby in Schleswig-Holstein. Ein Germane konnte seine Haar- und Barttracht nicht frei wählen, da diese zu den Stammesabzeichen gehörte. Dieser Mann trägt einen „Suebenknoten".*

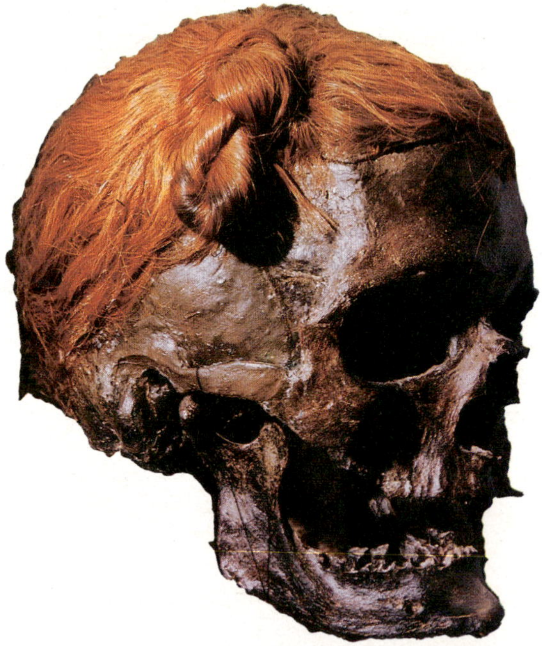

Ruhm, viele schlossen sich ihm an. So erschien er schließlich als *Heerkönig* an der Spitze eines gefolgschaftlich geordneten Heerhaufens am Rhein. Auch Frauen und Kinder nahmen an der jahrelangen kriegerischen Wanderung teil. Ariovist zog weiter ins Elsaß, griff in Kämpfe zwischen keltischen Stämmen ein und setzte sich schließlich in Gallien fest. Dadurch geriet er in Konflikt mit den Römern, da Caesar zu dieser Zeit Gallien zu erobern begann. 58 v. Chr. wurde Ariovist von Caesar besiegt und zum Rückzug über den Rhein gezwungen. Damit fand die germanische Ausdehnung über den Rhein hinweg für lange Zeit ein Ende.

## Wanderungen anderer germanischer Stämme

Östlich von den Sueben fanden im 2. und 1. Jahrhundert v. Chr. ebenfalls große Veränderungen statt. *Wandalen*, Burgunder und andere Stämme aus dem heutigen Dänemark und Südschweden kamen im 2. Jahrhundert v. Chr. über die Ostsee in das Gebiet der Odermündung und wanderten südwärts in den Raum zwischen Oder und Weichsel ein. Gegen Ende des 1. Jahrhunderts v. Chr. folgten die Goten.

Die Wanderungen müssen wir uns so ähnlich vorstellen, wie wir sie bei Ariovist kennengelernt haben, d. h., der größere Teil der Stammesangehörigen blieb in der Heimat zurück. Nach eigener Überlieferung führte bei den Goten der König selber die Wanderung an. Bei den anderen Stämmen mögen es Verwandte des daheimgebliebenen Königs gewesen sein, die auf diese Weise König werden konnten. Wahrscheinlich stammte nur ein Teil der engeren Gefolgschaft und des Heerhaufens jeweils aus dem eigenen Stamm. Denn es zogen auch abenteuerlustige Krieger zahlreicher anderer Stämme mit. Wer in der Heimat abhängig gewesen war oder nur wenig besessen hatte, konnte darauf hoffen, ein größeres Besitztum zu erlangen oder womöglich selber Herr über abhängige Leute zu werden. Je länger die Wanderung dauerte und je erfolgreicher der anführende König war, um so größer wurde sein Heerhaufen. Auch die unterworfene nichtgermanische Bevölkerung schloß sich dem König an. Einerlei, woher sie gekommen waren, alle wurden jetzt mit dem Stammesnamen des Anführers benannt.

## Der Aufstand des Arminius

Nachdem die Römer bis zur Donau vorgedrungen waren, faßte Kaiser Augustus den Plan, die Elbe zur neuen Reichsgrenze zu machen. Die Feldzüge gegen die Germanen begannen 12 v. Chr., und schon nach wenigen Jahren galt das Gebiet als erobert. Verschiedene Stämme wurden zwangsweise umgesiedelt, um ihren Widerstand zu brechen. Andere entzogen sich der römischen Herrschaft durch die Flucht.

Wie im Römischen Reich üblich (siehe S. 167), mußten die unterworfenen Germanen Hilfstruppen für die Römer stellen. Möglicherweise ist der *Cherusker Arminius* Anführer einer solchen Hilfstruppe gewesen. Sicher wissen wir, daß er römischer Offizier war und das römische Bürgerrecht besaß. Er organisierte 9 n. Chr. einen großen Aufstand gegen die Römer.

Es war gar nicht so einfach für ihn, alle Stammesgenossen dafür zu gewinnen. Bei den Cheruskern gab es nämlich kein Königtum mehr. Alle Angehörigen der alten königlichen Familie, zu der auch Arminius gehörte, waren Anführer einer Gefolgschaft und einer sehr großen Anzahl von Abhängigen, d. h. Leuten, die sich gegen die Leihe von Vieh oder Land unter die Schutzherrschaft eines Herrn begeben hatten. Alle kämpften um Macht und Einfluß in ihrem Stamm. Die Parteinahme für oder gegen Rom richtete sich so auch danach, zu welcher Partei man bei den inneren Machtkämpfen gehörte. Arminius gewann die Volksversammlung für den Krieg gegen die Römer. Deswegen mußte jeder teilnehmen, der auch weiterhin dem Stamm angehören und in ihm leben wollte, also auch die Römerfreunde. Andere Stämme schlossen sich an. Der Aufstand glückte, die römische Streitmacht wurde in einem Hinterhalt vernichtet (9 n. Chr.). Daraufhin gab Kaiser Augustus die Eroberungspläne auf. Auch unter seinem Nachfolger gelang die Unterwerfung nicht. Für vier Jahrhunderte blieben Rhein und Donau, durch den Limes verbunden, die römischen Grenzen.

## Germanen und Römer: Bewunderung und Feindschaft

Als Nachbarn blieben die Germanen in vielfältiger Berührung mit der römischen Kultur. Sie reisten auf die römischen Märkte und boten dort Vieh und Getreide an. Römische Händler brachten Gefäße aus Bronze, Silber, Glas und Terra sigillata bis ins Ostseegebiet und erzählten vom Leben in ihrer Heimat. Auch die Wirren im Römischen Reich und seine Kriege an anderen Grenzen blieben den Germanen nicht verborgen. Besonders seit dem 3. Jahrhundert n. Chr. nutzten die Germanen diese

Gelegenheiten an Rhein und Donau zu Kriegs- und Beutezügen aus.

Die Römer versuchten, sich durch Verträge mit den benachbarten Königen zu schützen. Gegen feste Geldzahlungen wurden diese Stämme verpflichtet, Truppen zu stellen und die Grenze gegen andere Germanen zu verteidigen. Die Kriegsgefangenen aus diesen Kämpfen reihten die Römer entweder in ihr Heer ein, oder sie siedelten sie als abhängige Bauern in entvölkerten Landstrichen an.

Außerdem traten seit dem 4. Jahrhundert nicht nur einzelne Krieger aus dem ganzen freien Germanien als *Söldner* ins römische Heer ein, sondern auch vornehme Leute ließen sich mit ihrem Gefolge anwerben und begaben sich mit ihren Familien in das römische Gallien. Nach ihrer Dienstzeit siedelten sie sich entweder dort als freie Leute an, oder sie kehrten mit den gewonnenen Reichtümern, die ihnen in der Heimat ein erhöhtes Ansehen verliehen, nach Hause zurück.

Die freien Germanen in Gallien übernahmen zwar vieles von der römischen Lebensweise, dennoch blieben sie in ihrem Selbstverständnis, in Sprache und Tracht Germanen. So entwickelte sich seit dem 4. Jahrhundert zwischen Seine und Elbe eine gemeinsame germanische Kultur. Schon vorher war auch die politische Organisation der Germanen in einer großen Umwandlung begriffen. Die Römer kannten sie fortan unter den neuen Namen *Alamannen*, *Franken* und *Sachsen*.

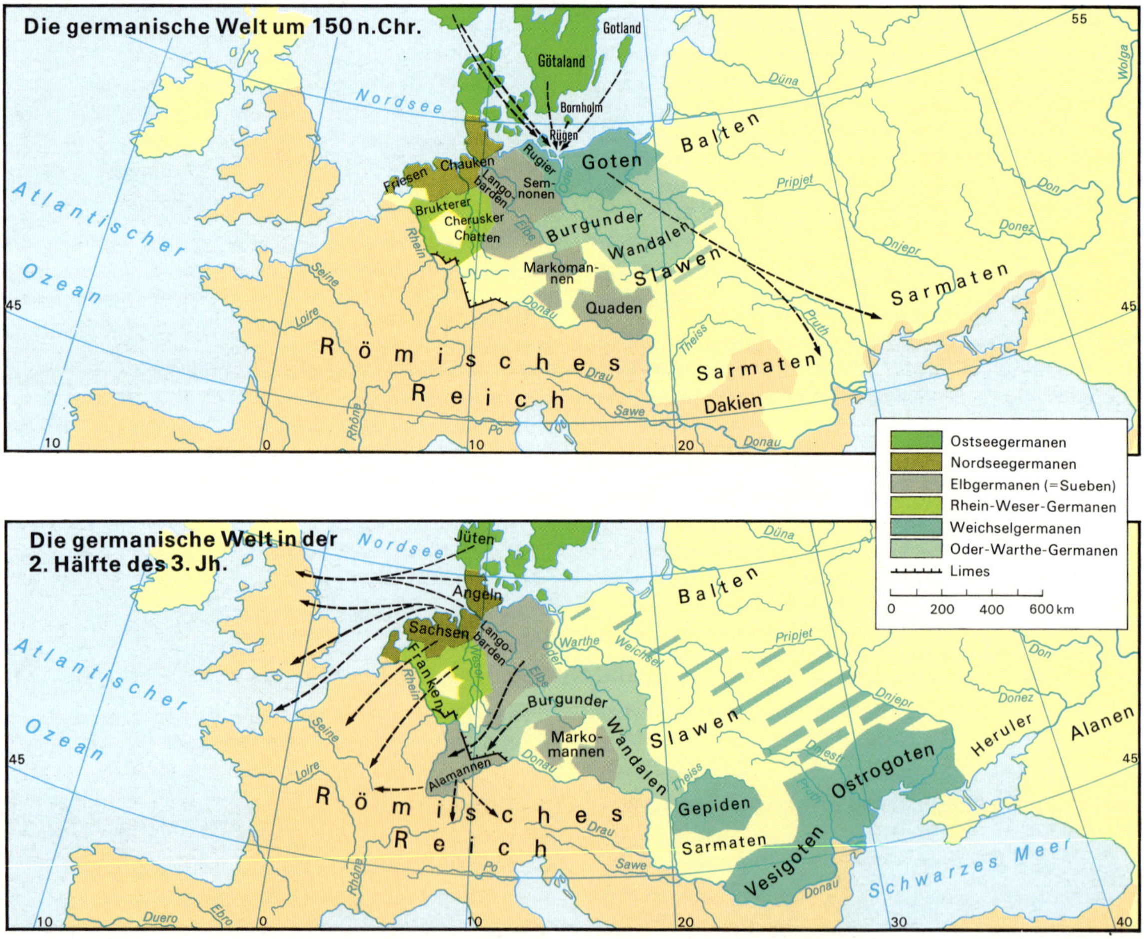

*Hortfund aus Lengerich in Niedersachsen aus der zweiten Hälfte des 4. Jahrhunderts n. Chr.*
*Diese Gegenstände aus Gold sind der Rest eines größeren Schatzes. Wahrscheinlich gehörte er einem vornehmen Sachsen, der nach seiner Dienstzeit im römischen Heer in die Heimat zurückgekehrt war.*

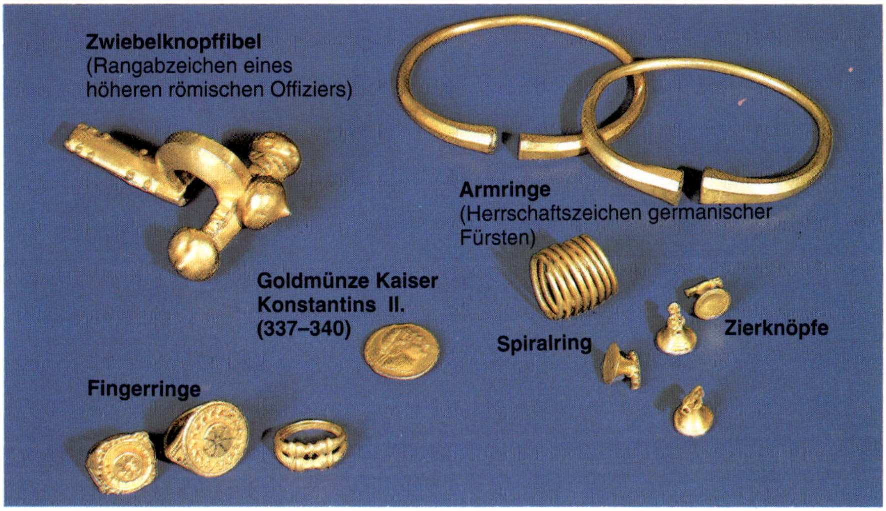


**Die Alamannen**
Seit 213 erschienen am unteren Main und am Limes immer wieder berittene kriegerische Gefolgschaften, die sich Alamannen nannten. Aus dem Elbe-/Saalegebiet kommend, unternahmen sie Raubzüge ins römische Gebiet. Dadurch wurden die Römer um 260 gezwungen, den Limes aufzugeben. Die verschiedenen Heerkönige mit ihren Gefolgschaften siedelten sich zuerst bis zum Rhein, später auch im Elsaß und in der Schweiz an. Von ihren Kriegszügen nach Gallien brachten die Alamannen Gefangene mit, die neben den unterworfenen Römern als Unfreie den Boden bebauen mußten. Unter der Herrschaft von Königen entstanden neue Kleinstämme.

**Die Franken**
Zwischen Niederrhein und Weser begannen im 3. Jahrhundert immer mehr Stämme, neben ihrem alten Namen den gemeinsamen der Franken zu führen. Eine übereinstimmende Kultur besaßen sie schon lange vorher. Außerdem vereinte sie ein Ziel: die Kriegszüge nach Gallien. Seit 276 begannen fränkische Bauern, sich längs des Niederrheins auf der römischen Rheinseite niederzulassen, was die Römer hinnahmen.
Im 4. Jahrhundert erfuhr der fränkische Stammesbund eine Verstärkung durch den Teilstamm der Salier. Von den Sachsen vertrieben, schlossen sie sich im Gebiet des Niederrheins den Franken an. Um 350 galten sie schon als führender fränkischer Teilstamm. Nach schweren Kämpfen nahm Kaiser Julian die ins Reichsgebiet eingedrungenen Salier 358 durch Vertrag im Reichsgebiet auf.

**Die Sachsen**
Gefürchtet bei den Römern waren die Seekrieger, die seit dem 3. Jahrhundert mit großen Flotten kleiner, schneller Kriegsschiffe immer wieder an den Küsten Galliens und Britanniens erschienen. Sie kamen aus Jütland und den norddeutschen Küstengebieten. Dort war unter der Führung der Sachsen ein neuer Großstamm entstanden. Nachdem die Römer 407 Britannien aufgegeben hatten, fuhren die Sachsen und ihre Nachbarn dort nicht mehr als Seeräuber oder Söldner, sondern als Eroberer hin. Das 5. Jahrhundert hindurch sammelten immer wieder Heerkönige Flotten um sich und gründeten in Britannien die vielen Kleinkönigreiche der Angeln und Sachsen.

**Die Goten**
Um 200 n. Chr. bekamen die Römer auch an der unteren Donau neue Nachbarn, denn die Goten waren aus dem Gebiet der Weichselmündung nach Süden in die Steppe gewandert. Sie paßten sich in ihrer Lebensweise den dort lebenden iranischen Stämmen an und wurden ein Reitervolk. Bald beherrschten sie ein großes Reich, in dem die Goten eine kriegerische Herrenschicht bildeten und die Unterworfenen für deren Lebensunterhalt sorgen mußten.
Nachdem die Römer die Provinz Dacia aufgegeben und die Grenze an die Donau zurückverlegt hatten, wanderten mehrere gotische Fürsten mit ihren Gefolgschaften in dieses Gebiet ein und begründeten dort neue Herrschaften. Diese *Vesigoten* (= die guten, edlen Goten) bildeten ihren eigenen Stamm, der den der *Ostrogoten* (= die glänzenden Goten) nicht anerkannte.

## Die Völkerwanderung

Immer wieder im Laufe der Geschichte sind Völker gewandert. Wir haben in diesem Kapitel auch schon von germanischen Wanderungen gehört. Im Jahre 375 aber löste der Vorstoß der Hunnen nach Europa eine Wanderungsbewegung ungeheuren Ausmaßes aus. Viele germanische Stämme zogen infolge dieses Ereignisses jahrzehntelang durch Europa, einige gründeten auf römischem Boden eigene Reiche. Am Ende dieses Zeitalters war Europa verwandelt, es gab kein Weströmisches Reich mehr. Wegen der weitreichenden Folgen dieser Wanderungen nennt man alle diese Ereignisse zusammenfassend die *„Völkerwanderung"*.

### Der Vorstoß der Hunnen

Unter der Führung der Hunnen wanderten im 4. Jahrhundert Reiternomaden aus Zentralasien nach Westen. Dabei vergrößerte sich ihr Heer ständig. 375 stießen sie auf das Volk der Goten. Niemand wußte, wie man sich gegen diese unbekannten und so fremdartig aussehenden Feinde wehren sollte. Denn sie kämpften nicht mit der Reiterlanze, sondern ihre Hauptwaffe war ein Bogen, mit dem sie besonders weit schießen konnten und dessen Pfeile eine große Durchschlagskraft besaßen. Panik breitete sich aus, die Flucht ins Römerreich schien die einzige Rettung zu sein.

### Wanderung und Reichsgründung der Westgoten

Nachdem die *Hunnen* schon ein Jahr nach ihrem ersten Vorstoß auch das Siedlungsgebiet der Goten im heutigen Rumänien eingenommen hatten, überschritten diese mit der Erlaubnis des Kaisers die Donau und ließen sich auf römischem Boden nieder. Hungersnöte und die Habgier der römischen Beamten trieben sie aber bald zum Aufstand. 378 kam es bei Adrianopel zur Schlacht, die mit einem Sieg der Goten und dem Tod des Kaisers endete. Nach dieser Niederlage sahen sich die Römer gezwungen, zum ersten Mal einen ganzen Stamm unter eigener

*Die Zeit der Völkerwanderung (4.–6. Jahrhundert)*

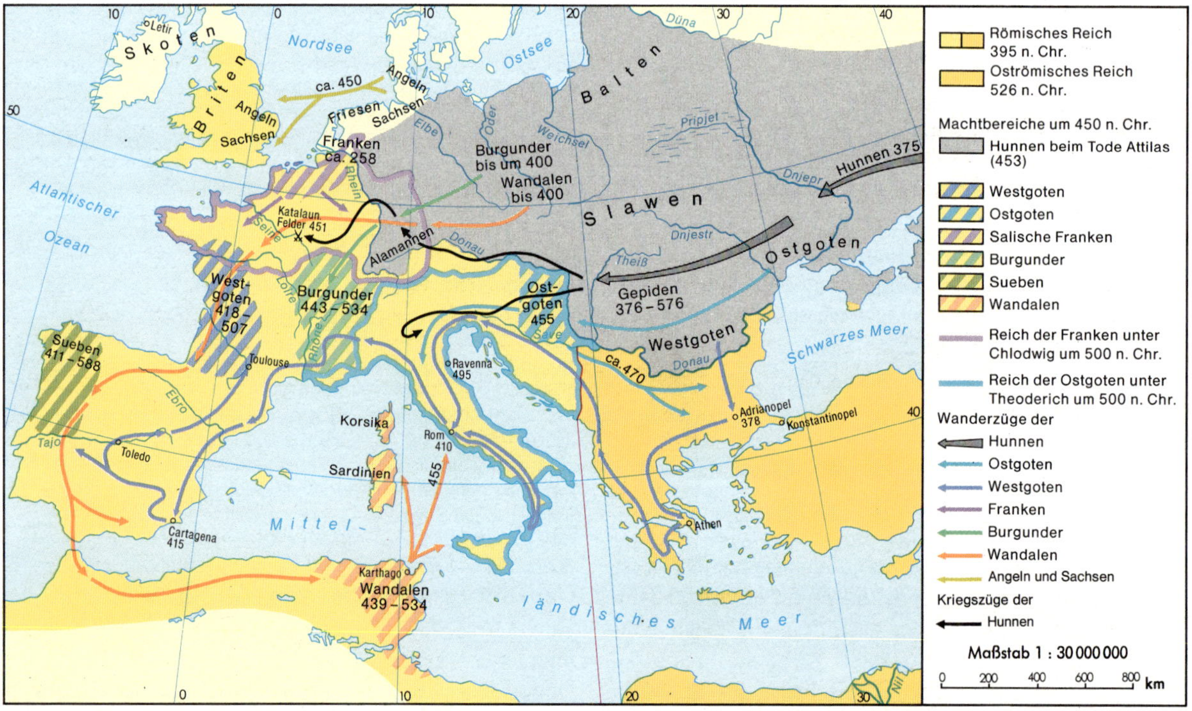

*Kriegsschiff aus der Heimat der Angeln (4. Jahrhundert n. Chr.). Länge 24 Meter, Höhe mittschiffs 1,20 Meter. Das Schiff war mit 30 Ruderern und einem Steuermann besetzt. Außerdem konnten weitere Krieger oder Vorräte untergebracht werden. Fundort: Moor von Nydam (Nordschleswig, Dänemark)*

Führung auf Reichsboden anzusiedeln. Die Zahl dieser „römischen Goten" vergrößerte sich ständig durch neue Flüchtlinge aus dem alten gotischen Siedlungsgebiet.
Als die Hunnen 394 auch über die Donau kamen, ergriffen die „römischen Goten" aufs neue die Flucht und verließen Thrakien (etwa das heutige Bulgarien). Unter ihrem König *Alarich* wanderten sie jahrelang durch die Balkanhalbinsel und Italien. Dabei vergrößerte sich ihr Heer durch entlaufene Sklaven germanischer Herkunft, durch germanische Überläufer aus dem römischen Heer und Flüchtlinge aus dem hunnischen Reich. Diese wandernden Reiterscharen wurden von einem großen Troß von Frauen und Kindern begleitet. Man schätzt, daß es insgesamt etwa 100 000 Menschen waren. Aus diesem Heerhaufen entstand allmählich der Stamm der *Westgoten*. Mal kämpften sie allein gegen römische Heere, mal als Verbündete mit einer römischen Partei gegen eine andere. Bei diesen Kämpfen wurde 410 Rom erobert, erstmals wieder seit dem Keltensturm von 387 v. Chr. (siehe S. 146).
Nach dem Tode ihres Königs Alarich zogen die Westgoten durch Gallien und Spanien. In Aquitanien (Südwestfrankreich) ließen sie sich dann 418 für etwa 100 Jahre fest nieder, bevor sie weiter nach Spanien zogen. Toulouse wurde die neue Hauptstadt. Während ihres schon 40jährigen Aufenthaltes im Römischen Reich hatten sie die römischen Verhältnisse genau kennengelernt und viele römische Lebensgewohnheiten angenommen. Sie blieben jedoch Reiterkrieger. Zunächst wurden sie bei den römischen Großgrundbesitzern einquartiert. Aber bald verlangten sie eine Teilung der Ländereien. Fortan besaßen sie selber – je nach ihrem Rang kleinere oder größere – Landgüter. Unfreie oder Bauern bebauten wie vorher das Land. Für sie hatte nur der Herr gewechselt. Die Verwaltung des Westgotischen Reiches wurde weiter von römischen Beamten geleitet.

### Die Niederlage der Hunnen

Über die Hunnen herrschte seit 434 Attila. Er unternahm 451 einen Feldzug gegen das Weströmische Reich. Mitten in Gallien kam es auf den *Katalaunischen Feldern* (zwischen Troyes und Châlons-sur-Marne im heutigen Frankreich) zur Schlacht, bei der auf römischer und auf hunnischer Seite auch die jeweils abhängigen germanischen Stämme kämpften.
Nach der unentschiedenen Schlacht und dem Abzug Attilas galten die Hunnen nicht mehr als unbesiegbar. Als Attila starb (453), empörten sich die meisten unterworfenen germanischen Stämme gegen seine Söhne. Die Hunnen zogen in die östlicheren Steppen ab. Die siegreichen Germanen errichteten neue Reiche nördlich der Donau.

*Das Grabmal Theoderichs des Großen in Ravenna. Die Kuppel ist aus einem einzigen Block gearbeitet, hat einen Durchmesser von ca. 11 Metern und ein Gewicht von ca. 400 Tonnen.*

### Die Ostgoten in Italien

Die „hunnischen Goten", die später *Ostgoten* genannt wurden, waren den Hunnen bis zuletzt treu geblieben. Nun baten sie um Aufnahme ins Römische Reich. Aus lang dauernden Rivalitätskämpfen zwischen mehreren Gotenfürsten ging Theoderich der Große als Sieger hervor. Der Kaiser entfernte ihn aus dem Oströmischen Reich, indem er ihn mit dem Kampf gegen den Germanen Odoaker in Italien beauftragte, der in Italien im Jahre 476 den letzten weströmischen Kaiser abgesetzt hatte. Nach Theoderichs Sieg wurden seine Ostgoten in Italien angesiedelt. Er gründete 493 auf italienischem Boden ein germanisches Reich mit der Hauptstadt Ravenna. Obwohl Germane, führte er die antike Tradition des Römerreiches fort und förderte die antike Kultur und die lateinische Sprache und Bildung.

Bezeichnend für seine Einstellung ist folgende Begebenheit: Als er im Jahre 500 Rom besuchte, wurde er vom Papst, der den römischen Senat anführte, empfangen. Zuerst betrat er die Peterskirche, um zu beten, dann ging er in die Kurie zum Senat und hielt anschließend auf dem Forum eine Rede an das römische Volk, in der er versprach, die von den Kaisern erlassenen Gesetze nicht anzutasten. Viele verfallene Städte ließ er nach dem Vorbild seiner kaiserlichen Vorgänger wieder aufbauen und hatte das Ziel, die antike Kultur zu neuem Leben zu erwecken.

## Das Reich der Franken

In der Schlacht auf den Katalaunischen Feldern im Jahre 451 kämpften die Franken als Verbündete des römischen Feldherrn Aetius. Doch dieses Bündnis dauerte nicht lange. Als Aetius bald darauf ermordet wurde, gingen alle fränkischen Stämme wieder zum Angriff auf Gallien über. Angehörige des Königshauses der salischen Franken, nach einem Ahnherrn Merowech *Merowinger* genannt, sammelten einen Heerhaufen um sich. Im eroberten Gebiet gründeten sie eigene kleine Königreiche. Am Ende des Jahrhunderts hatten zahlreiche Franken ihre alten Wohnsitze östlich des Rheins verlassen.

### Die Merowinger – Könige der Franken

Einer der Kleinkönige aus dem Hause der Merowinger wollte sich mit seinem Erbe nicht begnügen: 482 trat *Chlodowech* (= Ludwig) die Nachfolge seines Vaters Childerich, des Königs von Tournai, an. 486 eroberte er Nordgallien, das bis dahin noch von einem Römer regiert worden war. Nach dieser Eroberung war Chlodowech mächtiger als jeder andere fränkische König. Sein Glück verließ ihn auch nicht bei seinen Kriegen gegen Westgoten und Alamannen. Nach dem Sieg über die Alamannen ließ sich Chlodowech zusammen mit etwa 3000 Gefolgsleuten taufen (siehe S. 204). Fortan sahen die Bischöfe in dem Frankenkönig nicht einen fremden Machthaber, sondern den Schutzherrn ihrer Kirche.

Nach und nach unterwarf Chlodowech auch alle anderen fränkischen Königreiche, indem er mit Verrat, Gewalt und Hinterlist für den gewaltsamen Tod aller anderen fränkischen Könige und ihrer Angehörigen sorgte. Gerade daß sie alle mit ihm verwandt waren, war ihr Verderben. Denn nach heidnischer Überzeugung, an der auch die christlich gewordenen Germanen festhielten, konnten nur Mitglieder der königlichen Sippe König werden. Nur sie besaßen das „Königsheil", weil sie, wie man glaubte, von göttlichen Ahnen abstammten. Ihre besondere Nähe zu den Göttern bewirkte, daß sie ihrem Volk

*Vorder- und Rückseite des Grabsteines eines Franken, Ende des 7. Jahrhunderts (Fundort: Niederdollendorf bei Königswinter). Auf der Rückseite ist die bisher älteste auf deutschem Boden gefundene Christusdarstellung zu sehen: Christus ist mit dem Speer Wodans, des obersten Gottes der Germanen, abgebildet.*

Glück und Segen brachten, indem die Götter sie im Kriege siegen ließen und im Frieden gute Ernten und Gedeihen von Mensch und Vieh bescherten.
In den Augen der Franken war Chlodowechs Heil größer als das aller anderen. Alle waren bereit, ihn als König anzunehmen. Seine christlichen Untertanen sahen entsprechend die besondere Gnade Gottes auf ihm und seinen Taten ruhen. So begründete er die Einheit und das Reich der Franken.

### Franken und Römer in einem Reich

Ganz anders als die Goten bildeten die Franken in Gallien nicht nur eine kriegerische Herrenschicht. Die lange dort ansässigen germanischen Siedler, die dieselbe Kultur hatten wie sie, wurden schnell zu Franken. Bauernhöfe und Dörfer wurden gegründet, in denen die Mehrheit der Franken als freie Bauern lebte. Vornehme Franken erlangten bei der Eroberung und später durch königliche Schenkung größeren Landbesitz, der durch Unfreie oder abhängige Bauern bewirtschaftet wurde. Am meisten Land gehörte jedoch dem König.
Die Kirchenorganisation (siehe S. 208) überdauerte alle Kämpfe. Die Römer sahen in den Bischöfen ihre Fürsprecher bei den neuen Herren. Ohne königliche Zustimmung konnte aber niemand mehr Bischof werden. In den Städten wohnten auch die königlichen Verwaltungsbeamten, die Grafen. Sie hielten Gericht und zogen Steuern und Zölle ein, die nach römischer Gewohnheit weiter bezahlt werden mußten. Sie waren außerdem Anführer des Heeresaufgebotes in ihrem Bezirk. Alle freien Männer waren wehrpflichtig, zunächst nur die Franken, später auch die Römer. Auch vornehme Römer konnten hohe Stellungen in der Verwaltung, bald auch im Heer, erlangen. So lebten Franken und Römer in gutem Einvernehmen miteinander. Es dauerte nicht lange, bis auch die Römer als Franken gelten wollten.

## 1 Arminius und Flavus

*Vor der letzten Schlacht zwischen den Römern und den von Arminius geführten Germanen im Jahre 16 n. Chr. soll sich nach dem Bericht des römischen Geschichtsschreibers Tacitus folgendes zugetragen haben:*

**Q** Die Weser trennte Römer und Cherusker. Arminius trat, umgeben von den übrigen Edlen, an das Ufer und fragte, ob der Caesar (Germanicus, Neffe des Kaisers Tiberius) gekommen sei. Als dies bejaht wurde, bat er darum, seinen Bruder sprechen zu dürfen.
Dieser diente im römischen Heer unter dem Namen Flavus. Er zeichnete sich durch seine Treue (gegenüber den Römern) aus und hatte ein paar Jahre zuvor unter Tiberius durch eine Verwundung ein Auge verloren. Mit Genehmigung des Caesar wurde er herbeigerufen und trat vor. Arminius begrüßte ihn und schickte seine Gefolgsleute weg. Er verlangte, daß sich auch die an unserem Ufer aufgestellten Bogenschützen entfernen sollten.
Sobald sie fort waren, fragt er seinen Bruder, woher die Entstellung in seinem Gesicht käme. Als dieser über Ort und Schlacht berichtete, wollte er wissen, welchen Lohn er dafür erhalten habe. Flavus nannte Solderhöhung, Halskette, Ehrenkranz und andere militärische Auszeichnungen. Arminius aber lachte höhnisch über solch armseligen Lohn der Knechtschaft.
Dann begannen sie, ihre gegensätzlichen Ansichten zu vertreten. Der eine (Flavus) hob die Größe Roms und die Macht des Kaisers hervor ... Der andere (Arminius) erinnerte an die heilige Verpflichtung dem Vaterland gegenüber, an die ererbte Freiheit, die heimischen Götter Germaniens und an die Mutter, die mit ihm bitte. Er solle doch seine Verwandten und Angehörigen, ja sein ganzes Volk nicht im Stich lassen und verraten, sondern lieber sein Anführer sein.
Allmählich steigerten sie sich dann in einen hitzigen Streit hinein. Sie hätten sich nicht einmal von dem trennenden Fluß von Tätlichkeiten abhalten lassen, wenn nicht der herbeieilende Stertinius (ein römischer Offizier) den Flavus zurückgehalten hätte, der zornentbrannt nach Waffen und seinem Streitroß rief.
Auf dem anderen Ufer sah man Arminius, wie er unter Drohungen eine Schlacht ankündigte. Er mengte sehr vieles in lateinischer Sprache dazwischen, da er ja im römischen Heer als Anführer seiner Landsleute gedient hatte.

*Tacitus, Annalen II, 9–10. Übers. d. Verf.*

*1. Welche Gründe führt Arminius für seinen Widerstand gegen die Römer an?*
*2. Überlege, weshalb Flavus die Partei der Römer ergriffen hat. Erinnere dich an das, was du vom Leben im Römischen Reich weißt.*

## 2 Siedlungswesen

**2a** *Rekonstruktion einer germanischen Ansiedlung bei Fochteloo/Niederlande aus dem 1./2. Jahrhundert n. Chr.*

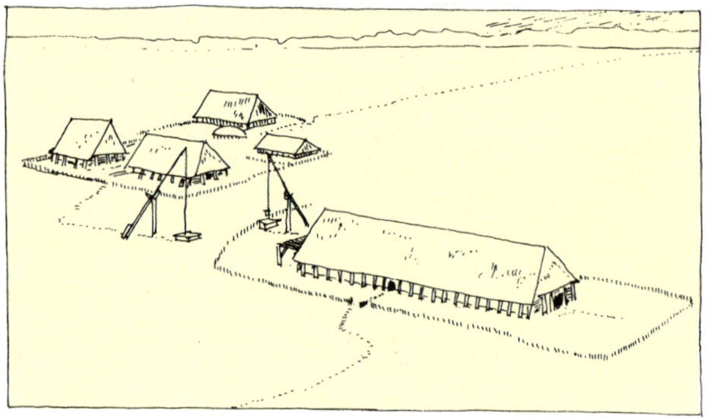

**2b** *Tacitus berichtet von den Germanen:*

**Q** Die Sklaven verwenden sie nicht so, wie es bei uns Sitte ist, wo jedem aus dem Gesinde eine besondere Aufgabe zugeteilt ist. Jeder steht einem eigenen Hof vor und schaltet am eigenen Herd. Sein Herr erlegt ihm auf, eine bestimmte Menge Brotgetreide, Vieh oder Tuch abzuliefern – wie einem Kleinpächter. Nur so weit besteht eine Verpflichtung für den Sklaven.

*Tacitus, Germania, 25. Übers. d. Verf.*

**2c** *Grundriß eines Hauses mit Wohn-, Wirtschafts- und Stallteil von der Feddersenwierde (nördl. von Bremerhaven). Häuser dieser Art gab es dort vom 1. Jahrhundert v. Chr. bis ins 5. Jahrhundert n. Chr.*

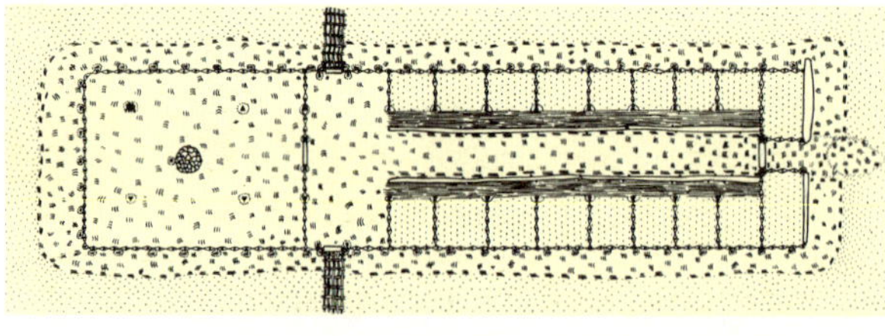

**2d** *Überreste eines Stallteiles (Ausgrabungsfoto von der Feddersenwierde)*

*1. Beschreibe die germanische Ansiedlung (Bild 2a). Welche Schlüsse kannst du über die Bewohner aus Quelle 2b ziehen?*
*2. Beschreibe die Aufteilung des Hauses nach Bild 2c. Wie stellst du dir die Nutzung der Teile vor?*
*3. Vergleiche Bild 2d mit dem Grundriß. Welche Stelle des Hauses könnte das Bild zeigen? Woraus sind die Häuser gebaut? Wie ist die Wand konstruiert?*
*4. Vergleiche die germanischen Häuser mit dem römischen Landhaus auf S. 175.*

## 3 Kleidung

*In norddeutschen und dänischen Mooren haben sich Kleidungsreste wie die folgenden erhalten:*

**3a** *Männerkittel und Männerhose aus den ersten Jahrhunderten n. Chr. aus dem Thorsberger Moor bei Schleswig.*

**3b** *Rekonstruktion eines Mantels aus feiner Schafwolle. Er besteht aus einem viereckigen Tuchstück mit angewebten festen Kanten. Länge: 2,36 Meter, Breite: 1,68 Meter. Nach einem Fund aus dem Thorsberger Moor, 3. Jahrhundert n. Chr.*

**3c** *Frauenkleidung aus dem Huldremose (Dänemark)*

*1. Beschreibe Machart und Tragweise der Kleidung: Wer hat sie deiner Vermutung nach hergestellt?*
*2. Vergleiche die germanische Kleidung mit der römischen. Betrachte dazu die Bilder auf S. 180 und 212.*

## 4 Keramik

*Als Urnen benutzte Keramikgefäße und ein eisernes Rollrädchen mit Bronzekopf aus dem 1./2. Jahrhundert n. Chr. Fundort: Darzau, Kreis Lüchow-Dannenberg*

1. *Beschreibe, wie die Gefäße verziert wurden.*
2. *Vergleiche die germanischen Gefäße mit dem römischen Geschirr auf S. 176.*

## 5 Modell eines germanischen Kriegers

1. *Beschreibe die Bekleidung und Bewaffnung des germanischen Kriegers.*
2. *Vergleiche sie mit der eines römischen Legionärs (siehe S. 171).*

## 6 Der Merowingerkönig Chlodowech nimmt das Christentum an

*Der fränkische Bischof Gregor von Tours (6. Jahrhundert) beschrieb in seinem Geschichtswerk zum Teil aus eigenem Erleben die Zeit der Merowinger, darunter auch die Entscheidung Chlodowechs zwischen heidnischen Göttern und christlichem Gott:*

**Q** Die Königin aber ließ nicht ab, in ihn zu dringen, daß er den wahren Gott erkenne und ablasse von den Götzen. Aber auf keine Weise konnte er zum Glauben bekehrt werden, bis er endlich einst mit den Alamannen in einen Krieg geriet: Da zwang ihn die Not zu bekennen, was sein Herz vordem verleugnet hatte. Als die beiden Heere zusammenstießen, kam es zu einem gewaltigen Blutbad, und Chlodowechs Heer war nahe daran, völlig vernichtet zu werden. Als er das sah, erhob er seine Augen zum Himmel, sein Herz wurde gerührt, seine Augen füllten sich mit Tränen und er sprach: „Jesus Christ, Chrodichilde (Chlodowechs Frau) verkündet, du seiest der Sohn des lebendigen Gottes. Hilfe, sagt man, gebest du den Bedrängten, Sieg denen, die auf dich hoffen. Ich flehe dich demütig an um deinen mächtigen Beistand: Gewährst du mir jetzt den Sieg über diese meine Feinde und erfahre ich so jene Macht, die das Volk, das deinem Namen sich weiht, an dir erprobt zu haben rühmt, so will ich an dich glauben und mich taufen lassen auf deinen Namen. Denn ich habe meine Götter angerufen, aber, wie ich erfahre, sind sie weit davon entfernt, mir zu helfen. Ich meine daher, ohnmächtig sind sie, da sie denen nicht helfen , die ihnen dienen. Dich nun rufe ich an, und ich verlange, an dich zu glauben; nur entreiße mich aus der Hand meiner Widersacher." Und da er solches gesprochen hatte, wandten die Alamannen sich ab und begannen zu fliehen. Als sie aber ihren König getötet sahen, unterwarfen sie sich Chlodowech … Der Königin aber erzählte er, wie er Christi Namen angerufen und so den Sieg gewonnen habe.

*In: Geschichte in Quellen, Bd. 2 (hg. v. W. Lautemann u. M. Schleske), München 1978, S. 27.*

1. *In welcher Situation befindet sich Chlodowech vor dem Übertritt zum Christentum?*
2. *Was hat ihn bewogen, das Christentum anzunehmen?*
3. *Welches Problem ergibt sich bei einer solchen Annahme des Christentums?*

# Von der Antike zum Mittelalter

## Warum der Untergang des Weströmischen Reiches nicht auch das Ende war

Im Jahre 476 setzte der germanische Truppenführer Odoaker den letzten weströmischen Kaiser Romulus Augustulus ab. Damit hörte das Weströmische Reich auf zu bestehen. Der Kampf um das Erbe dieses westlichen Teils des Imperiums begann. Das oströmische Imperium als Kaiserreich von Byzanz blieb noch annähernd tausend Jahre bestehen. Aber alle Versuche Konstantinopels seit dem 5. Jahrhundert, die Einheit des Römischen Reiches wiederherzustellen, scheiterten.
Der Untergang des Weströmischen Reiches hat die Menschen immer wieder beschäftigt. Schließlich hatte dieser größte Staat der Antike von der Gründung Roms an über zwölf Jahrhunderte lang bestanden. Für die meisten Menschen war das Imperium eine Selbstverständlichkeit geworden. Aber ist es selbstverständlich, daß ein Reich so lange Bestand hat? Man kann die Frage nach den Gründen für den Niedergang des Reiches auch umdrehen: Warum zerfiel dieses riesige Weströmische Reich nicht schon früher? Was hielt die Menschen vom heutigen Trier bis Bordeaux, von Lissabon bis Augsburg, vom heutigen Paris bis Malaga im Reich? Konnte das Reich nur so lange bestehenbleiben, solange es den Menschen Vorteile brachte, solange es die Bedürfnisse der Menschen hinreichend berücksichtigte? Ging es unter, weil es sich nicht mehr gegen den ständig stärker werdenden Druck der Germanen wehren konnte?
Obwohl das Weströmische Reich aufhörte zu bestehen, hat es für spätere Jahrhunderte seine Ausstrahlung nicht verloren. In den Gedanken der Menschen, in vielen öffentlichen Einrichtungen und Lebensgewohnheiten lebte die Vorstellung vom Imperium weiter. Die lateinische Sprache blieb erhalten, ja, man muß sich klarmachen, daß das Latein noch ein Jahrtausend die entscheidende Schriftsprache war. Das römische Recht galt weiterhin als Vorbild. Das Christentum bildete die Klammer, die das Untergegangene mit dem Neuen verband. Nicht nur die Könige der Franken, die ersten mächtigen Herrscher des frühen Mittelalters, sondern auch viele spätere Kaiser orientierten sich immer wieder an der Idee des Imperium Romanum.
Aus diesen Gründen ist für uns heute das Jahr 476 nicht der Endpunkt einer langen geschichtlichen Entwicklung. Denn in vielen Bereichen bildete das, was in der Spätantike – d. h. in der Zeit von Kaiser Diokletian bis ins 5. Jahrhundert – entstanden war, eine Grundlage für die mittelalterliche Welt.

*Das Elfenbeinrelief zeigt die Ankunft des Kaisers, wahrscheinlich Justinians. Er wird von einem huldigenden Barbaren, einer fliegenden Victoria und einer am Boden sitzenden Personifikation der Terra (Erde) begleitet. Links bringt ihm ein Offizier eine Siegesstatue dar; auf dem unteren Streifen erweisen ihm Vertreter verschiedener Barbarenvölker Ehrerbietungen. Über dem Kaiser ist der segnende Christus abgebildet.*

## Was zum Niedergang des Weströmischen Reiches führte

Der Untergang Roms kann nicht durch eine Ursache allein erklärt werden. Der Zerfall des Reiches hatte viele Gründe und ging schrittweise vor sich.

### Die germanischen Völker

Oft werden die Einfälle der germanischen Völker in der Zeit der Völkerwanderung als Grund für den Untergang Roms genannt. Sie waren sicherlich ein Anlaß, aber letztlich haben die Germanen die bereits vorhandene Schwäche nur für sich ausgenutzt.
Die Kämpfe mit ihnen haben für die Römer nicht erst in der Zeit der Völkerwanderung begonnen. Im Laufe der Zeit aber wuchsen die Schwierigkeiten an, da immer mehr Germanen in den römischen Heeresdienst traten und sich die germanischen Völker durch ihre Wanderungen und den ständigen Kontakt mit dem Römischen Reich veränderten. Auch entwickelten sie jetzt neue Formen des Zusammenlebens, die die Möglichkeiten gemeinsamen Handelns vergrößerten. Noch bedrohlicher wurde die Situation für Rom dadurch, daß der Ost- und der Westteil des Reiches keine gemeinsamen Abwehrversuche gegen die Germanen unternahmen. Im Gegenteil, die oströmischen Kaiser lenkten sogar erfolgreich verschiedene germanische Stämme in den Westteil des Reiches (siehe S. 199–200). Auf dem Boden des Weströmischen Reiches entstanden nach und nach mehrere germanischen Reiche, etwa das der West- und der Ostgoten sowie das der Langobarden (siehe Karte S. 198).

### Die Lebensbedingungen der Bürger

Bis zum 2. Jahrhundert war das Leben im Römischen Reich dadurch bestimmt, daß die römischen Kaiser nach innen und außen erfolgreich Frieden herstellten. Das brachte große Vorteile für die Bewohner. Vom 3. Jahrhundert an jedoch verschlechterte sich die Lage der Bürger. Nicht nur der zunehmende äußere Druck, der auf dem Reich lastete, war dafür verantwortlich. Die Bürger wurden durch immer stärker ansteigende Steuerlasten eingeschränkt und zugleich zu immer höheren Leistungen für den Staat verpflichtet. Die Leistungen, die der einzelne für den Staat zu erbringen hatte, wurden genau festgelegt. Bis zu Diokletian war es Sache der Städte gewesen, in eigenständiger Verantwortung das gemeinsame Steueraufkommen auf die einzelnen Bürger zu verteilen.

### Das Leben in den Städten

Weil die kaiserliche Verwaltung vom 3. Jahrhundert an mit Vorschriften in das Leben jedes einzelnen Bürgers eingriff und die Selbstverwaltung beendete, änderte sich auch das Leben in den Städten (siehe S. 181). In der frühen Kaiserzeit hatte die städtische Oberschicht freiwillig die notwendigen Aufgaben für das städtische Leben übernommen. Die Ämter waren begehrt, weil sie Ansehen und Vorteile brachten. Für diesen Ruhm war die Oberschicht bereit, private Aufwendungen zu erbringen. Seit dem 3. Jahrhundert griff der Staat nun zunehmend ein und bürdete allen Bevölkerungsgruppen immer neue Verpflichtungen auf. Für die Versorgung der Stadt mit Lebensmitteln und Trinkwasser, für die Renovierung der Straßen, für beheizte Bäder und Spiele, sogar für den Transport, die Beherbergung und Verpflegung der Soldaten mußte die Oberschicht sorgen. Da dauernd Krieg war, häuften sich die Belastungen, zumal die Oberschicht wegen wirtschaftlicher Schwierigkeiten nicht mehr über so viel Geld verfügte. Die Folge war, daß die Ämter nur noch als Zwang empfunden wurden.
Damit aber die Aufgaben ausgeführt wurden, verfügte die kaiserliche Verwaltung, daß jeder, der ein bestimmtes Mindestvermögen besaß, ein Amt in der Gemeinde übernehmen müsse. Die Aufgaben, die damit verbunden waren, mußte er aus eigener Tasche finanzieren. Die Folge war, daß die ehemals selbstbewußte städtische Oberschicht verarmte. Häufig weigerten sich Beamte und Räte, kostspielige Gemeinschaftsaufgaben auszuführen, da sie darin keinen Anreiz mehr erblickten. Viele führende Bürger verließen die Städte und zogen sich als Privatleute auf ihre Landgüter zurück.
Selbst Handwerk und Handel blieben von diesen staatlichen Zwangsmaßnahmen nicht verschont: Die Mitgliedschaft in den Kollegien wurde zur Zwangsmitgliedschaft. Die kaiserliche Verwaltung zwang die Handwerker zu Aufgaben, die nichts mehr mit ihrer beruflichen Tätigkeit zu tun hatten. Handel und Handwerk erlahmten, denn wenn einer nur ein geringes Maß an Wohlstand erwirtschaftet hatte, wurde er sogleich mit neuen Steuern belegt und gezwungen, Leistungen für die Stadt zu übernehmen. Um die allgemeine Entwicklung zu stoppen,

griff der Staat noch härter zu. So verordnete Diokletian, daß die Söhne der Handwerker den Beruf des Vaters weiterführen mußten und die Stadt nicht verlassen durften. Harte Strafen trafen den, der sich diesen Maßnahmen durch Flucht zu entziehen versuchte.
Doch das alles bewirkte nur wenig. Ob jemand nach seiner Rechtsstellung frei oder unfrei war, das hatte im alltäglichen Leben keine Bedeutung mehr. Alle empfanden sich unter Zwang und nahmen ihre Stellung in der kaiserlichen Ordnung nur noch gleichgültig hin. Zunehmend sahen die meisten Bürger in den staatlichen Einrichtungen keinen Nutzen mehr. Kaiser und Reich verloren an Anziehungskraft.

### Auf dem Land

Die innere Auflösung des Reiches wurde auf dem Land noch deutlicher. Freie Bauern fand man kaum noch. Die meisten waren schon lange freiwillig Pächter geworden. Was hieß das? Sie pachteten von Grundbesitzern ein Stück Land und verpflichteten sich dafür, einen festen Teil ihrer Erträge dem Gutsbesitzer abzuliefern. Dieses ursprünglich kündbare Pachtverhältnis änderte sich im 4. Jahrhundert. Viele Grundbesitzer hielten ihre Pächter zum Teil mit Gewalt als billige Arbeitskräfte auf dem Land zurück.
Der Staat unternahm nichts dagegen, da es auch in seinem Interesse lag, daß möglichst viel Land bebaut wurde; denn dies erhöhte das Steueraufkommen. Das Ergebnis war, daß die Pächter an die Scholle gebunden wurden: Zeit ihres Lebens durften sie das Land, auf dem sie arbeiteten, nicht mehr verlassen. Diese Zwangspachtverhältnisse nennt man Kolonat. Die wenigen freien Bauern verloren zumeist ihre Unabhängigkeit dadurch, daß sie sich wegen der hohen Forderungen der Steuereintreiber unter den Schutz mächtiger Gutsherren, die sie als Patrone anerkannten, stellten. Wie in den Städten entstand auch auf dem Land eine breite, sehr arme Bevölkerungsschicht.
Von dieser Entwicklung profitierten die Großgrundbesitzer. Sie herrschten über riesige Güter. Da sie über Weinberge, Olivenplantagen, Acker- und Weideland, Wald, Sklaven, Hauspersonal, Kolonen (unfreie Bauern), Handwerker, Geräte, Vieh und Vermögen verfügten, waren sie fast unabhängig. Eigenmächtig trieben sie Gelder ein und sicherten sich eigene Herrschaftsbezirke. Als vom 4. Jahrhundert an immer häufiger allgemeine

*Befestigter Landsitz mit Großgrundbesitzer auf einem Mosaik aus dem 4. Jahrhundert n. Chr.*

Unruhen aufkamen, wurden viele Güter befestigt; die Grundbesitzer gingen dazu über, sich lieber auf eigene „Privatarmeen“ zu verlassen als auf die regulären kaiserlichen Truppen. Ihre Macht als Pachtherren und Patrone wurde noch dadurch erhöht, daß sich Händler, Handwerker, Kaufleute, ja manchmal die gesamte Einwohnerschaft ganzer Dörfer und Siedlungen in ihren Schutz begaben. Die Pächter und Schutzbefohlenen leisteten dafür Abgaben und verloren ihre Unabhängigkeit.
Das alles hatte zur Folge, daß der kaiserlichen Herrschaft ganze Gebiete im Reich entzogen wurden. Als die Germanen sich ausbreiteten, kontrollierten die Kaiser weite Teile ihres Reiches schon nicht mehr. Es gab Kreise im Weströmischen Reich, die das Leben unter der Herrschaft germanischer Heerführer vorzogen, um dem erdrückenden Machtapparat und dem staatlichen Steuersystem zu entgehen. Für das weströmische Kaisertum regte sich kaum noch eine Hand. Der Schriftsteller Orosius bemerkte im 5. Jahrhundert dazu: „Es gibt Römer, die die ärmliche Freiheit unter den Barbaren der römischen Tributpflichtigkeit vorziehen.“

## Was den Niedergang des Weströmischen Reiches überdauerte

Mit der Zeit, die wir als das *Frühe Mittelalter* bezeichnen und die die Spätantike seit dem 6. Jahrhundert langsam ablöst, beginnt nicht etwas völlig Neues. In vielen Bereichen nahm das Mittelalter das auf, was von der Antike nach dem Zerfall des Weströmischen Reiches hinterlassen worden war und formte es um.

### Die Gutsherrschaft

Wir haben gerade erfahren, daß im 4. Jahrhundert auf dem Land im Römischen Reich große Güter der Großgrundbesitzer entstanden. Diese mächtigen Gutsherren bekamen zuerst in Gallien, dann auch in anderen Gegenden im Laufe der Zeit politische, richterliche und schließlich sogar militärische Befehlsgewalt über ihre Untergebenen zuerkannt. Dies sind die Merkmale der *Grundherrschaft.* Viele neue lokale Herrschaftsbezirke, Grundherrschaften, bildeten sich heraus. Diese Grundherrschaften wurden zu Zentren des künftigen Lebens, vor allem, da viele Städte verödet darniederlagen.

### Bischofsstädte

Wo Städte bestehenblieben, übernahmen die Bischöfe nach der Auflösung der kaiserlichen Verwaltung die politische Verantwortung. Viele Bischofskirchen waren wohlhabend, weil viele Christen ihnen ihr Vermögen vermacht hatten und weil sie über einen weiten Grundbesitz verfügten, den ihnen die Kaiser seit Konstantin geschenkt hatten.

Schon früher hatten sich Geistliche um die Belange der Notleidenden gekümmert, um Gefangene, Hungernde, Tagelöhner, verarmte Handwerker und Arbeiter. Jetzt aber weiteten sie ihre Unterstützung auch über den Kreis der Christen auf die Nichtchristen aus. Das Ansehen der Geistlichen wuchs, weil sie einen Teil des kirchlichen Reichtums – oft ein Viertel der Einnahmen – dazu verwendeten, das Los der Armen zu lindern. So setzten vor allem die Bischöfe, die in Gallien und Italien oft aus der alten Oberschicht stammten, die politischen Führungstradition dieser Oberschicht fort, erfüllten ihre Aufgabe freilich mit dem neuen christlichen Geist. Sie wurden zu den Eckpfeilern, auf denen die neue gesellschaftliche und politische Ordnung aufgebaut wurde.

*Der heilige Augustinus, einer der Kirchenväter. Darstellung auf einem um 600 n. Chr. entstandenen Wandbild der Lateransbibliothek in Rom.*

Wie weit der Einfluß der Bischöfe reichte, wird an Papst Leo dem Großen (440–461) in Rom deutlich. Seit Konstantinopel die Hauptstadt des Reiches geworden war, hatte Rom seine Bedeutung als politisches Zentrum eingebüßt. Es wurde offen für neue Ideen, vor allem für die christliche Glaubenswelt. Da die letzten weströmischen Kaiser sich in das leichter zu verteidigende Ravenna zurückgezogen hatten, übernahm es Papst Leo, die Stadt politisch während der unruhigen Völkerwanderungszeit zu führen. Als kaiserlicher Beauftragter verhandelte er mit den Wandalen und mit den Hunnen und erreichte, daß diese nicht in Rom einfielen.

### Die Rom-Idee und griechisch-lateinische Bildung

Trotz der Reichsauflösung blieb Rom ein Zentrum. Allerdings war die Stadt jetzt nicht mehr Mittelpunkt eines Staates, sondern Zentrum der römisch-katholischen Christenheit. Leo der Große setzte auf einem Konzil durch, daß dem Bischof von Rom als Nachfolger des Apostels Petrus eine höhere Stellung gebühre als den übrigen Bischöfen. Das *Papsttum* machte sich die alte Rom-Idee zunutze und formte sie zu einer neuen christlichen Rom-Idee um.

In Kirchen und Klöstern übermittelten vor allem die großen Kirchenväter wie Hieronymus, Ambrosius und Augustinus die antike Bildung, Kunst und Kultur der Nachwelt. Die antike Bildung wurde jetzt aber unter dem neuen Zeichen des Christentums umgedeutet. Die christliche Gelehrsamkeit übernahm zwar viel von der klassischen Bildung, teilte ihr aber eine andere Aufgabe zu: Die christliche Wissenschaft hatte nicht in erster Linie die Welt zu erforschen, sondern sollte auf die Wahrheit der Bibel vorbereiten und helfen, den Glauben zu offenbaren und zu vertiefen.

## Das Kaiserreich von Byzanz

Im Gegensatz zum Weströmischen Reich überlebte im Osten das römische Kaiserreich als Reich von Byzanz die Wirren der Völkerwanderungszeit. Das hing damit zusammen, daß die bedrohten Grenzen wesentlich kürzer waren und deshalb besser gesichert werden konnten. Zum anderen gab es in diesem Reich auch im Inneren kaum Zerfallserscheinungen. Der Kaiser verfügte über ein gut organisiertes System zum Einzug der Steuern im ganzen Land und hatte dadurch ein hohes Einkommen. Außerdem blieben die Städte – anders als im Westen – Stützen seiner Macht. In den Städten lebte die antike griechische Tradition fort; die Bürger konnten ihr eigenes Leben entfalten, ohne daß die kaiserliche Verwaltung in ihre Lebensführung eingriff.

Kaiser Justinian (527–565) gelang es sogar noch einmal, den Westteil des Reiches für kurze Zeit zurückzuerobern, aber weite Teile Italiens gingen bald wieder verloren. Unter seiner Herrschaft wurde das berühmteste Ge-

*Mosaik aus der Kirche San Vitale in Ravenna, 6. Jahrhundert. Kaiser Justinian (Mitte) wird von weltlichen (links) und geistlichen Würdenträgern (rechts) begleitet.*

setzgebungswerk der Antike zusammengestellt, das später *Codex Justinianus* genannt wurde. Dieses Werk bildete die Grundlage für die Ausbildung der Juristen in ganz Europa während des Mittelalters.

Der Kaiser hatte im Byzantinischen Reich eine herausragende Stellung. Er war nicht nur der erste Mann des Staates, sondern verkörperte in seiner Person die göttliche Macht. Da er sich als Stellvertreter Christi auf Erden verstand, nahm er nicht nur im Staat, sondern auch in der oströmischen Kirche eine führende Stellung ein. Der Kaiser sprach Recht, und gegen seinen Richterspruch gab es keine Berufung. Er persönlich ernannte und entließ alle oberen Beamten. Ihn umgab ein Zeremoniell, das allen, die vor ihn traten, genau vorschrieb, in welcher Kleidung, in welchen Gesten und mit welchen Worten sie sich dem Kaiser gegenüber zu äußern hatten. In der Person des Kaisers sollte die Herrlichkeit des Himmels ihren Ausdruck finden. Deshalb verlangte man von jedem Bürger eine unterwürfige Haltung.

Byzanz war eine bedeutende Handelsmacht. Die Seidenstraße im Norden und – weiter südlich – die Gewürzstraße verbanden das Reich mit dem Fernen Osten. Dem Staat gehörten die gewinnbringenden Bergwerke, große landwirtschaftliche Güter und Handwerksbetriebe. Der Kaiser war dadurch einer der reichsten Männer der Welt. „Wir haben Gold", bemerkte er zu einem germanischen Gesandten, „und mit diesem Gold werden wir alle Völker gegen euch aufmarschieren lassen und euch wie ein irdenes Gefäß zerbrechen." Das ist zwar so nicht eingetreten, verdeutlicht aber doch, daß das Oströmische Reich ein machtvolles Staatsgebilde war, das in vielen Bereichen antikes Denken und antike Vorstellungen weiterführte.

Die byzantinische Kunst hat durch ihre Mosaik- und Metallarbeiten sowie durch ihre Architektur lange Zeit

*Heutiger Innenraum der Hagia Sophia in Konstantinopel. Nach der Eroberung der Stadt durch die Türken wurde die Hagia Sophia in eine Moschee umgewandelt.*

einen starken Einfluß auf Westeuropa ausgeübt. Ein Beispiel dafür ist die Hagia Sophia, die Kirche der heiligen Weisheit, die im 6. Jahrhundert errichtet wurde.

Erst 1453 fand das Oströmische Reich nach der Eroberung Konstantinopels durch die Türken ein Ende.

## 1 Warum ging das Weströmische Reich unter?

*Der Mönch Salvian (Mitte des 5. Jahrhunderts) versucht in seiner Schrift „Von der Weltregierung Gottes“, den Niedergang der römischen Herrschaft zu erklären:*

**Q** Arme werden ausgeplündert, Witwen seufzen, Waisen werden mit Füßen getreten; ja, es ist so weit gekommen, daß viele von ihnen, und zwar solche aus nicht niedrigem Geschlecht und mit guter Bildung, zu den Feinden fliehen, um nicht unter dem Druck der staatlichen Verfolgung zu sterben. Sie suchen bei den Barbaren die Menschlichkeit der Römer, weil sie bei den Römern die barbarische Unmenschlichkeit nicht ertragen können. Und obwohl sie von denen, zu denen sie flüchten, in Gebräuchen und Sprache abweichen, ... wollen sie doch lieber bei den Barbaren unter der ungewohnten Lebenshaltung leiden als bei den Römern unter wütender Ungerechtigkeit. Deshalb wandern sie scharenweise entweder zu den Goten oder zu den Bagauden (aufständische Bauern in Gallien) oder zu anderen Barbaren, die ja allenthalben herrschen; und es reut sie nicht, hinübergewandert zu sein. Denn lieber leben sie unter dem Schein der Gefangenschaft frei als unter dem Schein der Freiheit als Gefangene. Deshalb wird der Name des römischen Bürgers, der einst nicht nur hoch geschätzt, sondern auch um viel Geld gekauft wurde, jetzt aus freien Stücken verschmäht und gemieden ... Und ich für meinen Teil kann mich nur wundern, daß nicht überhaupt alle dürftigen und armen Steuerzahler es so machen. Es gibt dafür nur einen Hinderungsgrund, nämlich den, daß sie ihre geringe Habe und ihre Hütten und Familien nicht hinüberbringen können ... Weil sie also das nicht tun können ..., tun sie, wozu allein sie imstande sind; sie liefern sich nämlich Größeren zu Schutz und Schirm aus, ergeben sich den Reichen als Hörige und begeben sich sozusagen unter deren Gewalt und Botmäßigkeit.

*Salvianus, Von der Weltregierung Gottes 4, 12ff. In: Geschichte in Quellen, Bd. 1 (hg. v. W. Arend), München 1975, S. 803f.*

1. *Wie kennzeichnet Salvian den Zustand im Römischen Reich?*
2. *Worin sieht er die Gründe dafür, daß so viele Menschen dem Weströmischen Reich den Rücken kehren?*
3. *Salvian schreibt, daß das römische Bürgerrecht gemieden wurde. Kannst du Gründe dafür nennen? Lies dazu noch einmal S. 206–207.*

## 2 Ein Beispiel für das Weiterleben römischer Kultur

*Das Innere der ehemaligen Palasthalle des Kaisers Konstantin, um 310 n. Chr. in Trier erbaut. In dem Halbrund im Hintergrund, der Apsis, hielt der Kaiser auf einem erhöhten Thron hof. Seitenwände und Apsis waren früher mit Marmor und Mosaiken kostbar ausgeschmückt.*

*Die Kirche San Apollinare in Classe bei Ravenna, zwischen 500 und 550 n. Chr. erbaut.*

1. *Vergleiche die beiden Innenräume und stelle Gemeinsamkeiten und Unterschiede heraus. Beachte dabei besonders den Triumphbogen.*

## Die römische Kaiserzeit

Die römische Kaiserzeit begann mit dem Sieg von Augustus 31 v. Chr. bei Actium, der die Zeit der Bürgerkriege beendete. Augustus bezeichnete sich als Princeps, d. h. erster Bürger des Staates. In Wirklichkeit hielt er allein die politische Macht in den Händen und war Kaiser. Unter seiner Herrschaft begann für das Römische Reich eine lange Friedenszeit, nachdem er durch Eroberungen das Reichsgebiet bis zu „natürlichen" Grenzen erweitert hatte. Seine Nachfolger haben das Reich nur noch an wenigen Stellen weiter ausgedehnt und die Grenzen gesichert. Ein Beispiel dafür ist der Limes als Grenze zwischen Römern und Germanen an Rhein und Donau.

In den römischen Provinzen breitete sich in den ersten Jahrhunderten der Kaiserzeit vor allem durch das römische Heer und die neugegründeten Städte die römische Kultur und Zivilisation aus. Die Einheimischen übernahmen von den Römern technische und landwirtschaftliche Kenntnisse. Auch in Lebensweise und Sprache kam es zu einer sogenannten Romanisierung, die vor allem in der westlichen Welt bis heute tiefe Spuren hinterlassen hat.

Gegen das Christentum ging der römische Staat im 3. Jahrhundert n. Chr. durch Christenverfolgungen mit Gewalt vor. Dennoch breitete sich die christliche Religion über das ganze Reich aus. Das Toleranzedikt des Kaisers Galerius im Jahre 311 duldete die christliche Religion. Konstantin der Große förderte das Christentum, und unter Kaiser Theodosius 391 wurde es Staatsreligion.

Im 4. Jahrhundert n. Chr. begann die Auflösung des römischen Weltreiches, verursacht durch die innere Schwäche und die Wanderung der germanischen Stämme (Völkerwanderung) nach dem Hunneneinfall 375. Goten, Langobarden, Angelsachsen und andere Stämme gründeten auf römischem Boden germanische Reiche. Das Jahr 476 war das Ende des Weströmischen Reiches; das Oströmische Reich von Byzanz blieb bestehen.

Mit der Auflösung des Weströmischen Reiches zerfiel die Einheit des Mittelmeerraumes. Drei große Reiche sollten seit dem 6. Jahrhundert n. Chr. die Entwicklung in Europa und im Mittelmeerraum bestimmen: das Reich von Byzanz, das arabisch-islamische Reich und das Reich der Franken.

## Die Kleidung der Römer

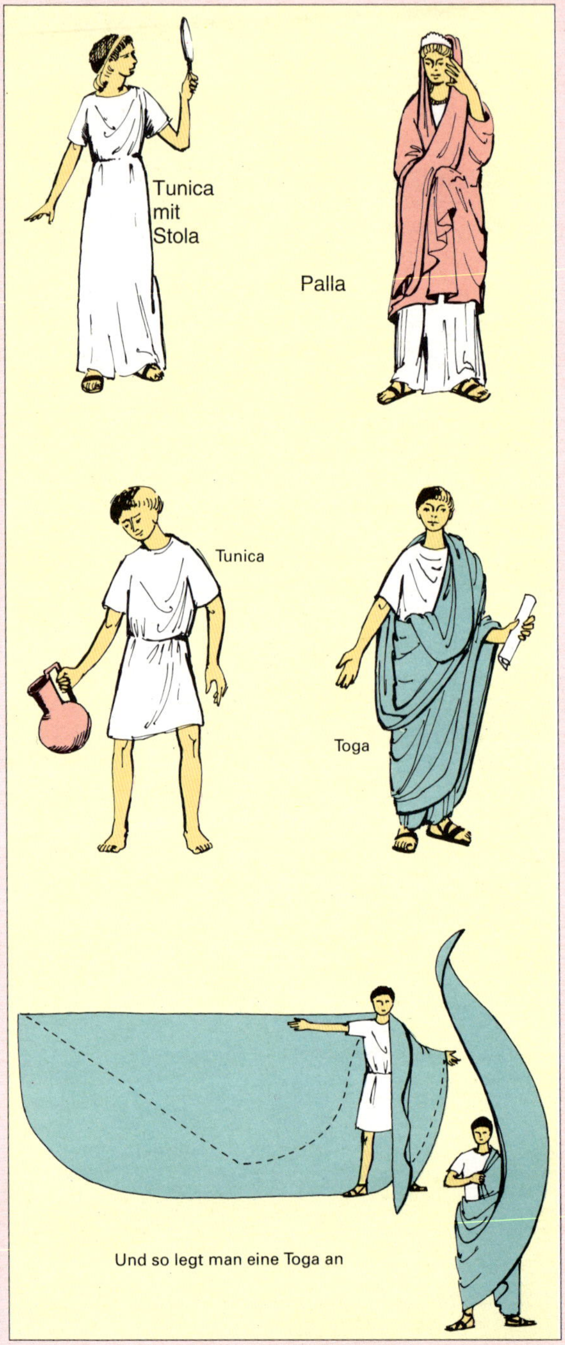

**Vom Essen der Römer**

Die Römer aßen normalerweise recht zurückhaltend und bescheiden: Zum Frühstück gab es Brot, dazu etwas harten Käse, Honig, ein paar Datteln, Milch, Wasser oder verdünnten Wein. Die Hauptmahlzeit wurde zwischen 14 und 16 Uhr, manchmal noch später eingenommen. Es gab Salat und Gemüse, Eier, manchmal Würstchen, Huhn oder anderes Fleisch und als Nachtisch Obst. Aufwendige Mahlzeiten gab es nur bei Gastmählern und bei ganz reichen Leuten.

*Ein Römer beim Mahl, dargestellt auf einem Grabstein aus dem 3. Jahrhundert n. Chr.*

**Guten Appetit!**

Ein Römer namens Apicius, der im 1. Jahrhundert v. Chr. lebte, hat ein Kochbuch mit den zu seiner Zeit bekanntesten römischen Rezepten verfaßt. Kräuter wie Oregano, Liebstöckel, Thymian, Minze, Lorbeer und andere Gewürze gehörten ebenso zur römischen Küche wie das *garum*, eine Art Fischsauce, die zumeist anstelle von Salz verwendet wurde.

Ein antikes Kochbuch schlägt für die Zubereitung dieses Würzmittels folgende Möglichkeit vor: „Bereite Salzlake in solcher Stärke, daß ein rohes Ei darauf schwimmt. Dann wirf Fisch hinein (z. B. Sardellen), dazu Oregano und koche dies, bis die Flüssigkeit eingekocht ist." Dann soll man eingedickten Most hinzufügen und die erkaltete Flüssigkeit so lange sieben, bis sie ganz klar ist. Garum war ein wichtiges Handelsgut der Römer!

*Einige Kochrezepte von Apicius:*

*Würste:* Mische grob gehacktes Fleisch mit zerstampften Pfeffer- und Pinienkernen und Garum, vermische es mit gekochtem Gries, stopfe die Masse in Wursthaut und koche sie. Dann grille die Wurst mit Salz und serviere sie mit Senf.

*Huhn:* Koche ein Huhn und stelle es kalt. Stampfe Pfeffer, Kümmel, Thymian, Fenchelsamen, Minze, Raute, dazu einige Datteln; befeuchte mit Essig und vermische alles mit Honig, Garum und Öl. Gieße diese Soße über das kalte, abgetrocknete Huhn.

*Fußbodenmosaik aus einem römischen Speisesaal*

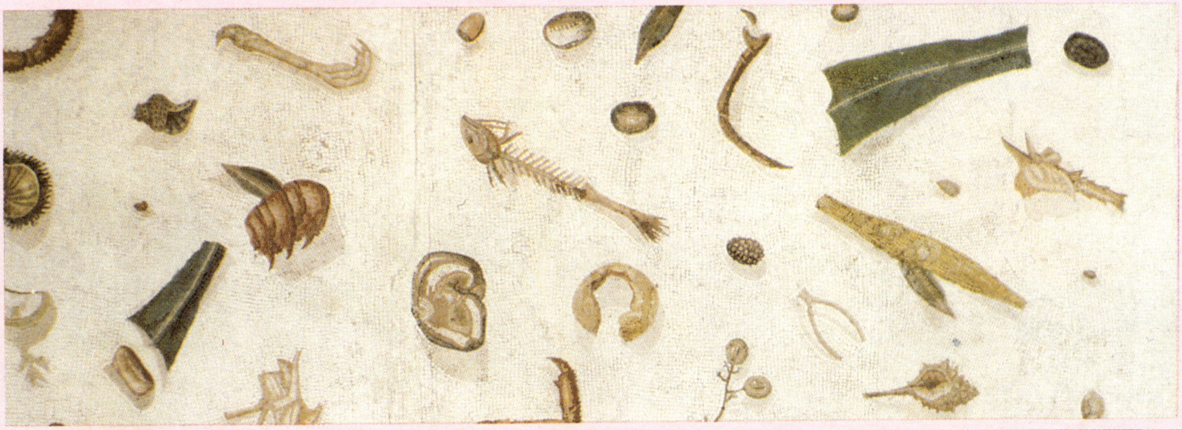

# Querschnitt III: Europa um 600 n. Chr.

Die untenstehende Karte stellt den Endpunkt des Prozesses dar, der auf der Karte zur Völkerwanderung (siehe S. 198) dargestellt ist. Kaiser Justinian (527–565) hat große Teile des Westens für das Römische Reich zurückerobert. Das Byzantinische Reich ist die vorherrschende Macht. Kurz danach sind jedoch die Langobarden in Italien eingedrungen, so daß das Byzantinische Reich die gewonnenen Gebiete teilweise wieder aufgeben mußte.
Die Karte zeigt aber auch, daß sich Europa am Übergang von der Antike zum Mittelalter in einer „Umbruchsituation" befand: Noch ist der Mittelmeerraum das Zentrum, doch eine Verlagerung nach Nordwesten, zum Reich der Franken, scheint sich anzukündigen.
Politische Karten sagen wenig darüber aus, wie es in den abgebildeten Reichen ausgesehen hat. Um hierüber mehr zu erfahren, greifen wir uns beispielhaft einen Aspekt heraus, von dem in diesem Band schon häufig die Rede war: die Siedlungsformen.

Wie wir im zweiten Querschnitt gesehen haben, waren im 1. Jahrhundert v. Chr. große Teile Europas und des Vorderen Orients städtisch geprägt. In den Gebieten, die vom Byzantinischen Reich beherrscht wurden, bestanden viele Städte auch über 600 n. Chr. fort. In den Donaugebieten und im Westteil des Römischen Reiches wurden dagegen sehr viele Städte durch die Kämpfe mit den Germanen zerstört. Wenn sie nicht ganz zu bestehen aufhörten, so wurden sie doch sehr stark verändert.
Das einstmals blühende Köln z. B. sank zu einem Ruinenfeld herab. Innerhalb der römischen Mauern wurden die Getreidespeicher, das Lager (Praetorium) und das Forum nicht mehr benutzt. Ein Bischof wohnte wahrscheinlich in dem Gebäudekomplex im Nordosten der Stadt. Dafür entstanden außerhalb der Stadtmauern neue Zentren um Gräber von Heiligen. Wie wir hier sehen, wurde oft die Fortdauer antiker Städte nur durch kirchliche Einrichtungen gesichert.

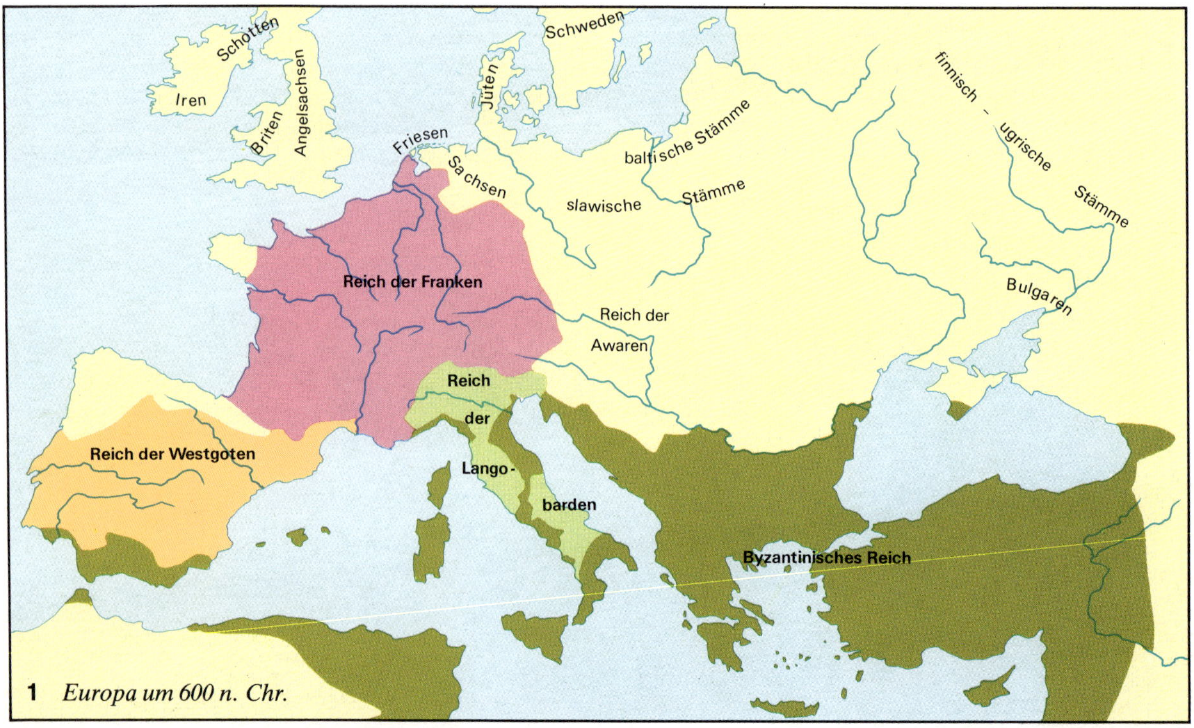

**1** *Europa um 600 n. Chr.*

Bisher hat man nur wenige frühe germanische Siedlungen ausgegraben. Ein befestigter Herrensitz der Alamannen, die viele römische Städte zerstört haben, ist die Siedlung auf dem Runden Berg bei Urach, die seit dem 4. Jahrhundert bis um 500 und dann wieder seit dem Ende des 6. Jahrhunderts benutzt wurde. Die Funde zeigen, daß auf dem Runden Berg auch Handwerker tätig waren. Zudem haben die Herren wohl die Bauern der Umgebung kontrolliert.

Blicken wir noch einmal zurück: Als die Menschen in der Jungsteinzeit (also vor etwa 10 000 Jahren im Vorderen Orient, vor etwa 7000 Jahren in Mitteleuropa) seßhaft wurden, entstanden Dörfer und vereinzelt stadtähnliche Siedlungen. Um 100 v. Chr. hatte sich – wie der Querschnitt II deutlich macht (siehe S. 125–126) – die Stadt als Siedlungsform im Mittelmeerraum und im Vorderen Orient ausgebreitet. Vergleicht man Stadtpläne zur Zeit des Hellenismus und zur Römerzeit in diesem Band mit den auf dieser Seite abgebildeten, so muß man feststellen: Offensichtlich ist die städtische Siedlungsform im Westen Europas in der Zeit vom 3. bis zum 6. Jahrhundert wieder zurückgegangen.

Wie an diesem Beispiel deutlich wird, hat nicht alles, was Menschen schaffen, eine durchgehende Geschichte bis in unsere Gegenwart. Manches geht auch verloren und muß neu errungen werden. An vielen Stellen mußten die Menschen des Mittelalters ganz neu mit Stadtgründungen beginnen.

**2** *Stadtplan von Köln im 6. Jahrhundert*

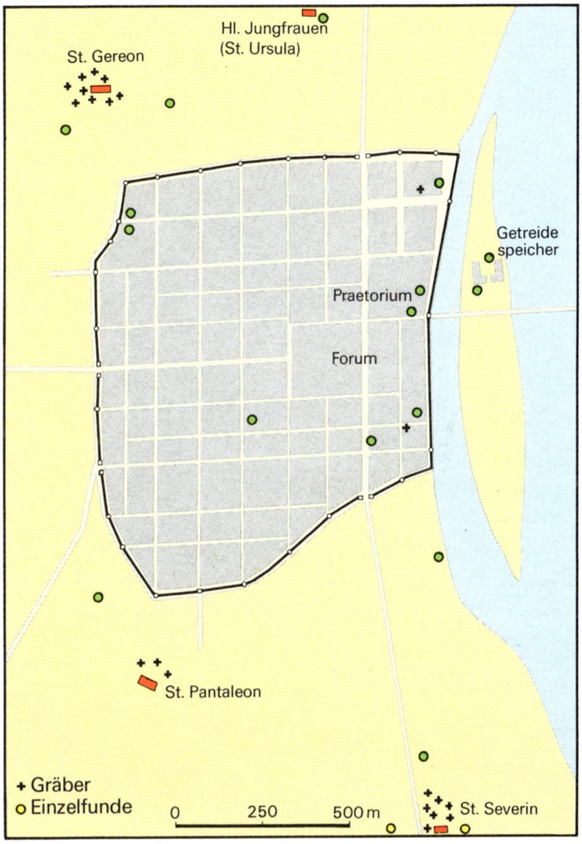


**3** *Die alamannische Siedlung auf dem Runden Berg bei Urach (Baden-Württemberg)*

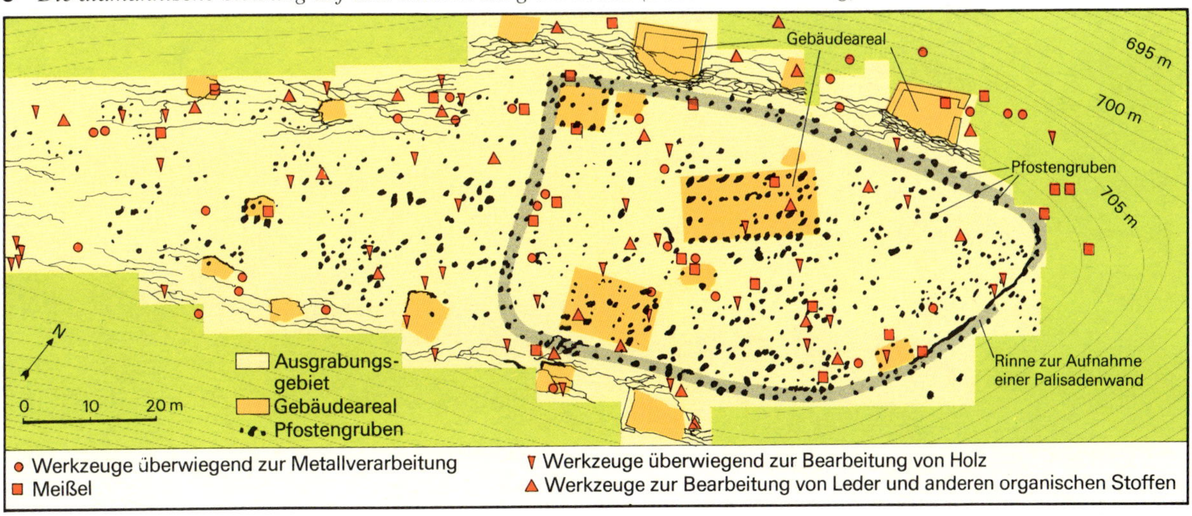

# 8. Der Islam –

# Das Reich der Kalifen

Mekka ist heute das Pilgerzentrum einer Weltreligion, deren Gläubige auf ungefähr ein Sechstel der Weltbevölkerung geschätzt werden. Am Ende des 6. Jahrhunderts war Mekka eine kleine arabische Handelsstadt. Wie ist dieser Wandel zu erklären? Wie ist die islamische Welt entstanden?

Im 7. Jahrhundert n. Chr. wanderten Völkerstämme von der arabischen Halbinsel aus und errichteten innerhalb eines Jahrhunderts einen Staat, der von den Pyrenäen bis zum Fuße des Himalaya reichte. Er stellte an Größe alle bekannten Reiche des Altertums in den Schatten. Man nennt ihn das arabische oder islamische Reich. Was trieb die Araber zur Auswanderung?

Es gibt eine Reihe von Gründen, warum Völker ihre Wohngebiete verlassen, z. B. Überbevölkerung oder die Suche nach besseren Lebensbedingungen wie bei der griechischen Kolonisation vom 8. bis 6. Jahrhundert v. Chr. Die spätere Ausbreitung der Griechen bis nach Indien wurde dagegen durch den Ehrgeiz und das Machtstreben Alexanders des Großen ausgelöst.

Bei der arabischen Völkerwanderung spielte ein Ereignis ganz anderer Art eine Rolle: Am Anfang stand das Auftreten Mohammeds, eines Kaufmanns in Mekka, der sich von Gott als Prophet berufen fühlte. Mit seinen Offenbarungen – Koran genannt – schuf er nicht nur eine neue Religion, den Islam, sondern auch eine politisch organisierte Glaubensgemeinschaft in Arabien. Bald nach seinem Tod begann unter seinen Nachfolgern, die sich *Kalifen* nannten, die Expansion über die arabische Halbinsel hinaus.

Wie konnten die Araber in so kurzer Zeit die anderen damaligen Großmächte besiegen? Die Römer waren trotz großer Anstrengungen nie in der Lage gewesen, die iranischen Reichsbildungen an ihrer Ostgrenze zu zerstören. Den bis dahin unbedeutenden Arabern gelang es dagegen auf Anhieb, das persische Sasanidenreich zu erobern und große Teile des ehemaligen Römischen Reiches unter ihre Herrschaft zu bringen. Der Erfolg der Araber beruhte sicher nicht auf militärischer Überlegenheit. Die Truppen des oströmischen Kaisers und des persischen Schahs im Sasanidenreich waren bei weitem zahlreicher und besser bewaffnet. Es müssen also noch andere Ursachen eine Rolle gespielt haben. Vielleicht waren die beiden Großmächte durch innere Wirren geschwächt. Möglicherweise stand auch die Bevölkerung in den von den Arabern angegriffenen Gebieten nicht voll hinter ihren Oberherren. Die Araber dagegen konnten ihre militärische Unterlegenheit offenbar durch andere Vorteile wettmachen. Spielte ihre neue Religion dabei eine Rolle?

Den unterschiedlichen Vorstellungen und Wünschen einzelner Länder und Volksgruppen gerecht zu werden und sie in einem Staat zu vereinigen, ist eine schwierige Aufgabe – wir erleben das heute in Ost- und Südosteuropa. In dem riesigen Reich, das die Araber errichteten, lebte eine Vielzahl von Völkern mit verschiedenen Sprachen, Religionen und Lebensgewohnheiten. Wie konnte daraus die Kultureinheit entstehen, die wir heute die islamische Welt nennen?

Im 8. Jahrhundert wurde die Einheit des arabischen Vielvölkerstaates durch den Herrscher, den Kalifen in Damaskus und später in Bagdad, sichergestellt. Aber auch als die politische Einheit zerfiel, blieben noch viele Gemeinsamkeiten bestehen: als einigendes Band einmal die arabische Sprache; zum anderen aber auch das islamische Gesetz, arabisch *scharia* genannt, das von einem Ende des Reiches bis zum anderen anerkannt wurde. Wie kam es dazu, daß die von den Arabern besiegten Völker die Sprache und Gesetze der Eroberer annahmen?

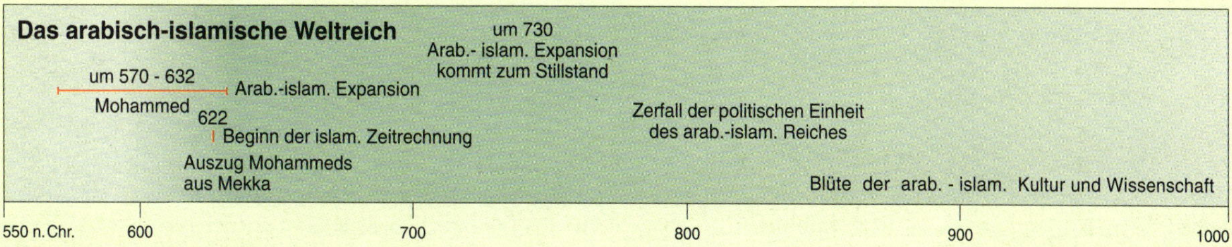

# Araber gründen ein Großreich

## Wer legte das Fundament?

### Ein gottesfürchtiger Kaufmann in Mekka

Zu Beginn des 7. Jahrhunderts nach unserer Zeitrechnung lebte in Mekka, einer Handelsstadt im Westen der arabischen Halbinsel, der Kaufmann Mohammed. Um das Jahr 570 geboren, war er als Waisenkind aufgewachsen und kannte die Armut. Obwohl es ihm nach der Heirat einer reichen Witwe als Kaufmann gutging, war er mit sich und der Welt nicht zufrieden. Er sah, daß die Menschen nur auf ihren eigenen Vorteil aus waren und sich um ihre armen Mitmenschen nicht kümmerten.
Mohammed war ein tief religiöser Mensch. Er glaubte, daß Gott (arabisch: allāh) den Menschen geschaffen hatte und ihm all die schönen Dinge der Welt schenkte. Dafür müßte der Mensch Gott dankbar sein, sich ehrfürchtig vor ihm niederwerfen und mit seinem Besitz die Armen und Notleidenden unterstützen.
Lange grübelte Mohammed über diese Fragen nach. Er fastete und meditierte. Eines Tages hatte er eine traumhafte Erscheinung, eine Vision: Es erschien ihm ein Mann, den er für den Engel Gabriel hielt, und dieser gab ihm Offenbarungen ein. Dadurch wurde ihm klar, daß er von Gott zum Propheten berufen sei. Von nun an verkündete er den Bewohnern seiner Heimatstadt Mekka: „Ich spreche im Namen Gottes. Kehrt um! Wendet euch nur Gott, eurem Schöpfer und Richter, zu. Das Jenseits ist besser für euch als das Diesseits. Entfernt euch nicht durch euer Streben nach Reichtum und Macht von Gott. Seid freigebig zu den Armen und helft den Schwachen!“ Die Botschaften, die Mohammed im Namen Gottes mitteilte, wurden später zu einem Buch zusammengestellt. Es ist der Koran, das heißt Vortrag. Mohammed rief zum „islam“ auf, das heißt: zur Hingabe an Gott. Dies wurde die Bezeichnung für die von ihm ins Leben gerufene Religion.

### Der Kampf gegen den Unglauben

Die führenden Kaufleute Mekkas und mit ihnen die meisten Bewohner wollten von Mohammeds göttlicher Sendung nichts wissen. Es wurde versucht, ihn lächerlich zu machen. Seine kleine Schar von Anhängern wurde schikaniert. Da verließ er mit ihnen die Stadt und wanderte in das Städtchen Medina aus. Das war im Jahr 622 n. Chr. Man bezeichnet das Ereignis auf arabisch als *hidschra*, d. h. Auswanderung. Es wurde das Anfangsdatum der islamischen Zeitrechnung.
In Medina hatte Mohammed mehr Erfolg mit seiner Verkündigung und gewann bald die Unterstützung mehrerer arabischer Klane. Da jedoch Mekka den Handel in Westarabien beherrschte, fehlten Mohammed und seinen Leuten in Medina ihre gewohnten Möglichkeiten, ihren Lebensunterhalt zu bestreiten. Sie begannen deshalb, Überfälle auf die mekkanischen Karawanen zu organisieren. Die Mekkaner wehrten sich gegen die Bedrohung. Mehrere Jahre lang herrschte Krieg zwischen Mekka und Medina. Aus der Sicht Mohammeds war das Recht auf seiner Seite, denn die ungläubigen Mekkaner hatten ihn und seine Anhänger aus der Heimat vertrieben und vom Glauben abzubringen versucht. Der Kampf gegen sie war für die Muslime (so nennt man die Bekenner des Islam) eine Art Gottesdienst. Sie kämpften für Gott und ihren Glauben. Im Koran heißt der Glaubenskampf *dschihad*.
Nach mehreren Kämpfen gelang es Mohammed, immer mehr arabische Stämme auf seine Seite zu ziehen. Auch Mekka ergab sich ihm. Kurz vor seinem Tod im Jahr 632 hatte er fast alle Stämme der arabischen Halbinsel, auch die christlichen und jüdischen, an die islamische Gemeinde von Medina gebunden.

### Eine neue Religionsgemeinschaft entsteht

Im damaligen Arabien spielte die Zugehörigkeit des einzelnen zu einem Klan oder einem Stamm eine wesentliche Rolle im Leben der Menschen. Mohammed durchbrach diese Ordnung. Nicht mehr die Blutsverwandtschaft sollte das wichtigste Band zwischen den Menschen sein, sondern der gemeinsame Glaube. Das bedeutete jedoch nicht, daß die Klane und Stämme aufgelöst wurden, sondern nur, daß die Zugehörigkeit zu ihnen in den Hintergrund trat. Entscheidend wurde die Mitgliedschaft in der islamischen Gemeinschaft.
Um die neue Ordnung zu festigen, gab Mohammed in Medina seiner Gemeinde Regeln für das Zusammenleben. Sie bildeten die Grundlage für die spätere Entwicklung des islamischen Reiches und der islamischen Kultur. Da Mohammed sich nur als Übermittler göttlicher

*Die Ausbreitung des islamischen Reiches*

Botschaften verstand, galt Gott als der eigentliche Gesetzgeber der Staats- und Gemeindeverfassung.

Als religiöser und politischer Führer übernahm Mohammed eine Vielzahl von Aufgaben. Er schlichtete Streitigkeiten, befehligte die Gläubigen im Kampf und leitete die religiösen Zeremonien. Für viele Lebensbereiche verkündete er Gebote, Verbote oder Empfehlungen Gottes. Für Ehe und Scheidung, für das Verhältnis zwischen Eltern und Kindern, für die Situation der Sklaven und auch für das Erbrecht wurden Grundsätze aufgestellt. Der Prophet legte fest, wie sich die Muslime beim Gottesdienst zu verhalten hatten und griff sogar in die Essens- und Trinkgewohnheiten ein (zum Beispiel durch das Verbot, Schweinefleisch zu essen und Alkohol zu trinken). So bestimmte der Islam das gesamte Leben in Medina und bald auch in ganz Arabien.

## Wie entstand das islamische Weltreich?

### Die rasante Expansion

Mohammed hatte keinen Nachfolger bestimmt, der nach seinem Tod die religiöse Gemeinschaft und den Staat führen sollte. Man übertrug einem der engsten Vertrauten des Propheten diese verantwortungsvolle Aufgabe. Er nahm den Titel *chalifa* an, was Stellvertreter (Gottes) und Nachfolger (des Propheten) bedeutet. Davon ist das Wort Kalif abgeleitet.

Der erste Kalif Abu Bakr (632–634) mußte sich seine Anerkennung jedoch erkämpfen, denn einige arabische Stämme wollten die Vorherrschaft Medinas abschütteln. Um weitere Bruderkriege unter den Stämmen zu vermeiden, griffen Abu Bakr und sein Nachfolger Umar (634–644) auf den Plan Mohammeds zurück, den islamischen Staat nach Norden zu erweitern. Sie forderten die arabischen Stämme auf, sich an diesen Expeditionen zu beteiligen. Da reiche Beute in den nahen Kulturländern lockte, waren diese mit Eifer dabei.

Das Bestreben, den Herrschaftsbereich der islamischen Lebensordnung auszuweiten, der Aufruf zum heiligen Kampf gegen die Ungläubigen und die Wünsche und Hoffnungen der arabischen Nomaden wuchsen zu einer Eroberungsbewegung von ungeheurer Durchschlagskraft zusammen. Fast gleichzeitig drangen Verbände unter dem Befehl muslimischer Heerführer in Syrien und Mesopotamien ein, zerschlugen innerhalb weniger Jahr-

*Ein Dromedarreiter (aus einer arabischen Handschrift von 1237)*

zehnte das Sasanidenreich und nahmen dem Oströmischen Reich die Provinzen Syrien, Mesopotamien, Ägypten und Nordafrika ab.
Den Arabern kam die Lage der beiden damaligen Großmächte zu Hilfe. Das oströmische Kaiserreich mit seiner Hauptstadt Konstantinopel und das persische Sasanidenreich, dessen Hauptstadt in Mesopotamien lag, waren durch schwere Kämpfe gegeneinander erschöpft. Sie konnten den arabischen Heeren nur wenig Widerstand entgegensetzen. Hinzu kam, daß die Araber in den römischen Provinzen Syrien, Palästina und Ägypten von einem Teil der einheimischen Bevölkerung als Befreier begrüßt wurden. Denn die Bewohner dieser Länder bekannten sich überwiegend zu einer Richtung des Christentums, die vom Kaiser in Konstantinopel als falscher Glaube angesehen wurde. Sie hatten daher unter Verfolgungen zu leiden gehabt. In Mesopotamien waren die Menschen zu einem großen Teil christlichen oder jüdischen Glaubens. Ihre sasanidischen Oberherren dagegen folgten der Religion Zarathustras, eines iranischen Propheten. Zwar hatten auch die eindringenden Araber eine andere Religion als die Christen und Juden, aber der Islam war diesen beiden Bekenntnissen verwandt: Es ist derselbe Gott, den Christen, Juden und Muslime verehren, wenn auch auf ganz unterschiedliche Weise. Vor allem garantierten die islamischen Führer aber der Bevölkerung die ungestörte Ausübung ihrer Religionen.
Die Araber eilten anfangs von Sieg zu Sieg. Ihre Erfolge beflügelten sie, immer weiter vorzustoßen, bis schließlich ihre Kräfte erschöpft waren und ihnen Reiche den Weg versperrten, die ihnen standhalten konnten. Ein Jahrhundert nach Mohammeds Tod kamen die arabischen Ausbreitungswellen an den Grenzen des Frankenreiches und Chinas zum Stillstand.

### Vom Vielvölkerstaat zum islamischen Reich

Für die Einwohner der eroberten Gebiete veränderte sich unter der Herrschaft der muslimischen Araber zunächst nur wenig. Sie bezahlten eine besondere Steuer (die *dschizya*) und standen dafür unter dem Schutz der Muslime. Man bezeichnete sie deshalb als „Schützlinge". Mehrere Jahrhunderte lang bildeten sie den größten Teil der Bevölkerung im islamischen Reich.
Die muslimischen Araber waren die neue herrschende Schicht. Meist siedelten sie sich nicht in den bestehenden Städten an, sondern gründeten neue Siedlungen, in denen sie in Stammesverbänden lebten. Diese Lagerstädte entwickelten sich zu Provinzhauptstädten wie Basra, Kufa und Fustat, das heutige Altkairo.
Bald zog es auch die nichtarabische Bevölkerung in die neuen Zentren der Macht und des Reichtums, der sich durch die Eroberungen dort anhäufte. Sie lernten Arabisch, die Sprache der neuen Herren, zugleich die Sprache des Korans, der Heiligen Schrift des Islams. Viele nahmen den Islam und arabische Sitten an, obwohl das die neuen Herren anfangs nicht gern sahen. So breiteten sich die arabische Sprache und der Islam langsam im ganzen Reich aus.
Auch die Araber übernahmen viel von den besiegten Völkern. Sie lernten, die eroberten Länder zu verwalten und Flotten und Festungen zu bauen. Sie ließen sich die Erkenntnisse der Wissenschaften ins Arabische übersetzen und machten sie sich zu eigen. Sie studierten die Sternenkunde und Mathematik der Griechen, Inder und Perser und die Philosophie und Medizin des Hellenismus. Das führte im 9. und 10. Jahrhundert zu einem Aufblüh-

en der Wissenschaften und zu einer Flut von wissenschaftlichen Abhandlungen in arabischer Sprache. Das Interesse der islamischen Gelehrten, das sich anfangs vorwiegend auf Religion, Recht und Sprache beschränkt hatte, richtete sich jetzt auch auf Geschichtsschreibung, Philosophie, Astronomie, Alchemie, Botanik, Geographie, Mathematik, Technik, Heilmittellehre und Medizin. In den Zentren des islamischen Reiches – z. B. in Bagdad, Cordoba, Kairo, Damaskus – entstanden staatlich geförderte Forschungsstätten und Hochschulen. Es gab hervorragende Ärzte, die neue Medikamente erfanden, Krankenhäuser errichteten und gewagte Operationen am Menschen durchführten. Die Astronomen stellten neue Berechnungen über den Erdumfang und den Sonnenumlauf an; für die Seefahrt verbesserten sie die Orientierung nach dem Stand der Gestirne. Die Mathematiker brachten es beim Rechnen mit Gleichungen, der Algebra, und in der Geometrie zu hoher Meisterschaft. Eine Reihe von wissenschaftlichen Werken wurde aus dem Arabischen ins Lateinische übersetzt und gelangte so im Mittelalter in das christliche Europa.

*Buchseite eines medizinischen Lehrwerks aus dem 13. Jahrhundert*

### Vom islamischen Reich zur islamischen Welt

Das Reich, über das die Kalifen herrschten, hatte um die Mitte des 8. Jahrhunderts seine größte Ausdehnung erreicht. Doch schon bald bröckelten Teile ihres Herrschaftsgebietes ab, bis es seit dem 9. Jahrhundert in eine Anzahl islamischer Teilstaaten zerfiel. Wie konnte es nach dem schnellen Aufstieg dazu kommen?

Die politische Einheit des islamischen Staates war durch verschiedene Kräfte von Anfang an bedroht. Machtkämpfe verschiedener Gruppen führten schon bald nach dem Tod Mohammeds zu Bürgerkriegen, bei denen es darum ging, wer der rechtmäßige Kalif, d. h. Stellvertreter Gottes, Nachfolger des Propheten und Führer der Gemeinde, sein dürfe. Aus diesen Nachfolgekämpfen entwickelten sich Spaltungen innerhalb der muslimischen Religionsgemeinschaft.

Aus dem ersten Bürgerkrieg (656–661) entstand die Schia (d. h. Partei), die den herrschenden Kalifen das Recht auf die Führung der Gemeinde absprach. Die *Schiiten* sahen in dem 4. Kalifen Ali, dem Cousin und Schwiegersohn Mohammeds, und seinen Nachkommen die rechtmäßigen Nachfolger, konnten ihre Ansprüche jedoch nicht durchsetzen. In einem weiteren Bürgerkrieg verlor der Klan der Umaiyaden, der von 661–750 das Kalifat innegehabt hatte, die Herrschaft über das Reich an den Klan der Abbasiden. Es gelang aber einem Mitglied des Umaiyaden-Hauses, nach Spanien zu entkommen und dort einen unabhängigen Staat zu gründen.

Im Laufe des 9. und 10. Jahrhunderts schrumpfte das Kalifenreich weiter. Provinzgouverneure machten sich selbständig und gründeten eigene Dynastien. Meist erkannten sie aber die Oberhoheit des Kalifen an. In verschiedenen Gebieten gelang es Oppositionsgruppen, wie z. B. den Schiiten, eigene Staatswesen zu bilden. Im 10. und 11. Jahrhundert wurde der Zerfall des Großreiches in kleinere islamische Herrschaftsgebilde durch nichtarabische Bevölkerungen – vor allem Berber, Iraner und Türken – beschleunigt. Die Araber wurden als herrschende Klasse im islamischen Reich allmählich verdrängt. Die Macht übernahmen zunehmend Angehörige anderer Völker.

Obwohl die politische Einheit des islamischen Reiches nicht lange Bestand hatte, blieb die kulturelle Einheit erhalten. Gegründet auf den gemeinsamen Glauben und die gemeinsame Sprache, ist die islamische Welt entstanden, wie wir sie heute kennen.

## Der Kalif – Worauf gründete sich seine Herrschaft?

In einer Republik ist die Macht auf verschiedene Personen oder Gruppen verteilt. Im islamischen Reich dagegen wurden einem einzelnen, dem Kalifen, äußerst umfassende und weitgehende Machtbefugnisse zugestanden. Wie kam es dazu?

Die ersten Herrscher des islamischen Reiches brachten mit dem Titel *chalifa* zum Ausdruck, daß sie sich als Stellvertreter Gottes und Nachfolger des Propheten betrachteten. Nach seinem Vorbild übernahmen sie religiöse und staatliche Aufgaben. Sie leiteten den gemeinsamen Freitagsgottesdienst und die Riten der Wallfahrt in Mekka als *Imáme* (Vorbeter), schlichteten Streitigkeiten als oberste Richter und vergaben das Oberkommando über die Truppen. Sie erließen auch Verordnungen zur Verwaltung der islamischen Gemeinschaft. Dabei stützten sie sich auf den Koran und darauf, wie Mohammed in ähnlichen Fällen gehandelt hatte, das heißt auf den Brauch (arabisch: *sunna*) des Propheten.

Der Regierungsstil des Kalifen änderte sich allmählich, als die Reichshauptstadt aus Arabien in die alten Kulturländer verlegt worden war. Unter der Dynastie der Umaiyaden (661–750) war Damaskus, unter der Dynastie der Abbasiden (750–1258) wurde Bagdad die Hauptstadt. Die Bevölkerung in diesen alten Kulturländern war andere Formen der Herrschaft gewöhnt, die sich nun die Kalifen aneigneten. Als Stellvertreter Gottes und Nachfolger des Propheten regierte der Kalif hier hinter hohen Palastmauern, fern von seinen Untertanen und für sie unzugänglich. Hatten die ersten Kalifen in der Moschee die Klagen und Bitten der Gläubigen angehört, fanden nun die Audienzen im Palast des Herrschers statt. Dort thronte er auf einem kostbaren Sitzpolster, umgeben von seiner Leibwache. Ein Vorhang verbarg ihn vor den Blicken der Anwesenden, solange der Kalif jemanden nicht persönlich zu sprechen wünschte. Hob sich der Vorhang, dann konnte man den Kalifen mit den Symbolen seiner Herrschaft auf dem Thron sitzen sehen: In den Mantel des Propheten gehüllt, hielt er den Stab des Propheten in seiner rechten Hand und den Koran des dritten Kalifen Uthmān in seiner linken. Niemand durfte sich ihm nähern, ohne mehrfach vor ihm ehrfürchtig den Boden geküßt zu haben. Als Hüter des göttlichen Gesetzes, Statthalter Gottes und Nachfolger des Propheten beanspruchte der Kalif absolute Gewalt.

In Wirklichkeit hatten nur wenige Kalifen eine fast unbegrenzte Macht. Es gab immer Gruppen, auf die sie Rücksicht nehmen mußten: die Großen des Reiches, die islamischen Gesetzesgelehrten, die Volksmeinung und vor allem das Militär.

## Wie prägte der Islam das Familienleben?

### Islamisches Recht

Aus den Bestimmungen des Korans, dem Vorbild des Propheten Mohammed *(sunna)* und den Bräuchen der ersten muslimischen Generationen entwickelten islamische Gelehrte seit dem 8. Jahrhundert das islamische Recht. Sie betrachteten ihre Werke jedoch nicht als Gesetzbücher, sondern als Auslegungen und Erläuterungen des göttlichen Gesetzes *(scharia)* und seiner Quellen, des Korans und der *sunna*.

Die Meinungen der Gelehrten hatten einen großen Einfluß auf die Gestaltung des Lebens in der islamischen Welt, auf die Regierung und Verwaltung ebenso wie auf das religiöse Leben. Im Unterschied zu den Gesetzen, wie wir sie heute kennen, regelte das islamische Gesetz nicht nur die Beziehungen der Menschen untereinander, sondern auch die Beziehungen der Menschen zu Gott (wie das Gebet oder das Fasten). Gott selbst galt als die eigentliche Quelle des Gesetzes. Auch die islamische Familie wurde durch die *scharia* stark geprägt. Einige Einrichtungen der Familie und der Kindererziehung in den Städten des islamischen Reiches werden heute oft noch erwähnt, wenn vom Islam die Rede ist, obwohl sie nicht mehr so verbreitet sind wie früher: die Ehe eines Mannes mit mehreren Frauen (Polygamie), der Harem, die Verschleierung der Frauen und die Koranschule.

### Mann und Frau

Die häufigste Form der Ehe unter den Muslimen war die zwischen *einem* Mann und *einer* Frau (Monogamie), wie sie auch bei uns heute üblich ist. Wenn ein Mann vermögend genug war, mehrere Frauen und eine große Kinderschar zu versorgen, konnte er bis zu vier Frauen heiraten. Es war ihm jedoch vorgeschrieben, sie alle gleich zu behandeln. In den Oberschichten gab es daher sehr umfangreiche Familien, zu denen auch noch Sklavinnen

*Frauen, die auf der Galerie einer Moschee einer Predigt zuhören (aus einer arabischen Handschrift aus dem frühen 13. Jahrhundert*

und Sklaven gehörten. *Harem* nannte man den Bereich des Hauses, der für die Frau oder Frauen und die Kinder reserviert war. Ihn durfte außer dem Ehemann und bestimmten Verwandten kein fremder Mann betreten. Verließ die Frau diesen Schutzraum, hatte sie sich vor den Blicken fremder Männer zu verbergen: durch Kleidung, die möglichst den ganzen Körper verhüllte, und durch einen Schleier, der Kopf und Gesicht ganz oder teilweise bedeckte. Außerhalb des Hauses durfte sie nicht mit fremden Männern allein bleiben.
Die Mehrehe, Harem und Schleier waren keine Erfindungen des Islam. In Arabien, im östlichen Teil des Römischen Reiches und im Sasanidenreich gab es sie schon in vorislamischer Zeit. Der Islam mit seiner Eheordnung und seiner strengen Auffassung von ehelicher Treue (Todesstrafe für Ehebruch) hat diese Einrichtungen jedoch weiterentwickelt und verbreitet.

**Kindheit und Schule**

Familien ohne Kinder waren im islamischen Bereich ungewöhnlich. Ein muslimisches Paar wünschte sich möglichst viele Kinder.
Wenn ein Kind geboren war, flüsterte ihm der Vater einige Glaubenssätze in die Ohren, gab ihm einen Namen und opferte ein Tier. Damit war das Kind in die Religions- und Familiengemeinschaft aufgenommen. Anders als in Rom hatte der Vater nicht die Gewalt über Leben und Tod des Kindes.
Bis etwa zum siebten Lebensjahr lag die Erziehung hauptsächlich in der Hand der Mutter. Danach kümmerte sich der Vater um die Ausbildung des Sohnes. Er hielt ihn zu den religiösen Pflichten der Muslime an – vor allem zum täglichen Gebet und zum Fasten – und schickte ihn nach Möglichkeit in eine Schule. Dort lernten die Jungen in erster Linie den Koran lesen, schreiben und auswendig aufsagen. Deshalb nennt man diese Schule auch Koranschule. Die Jungen besuchten sie, bis sie den Koran oder wenigstens Teile davon auswendig konnten, jedoch selten länger als vier Jahre. Dann ließ der Vater den Sohn einen Beruf erlernen. Mädchen dagegen besuchten in der Regel keine Schule und bekamen auch keine berufliche Ausbildung. Sie standen meist bis zu ihrer frühen Verheiratung unter der Obhut der Mutter, von der sie in ihre späteren Pflichten als Hausfrau, Mutter und Gattin eingewiesen wurden.
Schulen gab es schon seit dem 7. Jahrhundert. Fand der Unterricht zuerst meist in Seitenräumen der Moschee statt, so gab es später auch eigene Schulhäuser. Am Vormittag stand der Koranunterricht auf dem Programm, während nachmittags manchmal auch andere Fächer – Sport, Geschichte, Rechnen, schöne Literatur und Rhetorik – unterrichtet wurden.
Der Schultag begann damit, daß zuerst die Holztafeln abgewaschen wurden, auf denen der am Vortag gelernte Korantext stand. Das Wasser wurde dabei nicht einfach weggeschüttet; da es Gotteswort enthielt, wurde es vielmehr an einem reinen Ort aufbewahrt oder vergraben. Dann schrieben die Schüler den neuen Unterrichtsstoff auf, der an diesem Tag gelernt werden sollte. Jeden Mittwoch und Donnerstag fragte der Lehrer das in der vorangegangenen Woche Gelernte ab. Wenn ein Kind den Koran mit seinen 6348 Versen auswendig konnte – was nicht alle schafften –, war die Grundschulzeit beendet, und die Familie feierte ein großes Fest.

## 1 Aus dem Koran

**1a** *Ausschnitt aus einer handgeschriebenen Koranseite aus dem 9./10. Jahrhundert*

**1b** *Zwei Suren aus dem Koran, in denen Gott spricht:*

**Q** *Sure 93:* Im Namen Gottes, des Barmherzigen, des Erbarmers!/… Dein Herr hat dich nicht im Stich gelassen, nicht im Haß aufgegeben./ Doch wirklich ist das Jenseits für dich besser als das Diesseits./ Dein Herr wird dir geben, und du wirst zufrieden sein./ Hat er dich nicht als Waisenkind gefunden und dir Zuflucht gewährt?/ Und dich im Irrtum gefunden und rechtgeleitet?/ Dich im Elend gefunden und dir ein Auskommen gegeben?/ Ein Waisenkind mißhandle auch du nicht!/ Einen Bettler vertreibe auch du nicht!/ Die Gnade deines Herrn aber, die berichte!

**Q** *Sure 92:* Im Namen Gottes, des Barmherzigen, des Erbarmers!/… Wer gibt und gottesfürchtig ist/ und an das Beste (das heißt das Paradies) glaubt,/ dem werden wir es leicht machen, des Heiles teilhaftig zu werden./ Wer aber geizt und sich hochmütig über alles hinwegsetzt/ und das Beste ableugnet,/ dem werden wir den Weg zur Verdammnis leicht machen./ Ihm wird sein Vermögen nichts helfen, wenn er fällt!/ Es obliegt uns, die Menschen rechtzuleiten./ Uns gehört das Jenseits und das Diesseits./ So warne ich euch vor einem lodernden Feuer,/ in dem allein die Verdammten schmoren werden,/ die leugnen und sich abkehren./ Davon ferngehalten werden die Gottesfürchtigen,/ die ihr Vermögen bringen, indem sie sich läutern.

*Zit. nach: T. Nagel, Der Koran, Einführung, Texte, Erläuterungen, München 1983, S. 87 u. 91.*

1. *Was erfährst du über die Person, die in Sure 93 angeredet ist? Wer könnte das sein?*
2. *Um wen geht es dagegen in Sure 92?*
3. *Was erfährst du aus den Texten über Gott? Was erwartet Gott von den angeredeten Personen?*

## 2 Ein muslimischer Friedensvertrag

**Q** Im Namen Gottes, des Barmherzigen, des Erbarmers! Dies ist ein Schreiben von Suwaid ibn Muqarrin (ein islamischer General) an Ruzban Sul ibn Ruzban, die Bewohner von Dihistan und alle Bewohner von Gurgan (am Kaspischen Meer).

Ihr erhaltet Schutz, und wir verpflichten uns, euch zu verteidigen unter der Bedingung, daß ihr jedes Jahr für jeden erwachsenen Mann die dschizya gemäß eurer Möglichkeit entrichtet. Wenn wir irgendeinen von euch um Hilfe ersuchen, so gilt diese Hilfe anstelle der Bezahlung als dschizya. Die Bewohner erhalten Sicherheit für sich, ihren Besitz, ihre Religionen und ihre Gesetze. Alles wird beibehalten wie bisher, solange sie ihre Abgaben leisten, den Reisenden führen, guten Willen zeigen, den Muslimen Quartier geben und weder Spionage betreiben noch Verrat üben. Jeder, der bei ihnen wohnt, untersteht denselben Bestimmungen und jeder, der fortgeht, erhält freies Geleit, bis er in Sicherheit ist, jedoch nur unter der Bedingung, daß jeder, der einen Muslim beleidigt, streng bestraft wird und jeder, der einen Muslim erschlägt, vogelfrei ist … Verfaßt im Jahr 18 (639)

*B. Lewis, Der Islam von den Anfängen bis zur Eroberung von Konstantinopel, Bd. I, Zürich/München 1981, S. 329.*

1. *Zwischen wem wurde dieser Vertrag abgeschlossen?*
2. *Welches sind die Rechte und Pflichten der beiden Vertragspartner?*

### 3 Bagdad im späten 9. Jahrhundert

*Aus dem geographischen Handbuch des Jaqubi (Ende des 9. Jahrhunderts):*

**Q** Ich beginne mit dem Irak, weil dieser die Mitte der Welt und der Nabel der Erde ist, und ich erwähne Bagdad, da es das Zentrum des Irak bildet und in Ost und West seinesgleichen nicht hat, weder hinsichtlich der Ausdehnung noch der Größe, noch des Wohlstandes, noch des Wasserreichtums; noch der Reinheit der Luft und da es von verschiedensten Menschen, Leuten aus Städten und Dörfern, bewohnt wird. Aus allen Ländern, von fern und nah, kamen sie dorthin, und Leute aus allen Gegenden zogen es ihrer Heimat vor. Kein Land gibt es, dessen Bewohner nicht in Bagdad ein eigenes Viertel, eigenen Handel und eigene Geldwirtschaft hätten. Dort kommt zusammen, was es in keiner anderen Stadt der Welt gibt. Dann fließt zu beiden Seiten je ein gewaltiger Fluß, der Tigris und der Euphrat, und so gelangen Güter und Nahrungsmittel zu Wasser und zu Land aufs leichteste in die Stadt, und man findet darin jede Art von Waren aus Ost und West, aus der islamischen und aus der nichtislamischen Welt. Sie werden aus Indien und aus Sind herbeigeschafft, aus China und aus Tibet, aus dem Land der Türken und der Dailamiten, der Chazaren und der Äthiopier und aus vielen anderen Ländern. Ja, in Bagdad gibt es mehr Waren der verschiedenen Länder als in den Herkunftsländern selbst, und sie sind so leicht und ohne Schwierigkeiten zu haben, daß man glauben könnte, alle guten Dinge der Erde seien dorthin gebracht.

*B. Lewis, Der Islam von den Anfängen bis zur Eroberung von Konstantinopel, Bd. II, Zürich/München 1982, S. 93f.*

1. *Welche Vorzüge der Stadt Bagdad beschreibt der Verfasser?*
2. *Mit welchen Städten des Altertums oder mit welchen heutigen Städten könnte man das damalige Bagdad vergleichen?*

### 4 Inschrift an einer Schule in Jerusalem (1199)

**Q** Im Namen Gottes, des Barmherzigen, des Erbarmers! Gott erbarme sich all derer, welche Gottes Erbarmen für den Mann erbitten, welcher diesen gesegneten Ort baute und ihn zur Grundschule für die Kinder der Muslime machte, damit sie dort im Koran unterrichtet werden. Zum Unterhalt der Schule stiftete er (außerdem) das als Haus des Abu Niama bekannte Gebäude … Dessen Mieteinnahmen sollen für den Lehrer ausgegeben werden, und das Haus soll in seiner Hand bleiben, damit so der Unterricht für Waisen und Arme bezahlt werde. Der Rest soll für Schule und Haus ausgegeben werden … und für Wasser, mit welchem die Kinder ihre Tafeln säubern und welches sie trinken. Dies alles unter der Bedingung, daß der Lehrer ein gottesfürchtiger und frommer Mann ist.

*B. Lewis, Der Islam von den Anfängen bis zur Eroberung von Konstantinopel, Bd. II, Zürich/München 1982, S. 27.*

1. *Welche Ziele verfolgte der Erbauer und Stifter dieser Schule?*

### 5 Grundriß eines Hauses in Fustat

*Fustat, auch Misr (Lagerstadt) genannt, war bis zur Gründung Kairos um die Mitte des 10. Jahrhunderts Hauptstadt der Provinz Ägypten. Heute ist es ein Teil Kairos.*

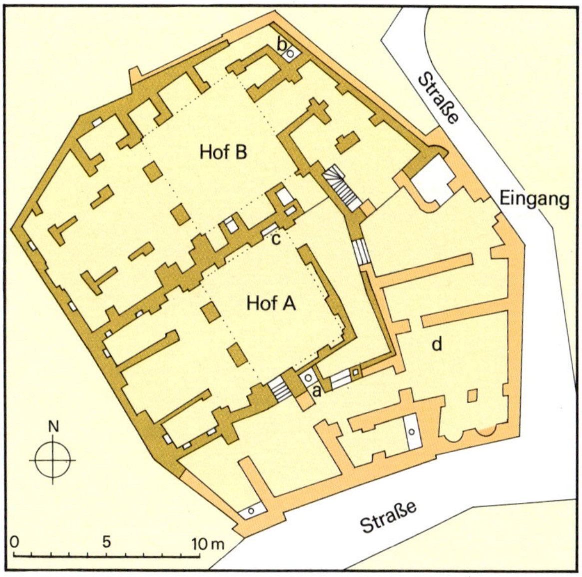


a und b: Latrinen; c: Brunnen; d: Nebenräume, wahrscheinlich Stallungen, Vorratskammern und ähnliches, deren genaue Lage nicht mehr feststellbar ist.

1. *Beschreibe den Grundriß des Hauses (die Nebenräume müssen hierbei nicht berücksichtigt werden).*
2. *Wie könnte man sich seine Eigentümlichkeit erklären?*

### Das islamisch-arabische Reich vom 6. bis 11. Jahrhundert

Im 7. Jahrhundert trat neben die politische und kulturelle Macht des Oströmischen Reichs eine neue Macht : das islamisch-arabische Reich. Die Ursache für die arabische Völkerwanderung, die innerhalb eines Jahrhunderts zu einem Reich führte, das von der arabischen Halbinsel bis zu den Pyrenäen und bis zum Himalaya reichte – war das Auftreten des Propheten Mohammed. Er verkündete Offenbarungen, die er von Gott (arabisch: *allah*) erhalten hatte. Diese Offenbarungen sind im Koran zusammengefaßt. Aus ihm ergeben sich wichtige Glaubensinhalte und religiöse Pflichten der Muslime, z.B. die tägliche Gottesandacht, das Fasten und das Almosen geben.

Die islamische Zeitrechnung beginnt mit dem Jahr 622, als Mohammed von Mekka nach Medina zog. Diese Auswanderung wird *hidschra* genannt.

Von Medina aus bekämpften Mohammed und seine Anhänger ihre ungläubigen Landsleute. Als religiöser und politischer Führer gab Mohammed seiner Gemeinschaft Regeln, die für die islamische Welt grundlegend wurden und das gesamte Leben bestimmten (z. B. Verbot von Schweinefleisch und Alkohol, Verhaltensregeln beim Gottesdienst, Erziehungsmaßstäbe).

Nach Mohammeds Tod weiteten die Muslime unter den *Kalifen* (Nachfolger des Propheten) den islamischen Herrschaftsbereich aus. Mohammeds Aufruf zum Glaubenskampf (arabisch: *dschihad*) gegen die Feinde der Muslime verband sich mit den Eroberungswünschen der arabischen Nomaden. Die Kalifen verstanden sich als religiöse und politische Führer mit umfassenden Machtbefugnissen.

Ein Jahrhundert nach Mohammeds Tod kam die arabische Expansion um 730 an den Grenzen des Frankenreiches, des byzantinischen Kleinasiens und am Indus zum Stillstand. Die Unterworfenen mußten eine Sondersteuer bezahlen, konnten aber ihre Lebensgewohnheiten, ihre Sprache und ihre Religion beibehalten. Die Spaltungen innerhalb der islamischen Glaubensgemeinschaft (z.B. Sunniten und Schiiten) führten seit der Mitte des 8. Jahrhunderts dazu, daß das Reich in mehrere Kalifate und islamische Teilstaaten zerfiel. Die Einheit der islamischen Kultur blieb jedoch erhalten.

### Arabische „Mechaniker" und Mathematiker

*Oft begegnet man dem Vorurteil, daß die islamische gegenüber der europäischenWelt rückständig sei. Wie viele technische und wissenschaftliche Errungenschaften auf die Araber zurückgehen, hat die Schriftstellerin Sigrid Hunke in einem spannenden Sachbuch geschildert:*

So erfanden ihre Instrumentenbauer „trommelnde" Sonnenuhren, die durch Beckenschall die Mittagsstunde austrommelten, und Wasseruhren, die stündlich Kugeln in einen Metallbecher warfen und auf einer Drehscheibe die Planeten durch den Tierkreis führten ... Im Jahre 807 überreichte ein Gesandter Harun ar-Raschids Kaiser Karl dem Großen in Aachen ein solches Wunderwerk. „Die Uhr war aus Messing", berichtet der Chronist des Kaisers, Einhard, in seinen Annalen, „und war mit staunenswerter Kunstfertigkeit zusammengesetzt. Eine Wasseruhr maß den Verlauf der zwölf Stunden, bei deren Vollendung zwölf Kügelchen herabfielen und durch ihren Fall eine darunter befestigte Zymbel ertönen ließen. Dazu kam noch die gleiche Anzahl von Reitern, die zur vollen Stunde durch zwölf Tore heraussprangen und durch den Schwung ihres Sprunges die Tore schlossen, die vorher offen waren ...

Von den Arabern ist auch das Rechnen mit Dezimalbrüchen „hinter dem Komma" erfunden worden. Der Astronom al-Kaschi gab dem Stellenwertsystem die letzte Vollkommenheit, indem er als erster Brüche in Stellenschrift umsetzte, also 2 10/125 als 2 8/100 in 2,08 umwandelte – eine Leistung, ohne die heute weder die Eierfrau und der Milchmann noch die komplizierten Rechenoperationen auskommen. Und noch heute trägt das Gesicht unserer Algebra ein arabisches Muttermal: das x für die Unbekannte einer Gleichung. Dies Zeichen, dem man um der lieben alphabetischen Ordnung willen ein y für die zweite Unbekannte und ein z für die dritte zugesellt, hat sich unter einer Maske bei uns eingeschlichen. Es etwa als arabisches identifizieren zu wollen, scheint um so unmöglicher, als es einen Buchstaben x im arabischen Alphabet nicht gibt. Und doch ist es so. Das „Ding" nannten die Araber die gesuchte, namenlose Unbekannte: „schai", abgekürzt: „sch". Dem sch-Laut entspricht aber im Altspanischen das x-Zeichen. Und darum lernen wir alle noch heute spätestens im 7. Schuljahr mit dem spanisch verkleideten arabischen „Ding" umzugehen.

*(aus: S. Hunke, Allahs Sonne über dem Abendland, Frankfurt 1990, S. 88 und 99.)*

## Großes Wiederholungsspiel

Du hast im Band 1 des Geschichtsbuchs einen langen Zeitraum in der Geschichte der Menschheit kennengelernt. Das Spiel gibt dir die Möglichkeit zu überprüfen, was du noch weißt. Wenn du mit dem einen oder anderen Namen nicht mehr zurechtkommst, kannst du das Register zu Hilfe nehmen. Was du tun mußt, ist einfach: Ordne den Namen auf der linken Spalte jeweils die passende Erläuterung auf der rechten Spalte zu.

Bei den Erläuterungen auf der rechten Spalte sind einige Buchstaben hervorgehoben. Notiere dir die richtige Zuordnung auf ein Blatt, etwa so: Zu 1. in der linken Spalte paßt die Erläuterung „kämpften für eine gerechtere Boden**v**erteilung", also schreibst du das v auf. Nun machst du weiter, indem du die nächsten markierten Buchstaben nacheinander aufschreibst. Wenn du die richtigen Zuordnungen gefunden hast, kannst du aus den hervorgehobenen Buchstaben ein Lösungswort lesen.

| | | | |
|---|---|---|---|
| 1. | **G** racchen | a) | leitende Be**a**mte in der Polis Sparta |
| 2. | **R** omulus | b) | **p**ersischer Großkönig |
| 3. | **O** dysseus | c) | uralter B**e**wohner der Düsseldorfer Gegend |
| 4. | **S** cipio Africanus | d) | führte das Eiseng**e**ld in Sparta ein |
| 5. | **S** olon | e) | grie**c**hischer Tragödiendic**h**ter |
| 6. | **E** trusker | f) | Kalifen**g**eschlecht |
| 7. | **S** ulla | g) | ihr Mann holte sie in der Unterwelt ab |
| 8. | **W** estgoten | h) | kämpften für eine gerechtere Boden**v**erteilung |
| 9. | **I** mam | i) | führender Politiker in Athen |
| 10. | **E** urydike | j) | be**s**ang den Kampf um Troja |
| 11. | **D** areios | k) | starb an vielen Dolchs**t**ichen |
| 12. | **E** phoren | l) | wandernder germanischer Volk**s**stamm |
| 13. | **R** amses | m) | duldete in letzter Minute da**s** **Ch**ristentum |
| 14. | **H** omer | n) | hat se**i**nen Bruder erschlagen |
| 15. | **O** ctavian | o) | Reformer, einer der Sieben Weisen |
| 16. | **L** iktoren | p) | Vorbeter |
| 17. | **U** maiyaden | q) | trugen Be**i**le und Ru**t**enbündel mit sich |
| 18. | **N** eandertaler | r) | zeitwei**l**ige Herren in Rom |
| 19. | **G** alerius | s) | kämpfte erfolgreich u**m** Caesars Erbe |
| 20. | **S** partacus | t) | entschiedener Gegner des Volkstribunats |
| 21. | **S** ophokles | u) | bekannter Irrfahr**e**r auf dem Mittelmeer |
| 22. | **P** erikles | v) | fließt bei Sparta |
| 23. | **I** ulius Caesar | w) | Sieger im Zweiten Punischen Krieg |
| 24. | **E** urotas | x) | Anführer **i**n einem Sklavenaufstand |
| 25. | **L** ykurg | y) | Herr**s**cher am Nil |

# Längsschnitt I: Familie heute und in der Antike

## Unterschiedliche Erfahrungen in der heutigen Familie

Fast jeder von uns wächst in einer Familie auf und lebt meistens so lange in ihr, bis die Schul- bzw. Berufsausbildung abgeschlossen ist. Wir haben unseren Namen von den Eltern; wir sind in der Regel deutsche oder italienische oder türkische Staatsbürger, weil unsere Eltern es sind. Von den Eltern lernen wir den ersten Umgang mit anderen Menschen, und mit den Dingen, die uns umgeben, lernen wir die Sprache.
Dies alles ist unbestreitbar. Und dennoch machen wir in der Familie ganz unterschiedliche Erfahrungen. Die einen fühlen sich in ihrer Familie wohl. Sie kommen gern „nach Hause", weil sie sich zu Eltern und Geschwistern mehr hingezogen fühlen als zu allen anderen Menschen. Sie wissen, daß die Familie ihnen Schutz bietet, wenn sie sich bedroht fühlen; daß Mutter und Vater für sie eintreten, sei es in der Schule, sei es gegenüber Nachbarn. Ihnen fällt es deshalb auch nicht schwer, die Autorität der Eltern anzuerkennen.
Andere machen diese Erfahrungen nicht. Sie fühlen sich durch das, was die Eltern sagen, in ihrer Freiheit eingeschränkt. Ihnen sind Freundschaften außerhalb der Familie wichtiger als die Beziehungen zu Eltern und Geschwistern. Und manchmal kommt es dazu, daß Jugendliche schon früh von zu Hause wegziehen, mit Gleichgesinnten eine Wohngemeinschaft bilden.
Auch noch auf anderen Gebieten kann es ganz unterschiedliche Erfahrungen geben: Der eine erlebt eine Familie, in der die Mutter immer zu Hause ist und für alles sorgt. In anderen Familien übernimmt der Vater ganz oder teilweise die Rolle, den Haushalt zu führen – z. B. dann, wenn die Mutter arbeitet und der Vater arbeitslos ist oder wenn sich die Eltern zu einer praktizierten Gleichberechtigung auch in der Familie entschieden haben. Oder beide Eltern bzw. die Alleinerziehenden arbeiten; die Kinder sind im Kindergarten, in der Schule oder werden von Nachbarn, Freunden, Verwandten oder Hausangestellten beaufsichtigt.
Es ist noch nicht sehr lange her, da war dies alles noch nicht so. Da war die Mutter oft zu Hause, der Vater arbeitete außerhalb und galt als derjenige, der die Familie ernährte. Was die Eltern sagten, hatten die Kinder zu tun. Bis zur Heirat oder bis zum Ende der Berufsausbildung lebten die Kinder im Haus der Eltern, die darüber bestimmten, was ein Kind lernte und wie weit seine Berufsaubildung ging. Die Kosten für Schul- und Berufsausbildung trugen die Eltern.
Obwohl also auch heute noch die Familie eine Grundeinheit für das menschliche Zusammenleben ist, hat sich in den letzten Jahrzehnten sehr viel verändert, und es gibt ganz unterschiedliche Erfahrungen in der Familie. Woran liegt das? Kann uns darüber vielleicht die Bedeutung der Familie in der Antike etwas mehr Klarheit verschaffen?

## Die Hausgemeinschaft: Der Lebensraum der Griechen

Wir haben in diesem Buch sehr unterschiedliche Gesellschaften kennengelernt. Und immer war auch die Bedeutung der Familie für das Zusammenleben eine andere.
In Sparta entschieden nicht die Eltern darüber, ob ein Kind aufgezogen werden sollte oder nicht, sondern Vertreter der Gemeinschaft der Spartiaten. Die Jungen wurden nicht in der Familie, sondern vom Staat erzogen. Sie sollten tüchtige Krieger werden und sich in jeder Situation den Alten unterordnen. Die Mädchen wurden körperlich geschult, um später kräftige und gesunde Kinder gebären zu können.
Im republikanischen Rom geschah die Erziehung zwar in der Familie, aber die Ziele der Erziehung waren ähnlich wie in Sparta: Solange ein Vater lebte, hatte er absolute Gewalt über alle Kinder. Diese sollten Disziplin, Gehorsam und Fleiß lernen, sie sollten genauso denken und handeln lernen wie ihre Väter und Vorväter, damit die bestehende Ordnung erhalten blieb.
In Sparta und in Rom war wegen der Notwendigkeit, sich nach außen zu verteidigen, die Gesellschaft jeweils streng organisiert worden. Damit diese Gesellschaft überleben konnte, wurde von den einzelnen die strikte Einordnung verlangt. Das bestimmten die staatlichen

*Szenen aus dem Leben eines Kindes auf einem römischen Relief aus dem 3. Jahrhundert n. Chr.*

Gesetze in Sparta und die Aufgaben der Familie in Rom. Wir haben aber auch andere Gesellschaften kennengelernt, in denen der Staat weniger in die Familie eingegriffen hat als in Sparta und in denen die Autorität des Vaters nicht so gestützt wurde wie in Rom. In Ägypten etwa hatten Mutter und Vater eine gleichberechtigte Stellung. Wenn man sich Kinder wünschte, war man über ein Mädchen genauso froh wie über einen Jungen. Die Beziehungen zwischen den Familienangehörigen waren sehr herzlich.

In Griechenland – außer in Sparta – hatte zwar der Vater eine stärkere Stellung als die Mutter, aber es gab hier keine lebenslange Autorität des Vaters wie in Rom. Wenn Kinder stark genug oder – wie im Athen des 5. Jahrhunderts v. Chr. – 18 Jahre alt waren, wurden sie aus der väterlichen Gewalt entlassen. Die Erziehungsziele bestanden hier nicht so sehr darin, sich einzuordnen. Vielmehr wurden in der Zeit Homers die jungen Adligen dazu angehalten, „immer der Beste zu sein und überlegen zu sein den anderen". Und auch für die Schule des 5. Jahrhunderts v. Chr. waren die Werke Homers immer noch die wichtigsten Erziehungsbücher.

In Ägypten stand an der Spitze des Staates der Pharao, der unumschränkte Gewalt hatte. Es gab hier keine Gesellschaft der „Gleichen" wie in Sparta, keine Demokratie wie in Athen, keinen herrschenden Adel wie in der Zeit Homers oder in der römischen Republik. Nur der Pharao konnte politisch handeln, nur er stellte die Verbindung zwischen Menschen und Göttern her. Unter solchen Bedingungen war die Familie „freier" als etwa in Rom; sie hatte mehr „privaten" Raum, weil sie nicht zur Sicherung der Herrschaft beitragen mußte. Die Situation ist hier vergleichbar der, wie wir sie im Hellenismus und in der römischen Kaiserzeit kennengelernt haben.

Im frühen Griechenland gab es nur wenige Dinge, die gemeinschaftlich geregelt wurden. Jede Familie wirtschaftete für sich, schützte ihre Mitglieder und suchte ihr Ansehen zu vermehren. Hier kam es darauf an, daß jeder einzelne sich bewähren konnte, durch physische Kraft, durch List und Redekunst.

Die Aufgaben, die eine Familie hat oder die ihr zugewiesen werden, spielen für das Zusammenleben in der Familie eine Rolle. Heute wird viel über die Familie gesprochen und geschrieben. Einige meinen, die Familie sei, ähnlich wie in Rom, dazu da, die Kinder so zu erziehen, daß sie sich in der Gesellschaft „richtig" bewegen können. Andere halten die Familie deshalb für sinnvoll, weil sie glauben, daß die engen Bindungen in der Familie, besonders die Bindungen zwischen Mutter und Kind, und die durch die Familie gewährte Sicherheit und Geborgenheit dazu beitragen können, daß ein Kind zu einem selbständigen, schöpferischen Menschen heranwächst. Für wieder andere ist die Familie eine nicht mehr zeitgemäße Form des Zusammenlebens, die nur die Freiheit des einzelnen einschränkt.

Solche Diskussionen hat es in der Antike weder in Ägypten noch in Griechenland oder Rom gegeben. Aber auch die Familie der Antike ist nur zu verstehen, wenn man sie jeweils in ihrem Zusammenhang mit der Gesellschaft begreift.

## 1 Die Familie im frühen Griechenland

**1a** *Homer läßt am Ende des 22. Buches der Ilias Andromache, die Frau Hektors, um dessen Tod trauern. Andromache sagt:*

**Q** Und mich läßt du zurück in verhaßter Trauer
Als Witwe in den Hallen! Und der Sohn ist so ganz klein noch,
Den wir erzeugten, du und ich, wir Unseligen ! Und nicht wirst du,
Hektor! Diesem ein Labsal sein, da du starbst, noch dieser dir.
Denn entrinnt er wirklich dem Krieg, dem tränenreichen, der Achaier:
Immer werden hernach ihm doch Mühsal und Kümmernisse
Sein, denn andere werden ihm schmälern seine Felder.
Und der Tag der Verwaisung nimmt dem Knaben alle Altersgenossen;
Ganz niedergebeugt ist er, voll Tränen sind seine Wangen,
Und darbend geht er hinauf, der Sohn, zu den Gefährten seines Vaters,
Zieht den einen am Mantel, den andern am Rock;
Und erbarmen sie sich, so hält einer ihm ein wenig den Napf hin,
Netzt ihm die Lippen, netzt ihm aber nicht den Gaumen.
Auch stößt ihn ein Sohn noch blühender Eltern fort vom Mahle,
Schlägt ihn mit den Händen und fährt ihn an mit Schmähungen:
„Weg da, du! Dein Vater ist hier bei uns nicht Tischgenosse!"
Dann kommt in Tränen zurück der Sohn zur Mutter, der Witwe.

*Homer, Ilias, 22, 483–499. Übers. v. W. Schadewaldt, Frankfurt 1975, S. 378.*

**1b** *An anderer Stelle heißt es bei Homer von einem blühenden Jüngling, der von einem griechischen Helden erschlagen wird:*

**Q** Und er erstatte seinen Eltern
Nicht den Lohn für die Pflege, denn kurz war sein Leben.

*Homer, Ilias, 4, 477f. Übers. v. W. Schadewaldt, Frankfurt 1975, S. 70.*

**1c** *Schließlich wird in der Odyssee ein alter Held folgendermaßen eingeführt:*

**Q** Denn auch sein eigener Sohn war zusammen mit dem gottgleichen Odysseus in den hohlen Schiffen in das rossegute Ilion (= Troja) gegangen: Antiphos, der Lanzenkämpfer; den hatte der wilde Kyklop getötet in der gewölbten Höhle und sich ihn als letzten zum Mahl bereitet. Noch drei andere Söhne hatte er, und der eine von ihnen, Eurynomos, war beiden Freiern, zwei aber verwalteten beständig die väterlichen Güter. Doch vergaß er auch so nicht jene in Wehklagen und in Betrübnis. Um ihn Tränen vergießend, begann er zu reden.

*Homer, Odyssee, 2, 17–24. Übers. v. W. Schadewaldt, Hamburg 1958, S. 18.*

1. *Stelle die Aufgaben zusammen, die nach den Quellen Väter gegenüber ihrer Familie und erwachsene Söhne gegenüber ihren Eltern haben.*
2. *Sind solche Aufgaben heute noch für die Familie charakteristisch?*
3. *Durch welche Aussage unterscheidet sich die dritte Quelle von den beiden anderen?*

## 2 Der Vater und Konsul

*Valerius Maximus berichtet von Lucius Brutus, dem ersten Konsul der römischen Republik:*

**Q** Lucius Brutus kam dem Romulus an Ruhm gleich, weil jener die Stadt, dieser die Freiheit der Römer begründete. Seine Söhne wollten die von ihm gestürzte Herrschaft des Tarquinius (des letzten Königs in Rom) wieder aufrichten. Brutus, der das höchste Amt bekleidete, ließ sie ergreifen, vor seinem Richterstuhl auspeitschen, an einen Pfahl binden und mit einem Beil enthaupten. Er gab es auf, Vater zu sein, um als Konsul handeln zu können; lieber wollte er ohne Kinder leben, als dem Strafanspruch des Staates nicht Genüge tun.

*Valerius Maximus 5, 8, 1. Übers. d. Verf.*

1. *Welche Ziele verfolgt Lucius Brutus bei seinem Handeln?*
2. *Diskutiert über das Verhalten der Söhne und über die Reaktion des Brutus.*

### 3 Elternliebe – ein Naturgesetz?

*Plutarch, der populäre philosophische und historische Schriften verfaßte, lebte in der römischen Kaiserzeit (ca. 45–120 n. Chr.). Ihm ging es nicht so sehr darum, geschichtliche Verhältnisse darzustellen, als vielmehr moralische Belehrungen zu geben.*

**Q** Laßt uns hier einmal auf die ältesten Menschen zurückgehen. Die Mütter, die zuerst Kinder geboren haben, und die Väter, die zuerst ein neugeborenes Kind erblickten, hatten kein Gesetz, das ihnen die Ernährung des Kindes auferlegte, sie hatten auch keine Hoffnung auf Dank oder Vergeltung der Mühe, die sie darauf verwendeten. Eher sollte man denken, daß die Gebärenden wegen der großen Schmerzen und Gefahren, die sie erdulden mußten, über die Kinder erzürnt und aufgebracht gewesen wären …

Doch die von der Natur eingeprägte Zärtlichkeit lenkte gar bald das mütterliche Herz um. Noch von Schmerzen durchglüht, noch vor Angst zitternd und bebend, wandte sich die Mutter, weit entfernt, das kleine hilflose Geschöpf zu fliehen, mit lächelnder Miene zu ihm hin, nahm es in die Arme und liebkoste es. Und doch hatte sie davon nicht den geringsten Nutzen oder Vorteil …

Darauf folgt denn, daß die Kinder gar nichts zu der Größe und Macht der Eltern beitragen und daß die ganze Stärke der Elternliebe, bei den Menschen so gut wie bei den Tieren, der Natur zuzuschreiben ist.

*Plutarch, Moralia. Übers. nach J. F. S. Kaltwasser, Plutarchs moralisch-philosophische Werke, 4. Teil, Wien/Prag 1797, S. 106–110.*

1. *Wodurch ist nach Plutarch das Verhältnis der Eltern zu ihren Kindern geprägt?*
2. *Vergleiche die Auffassung Plutarchs mit den Zuständen in Sparta.*

### 4 Die Familie in der Diskussion

**D** Ähnlich wie in Griechenland von der Zeit Homers bis zur attischen Demokratie hat auch bei uns in den letzten beiden Jahrhunderten die Familie viele alte Aufgaben verloren. Nicht mehr sie sichert den Lebensunterhalt ihrer einzelnen Mitglieder, sondern diese gehen, sobald sie erwachsen sind, zur Arbeit nach draußen, in die Fabrik, ins Büro. Im Alter beziehen sie eine Rente, sind nicht von der Unterstützung ihrer Kinder oder Verwandten abhängig. Neben die häusliche Erziehung ist die Schule, neben die Gestaltung der Freizeit im Haus das Angebot von Kinos, Diskotheken, Reiseveranstaltern getreten.

Manche Wissenschaftler meinen, daß wegen dieser Verluste an Aufgaben auch die Autorität der Eltern, insbesondere des Vaters, abgenommen habe. Andere betonen dagegen, daß die Familie auch neue Aufgaben hinzugewonnen habe: Nicht nur gebe es beim Aufziehen von Kindern noch keinen Ersatz für die Familie, sondern die Ansprüche an die Familie seien dabei auch gesteigert worden: Die Erziehung soll selbständige, eigenverantwortliche, schöpferische Menschen hervorbringen, und nicht wenige Pädagogen sagen, daß dafür schon die frühe Kindheit sehr wichtig ist. Oder: Das Zusammenleben in der Familie ist heute viel schwieriger, wenn Kinder tagsüber zur Schule, Jugendliche, der Vater, vielleicht auch die Mutter zur Arbeit gehen; wenn Kinder und Jugendliche eigene Rechte haben (z. B. Schutz vor körperlichen Strafen; Anspruch auf Ausbildung); wenn Jugendliche von einem bestimmten Zeitpunkt ab nicht mehr vom Vermögen der Eltern abhängig sind. Jedes Familienmitglied steht in einer anderen Lebenswelt, von jedem sind andere Verhaltensweisen gefordert. Daraus ergeben sich unterschiedliche Erfahrungen, Ansprüche und Bedürfnisse, deren Ausgleich in der Familie sehr schwer ist.

1. *Versucht einmal, unter Benutzung eurer eigenen Erfahrungen Probleme des Zusammenlebens in der Familie zu besprechen. Vielleicht können einige dabei Gedanken aufgreifen, wie sie Plutarch geäußert hat, andere eher solche, wie sie bei Homer oder Valerius Maximus zum Ausdruck kommen.*

# Längsschnitt II: Sklaverei und Freiheit in der Antike

## Der Kampf um die Freiheit und Würde des Menschen

„Alle Menschen sind frei und gleich an Würde und Rechten geboren. Sie sind mit Vernunft und Gewissen begabt und sollen einander im Geiste der Brüderlichkeit begegnen.“ So lautet der Artikel 1 der Allgemeinen Erklärung der Menschenrechte der Vereinten Nationen (1948), die von über 150 Staaten unterzeichnet worden ist. Der Kampf gegen eine der härtesten Formen der Ungleichheit, gegen die Sklaverei, dauerte mehrere Jahrhunderte. Erst 1948 verbot die Menschenrechtskonvention der Vereinten Nationen die Sklaverei auf internationaler Ebene. Und dennoch kann man fast täglich in den Nachrichten hören oder in der Zeitung lesen, daß in vielen Staaten und Gesellschaften gegen diese Forderung nach Freiheit und Gleichheit aller Menschen verstoßen wird: durch willkürliche Verhaftungen einzelner Bürger oder durch Unterdrückung, Verfolgung und Verhetzung von Menschen, die eine andere Hautfarbe haben, einem anderen Volk angehören oder sich zu einem anderen Glauben bekennen.

## Hochkultur und Sklaverei

In dem Kapitel zur Urgeschichte in diesem Band war nicht von Sklaven die Rede. Das liegt daran, daß Sklaverei erst dann möglich wurde, nachdem der Mensch mehr produzieren konnte, als er für seinen eigenen Lebensunterhalt brauchte. Erst als es durch verbesserte Arbeitsmethoden und Arbeitsteilung möglich wurde, mehr zu produzieren, als man selbst benötigte, kam der Wunsch auf, Reichtümer anzuhäufen. Dies führte dazu, immer mehr Arbeiter einzusetzen und sich deren Arbeitskraft anzueignen. Dieser Zustand war mit den antiken Hochkulturen erreicht. Durch die Entwicklung von Landwirtschaft und Technik kam es dazu, daß Menschen von der Arbeit anderer Menschen, z. B. der Sklaven, leben konnten.
In fast allen antiken Staaten und Gesellschaften kannte man die Sklaverei, wie du in den verschiedenen Kapiteln des Buches erfahren hast. In Ägypten, Griechenland, Persien, im Römischen Reich und im arabisch-islamischen Reich – überall hatten die reicheren Menschen Sklavinnen und Sklaven. Und meist wurde das auch als ganz natürlich und selbstverständlich angesehen. Nur wenige nahmen daran Anstoß, viele rechtfertigten sogar – wie der Philosoph Aristoteles – diesen Zustand, der einigen Menschen fast uneingeschränkte Verfügungsgewalt über andere gewährte. Andererseits stammen auch die ersten Stimmen gegen die Entwürdigung des Menschen in der Sklaverei aus der Antike.
Die Tatsache, daß die Sklaverei so verbreitet war, hat dazu geführt, daß man die Antike als *„Sklavenhaltergesellschaft“* bezeichnet hat, d. h. als eine Gesellschaft, die nur deshalb besondere politische und kulturelle Leistungen vollbrachte, weil Sklaven die notwendigen Arbeiten für den Lebensunterhalt ihrer Herren verrichteten und diesen so ein Einkommen und Leben ohne schwere körperliche Arbeit sicherten.

*Bestrafung eines Sklaven, griechische Komödienszene, dargestellt auf einer Vase aus dem 5. Jahrhundert v. Chr.*

## Die Lebensbedingungen der Sklaven in der Antike

Alle Sklaven galten rechtlich als Eigentum, d. h. als Sache ihrer Herren; sie waren also Menschen, die nicht über sich selbst verfügen konnten und keine Rechte und Freiheiten für sich in Anspruch nehmen durften. Sie mußten die Tätigkeiten verrichten, die ihnen zugewiesen wurden, und konnten verkauft und an andere verliehen werden. Heiraten durften Skalven nur mit Erlaubnis ihres Herrn. Bei den Römern trugen die Sklaven noch nicht einmal einen eigenen Namen, sondern wurden entweder nach ihrer Herkunft – z. B. „Thraker" – oder zeit ihres Lebens „Junge" – z. B. des Marcus oder des Quintus – gerufen. Wenn sich Sklaven einem Befehl widersetzten oder bei der Flucht gefaßt wurden, drohten ihnen harte Strafen, oft sogar der Tod. Bisweilen wurden die Sklaven, die in der Landwirtschaft und im Bergbau unter härtesten Bedingungen Schwerstarbeit verrichteten, nachts angekettet. Als Gladiatoren mußten sie zur Unterhaltung der Zuschauer auf Leben und Tod kämpfen.

Die Sklaverei ist erst dann zu verstehen, wenn ihr Freiheit gegenübergestellt wird: Freiheit als Möglichkeit, sein eigenes Schicksal zu bestimmen und an der Gestaltung eines Gemeinwesens teilzunehmen.

Das gab es für einen großen Personenkreis in Ägypten oder Persien nie, in Griechenland erst seit etwa 600 v. Chr. Deshalb war vorher die Unterscheidung zwischen Freien und Sklaven nicht so wichtig wie die, ob jemand den Schutz eines Oikos (siehe S. 62) genoß oder nicht. Die Sklaven in Griechenland gehörten zum Oikos und waren deshalb in der Regel besser dran als die Theten. Im 3. und 4. Jahrhundert n. Chr. konnten im Römischen Reich auch Pächter und Kolonen (siehe S. 207), obwohl sie Bürger waren, nicht selbst über ihr Schicksal bestimmen. Ihre Lebensbedingungen waren oft härter als die von Sklaven. Aber sogar in der Zeit, als Freiheit auch für einfache Bauern und städtische Bürger einen politischen Wert hatte – also etwa im 5. und 4. Jahrhundert v. Chr. in Griechenland oder später in der römischen Republik und der frühen Kaiserzeit –, unterschieden sich die Lebensbedingungen der Sklaven sehr stark voneinander. Anfangs wurde in Griechenland und Rom die Landarbeit nicht durch Sklaven, sondern durch Schuldknechte geleistet. Die Sklaven – oft Sklavinnen – waren Haussklaven.

*Sklaven in einem Bergwerk, griechische Tontafel aus dem 6. Jahrhundert v.Chr.*

Nach dem Verbot der Schuldknechtschaft – in Athen durch Solon 594 v. Chr., in Rom 326 v. Chr. – haben Sklaven oft unter unmenschlichen Bedingungen die Güter der Reichen bearbeitet. Noch schlimmer erging es den Sklaven, die in Bergwerken arbeiten mußten.

Aber es gab auch viele Sklaven, die mit ihrem Schicksal nicht unzufrieden waren. Dazu gehörten die im Haushalt tätigen: Sekretäre und Vertraute des Hausherrn, Ammen und Köche; ferner diejenigen, die durch ihre Kenntnisse und Kunstfertigkeiten hohen Wert hatten, etwa Ärzte, Erzieher, Tänzer, Schauspieler. Im Handel und Handwerk war es keine Seltenheit, daß Sklaven für ihre Herren selbständig Betriebe führten und dafür sogar einen Anteil am Gewinn erhielten. Durch einen solchen Anreiz versprachen sich die Herren eine bessere Geschäftsführung. Auch auf den großen Gütern im Römischen Reich gab es eine Oberschicht von Sklaven, die als Aufseher im Auftrag ihrer Herren, die den politischen Geschäften in der Stadt nachgingen, die Höfe verwalteten und oft selbst Sklaven besaßen.

Eine besondere Gruppe waren die Sklaven des Kaisers. Sie waren am kaiserlichen Hof tätig, was auch bedeutete, daß sie Verwaltungsposten in der Reichsverwaltung innehatten; denn Hof- und Reichsverwaltung waren nicht scharf getrennt. Noch größere Chancen auf Verwaltungsposten boten sich den kaiserlichen Sklaven nach ihrer Freilassung (siehe S. 165).

*Grabmonument einer Familie (Igeler Säule bei Trier). Diener (Sklaven) bereiten in der Küche das Essen vor.*

## Wie ertrugen die Sklaven ihr Dasein?

Sklaven haben sich immer wieder gegen ihr Schicksal zur Wehr gesetzt. Sie haben Attentate gegen die Herren verübt, Geräte und Ernteerträge zerstört, sind geflohen. Da ihre Situation aber so unterschiedlich war, haben sich nie alle Sklaven eines Staates zusammengeschlossen.
Wenn es zu Aufständen kam, ging es meist nicht darum, die Sklaverei allgemein abzuschaffen. Selbst einer der berühmtesten *Sklavenaufstände*, bei dem die Gladiatoren in Capua unter der Führung des Spartacus zu den Waffen griffen (74–71 v. Chr.), wurde nur für die eigene Befreiung geführt. Viele Sklaven aus der Umgebung schlossen sich Spartacus an, so daß er bald über ein Heer von 60 000 Mann verfügte. Nach anfänglichen Erfolgen gegen römische Heere aber spalteten sich die Aufständischen und wurden so nach und nach geschlagen. Am Ende dieser Erhebung stand die Grausamkeit der Herren: 6000 überlebende Sklaven wurden gefangengenommen und entlang der Via Appia gekreuzigt.
Bei verschiedenen anderen lokalen Sklavenerhebungen kam es sogar vor, daß sich Sklaven an der Niederschlagung der Aufstände beteiligten. Ihre unterschiedlichen Interessen verhinderten gemeinsame Aktionen.

## Ein Neuansatz durch das Christentum?

Das Christentum verkündete eine neue Freiheit der Menschen. Alle sollten vor Gott gleich sein. Diese Verkündung wurde schon in der Antike und wird bis heute auch so verstanden, daß mit der neuen Freiheit auch die politische und soziale Stellung der Menschen gemeint ist. Aber gegen dieses Verständnis haben sich die meisten Kirchenlehrer gewandt. Zwar waren Sklaven in den christlichen Gemeinden gleichberechtigt, doch das Christentum hat nicht die Sklaverei insgesamt verurteilt. Nach christlicher Auffassung waren durch den Tod Christi alle Menschen erlöst, „frei“, ob Mann oder Frau, Herr oder Knecht. Die durch die Erlösung gewonnene Freiheit betraf also das Verhältnis der Menschen zu Gott. In diesem Sinne war auch ein Sklave frei. Ihren Herren gegenüber blieben die Sklaven dennoch unfrei. Aber für das praktische Verhalten der Herren ihren Sklaven gegenüber galten nun auch die Gebote, die Christus für das zwischenmenschliche Verhalten aufgestellt hat.

## Ausblick

Heute gibt es die Sklaverei als Rechtsverhältnis nicht mehr. Aber es gibt noch Gesellschaften, in denen bestimmte Gruppen rechtlich schlechter gestellt sind als andere. Und selbst in unserer Gesellschaft kennen wir Minderheiten, denen zwar vom Gesetz her eine Rechts- und Chancengleichheit zugestanden ist, die aber in der Wirklichkeit als minderwertig disqualifiziert werden und in eine fast hoffnungslose Außenseiterstellung gedrängt sind. Nicht selten werden solche Vorurteile als ein natürlicher Ausdruck der Stärke einer Gesellschaft empfunden.
Der Kampf um die Gleichheit und Würde eines jeden Menschen bleibt so eine Aufgabe, auch für unsere Zeit und unsere Gesellschaft.

## 1 Sklavenschicksale

**1a** *Ein griechischer Geschichtsschreiber berichtet über die Lage der Sklaven, die im Bergbau in der Provinz Spanien beschäftigt sind (1. Jahrhundert v. Chr.):*

**Q** Die Sklaven, die im Bergbau beschäftigt sind, bringen ihren Besitzern unglaubliche Einkünfte; sie selbst aber müssen unterirdisch graben, bei Tage wie bei Nacht, gehen körperlich zugrunde, und viele sterben infolge der übermäßigen Anstrengung; denn Erholung oder Pausen bei der Arbeit gibt es nicht. Aufseher zwingen sie mit Schlägen, die furchtbaren Leiden zu ertragen, bis die Elenden ihr Leben aushauchen. Wenige nur, die Körperkraft und seelische Widerstandsfähigkeit genug haben, halten durch – und verlängern damit nur ihre Qual. Denn erstrebenswerter als das Leben wäre für sie der Tod wegen der Größe ihres Elends.

*Diodor 5, 36ff. (= Poseidonios, fr. 117). In: M. Pohlenz, Stoa und Stoiker, Zürich/Stuttgart 1950, S. 265.*

**1b** *Cato (234–149 v. Chr.), berühmter Zensor, aus einem Bauerngeschlecht stammend, erteilt Ratschläge zum Betrieb eines Landgutes:*

**Q** Der Hausherr soll einen öffentlichen Verkauf anstellen: Öl, wenn es seinen Wert hat, Wein, Getreide, soviel übrig ist, soll er verkaufen; alte Ochsen, entwöhntes Großvieh, entwöhnte Schafe, Wolle, Felle, altes Fahrzeug, altes Eisenzeug, alt gewordene Sklaven, kränkliche Sklaven und was es sonst Überflüssiges gibt, soll er verkaufen.

*Cato, Vom Landbau 2. In: F. Leo, Geschichte der römischen Literatur, Bd. 1, Berlin 1913, S. 472.*

1. *Wozu dienen Sklaven?*
2. *Welchen „Wert" haben sie, womit sind sie vergleichbar?*

## 2 Wir alle sind „Mitsklaven"

*Seneca, ein römischer Philosoph und Schriftsteller (1. Jahrhundert n. Chr.) schreibt seinem jüngeren Freund Lucilius, der der Sohn eines Freigelassenen ist:*

**Q** Zu meiner Freude höre ich von denen, die von dir kommen, daß du freundlich mit deinen Sklaven umgehst. Das paßt zu deiner Klugheit, zu deiner Bildung. „Es sind doch nur Sklaven", könntest du sagen. Nein, vielmehr Menschen. „Es sind doch nur Sklaven." Nein, vielmehr Hausgenossen. „Es sind doch nur Sklaven." Nein, nur im Rang niedrigere Freunde. „Es sind doch nur Sklaven." Nein, eher Mitsklaven, wenn du bedenkst, daß das Schicksal über sie und dich die gleiche Macht hat … Immer wieder bringt man auch ein Sprichwort vor, das große Überheblichkeit zeigt: „Wie viele Sklaven, so viele Feinde." Die Sklaven sind aber nicht von Anfang an Feinde, wir machen sie dazu. Andere unmenschliche Grausamkeiten übergehe ich vorerst noch, daß wir sie z. B. nicht als Menschen, sondern als Lasttiere sehen … Bedenke doch, daß der, den du einen Sklaven nennst, den gleichen Ursprung hat wie du, daß sich über ihm derselbe Himmel wölbt, daß er die gleiche Luft atmet, so wie du lebt und stirbt! Du kannst in ihm ebenso einen Freien sehen wie er in dir einen Sklaven …

Ich will mich nicht auf ein unerschöpfliches Thema einlassen und von der Behandlung der Sklaven sprechen, gegen die wir uns sehr hochmütig, grausam und unehrenhaft verhalten. Nur das will ich dir fest ans Herz legen: Behandle einen dir Untergebenen so, wie du von dem behandelt werden willst, der über dir steht. Jedesmal, wenn du dir überlegst, was du dir einem Sklaven gegenüber erlauben kannst, denke auch daran, daß das gleiche deinem Herrn dir gegenüber erlaubt ist. „Aber ich, sagst du, habe keinen Herrn." Du bist noch jung, vielleicht hast du einmal einen. „Weißt du nicht, in welchem Alter Hekuba (die Frau des Trojaner-Königs Priamos) noch Sklavin wurde …?"

„Er ist ein Sklave", so sagt man. Aber vielleicht ist er frei, was seinen Geist anbetrifft. „Er ist ein Sklave." Wird ihm das schaden? Zeig mir doch den, der kein Sklave ist! Der eine ist Sklave seiner Begierden, der andere der Habgier, der nächste Sklave seines Ehrgeizes; wir alle sind Sklaven der Hoffnung, der Furcht.

*Seneca, Briefe 47. Übers. d. Verf.*

1. *Welche Ratschläge erteilt Seneca seinem Freund?*
2. *Was meint Seneca, wenn er schreibt, daß Sklaven eher „Mitsklaven" seien als „nur Sklaven"? Erläutere seine Argumente.*

# Längsschnitt III: Das Judentum in der Antike

Die Juden waren das erste Volk in der Geschichte, das einen einzigen Gott verehrte. Das Christentum übernahm die Verehrung dieses Gottes und betrachtete Jesus Christus als dessen Sohn. Aber obwohl das Christentum aus dem Judentum hervorgegangen ist, haben Christen immer wieder die Juden bekämpft. Sie haben den Juden vorgeworfen, Jesus Christus nicht als Messias, als Gottes Sohn anerkannt zu haben. Andere nahmen Anstoß an bestimmten Eigenarten der Juden, die sich als das auserwählte Volk Gottes betrachteten und strengen Vorschriften im Hinblick auf ihre Lebensführung unterlagen. Schon im Mittelalter wurden Juden häufig für Unglück und Not verantwortlich gemacht, die eine Gemeinschaft trafen. Alle vorangegangenen Verfolgungen wurden aber weit überboten durch die Ermordung von Millionen europäischer Juden durch die deutschen Nationalsozialisten. Wie es dazu kam, wird in späteren Bänden dargestellt werden. Hier geht es darum, ein Stück der Geschichte des Judentums und seiner Bedeutung in der Antiken Welt und für das Christentum zu verstehen.

## Gott führt das Volk Israel ins Gelobte Land

Über die Lebensweise der Urväter des Volkes Israel gibt uns das Alte Testament nur Hinweise: Sie waren Kleinviehzüchter, die im 2. Jahrtausend v. Chr. im Vorderen Orient umherzogen. Neben diesen Nomaden gab es aber im Orient auch schon blühende Städte, so z. B. im 14. Jahrhundert v. Chr. in Kanaan, dem Gebiet, das etwa dem heutigen Palästina entspricht.
Im folgenden Jahrhundert begannen Gruppen der Vorfahren Israels in den Gebirgsgegenden Kanaans seßhaft zu werden. Andere Gruppen zogen nach Ägypten, empfanden aber dort die ihnen für den Pharao auferlegten Leistungen (z. B. Mitwirkung bei Bauten) als Sklaverei. Es gelang ihnen, unter großen Gefahren aus Ägypten zu fliehen; das geschah wahrscheinlich unter dem Pharao Ramses II., der etwa von 1310–1244 v. Chr. regierte. Diesen Auszug aus Ägypten *(Exodus)* begriff Israel als

*Der Tempelplatz in Jerusalem. Links oben der Felsendom, ein islamisches Heiligtum; rechts unten die Klagemauer, an der die Juden die Zerstörung ihres Tempels im Jahr 70 n. Chr. beklagen.*
*Der Tempelplatz ist sowohl für die Muslime als auch für die Juden eine heilige Stätte.*

Tat Gottes, Jahwes: Er hatte Israel aus Ägypten, aus dem „Sklavenhaus" geführt. Immer wieder wird das im Alten Testament betont. Und Jahwe wurde nun der Gott Israels, der mit seinem Volk am Berge Sinai einen Bund schloß. Bestandteil dieses Bundes waren nach dem Alten Testament auch die Zehn Gebote.
Nach langen Wüstenwanderungen gelangten die Israeliten nach Kanaan, wo sie wohl mit den dort schon seßhaften israelitischen Gruppen verschmolzen. Aber es dauerte lange, bis sie sich in Kanaan durchsetzen konnten und das Volk Israel als Einheit entstand. Zwischen ca. 1012 und 931 v. Chr. wurde es von den Königen Saul, David und Salomon regiert. Danach brach Israel in ein Nordreich (Israel) und ein Südreich (Juda) auseinander.

### Der Gott Israels

Der Gott Israels war ein anderer als die Götter, die wir bei den Ägyptern, Griechen und Römern kennengelernt haben. Er war *einer* – eine Konkurrenz unter Göttern wie in Griechenland und wohl auch in Kanaan konnte es also nicht mehr geben. Er stellte nicht nur Naturmächte (wie Blitz und Donner) dar, sondern war Herr über den Kosmos. Menschen konnten nicht über ihn verfügen, weder durch Opfer noch durch Orakel. Er handelte mit seinem Volk, sprach mit ihm, lenkte unmittelbar die Geschichte seines Volkes. Wie er es aus Ägypten herausgeführt hatte, so kam er ihm auch später immer wieder zu Hilfe oder strafte es und mahnte es durch seine Propheten, die selbst den Königen entgegentraten. Die Erinnerung an seine Taten wurden dauernd wachgehalten: So wurde z. B. beim jährlichen Passahfest, das ursprünglich ein Hirtenfest war und in der Nacht des ersten Frühlingsvollmonds im Kreise der Familie begangen wurde, des Auszugs aus Ägypten gedacht.

## Das Schicksal der Juden in der antiken Welt

Seit dem 9. Jahrhundert v. Chr. gerieten die Reiche von Israel und Juda unter den Einfluß mächtiger Reiche des Vorderen Orients, zunächst des Assyrischen, dann des Babylonischen Reiches. Der babylonische Herrscher Nebukadnezar II. eroberte zweimal – 597 und 587 v. Chr. – Jerusalem; beim zweiten Mal wurde die Stadt und der von König Salomon errichtete Tempel völlig zer-

*Ausschnitt aus dem Relief der Innenseite des Titusbogens in Rom. Der Bogen wurde Titus nach dem Sieg über die Juden 70 n. Chr. geweiht. Der Ausschnitt zeigt eines der wichtigsten Beutestücke der Römer aus dem Tempel, den siebenarmigen Leuchter.*

stört. Damit begann für viele Juden die Zeit des *„babylonischen Exils"*. Sie endete erst, als der Perserkönig Kyros 539 Babylon einnahm und den Israeliten die Rückkehr in ihre Heimat erlaubte (vgl. S. 77f.). Die Stadt Jerusalem und der Tempel wurden wieder aufgebaut.
In der Zeit des Exils wurden sich die Juden ihrer Eigenarten und ihrer Überlieferungen besonders bewußt. Bestimmte Schriften, die zum Teil sehr alt waren, erlangten allgemeine Geltung. Um 400 v. Chr. verkündete der Priester Esra die fünf Bücher Mose als verbindliche Norm, als *Tora*; aus ihr wird in allen Gottesdiensten der Juden gelesen. Durch sie wurden auch Lebensgewohnheiten und Reinheitsvorschriften für alle Juden festgelegt.
Nach den Eroberungen Alexanders des Großen geriet Judäa unter die Herrschaft zunächst der Ptolemäer, dann der Seleukiden (siehe S. 119). Als 167 v. Chr. der Seleukidenherrscher Antiochus IV. den Juden hellenistische Kultformen aufzwingen und ihnen die Möglichkeiten nehmen wollte, nach ihren eigenen Gesetzen zu leben, erhoben sich die Juden unter den Makkabäern zu einem großen Unabhängigkeitskampf, der damit endete, daß im

Jahre 142 v. Chr. Judäa praktisch ein unabhängiges Königreich wurde.
In der Zeit des Hellenismus erlebte das Judentum eine starke Ausbreitung. Schon während des babylonischen Exils waren die Juden in andere Gegenden des Vorderen Orients gelangt. Jetzt verstärkte sich die Ausbreitungsbewegung: Besonders viele Juden lebten in Syrien und in Ägypten, wo sich in Alexandria die größte jüdische Gemeinde außerhalb Judäas bildete. Viele Juden dieser *„Diaspora"* („Zerstreuung") sprachen griechisch. So ergab sich auch die Notwendigkeit, das Alte Testament ins Griechische zu übersetzen; eine vollständige Übersetzung, die Septuaginta (der Name bedeutet „siebzig" und stammt von einer Legende, nach der 72 Übersetzer das Werk in 72 Tagen fertiggestellt haben sollen), entstand im 3. Jahrhundert v. Chr. in Alexandria.
Seit den 60er Jahren des 1. Jahrhunderts v. Chr. griffen die Römer in Judäa ein. 40 v. Chr. setzte Antonius, der Gegenspieler des Augustus, Herodes als Herrscher ein, der aber den Juden verhaßt war. Seit 6 n. Chr. unterstand das Gebiet direkt römischer Verwaltung. Für die inneren Angelegenheiten der Juden war eine jüdische Behörde unter Vorsitz des Hohenpriesters zuständig. Obwohl die Römer die Religion der Juden nicht verstanden, durften diese ihre Religion frei ausüben, konnten nach eigenen Gesetzen leben und waren vom Kriegsdienst freigestellt. Dennoch betrieb eine jüdische Gruppe, die Zeloten genannt wurden, den Krieg gegen Rom. Im Jahre 66 n. Chr. kam es zu einem großen Volksaufstand, den der spätere Kaiser Titus im Jahre 70 mit der Einnahme Jerusalems beendete. Die Stadt und der Tempel, der von König Herodes in prächtiger Form neu errichtet worden war, wurden zerstört. Als Kaiser Hadrian dann auf dem Gebiet der Stadt eine römische Kolonie gründen wollte, erhoben sich die Juden zum letzten großen Aufstand gegen Rom (132–135), der mit der Vertreibung der überlebenden Juden aus Judäa endete. Seitdem hatten die Juden bis zur Gründung des Staates Israel 1948 kein eigenes Land mehr.

## Das Christentum entsteht aus dem Judentum

Die erste christliche Gemeinschaft, die sich in Jerusalem bildete, betrachtete sich als Gruppe innerhalb des Judentums und nahm auch am Leben der jüdischen Gemeinde teil. Sie unterschied sich von den Juden durch den Glauben, daß Jesus der von den jüdischen Propheten verkündete Messias sei, der die Menschen von der Sünde erlöst habe. Aber auch als die Christen immer mehr zu einer eigenständigen Glaubensgemeinschaft wurden, wandte sich die Predigt der Christen zunächst vor allem an die Juden: In der Apostelgeschichte wird berichtet, wie Paulus in den Städten, die er besuchte, in der Synagoge predigte. Die Synagoge war in den jüdischen Gemeinden außerhalb Jerusalems der Versammlungsort für die Juden, wo Gottesdienste gehalten, aber auch andere Angelegenheiten besprochen werden konnten.
Das Alte Testament wurde für die Christen ebenso zur Heiligen Schrift wie für die Juden. Besonders der Evangelist Matthäus versucht in seinem Evangelium immer wieder zu zeigen, daß Jesus und vieles von dem, was in dessen Leben geschah, in den Schriften des Alten Testaments vorausgesagt worden ist. Durch solche „Schriftbeweise" wollte er den Juden deutlich machen, daß Jesus wirklich der Messias war. Die Juden selber wehrten sich gegen einen solchen Gebrauch des Alten Testaments. Im 2. Jahrhundert n. Chr. erklärten sie z. B. die Septuaginta für ungültig, weil in diese griechische Übersetzung der Bibel zuviel hellenistische Gedanken eingegangen seien und damit auch die Deutung in christlichem Sinne erleichtert worden sei.
Auch die christlichen Hauptfeste entstanden zunächst in Anlehnung an jüdische. Wie im jüdischen Passahfest der Befreiung der Juden aus der Knechtschaft in Ägypten gedacht wurde, so im christlichen Osterfest der Befreiungstat, d. h. des Todes und der Auferstehung Jesu Christi. Bis heute werden im Ostergottesdienst Texte aus dem Buch Mose (Exodus) gelesen. Das jüdische Wochen- oder Pfingstfest, das sieben Wochen nach dem Passahfest begangen wurde, erinnerte an den Bund, den Gott mit seinem Volk am Berg Sinai geschlossen hatte. Im christlichen Pfingstfest, ebenfalls sieben Wochen nach Ostern begangen, wurde die Bestätigung des „Neuen Bundes" durch die Aussendung des Geistes gefeiert.
Auch der christliche Sonntag geht auf den jüdischen Sabbat zurück. Zwar war dieser der 7. Wochentag, während die Christen den 1. Tag der Woche als Sonntag festlich begingen. Aber beide Tage galten als Gottes heilige Tage, an denen nicht gearbeitet werden durfte (für den Sonntag wurde das durch Konstantin d. Gr. festgelegt).

## 1 Jahwe spricht zu seinem Volk

**Q** Und nun, Israel, was fordert Jahwe, dein Gott von dir? Nichts anderes, als daß du Jahwe, deinen Gott, fürchtest, daß du auf allen seinen Wegen wandelst, daß du ihn liebest und Jahwe, deinem Gotte, von ganzem Herzen und aus ganzer Seele dienest, indem du – dir zum Guten – die Gebote und Bestimmungen Jahwes hältst, welche ich dir heute anbefehle. Siehe, Jahwe, deinem Gotte, gehört der Himmel und der Himmel der Himmel, die Erde und alles, was auf ihr ist. Und doch hat sich Jahwe einzig und allein an deine Väter hingegeben, sie zu lieben, und aus allen Völkern euch, ihre Nachkommen, erwählt, wie (es) heute (der Falle ist) … Zeigt euch nicht weiter halsstarrig! Denn Jahwe, eurer Gott, ist der Gott der Götter und der Herr der Herren, der große und gewaltige und furchtbare Gott, der nicht Partei ergreift und keine Bestechung annimmt …, der Waisen und Witwen Recht schafft und den Fremdling liebt, indem er ihm Nahrung und Kleidung gibt. So sollt auch ihr den Fremdling lieben; denn ihr seid Fremdlinge im Ägypterland gewesen! Jahwe, deinen Gott, sollst du fürchten, ihm dienen, ihm anhangen und bei seinem Namen schwören!

*5. Buch Moses 10, 12–20.*

1. *Was fordert Jahwe von Israel?*
2. *Vergleiche, was hier über den Gott Israels ausgesagt ist, mit dem, was du über die griechischen und römischen Götter und dem Gott der Muslime erfahren hast.*

## 2 Die Tragödie von Masada

**2a** *Ein Bericht über die Ereignisse im Jahre 73 n. Chr.:*

**D** Nach der Zerstörung Jerusalems benutzte eine kleine Schar jüdischer Freiheitskämpfer die Festung als Bastion gegen die Römer. Es waren Angehörige der Zelotenpartei …, die vor keiner Tat zurückschreckten, um ihr religiös-nationales Ziel zu erreichen. Mit der X. Legion, Hilfstruppen und Tausenden von jüdischen Kriegsgefangenen zog der römische Legat Flavius Silva gegen Masada. Die Römer stellten sich auf eine lange Belagerung ein … Für die Belagerten bestand weder Hoffnung auf Entsatz noch auf Flucht. Es blieb nur die Alternative: Übergabe oder Tod … So töteten die Männer ihre Frauen und Kinder: „Die Männer umarmten ihre Frauen und Kinder und gaben ihnen mit Tränen in den Augen einen langen Abschiedskuß; doch im gleichen Moment vollendeten sie, was sie beschlossen hatten … Sie bestimmten dann nach dem Los 10 Männer, die die übrigen erschlagen sollten … Und als diese zehn ohne Furcht alle getötet hatten, warfen auch sie das Los, um herauszufinden, wer derjenige sein sollte, der die anderen neun töten und danach sich selbst umbringen mußte … Der letzte … setzte den Palast in Brand, rannte sich dann mit eigener Kraft das Schwert in den Leib und fiel neben seinen Angehörigen nieder. Die Zahl der Toten, Frauen und Kinder mit eingerechnet, belief sich auf 960. Diese Schreckenstat geschah am 15. des Monats Xanthikus (März/April 73 n. Chr.)" (Flavius Josephus, Jüdischer Krieg VII, 9,1).

Als am nächsten Morgen die Römer zum Sturmangriff ansetzen wollten, herrschte Totenstille. Sie fanden die Leichen und zwei Frauen mit fünf Kindern, die sich in einer unterirdischen Wasserleitung verkrochen hatten. Ihrem Bericht verdankt die Nachwelt das Wissen um den letzten Kampf der Zeloten und ihren heroischen Untergang.

*G. Kroll, Auf den Spuren Jesu, Leipzig 1964, S. 60.*

**2b Die Festung Masada**

1. *Gib wieder, was in Masada geschah.*
2. *Diskutiert über das Schicksal der Frauen und Kinder von Masada.*
3. *Noch heute besuchen viele Juden die Festung Masada. Erörtert, weshalb Masada für sie eine so große symbolische Bedeutung hat.*

# Wie geht man mit einer schriftlichen Quelle um?

Schriftliche Quellen vermitteln uns ein Bild von der Vergangenheit. Um die Vergangenheit zu „rekonstruieren“, kann man bestimmte Grundfragen an solche Quellen richten. Keine schriftliche Quelle wird durch diese Grundfragen ausgeschöpft. Sie verhelfen nur zu einem ersten Zugriff.
An jede Quelle kann man noch viele andere Fragen richten. Beispiele für solche Fragen findest du unter den Quellen im Buch. Je mehr Fragen man stellt, um so mehr Aufschlüsse erhält man aus einer Quelle.
Bevor du an die Grundfragen gehst, kannst du unbekannte Begriffe und Namen im Lexikon und/oder im Register nachschlagen. Im Lexikon werden wichtige Begriffe kurz erklärt. Im Register findest du zu Namen und Begriffen Verweise auf Seiten im Buch, auf denen diese erwähnt und erläutert werden.

## Grundfragen an schriftliche Quellen

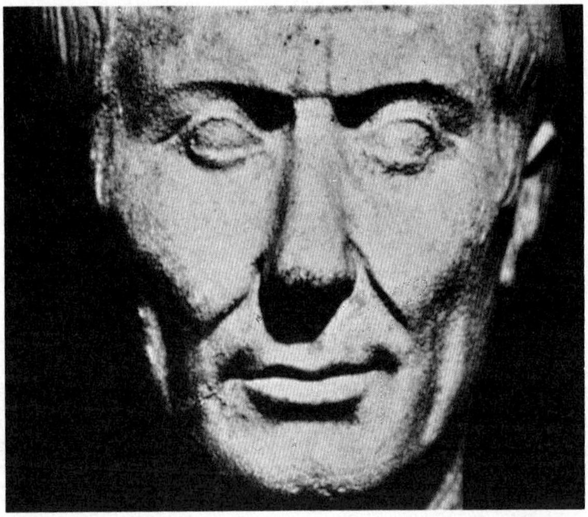

### Autor:

*Wer ist der Autor?*
- Wann hat er gelebt?
- Konnte er das, worüber er schreibt, aus eigener Erfahrung kennen?

*Was schreibt der Autor?*
- Welche Art von Quelle liegt vor? Z. B.:
- Stammt der Auszug aus einem umfassenden Geschichtswerk?
- Handelt es sich um einen Bericht über ein einzelnes Ereignis?
- Ist es eine Lebensbeschreibung?
- Stammt der Text aus einem Werk der Dichtkunst?

Beachte bei der Antwort auf diese Fragen die *schräggedruckten* Einleitungen zu den Quellen in den Arbeitsteilen.

### Quelle:

*Wo und wann spielt das, wovon in der Quelle die Rede ist?*

*Wovon handelt die Quelle?*
- Was wird ausgesagt? Wie läßt es sich gliedern?
- Wie kann man den Inhalt knapp zusammenfassen?

*Wie berichtet der Autor?*

*Welche Absicht verfolgt er damit?*
- Welche Wörter und Begriffe (Schlüsselbegriffe) spielen eine besondere Rolle?
- Enthalten die Begriffe Wertungen? Ergreift der Autor Partei?
- Wie steht der Autor zu den Personen, über die er schreibt?
- Was will der Autor mit dem Text bei seinen Lesern erreichen?

# Was können Kunstwerke aussagen?

Auch Kunstwerke wie Gemälde, Plastiken, Bauwerke sind wichtige Quellen. Sie vermitteln uns eine anschauliche Vorstellung von früheren Zeiten und geben uns einen Einblick in den Alltag, in Gedanken, Wünsche und Ideen der Menschen. So findet man auf griechischen Vasen viele Szenen aus dem alltäglichen Leben, so erfährt man von den eiszeitlichen Höhlenmalern zumindest, welche Tiere sie in ihrer Umwelt vorfanden. Kunstwerke können aber auch – wie z.B. das „Totengericht“ (siehe S. 48/49), die Darstellung von Orpheus und Eurydike (siehe S. 102) oder die Darstellung von Christus als Gutem Hirten (siehe S. 185) – etwas darüber mitteilen, wie die Menschen früher ihre Welt gesehen, erklärt und gedeutet haben. Im Unterschied zu schriftlichen Quellen sind Kunstwerke oft schwerer in ihrer Aussage zu entschlüsseln. Denn Künstler sprechen zu uns ja nicht in Worten, die wir leichter verstehen könnten. Sie vermitteln uns ihre Vorstellungen von Menschen und den Dingen in Bildern. Wir müssen versuchen herauszufinden, was der Künstler sah, welche Bedeutung er dem Geschehen zumaß und welche Absicht er mit seiner künstlerischen Darstellung verfolgte. Dabei können die nachfolgenden Grundfragen hilfreich sein:

## Grundfragen an bildliche Darstellungen und an Kunstwerke

### Betrachter

*Wie wirkt das Dargestellte auf mich?*
- Was spricht mich an?
- Was finde ich interessant und warum?

*Anregung:*
Wie bei schriftlichen Quellen öffnet ein Vergleich von Kunstwerken, die ähnliches darstellen und aus anderen Kulturen oder aus verschiedenen Jahrhunderten stammten, oft den Blick für das, was gleich geblieben ist oder sich gewandelt hat, z. B. in der Darstellung von Göttern (und von Gott) oder in der Anlage von Heiligtümern.

### Kunstwerk

*Was ist dargestellt?*
*Was kennzeichnet die Darstellung?*
- Ist sie naturgetreu?
- Welches Material hat der Künstler verwendet?

*Welchen Aufbau kann man erkennen?*
- Gibt es eine grundlegende Bewegung, eine Gegenbewegung (z.B. bei der Laokoon-Gruppe; siehe S. 107)?
- Ist eine Linienführung bestimmend?
- Gibt es einen Mittelpunkt, auf den der Blick gerichtet wird?
- Wie steht es mit Vorder- und Hintergund?
- Wie verhalten sich die einzelnen Teile zum Ganzen?

*Welche Bedeutung ist erkennbar?*
- Was will der Künstler durch die Darstellung vermitteln?
- Was geht aus dem Werk über den Menschen, über sein Verhältnis zur Welt, zur Natur, zu göttlichen Mächten hervor?

# Wie arbeitet man mit Karten im Geschichtsbuch?

Bis jetzt sind dir Karten vor allem aus dem Geographieunterricht bekannt. Auch für das Fach Geschichte sind Karten ein wichtiges Hilfsmittel.

Um eine Karte richtig „lesen" zu können, mußt du dir zuerst die Erklärungen in der *Legende* ansehen.

## Geographische Karten

können Aufschluß darüber geben, welche Bedingungen die geschichtliche Entwicklung eines Landes beeinflußt haben. Mit Hilfe der folgenden Grundfragen lassen sich wichtige Aussagen darüber aus einer Karte ablesen:

*Welche geographischen Gegebenheiten kennzeichnen Landschaft und Lage des Landes?*

*Wie kann man die Landschaft gliedern?*

*Wohin ist das Land geöffnet?*
- Hat es einen „natürlichen" Schutz?

*Kann man Aussagen zur Fruchtbarkeit machen?*
- Wie ist das Klima?
- Welche Folgen können sich daraus für die Bewohner ergeben?

*Wo liegen wichtige Zentren?*

*Welche Folgen können sich aus den geographischen Gegebenheiten für das Verhältnis der Bewohner untereinander ergeben?*

*Anregung:* Um sich Lage und Landschaft zu verdeutlichen, ist es hilfreich, einen Vergleich mit einer anderen Karte, einer anderen Landschaft und einem anderen Land durchzuführen.

## Geschichtliche Karten

sind nach ganz bestimmten Gesichtpunkten zusammengestellt und verzichten auf vieles, was du in einer geographischen Karte findest. Deshalb ist es besonders wichtig, daß du die Legende anschaust; denn sie ermöglicht es dir, die Karte zu verstehen. Folgende *Grundfragen* kann man an eine historische Karte stellen:

*Welcher Raum ist dargestellt?*
- Welche Flüsse, Meere, Gebirge und Städte sind eingetragen?
- Welche heutigen Länder oder Städte liegen in dem dargestellten Raum?
- Welche Ausdehnung hat der dargestellte Raum? (Achte auf den Maßstab.)

*Welchen Zustand (welche Zeit) oder welche Entwicklung zeigt die Karte?*
- Welche Zeitangaben findest du in der Legende oder in der Karte?
- Welche Veränderungen werden sichtbar? (Achte auf die Farbgebung von Staatsgebieten.)

*Welche Einzeleintragungen findest du auf der Karte, z.B.:*
- Heereszüge
- Völkerbewegungen
- Schlachten
- Bodenschätze
- Stadtgründungen

# Lexikon

**Adel** ist eine in der Gesellschaft hervorgehobene Gruppe, die sich durch Reichtum, Bildung und eigenen Lebensstil auszeichnet (S. 61). Zugehörigkeit zum Adel kann, wie in Griechenland und beim Patriziat in Rom, erblich, d.h. an hohe Geburt geknüpft sein oder, wie bei der römischen → Nobilität, durch Bekleidung eines Amtes erlangt werden (S. 133). In der Kaiserzeit bestimmte der Kaiser über die Zugehörigkeit zum Adel. Wenn der Adel die politische Macht ausübt, spricht man von einer *Aristokratie* (= Herrschaft der Besten).

**Altsteinzeit** → Steinzeit

**Antike** ist die Zeit des griechischen und römischen Altertums, die etwa vom 11. Jahrhundert v. Chr. bis zum 6. Jahrhundert n. Chr. reicht. Man spricht für diese Zeit auch vom „klassischen Altertum". Mit der *Spätantike* geht diese Epoche seit dem 5. Jahrhundert in die Epoche des Mittelalters über. Der Mittelmeerraum bildet die kulturelle Einheit der griechisch-römischen Antike: Ihre kulturellen und wissenschaftlichen Leistungen (z.B. Theater, Architektur, Naturwissenschaften, Philosophie, Staatsführung) prägten die nachfolgenden Epochen. Das Christentum wurde dabei zu einem wichtigen Vermittler dieser Kultur für spätere Zeiten, die immer wieder in vielfältigen Formen bewußt auf die Vorbilder der Antike zurückgriffen.

**Arbeitsteilung.** Wenn ein Mensch mehr produzieren kann, als er selber für seine Ernährung braucht, kann es zur Arbeitsteilung kommen, d. h. dazu, daß die einen in der Landwirtschaft, die anderen im Handwerk, wieder andere als Schreiber oder Beamte tätig sind (S. 18 und 44). Die Arbeitsteilung war Voraussetzung für die Entstehung von Hochkulturen, zugleich aber auch Ursache für die Ausbildung von Ungleichheit unter den Menschen.

**Areopag** = „der Areshügel". Bezeichnung für die Versammlung, die in der griechischen Adelszeit alle Staatsgeschäfte leitete und das höchste Gericht war (S. 94). Seit der Einführung der → Demokratie und der → Volksgerichte verlor der Areopag an Einfluß und behielt nur noch die Entscheidung bei Mord. Noch heute heißt der höchste Gerichtshof in Athen so.

**Beamter** ist eine Person, die vom Staat bzw. von der Gemeinschaft auf Zeit oder auf Dauer fest umschriebene Aufgaben zugewiesen bekommt. Beamte hat es seit den Hochkulturen in allen Gesellschaften gegeben. In Ägypten war für die gut organisierte Verwaltung eine große Beamtenschar notwendig (S. 45). Die Beamten wurden vom Pharao oder von anderen hohen Beamten ernannt und mit Landgütern und Naturalien entlohnt. In Griechenland wurden z. B. die Archonten (leitende Beamte) für eine beschränkte Amtszeit meist ein Jahr, durch Los bestimmt (S. 94 und 96). Die Strategen (die militärischen Führer) wurden für jeweils ein Jahr gewählt. In Rom bezeichnete das Wort *Magistrat* das durch Wahl verliehene Ehrenamt und den Inhaber des Amtes. Die *Konsuln* übernahmen als höchste Beamte in Rom nach der Abschaffung der Königsherrschaft die Leitung des Staates und führten das römische Heer. Wie bei den anderen römischen Magistraten war ihre Macht durch *Annuität* (einjährige Amtsdauer) und *Kollegialität* (zwei Amtsinhaber, die sich gegenseitig kontrollierten) begrenzt (siehe S. 131 u. 136). Nach Ablauf ihrer Amtszeit konnten die Magistrate einen Sitz im → Senat erhalten.

**Bürger** sind in der Antike alle Personen, die am politischen Leben aktiv teilnehmen und das *Bürgerrecht* besitzen. Das Bürgerrecht in Griechenland war erblich; es konnte aber auch an auswärtige Personen verliehen werden. Außer diesen Vollbürgern (in Sparta z. B. den Spartiaten) gab es in den griechischen Staaten minderberechtigte Personen, z. B. Frauen oder → Metöken, die keine Ämter bekleiden durften (S. 96). Pflichten der Bürger waren der Schutz des Staates gegen äußere und innere Feinde und die Teilnahme an Kult und Religion. Römischer Bürger konnte man durch Geburt werden – wenn beide Eltern römische Bürger waren –, durch Verleihung des Bürgerrechts oder Freilassung. Zunächst waren nur die Bewohner Roms römische Bürger, später wurde das Bürgerrecht auch anderen Bewohnern des Reiches verliehen. Unter Kaiser Caracalla (212/213) erhielten es alle freien Reichsbewohner (S. 170). Römische Bürger trugen die Toga, waren zu Wehrdienst und Steuern verpflichtet, hatten Stimmrecht in der → Volksversammlung, konnten gewählt werden und gegen Strafen Berufung einlegen (S. 137). Nur römische Bürger konnten nach römischem Recht anerkannte Geschäftsverträge und gültige Ehen schließen. Neben dem vollen römischen Bürgerrecht gab es Halbbürgerrechte, z. B. das latinische Recht (S. 170) (→ Latiner).

**Bundesgenossen** waren mit Rom durch einen Vertrag (Bündnis) verbunden. Darin versprachen sich die Bündnispartner gegenseitige Waffenhilfe bei Angriffen und Frieden für ewige Zeit. Die Bundesgenossen Roms gaben ihre militärische und außenpolitische Selbständigkeit auf, waren in der inneren Verwaltung aber selbständig. Viele Gemeinden schlossen gegen äußere Bedrohung freiwillig mit Rom Bündnisse und erkannten dessen Vormachtstellung an (Karte S. 150).

**Christenverfolgung.** Der Mission (= geplante Ausbreitung) der Christen setzte die nichtchristliche Umwelt Widerstand entgegen, z. B. in Form von Verfolgungen. Im 1./2. Jahrhundert n. Chr. wurden einzelne Christen oder Gemeinden verfolgt aus Unverständnis, Haß usw., z.B. in Rom unter Nero (S. 187). Vom 3. Jahrhundert an wurde die Kirche als Ganze vom Staat unterdrückt. Man sah in den Christen Staatsfeinde, da sie die Staatsgötter nicht verehrten und den Kaiserkult ablehnten. Erst unter Konstantin fand die Christenverfolgung ein Ende (S. 189).

**Chronologie** (griech. chronos = Zeit) ist die Wissenschaft von der Zeitmessung und Zeiteinteilung. Geschichtliche Ereignisse in eine chronologische Reihenfolge zu bringen, heißt, sie der zeitlichen Abfolge nach einzuordnen (siehe auch → Zeitmessung).

**Demokratie** = „Volksherrschaft". Die Demokratie ist eine Staatsform, die zuerst in Athen entstanden ist. In der attischen Demokratie hatte die Versammlung der → Bürger im Gegensatz zur römischen Republik die höchste politische Macht. Hier wurden alle politischen Entscheidungen durch Mehrheitsbeschluß getroffen; die Beamten, der → Rat der Fünfhundert und die Geschworenengerichte wurden durch Los bestimmt. Da alle Bürger der Polis direkt die politischen Entscheidungen trugen, spricht man von einer *unmittelbaren* Demokratie (S. 93). Ausgeschlossen von den politischen Rechten waren Frauen, → Metöken und → Sklaven. So blieb die antike Demokratie immer die Herrschaft einer Minderheit in der Polis.

**Diäten** → Volksgericht

**Diktatur.** In der römischen Republik konnte für besondere Krisensituationen auf Vorschlag des Senats einer der beiden Konsuln einen Diktator als außerordentlichen Beamten ernennen. Dieser bekam große Vollmachten. Seine Amtszeit (die Diktatur) war auf höchstens sechs Monate beschränkt. Die übrigen Magistrate (→ Beamter) blieben während dieser Zeit im Amt, waren jedoch dem Diktator untergeordnet. Die Diktatoren der späten Republik, z.B. Sulla und Caesar (S. 154 und 155), haben nichts mehr mit dem ursprünglichen Amt zu tun; denn Amtsdauer und Machtfülle waren nicht mehr beschränkt, sie waren Alleinherrscher. Heute versteht man unter Diktatur eine Alleinherrschaft, gegen die die Bürger keine gesetzliche Kontrolle erreichen können.

**Evangelium** = „Gute Botschaft". Zunächst wurde die Lehre Christi, die Frieden und Heil verheißt, als „Gute Botschaft" bezeichnet. Seit dem 2. Jahrhundert wurde der Begriff Evangelium auch auf die Schriften bezogen, die Leben und Wirken von Jesus darstellen, und damit zur Bezeichnung von Büchern. Vier Evangelien sind anerkannt, ihre Verfasser – Matthäus, Markus, Lukas und Johannes – werden als die vier *Evangelisten* bezeichnet (S. 187).

**Familie.** Die römische Familie bestand aus dem pater familias (Familienoberhaupt), dessen Kindern, Enkeln und Urenkeln. Über alle hatte der pater familias Gewalt, solange er lebte, selbst wenn seine Kinder schon eigene Kinder hatten und nicht alle unter einem Dach lebten. In fast allen anderen antiken Staaten bestand die Familie wie bei uns aus Eltern und Kindern (S. 45 und 99). Frauen hatten in Ägypten eine bessere Stellung als in Griechenland, Rom und im Islam (S. 222), wo sie der Gewalt von Männern vollständig unterworfen waren.

**Freigelassene** → Sklaven

**Gefolgschaft.** Adlige Germanen besaßen ein Gefolge freier Männer. Diese hatten sich freiwillig für eine gewisse Zeit oder auf Dauer in den Dienst des Herrn begeben. Herr und Mann schworen sich gegenseitige Treue (S. 194). Der Gefolgsmann verpflichtete sich zu ehrenhaften Diensten: Er leistete Kriegsdienst und war Ratgeber im Frieden. Der Herr sorgte für den Lebensunterhalt des Gefolgsmannes, gab ihm Geschenke und beschützte ihn.

**Gericht** → Recht

**Gesetz** → Recht

**Heloten.** Als die Lakedaimonier in Lakonien einwanderten, haben sie die dort lebende Bevölkerung unterworfen und versklavt (S. 79). Diese Heloten unterschieden sich von → Sklaven in anderen antiken Staaten dadurch, daß sie dem spartanischen Staat gehörten, in Familien weiterleben und auch ihren alten Bräuchen und ihrer Religion nachgehen konnten. Sie bearbeiteten das Land für ihre spartanischen Herren. Später haben die Spartaner auch die Bewohner von Messenien zu Heloten gemacht.

**Hierarchie.** In einer Gesellschaft, in der es verschiedene Rangstufen gibt und der Wille bzw. die Befehle der nächsthöheren Rangstufe von der jeweils unteren befolgt und ausgeführt werden müssen, spricht man von einer Hierarchie. Dies war z. B. im alten Ägypten der Fall. Einen solchen hierarchischen Gesellschaftsaufbau vergleicht man mit dem Bild einer Pyramide, die auf die oberste Spitze hin ausgerichtet ist (S. 45).

**Hochkultur** → Kulturen

**Hoplit.** Im Gegensatz zu den adligen Einzelkämpfern der archaischen Zeit war der Hoplit ein schwerbewaffneter Fußkämpfer, der in einer geschlossenen Phalanx (Schlachtreihe) in den Krieg zog (S. 79 und 80). Die Hoplitenphalanx setzte sich zuerst in Sparta, dann auch in den anderen griechischen Poleis durch. Hoplit konnte nur werden, wer das volle Bürgerrecht besaß und die Mittel für die eigene Ausrüstung aufbringen konnte.

**Islam** → Muslim

**Jungsteinzeit** → Steinzeit

**Kaiser** → Monarchie, → Princeps

**Kalender,** calendae = der erste Tag eines Monats. In den ältesten Staaten des alten Orients führten Naturbeobachtungen zu einer Zeiteinteilung, in der ein Monat zu 29 1/2 Tagen die Zeit zwischen zwei Neumonden umfaßte. Der Mondumlauf um die Erde galt als Ausgangspunkt für die Jahresberechnung (12 Monate mit 29 bzw. 30 Tagen ergaben ein Jahr von 354 Tagen). Diesem System folgt auch der islamische Kalender. Die Ägypter führten schon früh ein Jahr mit 365 Tagen ein, das mit dem Aufgang des Sirius begann (S. 40). Da sie aber nicht alle vier Jahre einen Schalttag einfügten, stimmte mit der Zeit ihr Kalender nicht mehr mit dem astronomischen Sonnenjahr überein. Erst Kaiser Augustus zwang den Ägyptern den *Julianischen Kalender* auf (30 v. Chr.), den Caesar mit Hilfe ägyptischer Astronomen aufgebaut hatte: 3 Jahre mit je 365 Tagen, danach ein Schaltjahr mit 366 Tagen. Dieser Julianische Kalender wurde im 16. Jahrhundert durch den von Papst Gregor XIII. entwickelten *Gregorianischen Kalender* präzisiert.

**Kalif,** aus dem arabischen Wort „chalifa" abgeleitet, das Nachfolger oder Stellvertreter (gemeint ist: des Propheten Mohammed) bedeutet (S. 222). Es war der Titel des obersten Herrschers über das gesamte islamische Reich. Seine Herrschaft und sein Reich wurden daher auch Kalifat genannt. Nach dem Zerfall der politischen Einheit nannten sich einige Herrscher von unabhängigen islamischen Teilstaaten ebenfalls Kalifen.

**Klientel.** In der römischen Republik war fast jeder nichtadlige Römer *Klient* (Schutzbefohlener) eines adligen *Patrons* (Schutzherren) (S. 140). Der Patron hatte seinen Klienten vor Gericht zu vertreten und ihn vor Gefahren zu schützen. Der Klient stimmte dafür in der Volksversammlung so ab, wie es der Patron wollte, und konnte auch zu materiellen Leistungen für den Patron herangezogen werden. Dieses Verhältnis auf Gegenseitigkeit, die Klientel, stützte die Macht der Adligen in Rom, konnte aber auch für die sozial Schwachen von Vorteil sein.

**König** → Monarchie

**Kolonat.** Ein Kolone war ein Bauer, der von einem Landbesitzer Land gepachtet hatte. Ursprünglich wurde ein Pachtvertrag auf Zeit, meistens für 5 Jahre, abgeschlossen. Seit dem 4. Jahrhundert n. Chr. wurden aber die Pächter durch kaiserliche Gesetze an das von ihnen gepachtete Land gebunden; sie und ihre Nachkommen durften es nicht mehr verlassen (S. 207). Ihre Rechte gegenüber dem Landbesitzer wurden eingeschränkt. Dieser spätantike Kolonat entstand, weil der Staat die Bebauung des Landes und damit für sich auch Steuern sichern wollte.

**Kolonie** ist eine städtische Neugründung. Phöniker (z. B. die Bewohner Karthagos), Griechen, Römer und später auch Araber haben kolonisiert. Landmangel und Überbevölkerung führten zur Ausbreitung der Griechen (8.–6. Jahrhundert v. Chr.) an den Küsten des Mittel- und des Schwarzen Meeres (Karte S. 70). Diese Kolonien, die ihrerseits auch wieder Koloniegründungen vornahmen, waren unabhängig von der Mutterstadt; sie blieben ihrer Heimat u. a. durch die Olympischen Spiele und die Götterwelt verbunden. Seit Alexander d. Gr. wurden vor allem in den östlichen Teilen des Reiches neue Kolonien gegründet (S. 115), die der militärischen Sicherung, aber auch der Versorgung der Soldaten dienten. Seit dem 4. Jahrhundert v. Chr. legten die Römer zur Sicherung ihrer Herrschaft in Italien Kolonien an (Karte S. 150), in denen entweder römische oder Bürger mit latinischem Recht angesiedelt wurden. Rom übte die Oberherrschaft aus. Seit der Heeresreform des Marius (S. 153) erhielten vor allem ausgediente Soldaten in den Kolonien in Italien und nun auch in den Provinzen ein Stück Land. Unter Caesar und Augustus wurden zahlreiche neue Kolonien gegründet (z. B. Köln = „colonia").

**Konsul** → Beamter

**Konzil** = „Versammlung", in der Spätantike oft gleichbedeutend mit Synode (Zusammenkunft) gebraucht. Mit dem Begriff Konzil bezeichnet man eine Versammlung von Angehörigen des geistlichen Standes, vor allem Bischöfen (heute meist Kardinälen), die zusammentreten, um Fragen des Glaubens und der kirchlichen Organisation zu beraten und zu entscheiden (S. 189).

**Koran.** Das arabische Wort bedeutet Lesung oder Vortrag (S. 218) und bezeichnet die heilige Schrift des Islams. Der Koran enthält die Offenbarungen des Propheten Mohammed, die zu seinen Lebzeiten oder bald nach seinem Tod aufgeschrieben wurden. Der von ihm gegründeten Glaubensgemeinschaft, dem Islam, gilt der Koran als das Wort Gottes. In ihm sind Aussagen über Gott und sein Handeln in der Weltgeschichte sowie Gebote für ein gottgefälliges Leben festgehalten.

**Kulturen.** Menschliche Gruppen unterscheiden sich in ihren Lebensformen (S. 17f.). Es gibt bei ihnen z. B. ganz unterschiedliche Geräte, Werkzeuge, Waffen, Häuser und Siedlungen, Kleidung, Schmuckstücke, Kunstwerke, Musik und Tänze, Ernährungsweisen, Religionen und Ordnungen des Zusammenlebens. Sie haben damit unterschiedliche Kulturen. Bei schriftlosen Kulturen erkennen wir nur die Eigenarten der Lebensbereiche, die Spuren im Boden hinterlassen konnten (Beispiel: die bandkeramische Kultur). Bei schriftlicher Überlieferung wissen wir auch etwas darüber, was die Menschen gedacht und geglaubt haben. Kennzeichen einer → *Hochkultur* – einer späteren Kulturstufe in der Entwicklung der Menschheit – sind Schrift, zentrale Verwaltung und Regierung, Ansätze zur Wissenschaft, städtisches Leben, gesellschaftliche Gliederung (z. B. Ägypten, Mesopotamien, Griechenland, Rom usw.).

**Latiner** waren die Bewohner Latiums, einer Landschaft im westlichen Mittelitalien (Karte S. 150). Der Städtebund der Latiner wurde 338 v. Chr. von Rom besiegt. Die Bürger dieser Städte hatten in Rom kein Wahlrecht, ansonsten waren sie den römischen Bürgern weitgehend gleichgestellt. Dieses latinische Bürgerrecht konnten auch andere Reichsbewohner oder ganze Gemeinden erhalten (S. 170).

**Magistrat** → Beamter

**Metöken** = „Mitbewohner", d. h. diejenigen, die als Freie in Athen lebten, ohne attische Bürger zu sein. Sie durften kein Land in Attika besitzen und waren vor allem in Handwerk und Handel tätig (S. 85). Ähnliche Gruppen gab es in vielen antiken Städten.

**Monarchie** nennt man eine Verfassungsform, in der ein Alleinherrscher (Monarch) an der Spitze des Staates steht. In Ägypten übte der Pharao (S. 42) eine unumschränkte Gewalt aus – wie auch die Herrscher in Persien (S. 88) und im Islam (S. 222). Zwar gab es in Griechenland und Rom in der frühen Geschichte auch schon Monarchien (S. 59 und S. 130), doch verdrängte der Adel dann die Könige von der Herrschaft. In Sparta hielt sich die Monarchie (S. 80), doch wurde die Macht der beiden Könige stark eingeschränkt. Durch Alexander d. Gr. und die Diadochen verbreiteten sich Monarchien nach orientalischem Vorbild (S. 119). In Rom galt in der Zeit der Republik die Monarchie als eine Staatsform, in der es keine Freiheit für die Bürger gab. Mit der Kaiserzeit setzte sich aber auch in Rom die Monarchie wieder durch (S. 164).

**Muslim** (auch Moslem geschrieben, Mehrzahl: Muslime oder Muslims). So bezeichnen sich die Menschen, die sich zur Religion des Islams bekennen (S. 218). Das Wort bringt eine Grundforderung dieser Religion zum Ausdruck: sich Gott bedingungslos anzuvertrauen. Die veraltete Bezeichnung Mohammedaner, d.h. Anhänger Mohammeds, ist nicht mehr gebräuchlich.

**Neolithikum** → Steinzeit

**Nobilität.** Nachdem in den Ständekämpfen die → Plebejer die politische Gleichberechtigung mit den → Patriziern erkämpft hatten (S. 133), verschmolz die führende Schicht der Plebejer mit den alten Patriziergeschlechtern zur Nobilität. Sie war eine Art *Amtsadel* und besetzte die politischen Ämter im Staat.

**Oikos** = „Haus". Der Oikos umfaßte in Griechenland nicht nur das Haus als Gebäude, sondern auch die darin wohnenden Menschen, das dazugehörige Land und das Vieh. Alles dies stand unter der Gewalt des Herrn (Kyrios) des Oikos (S. 62). Von diesem Wort ist auch der Begriff Ökonomie = Hauswirtschaft abgeleitet. In Rom entsprach dem Oikos die familia, die ebenfalls alle Personen und Güter umfaßte, die unter der Gewalt des pater familias (→ Familie) standen.

**Oligarchie** bezeichnet eine Herrschaftsform, in der im Gegensatz zu → Demokratie und → Monarchie einige Wenige (griech. oligoi = Wenige), d.h. eine kleine Gruppe, die Macht im Staat in ihren Händen hält. Nach dem griechischen Philosophen Aristoteles kann sich sowohl eine Demokratie als auch eine Aristokratie (Herrschaft der „Besten") in eine Oligarchie wandeln.

**Patrizier** hießen die Mitglieder des → Adels der frühen römischen Republik. Sie allein hatten alle Macht und stellten den → Senat (S. 136). Patrizier war man von Geburt; man konnte die Zugehörigkeit nicht durch Ämter oder Leistungen erlangen. Nach dem Ausgleich mit den → Plebejern verloren die Patrizier an Bedeutung.

**Patron** → Klientel

**Periöken** = „Herumwohnende", d. h. die Bewohner der Städte, die auf spartanischem Staatsgebiet „um Sparta herum" lagen (S. 79). Deren Einwohner waren nicht → Sklaven, aber auch nicht spartanische Vollbürger. Sie waren meist Handwerker und stellten die Dinge her, welche die Spartaner brauchten. Den spartanischen Vollbürgern war jegliche Arbeit verboten.

**Plebejer.** In der frühen römischen Republik der → Stand, der von der Herrschaft ausgeschlossen war und mit den → Patriziern um die Beteiligung an der Macht kämpfte (S. 132/133). Zu den Plebejern gehörten sowohl wohlhabende als auch arme Familien. Erst als reiche Plebejer Aufnahme in den Adel (→ Nobilität) fanden und sich die → Ritter als eigenständige Gruppe ausbildeten, wurde „Plebejer" zur Bezeichnung der sozialen Unterschicht, d. h. der einfachen Handwerker und Bauern.

**Plebiszit** = „Beschluß der Plebs". Beschlüsse, die in der Versammlung der römischen Plebs gefaßt wurden, galten zu Beginn der Ständekämpfe nur für die Plebejer (S. 133). Seit 287 v. Chr. waren sie als Gesetze für alle Römer verbindlich. Heute versteht man unter Plebiszit eine Volksabstimmung.

**Polis** = „Burg", „Siedlung" oder „Stadt" (Mehrzahl: Poleis). Die Polis war der politische Mittelpunkt des umliegenden Gebietes. Hier hatten die Beamten ihren Sitz, hier tagten die → Volksversammlung und der Rat; deshalb spricht man auch von *Stadtstaat*. Die einzelnen Poleis waren bestrebt, ihre Freiheit, Selbständigkeit und wirtschaftliche Unabhängigkeit zu wahren. Deshalb wurde Griechenland nie ein einheitlicher, großflächiger Staat. Unser Adjektiv „politisch" bzw. der Begriff Politik leitet sich von diesem Wort ab.

**Priester** → Religion

**Princeps, Prinzipat.** Mit diesem Begriff bezeichnet man die staatliche Ordnung, die sich unter Augustus herausgebildet hat (S. 165) und während der römischen Kaiserzeit bis zum 3. Jahrhundert galt. Augustus nannte sich Princeps (lat. = der Erste), um seine politische Stellung von der → Monarchie oder der → Diktatur abzuheben. Zwar blieben unter ihm als Princeps republikanischer Verfassungseinrichtungen erhalten, aber in Wirklichkeit hatte Augustus allein die Macht in Händen. Dem Princeps wurde göttliche Verehrung zuteil. Nach dem Tod des Augustus (14 n. Chr.) blieb diese monarchische Herrschaftsform des „ersten Mannes", die wir auch als „Kaisertum" bezeichnen, erhalten.

**Proletarier.** Als Proletarier bezeichneten die Römer Besitzlose, die nur ihre proles, d. h. ihre Nachkommenschaft, hatten (S. 151). Die Proletarier zahlten keine Steuern und waren nicht zum Kriegsdienst verpflichtet. Dafür zählte ihre Stimme in der → Volksversammlung fast nichts (S. 137). Seit der Heeresreform des Marius konnten Proletarier in den Heeresdienst eintreten (S. 153).

**Provinz.** Darunter versteht man alle Besitzungen des römischen Staates, die außerhalb Italiens liegen. 227 v. Chr. wurde Sizilien als erste Provinz eingerichtet (S. 148). Die Provinzen wurden von einem Statthalter verwaltet. Die in ihnen wohnenden *Provinzialen* galten als römische Untertanen ohne Bürgerrecht (→ Bürger) und hatten → Tribute zu zahlen. Kaiser Augustus ordnete die Provinzverwaltung neu. Er gab den Statthaltern ein festes Gehalt und richtete Versammlungen der Provinzialen ein, die Beschwerden beim Kaiser einreichen konnten.

**Rat der Fünfhundert** war eine zentrale politische Versammlung der attischen Demokratie, von Kleisthenes geschaffen. Der Rat der Fünfhundert bereitete die Volksversammmlung vor und legte die Vorlagen fest, über die abgestimmt werden sollte. Außerdem bildete der Rat Ausschüsse (zu je 50 Mann), die nacheinander für jeweils ein Zehntel des Jahres die Geschäfte führten. Bürger aus ganz Attika (S. 95) konnten in diesen Rat gelost werden.

**Recht.** Durch das Recht wird das Verhalten der einzelnen Mitglieder einer Gesellschaft mit Hilfe von Gesetzen geregelt. Die Gesetze enthalten Gebote und Verbote bzw. Strafen. In den frühen Hochkulturen wurden Gesetze gesammelt und das Recht so schriftlich festgelegt (z. B. unter Hammurabi S. 54). In Griechenland bestimmten in der archaischen Zeit die Adligen, was „Rechtens" war, und legten als „Richter" die Strafen fest (S. 62). Unter Solon wurden → Volksgerichte eingeführt, bei denen die Bürger Klage erheben konnten (S. 85). Nachdem es in Rom zu Kämpfen zwischen → Patriziern und → Plebejern gekommen war, wurden die wichtigsten Gesetze (Zwölftafelgesetze) festgelegt (S. 132). Seit der späten Republik entwickelte sich eine Rechtswissenschaft, die vor allem die einzelnen Rechtsfälle und die getroffenen Entscheidungen sammelte und kommentierte.

**Religion.** In der ägpytischen, griechischen und römischen Religion wurde eine Vielzahl von Göttern verehrt (Polytheismus). Nach den religiösen Vorstellungen der Ägypter konnten Naturerscheinungen, Tiere und Menschen das Göttliche verkörpern (S. 47). Die Griechen gaben den Göttern nicht nur menschliche Gestalt, sondern auch menschliche Wesenseigenschaften (S. 64). Wer über die Zukunft Gewißheit erlangen wollte, wandte sich an ein Orakel, z. B. Delphi (S. 70, 73, 90 u. 91). Die Römer versuchten, durch Gebete und Opfergaben die Götter sowohl für private als auch für staatliche Angelegenheiten günstig zu stimmen; sie vertrauten darauf, daß ihnen die Götter Schutz gewähren würden (S. 139). Neben den Göttern wie Jupiter, Mars usw. verehrten sie auch bestimmte Werte als Gottheiten, z. B. die Concordia (S. 131). In allen diesen Religionen vertraten Priester die Menschen vor der Gottheit und vollzogen die kultischen Handlungen, sie waren eine Art Gemeinde- oder Staatsbeamte (S. 139). Eine Ausnahme unter den antiken Religionen nahmen die sog. *Erlösungsreligionen* ein, die den Gläubigen eine Erlösung nach dem Tod verhießen. Dazu zählt vor allem das Christentum, das eine bewußte Ausbreitung (Mission) anstrebte. Das Problem der *Toleranz* (Duldung) anderer Religionen wurde im Römischen Reich deutlich, als die Christen Kaiser- und Götterkult ablehnten. Mit dem Edikt des Kaisers Galerius (S. 188) wurde das Christentum neben anderen Religionen geduldet. Als *Staatsreligion* bezeichnet man eine Religion, die im Staat als verbindlich gilt. So wurde das Christentum 391 (S. 189) zur Staatsreligion im Römischen Reich erklärt. Auch der Islam ist eine Staatsreligion. Die Juden verehren im Gegensatz zu den anderen antiken Völkern einen einzigen Gott (Monotheismus). Sie nennen sich das Volk Gottes; nach seinen Gesetzen richten sie ihr gesamtes Leben aus (S. 237).

**Republik** ist der Begriff für eine Staatsform, in der das Volk oder ein Teil desselben (z. B. die Adligen) die Macht ausübt. Der Begriff geht zurück auf das lateinische „res publica" und meint „die gemeinsame Sache" (S. 131). Die römische Republik verstand sich im Gegensatz zur → Monarchie als ein Staat, in dem die politischen Entscheidungen nicht Sache eines einzelnen waren. Sie war keine Demokratie wie Athen, sondern in ihr hatten zunächst allein die adligen → Patrizier, später die → Nobilität die entscheidenden politischen Ämter inne (S. 136). Die römische Republik war immer eine Aristokratie (→ Adel).

**Ritter.** Im Zuge seiner Eroberungen wuchsen dem römischen Staat immer mehr Aufgaben zu, z. B. Straßenbau, Versorgung der Heere, Eintreiben von Abgaben. Die Römer setzten dafür keine neuen → Beamten ein, sondern verpachteten die Aufgaben an reiche Bürger (S. 151). Aus ihnen bildeten sich die Ritter. In den letzten beiden Jahrhunderten der Republik scheint man all jene zu den Rittern gerechnet zu haben, die einen gewissen Wohlstand hatten. Erst in der Kaiserzeit wurden die Ritter zu einem festen → Stand, in den man nur vom Kaiser aufgenommen werden konnte (S. 180). Die Ritter erhielten jetzt wichtige Verwaltungsposten im Reich.

**Romanisierung.** Darunter versteht man die geschichtliche Entwicklung, bei der sich Sprache und Kultur der Römer in den Gebieten verbreitete, die die Römer unterworfen hatten (siehe S. 170). Auch die an das Römische Reich angrenzenden Völker (z.B. die Germanen) haben durch ihre Kontakte mit den Römern römische Lebensweisen und Techniken kennengelernt und zum Teil übernommen (siehe S. 197). Eine wichtige Rolle bei dieser Vermittlung römischer Kultur spielten die Soldaten, die sich nach ihrer Dienstzeit als Bauern und Handwerker in den eroberten Provinzen niederließen, und die Städte, die im ganzen Reich gegründet wurden. Die Sprache der Römer hat die Sprachen der Provinzbewohner vor allem im Westen nachhaltig beeinflußt; man spricht deshalb heute von *romanischen Sprachen.*

**Schrift.** Der Übergang zwischen Urgeschichte und Geschichte vollzog sich mit der Erfindung der Schrift; denn von diesem Zeitpunkt an gibt es schriftliche Quellen, die über Gebräuche, Gesetze und Gedanken eines Volkes Auskunft geben. Noch heute gibt es Völker, die keine Schrift kennen. Die Sumerer im Zweistromland und die Ägypter haben die ersten *Schriftzeichen* erfunden, deren Entzifferung erst im 19. Jahrhundert gelang (S. 36f.). Die altägyptischen Schriftzeichen (griech. „Hieroglyphen" = heilige Zeichen) sind eine Bilderschrift. Ursprünglich entsprach jedem Bild ein Wort, später entwickelten die Ägypter auch Silbenzeichen. Mit Hilfe dieser Schriftzeichen konnten auch abstrakte Begriffe – wie Freude – und Gedanken ausgedrückt werden. Die Sumerer entwickelten die *Keilschrift*: Mit einem dreikantigen Griffel wurden die Schriftzeichen in feuchte Tontäfelchen eingedrückt. Das Seefahrervolk der Phöniker erfand eine reine Konsonantenschrift: Damit war das Schreiben und Lesen viel leichter geworden. Schließlich schufen die Griechen – auf der Konsonantenschrift der Phöniker aufbauend – eine Schrift mit 24 Buchstaben, die alle Laute ihrer Sprache so wiedergeben konnte, wie sie gesprochen wurden. Dieses Alphabet (nach den ersten beiden Buchstaben alpha und beta) konnte jeder leicht erlernen. Das lateinische Alphabet umfaßt 21 Buchstaben; es verbreitete sich über ganz Westeuropa (Romanisierung, S. 170, und Christianisierung, S. 208f.). Auch die arabische Schrift geht auf die phönizische Schrift zurück.

**Schuldknechtschaft.** Im frühen Griechenland (8. und 7. Jahrhundert v. Chr., S. 84) und im frühen Rom (bis 326 v. Chr., S. 132) konnte sich jemand, der von einem anderen etwas lieh, in die Schuldknechtschaft des Gläubigers begeben. Diese Regelung gehörte zum *Schuldrecht*. Der Schuldknecht verlor einen Teil seiner persönlichen Freiheit und mußte seine Schulden abarbeiten, was praktisch nie gelang. Für den Gläubiger war die Schuldknechtschaft ein Mittel, Arbeitskräfte zu bekommen. Anders hätte er kein Interesse daran gehabt, einem Armen etwas auszuleihen, das er kaum zurückerhalten konnte.

**Senat.** Der Begriff ist von lat. „senex“ = Greis abgeleitet und bedeutet „Rat der Alten“. In Rom gab es schon während der Königszeit einen Senat (S. 131 und 136). Er hatte in der Republik praktisch die Leitung des Staates in der Hand, obwohl er rechtlich kaum Befugnisse hatte. Er verkörperte die gesammelte politische Erfahrung, da in ihm die ehemaligen Magistrate saßen. Der Begriff Senat lebt bis heute weiter.

**Sklaven.** In allen antiken Hochkulturen hat es Sklaverei gegeben (S. 44, 62). Nach griechischem, römischem und islamischem Recht waren Sklaven eine Sache, über die der Besitzer frei verfügen konnte. Sklaven wurden im Bergbau und in der Landwirtschaft eingesetzt, sie waren im Haushalt, im Handwerk und in der Verwaltung tätig (S. 151, 182f.). Ihre tatsächliche Lage hing sehr von den Tätigkeitsbereichen ab. Man konnte Sklaven durch Kauf erwerben (Sklavenhandel) oder dadurch, daß man Kriegsgefangene versklavte. Kinder von Sklaven blieben Sklaven. Das Sklavendasein war aber im Römischen Reich nicht unabänderlich: Viele Sklaven wurden von ihren Herren freigelassen. Im Römischen Reich erhielten die Kinder der *Freigelassenen* das römische Bürgerrecht (→ Bürger) (S. 232f.).

**Staatsreligion** → Religion

**Stamm** ist ein Verband von Menschen, die ein starkes Zusammengehörigkeitsgefühl haben, weil sie an eine gemeinsame Abstammung glauben. Wichtig für das Stammesbewußtsein war die Überlieferung von Entstehung und Herkunft des Stammes und der bedeutenden Ereignisse seiner Geschichte. Im Stammesheiligtum wurden die Stammesgötter verehrt. Das Stammesrecht schützte nur Stammesangehörige. Man besaß übereinstimmende Sitten und Bräuche. Die Stammeszugehörigkeit erkannte man an der Haar- und Barttracht, an der Kleidung und am Schmuck.

**Stand.** Als Stand bezeichnet man eine Gruppe in einer Gesellschaft, die durch rechtliche Bestimmungen klar umgrenzt ist, die bestimmte Vorrechte hat oder auch von bestimmten Rechten ausgeschlossen ist. In diesem Sinn bildeten → Patrizier und → Plebejer in der frühen Republik Stände, die sich in den *Ständekämpfen* auseinandergesetzt haben (S. 131f.). Auch → Senatoren und → Ritter in der Kaiserzeit waren Stände. Dagegen waren die Plebejer in der späten Republik eine soziale Unterschicht, die durch ihre wirtschaftliche Lage, nicht aber durch rechtliche Bestimmungen umschrieben war.

**Steinzeit.** Die erste Epoche der Urgeschichte, die von den Anfängen der Menschheit bis in das 4. Jahrtausend v. Chr. reicht, bezeichnet man als Steinzeit, weil die Hauptfunde aus dieser Zeit Steingeräte sind. Die Steinzeit wird im allgemeinen in die *Altsteinzeit* (Paläolithikum) und die *Jungsteinzeit* (Neolithikum) unterteilt. In der Altsteinzeit lebten die Menschen als Jäger und Sammler ohne feste Wohnsitze. In der Jungsteinzeit gingen die Menschen von der aneignenden zur produzierenden Wirtschaftsweise über und wurden seßhaft (siehe S. 27). Ackerbau und Viehzucht veränderten die Lebensweise der Menschen so grundlegend, daß man von der *neolithischen Revolution* spricht. Dabei muß man berücksichtigen, daß der Übergang von der Alt- zur Jungsteinzeit nicht plötzlich, sondern über mehrere Jahrtausende verlief. Seit etwa 5000 v. Chr. hat sich dieser Wandel, der in Vorderasien begann, auch in Mitteleuropa vollzogen.

**Stratege** → Beamter

**Theten.** Bei Homer sind Theten diejenigen, die keinen eigenen → Oikos haben und deshalb um Lohn für andere arbeiten müssen (S. 62). Seit Solon bilden die Theten in Athen die unterste Vermögensklasse. Sie haben zwar Zugang zur → Volksversammlung und zum → Volksgericht, dürfen aber nicht als → Hopliten dienen und können keine höheren Ämter bekleiden. Nach der Gründung des Delisch-Attischen Seebundes (478 v. Chr.) gewannen die Theten als Ruderer auf der Flotte politisches Gewicht und waren mitentscheidend für die Entstehung der attischen → Demokratie.

**Toleranz** → Religion

**Tribut.** Als „tributum“ kann fast jede Abgabe bezeichnet werden, die an den römischen Staat geleistet werden mußte (S. 148). Bis 167 v. Chr. bezahlten römische Bürger Tribute (= Steuern), später nicht mehr. Dafür leisteten dann die → Provinzen Tribute, die entweder aus festen Abgaben oder aus einem Anteil am Ernteertrag (in Sizilien z. B. ein Zehntel) bestanden. Ähnlich wie die römischen Provinzialen mußten auch alle anderen Unterworfenen in der Antike, z. B. im Perserreich, an ihre Herren Tribute (S. 87) entrichten.

**Tyrannis.** Der Begriff bezeichnet ursprünglich eine Herrschaftsform der Griechen, die dadurch gekennzeichnet war, daß ein Adliger die alleinige Machtausübung in einer Polis erlangt hatte (S. 84 u. 86). Mit dem Aufkommen der modernen Demokratie erfuhr der Begriff eine Umdeutung: Man versteht darunter eine unumschränkte Gewaltherrschaft von einzelnen, der eine gesetzliche Grundlage fehlt und die keine politischen Freiheiten der Bürger zuläßt.

**Verfassung.** Die Verfassung legt fest, welche staatlichen Einrichtungen es geben soll (für Sparta S. 79f., für Athen S. 96, für die römische Republik, S. 136f.). Sie regelt, wer in einem Staat unter welchen Bedingungen die Macht ausüben darf und welche Pflichten die Bürger haben. Verfassungen müssen nicht unbedingt schriftlich festgelegt sein und können – wie in der römischen Republik – in einem langen Prozeß gewachsen sein.

**Volksgericht.** In Athen führte Solon (S. 84) das Volksgericht ein. Jeder unbescholtene attische Bürger, der über 30 Jahre alt war, konnte Richter werden. Als sich in Athen die demokratische Verfassung durchgesetzt hatte, wurden aus der Bürgerschaft 6000 Volksrichter (S. 95) ausgelost. Für ihre Tätigkeit als Richter bekamen sie Diäten (Tagegelder). Vor ihrer Richtertätigkeit mußten sie einen Eid leisten, in dem sie sich zur Wahrung der Gesetze verpflichteten.

**Volksversammlung.** Wenn alle stimmberechtigten → Bürger eines Staatswesens zusammentreten, um ihre politischen Rechte wahrzunehmen, spricht man von einer Volksversammlung. In Griechenland gab es eine solche schon in der archaischen Zeit (S. 62); sie hatte aber noch keine Mitbestimmungsrechte. Im demokratischen Athen war die Volksversammlung das Zentrum des politischen Lebens: Sie allein entschied in allen wichtigen politischen Fragen (S. 93). Durch das Scherbengericht konnte sie mit Mehrheitsbeschluß jeden Bürger, in dem sie eine Gefahr für die Demokratie sah, für eine bestimmte Zeit aus der Polis verbannen. Auch in Sparta hatte die Volksversammlung wichtige Rechte (S. 79). In Rom unterschied man zur Zeit der Republik verschiedene Formen. In ihnen wurden die → Beamten gewählt, Gesetze beschlossen und über Krieg und Frieden entschieden (S. 136f.). In der Kaiserzeit verlor die Volksversammlung ihren politischen Einfluß.

**Zeitrechnung.** Durch die Zeitrechnung werden Ereignisse der Vergangenheit in eine Zeitskala eingeordnet. Der Ausgangspunkt der Zeitskala wird bei verschiedenen Völkern auf ein tatsächliches oder, wie z. B. in der römischen Geschichte, durch ein angenommenes Ereignis gesetzt: Das Gründungsjahr Roms ( nach unserer Zeitrechnung 753 v. Chr.) ist hier ein solcher Ausgangspunkt. Die Römer zählten also die Jahre „ab urbe condita“, d. h. „von der Gründung der Stadt an“. In der islamischen Geschichte gilt die Hidschra (S. 218) als Ausgangspunkt. In der abendländischen Welt wurde die Geburt Christi als der Punkt genommen, auf den hin die geschichtlichen Ereignisse eingeordnet werden (S. 9). Diese christliche Zeitrechnung wurde zum ersten Mal im 6. Jahrhundert von dem Mönch Dionysus Exigus angewandt und seit dem 10. Jahrhundert im christlichen Abendland üblich. Die jüdische Zeitrechnung, die seit dem 11. Jahrhundert gebraucht wurde, beginnt mit dem Jahr 3761 v. Chr.

# Sach- und Personenverzeichnis

Die mit → Lex. versehenen Begriffe werden im Lexikon näher erklärt.

## Tips zum Weiterlesen: Jugendbücher zur Geschichte

Allfrey, Katherine: **Die Trojanerin**,
Thienemann, Stuttgart.
(Schildert das Leben einer jungen Trojanerin, deren Mann im Krieg getötet wurde und die als Sklavin verkauft wurde.)

Behrens, Johanna: **Hier wollen wir leben!**,
Freies Geistesleben, Stuttgart.
(Erzählung über das Leben von Kelten, Römern und Goten im heutigen Pforzheim im 2. Jahrhundert n. Chr.)

Beyerlein, Gabriele: **Die Sonne bleibt nicht stehen**,
Arena, Würzburg.
(Am Schicksal zweier Kinder wird das Aufeinanderprallen von altsteinzeitlicher Jägerkultur und jungsteinzeitlicher Bauernkultur geschildert.)

Bisel, Sara C.: **Die Geheimnisse des Vesuv**,
Tessloff, Hamburg.
(Schilderung der Ausgrabungen in Herikulaneum.)

Briant, Pierre: **Alexander, Eroberer der Welt**,
Ravensburger, Ravensburg.
(Lebensgeschichte Alexanders des Großen.)

Bulwer-Lytton, Edward: **Die letzten Tage von Pompeji**,
Arena, Würzburg.
(Abenteuerroman über den Untergang der Stadt Pompeji.)

Connolly, Peter: **Die Welt des Odysseus**,
Tessloff, Hamburg.
(Bildersachbuch über die kulturelle Welt der griechischen Antike.)

Connolly, Peter: **Ein römischer Legionär** und
**Ein römischer Ritter**,
Tessloff, Hamburg.
(Am Beispiel zweier Soldaten wird der Alltag im römischen Heer geschildert.)

Creutz, Ulrich: **Rund um die Steinzeit**,
Kinderbuchverlag, Berlin.
(Schilderung der Leistungen der Menschen in der Altsteinzeit.)

Dahn, Felix: **Ein Kampf um Rom**,
Arena, Würzburg.
(Roman über das Schicksal der Ostgoten.)

Delcambre, Anne-Marie: **Mohammed, die Stimme Allahs**,
Ravensburger, Ravensburg.
(Schilderung über das Leben Mohammeds und die Entstehung des Islams.)

Grund, Josef C.: **Die Stadt der Pferdegöttin**,
Loewes, Bindlach.
(Eine auf Ausgrabungsfunden basierende Geschichtserzählung über die Kelten um 200 v. Chr.)

Grund, Josef C.: **Geiseln für Cäsar**,
Loewes, Bindlach.
(Erzählung über das Leben Julius Cäsars.)

Grund, Josef C.: **Zwei Leben für Hannibal**,
Loewes, Bindlach.
(Im Mittelpunkt der Erzählung aus Karthago steht ein Junge, dessen Schicksal mit dem Hannibals eng verbunden ist.)

Knudsen, Paul: **Der Wettstreit**,
Bertelsmann, Gütersloh.
(Die Abenteuer eines jungen Mannes im Rom der Kaiserzeit.)

Köhn, Jens: **Die Wölfin vom Kapitol**,
Kinderbuchverlag, Berlin.
(Erzählung über das Alltagsleben in Rom zur Zeit der Republik.)

Lornsen, Dirk: **Rokal, der Steinzeitjäger**,
Thienemann, Stuttgart.
(Abenteuererzählung von Jägern am Ende der Altsteinzeit.)

Musiolek, Peter u. Rößler, Peter: **Stadt der Athene**,
Kinderbuchverlag, Berlin.
(Darstellung der Blütezeit Athens um die Mitte des 5. Jahrhunderts.)

Naef, Thomas H.: **Der Schreiber des Pharao**,
Artemis, Zürich.
(Der abenteuerliche Aufstieg eines Fischerjungen zum obersten Schreiber des Pharao.)

Pleticha, Heinrich: **Die Geschichten des Herodot**,
Thienemann, Stuttgart.
(Moderne Nacherzählung der wichtigsten Abschnitte aus dem Werk Herodots.)

Powell, Anton: **Die Welt der Griechen**,
Tessloff, Hamburg.
(Bildersachbuch zur Geschichte Griechenlands.)

Rechlin, Eva: **Die Nacht der Zugvögel**,
Loewes, Bindlach.
(Das Schicksal einer jungen Christin in Kleinasien um 250 n. Chr.)

Schreiber, Hermann: **Hannibal**,
Ueberreuter, Wien.
(Biographische Erzählung über das Leben des karthagischen Feldherrn.)

Schreiber, Hermann: **König Attila**,
Ueberreuter, Wien.
(Romanbiographie des Hunnenkönigs.)

Smith, Joan: **Ein Opfer für Apollo**,
Dressler, Hamburg.
(Ein spannender Roman über die Anfänge der wissenschaftlichen Medizin im antiken Griechenland.)

Stephan-Kühn, Freya: **Viel Spaß mit den alten Ägyptern** und **Viel Spaß mit den Römern**,
Arena, Würzburg.
(Zwei interessante Sachbücher über das Leben im alten Ägypten und in Rom.)

Stöver, Hans Dieter: **Große Gegner Roms**,
Artemis, Zürich.
(Erzählungen über Hannibal, Mithridates, Spartacus, Vercingetorix und Arminius.)

Streit, Jakob: **Milon und der Löwe**,
Freies Geistesleben, Stuttgart.
(Eine Jugenderzählung aus der Zeit des frühen Christentums.)

Tietze, Christian: **Die Griechen bauten eine Stadt**,
Kinderbuchverlag, Berlin.
(Erzählung vom Umzug und Neubau der griechischen Stadt Priene, durch die Stadtanlage, Architektur und Bautechnik deutlich werden.)

Turowski, Hanne: **Die rätselhafte Tonscherbe**,
Bernward, Hildesheim.
(Schilderung der Eroberung Babylons durch Kyros und über das Leben der Israeliten während der babylonischen Gefangenschaft.)

Reihe: **Die Welt aus der wir kommen**,
Arena, Würzburg:
Corbishley, Mike: **Das Buch vom Alten Rom**.
Powell, Anton: **Das Buch vom alten Griechenland**.
Harris, Geraldine: **Das Buch vom alten Ägypten**.
(Die mit zahlreichen Abb. versehenen Bände der Reihe bieten eine Einführung in die antiken Kulturen.)

Zitelmann, Arnulf: **Hypatia**,
Beltz & Gelberg, Weinheim.
(Spannende Erzählung über eine Frau, die um 400 n. Chr. in Alexandria lebte und der Auseinandersetzung des Christentums mit der Antike zum Opfer fiel.)

Zitelmann, Arnulf: **Zwölf Steine für Judäa**,
Beltz & Gelberg, Weinheim.
(Eine jüdische Kriegsgefangene flieht, als Junge verkleidet, mit dem kostbaren Kleinod Israels aus Rom.)

## Taschenbücher

Baumann, Hans: **Der große Alexanderzug**,
dtv junior 7275.
(Episoden aus dem Leben Alexanders des Großen.)

Baumann, Hans: **Ich zog mit Hannibal**,
dtv junior 7048.
(Erzählung über den Feldzug Hannibals gegen Rom.)

Heyne, Isolde: **Kara, der Sklave von Punt**,
Ravensburger TB 1717.
(Schilderung des Lebens eines afrikanischen Sklavens im Pharaonenreich.)

Macauly, David: **Wo die Pyramiden stehen**,
dtv junior 79507.
(Interessantes Sachbuch über den Bau der Pyramiden.)

Müller, Dieter: **Letzer Kampf in Olympia**,
Arena TB 1683.
(Erzählung über die olympischen Spiele im antiken Griechenland mit sachlichen Informationen.)

Sjoerd, Leiker: **Kundschafter gegen Attila**,
Arena TB 1607.
(Spannende Erzählung aus der Zeit der Hunneneinfälle in Mitteleuropa in der ersten Hälfte des 5. Jahrhunderts.)

Stöver, Hans-Dieter: **Spartacus, Sklave und Rebell**,
Arena TB 1715.
(Lebensgeschichte des Führers des Sklavenaufstandes im 1. Jahrhundert v. Chr.)

Weber, Carl W.: **Segel und Ruder**,
dtv junior 79514.
(Die Welt des Meeres bei den Griechen.)

Winterfeld, Henry:
**Caius ist ein Dummkopf**, dtv junior 7442.
**Caius geht ein Licht auf**, dtv junior 7478.
**Caius in der Klemme**, dtv junior 7001.
(Heitere Jugendabenteuer im Alten Rom.)